U0534627

东山文化铜鼓，沱江山谷，越南东北部，公元前 1000 年。（来源：巴黎吉美博物馆）

比马寺，迪恩高原，爪哇中部，约公元 9 世纪。（来源：作者，1980）

巴兰班南，供奉湿婆的母庙，爪哇中部，约公元850年。（来源：作者，1980）

阿瑜陀耶晚期。（来源：作者，1978）

塔銮寺，万象，16世纪建于早前高棉的古迹之上，1828年被泰国摧毁，1900年被法国修复，1975年起成为国家标志性建筑。（来源：作者，2007）

皇家使臣抵达琉球，这是一张罕见的朝贡贸易图，未注明日期。（来源：冲绳县立博物馆）

贸易帆船启程。（来源：冲绳县立博物馆）

嘉靖年间（1522—1566 年）若热·阿尔瓦雷斯定制版青花玉壶春瓶，其上书有葡语字母和中文铭文（天下太平）。（来源：巴黎吉美博物馆）

万历年间（约 1580—1620 年）葡萄牙阿尔梅达家族徽章纹盘。（来源：巴黎吉美博物馆）

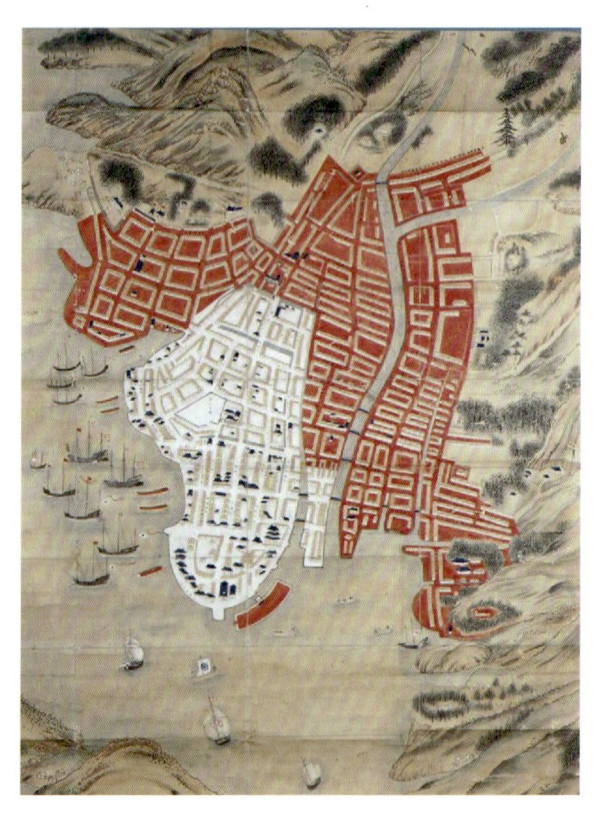

日本长崎港罕见图像，展示了新建的出岛以及葡萄牙等国的船只。（来源：冲绳县立博物馆）

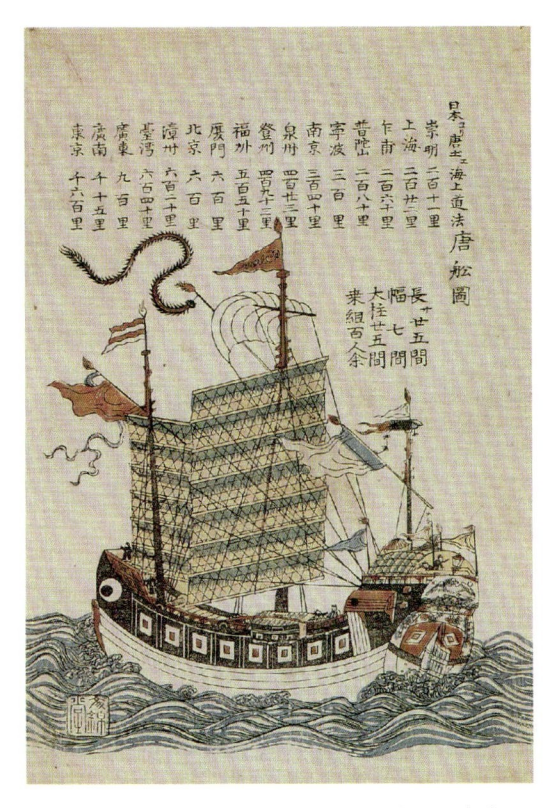

江户时代晚期日本艺术家创作的中国贸易帆船图。（来源：冲绳县立博物馆）

二府庙，位于越南西贡-提岸，可追溯至18世纪早期。（来源：作者，2009）

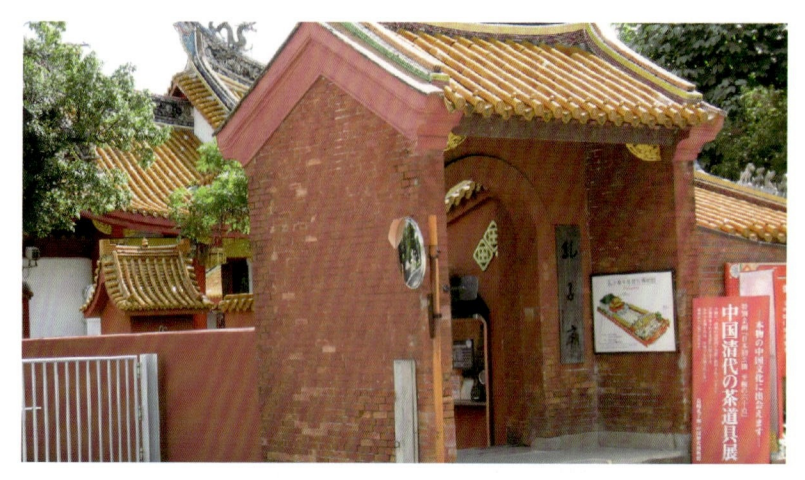

孔庙，位于长崎市，1893年由清政府出资建设，目前由中国人管理。（来源：作者，2007）

荷兰东印度公司墓地，长崎引佐。（来源：作者，1994）

赠予佛柔苏丹的荷兰东印度公司大炮，后被亚齐苏丹国所获，其上刻有爪哇铭文，现存于槟城高恩沃利斯。（来源：作者，2009）

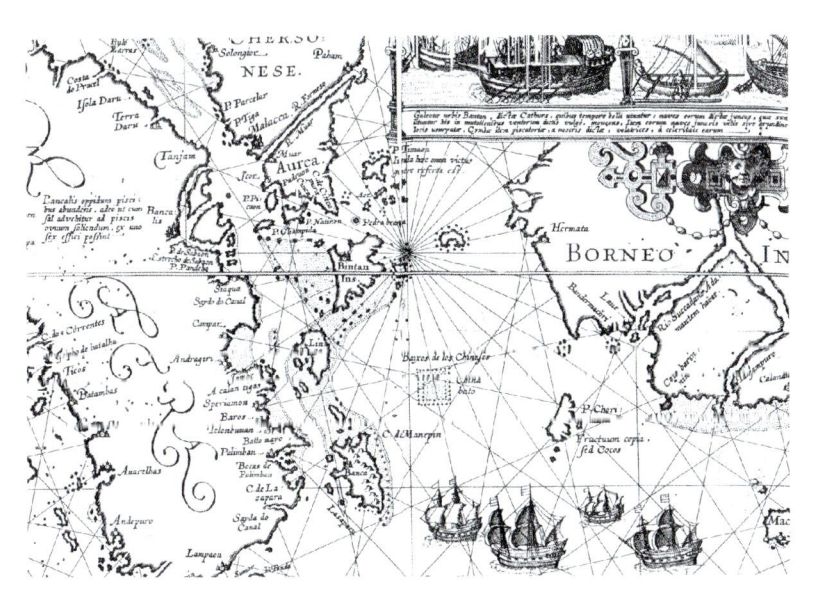

有关苏门答腊、婆罗洲等岛屿的新版画，西奥多·德·布里（Theodore de Bry）绘制，法兰克福，1596年。（来源：长崎大学图书馆）

"历史的用途",河内旗塔,嘉隆皇帝时期所建堡垒中仅存的历史遗迹,1802—1812年,现存于军事历史博物馆。(来源:作者,2006)

槟城亚齐街清真寺，位于曾经充满活力生机的穆斯林区中心，该穆斯林区于 1808 年由亚齐居民建立，亚齐街清真寺如今已成为世界遗产保护地。
（来源：作者，2009）

望加锡"热船"或帆船，丹戎不碌，雅加达。（来源：作者，1978）

中国-苏门答腊帆船，马六甲海峡，棉兰近海。（来源：作者，1978）

# 全球化的黎明

# History Without Borders

The Making of an Asian World Region, 1000-1800

## 亚洲大航海时代

[澳] 杰弗里·C. 冈恩 著　孔昱 译
Geoffrey C. Gunn

中国科学技术出版社
·北京·

History Without Borders: The Making of an Asian World Region, 1000–1800, ISBN: 9789888083343
© 2011 香港大学出版社
版权所有。未经香港大学出版社书面许可，不得以任何（电子或机械）方式，包括影印、录制或通过信息存储或检索系统，复制或转载本书任何部分。
本书简体中文版由香港大学出版社经凯琳国际文化版权代理授权中国科学技术出版社有限公司出版发行。
Simplified Chinese rights arranged with Hong Kong University Press through CA-LINK International LLC（www.ca-link.cn）.

北京市版权局著作权合同登记 图字：01-2024-2784

### 图书在版编目（CIP）数据

全球化的黎明：亚洲大航海时代/（澳）杰弗里·C.冈恩著；孔昱译.－－北京：中国科学技术出版社，2024.10.－－ISBN 978-7-5236-0684-1

Ⅰ.K109

中国国家版本馆 CIP 数据核字第 20240KT393 号

地图审图号：GS（2024）1516 号

本书插图系原文插附地图

| 策划编辑 | 刘颖洁 | 责任编辑 | 刘颖洁 |
|---|---|---|---|
| 封面设计 | 今亮新声 | 版式设计 | 蚂蚁设计 |
| 责任校对 | 邓雪梅 | 责任印制 | 李晓霖 |

| 出　　版 | 中国科学技术出版社 |
|---|---|
| 发　　行 | 中国科学技术出版社有限公司 |
| 地　　址 | 北京市海淀区中关村南大街 16 号 |
| 邮　　编 | 100081 |
| 发行电话 | 010-62173865 |
| 传　　真 | 010-62173081 |
| 网　　址 | http://www.cspbooks.com.cn |

| 开　　本 | 710mm×1000mm　1/16 |
|---|---|
| 字　　数 | 375 千字 |
| 印　　张 | 27 |
| 版　　次 | 2024 年 10 月第 1 版 |
| 印　　次 | 2024 年 10 月第 1 次印刷 |
| 印　　刷 | 北京盛通印刷股份有限公司 |
| 书　　号 | ISBN 978-7-5236-0684-1／K·451 |
| 定　　价 | 98.00 元 |

（凡购买本社图书，如有缺页、倒页、脱页者，本社销售中心负责调换）

# 序

## 亚洲大航海时代历史的多维书写

随着东方国家的整体崛起，对国际事务参与越来越广泛，东方国家的历史、文化、社会与外交日益受到重视，引起国际社会的研究与关注，成为当前东方研究热景象之一角。东方国家的崛起深刻地影响了国际关系发展与变革，不仅是东方国家历史发展进程中的大事，也是当前国际关系中的大事。探讨它们崛起的深厚历史文化根源，重新确立它们在世界体系中的地位，已是国际学术界必须面对的崭新课题。实际上，这样的研究已经不在少数了，探讨这方面课题的学者也纷纷涌现，不断为东方学研究贡献新篇。在这些研究成果当中，澳大利亚学者杰弗里·C.冈恩撰写的《全球化的黎明：亚洲大航海时代》（中国科学技术出版社，2024年版，下称《时代》），无疑是其中的佼佼者，为我们构建了一幅东方历史的全新图景，显示出作者不拘一格的探索精神与时代的盛大气象，不管读者从什么角度阅读这部著作，都会从中收到教益，得到启发。

国内读者对杰弗里·C.冈恩并不陌生。他曾出版《首次全球化：欧亚互动（1500—1800）》《澳门史：1557—1999》《东方和西方的世界贸易体系：长崎与亚洲金银贸易网络》等著作，有的已经被译成中文介绍到国内来，是一位用功甚勤的学者。作者曾在日本长崎大学、中国澳门大学任教，对亚洲社会、历史与文化有近距离的亲身观察，其著作自然有卓越之处。与以前出版的著作相比，《时代》算不上是大部头著作，但本书所囊括的内容却是相当广泛的，建立的体系与分析的视野令人称道，可视为推陈出新的重要成果。这与作者长期研究东方历史、文化与社会有关，也与作者对东方文明重要性的认识有关。书中的许多观点与论述极为深刻，形成作者文明发展史视野与史观。作者在前言中开宗明义地写道："横跨连接中印的历史海上丝绸之路，在漫长的历史时期中，东亚与东南亚可被视为一个正在形成的全球性地区。这一论断的形成，基于亚洲内部香料、丝绸、陶瓷和白银贸易的兴盛，至少在帝国主义时代前，亚洲就已走在全球经济史的前列。"亚洲"走在全球经济史的前列"是作者深入考察所得，寄寓在书中的若干史论无疑具有明显的创新意义。作者写作目的十分明确，也十分现实，告诉读者："本书则重点关注现代国家出现之前的时代，采取聚焦国家间区域的全新书写方式……从时间和空间两个维度探究地区中本土的民族与政体是如何以各种方式与世界其他地区联系在一起的。"（引文详见本书前言）我想，作者的这个想法足以使他有条件成为当前国际史坛东方学研究的探索者和贡献者。

简单地说，《时代》在以下几个大的方面有自己的独到之处。它关注了东亚历史的重要性，以世界区域史的视角看待东亚历史发展行程。以区域的视角研究历史，是他的一个重要方法。本书延续了《首次全球化：欧亚互动（1500—1800）》里的区域史研究传统，整个分析、论述与构建都是围绕着这个视角来展开的。这一点并不是所有西方学者都能做到的，也不是亚州随便哪位学者可以做到的。正因为如此，这部著作与众不同。其学术史论中有许多可贵的思想，力倡以世界史的视角研究东亚历史，不赞成把世界史视角仅仅应用于大西洋世界、非洲、印度和各大洋地区，东亚史的观察也同样需要这样广阔的分析视野。他看到区域性的、洲际性的交往给各国带来的重大影响，如造纸、火药、指南针、丝绸、瓷器传到欧洲，作用于当地社会的生产和生活。他是站在文明交往给世界带来巨变的高度看待东方历史上的海陆丝绸之路的，书中写道："中东发挥了桥梁作用，因为麦加与巴格达自九世纪起便成为全球贸易中心，分别连接地中海世界和中国……中国和印度被视为前现代世界经济更为重要的中心，拥有比其他任何国家规模更大的经济体和人口，而且还拥有高度先进的科学技术。"（见导论"东方全球化解读"一节。）这样的评断有一定的见地，蕴含着对东方历史新的理解。

在解释历史时，作者把东亚古代历史看作是连续而发展的，并非"停滞"的。这个看法无疑是从长期思考中所得，绝不是随性而发。这样的观点也贯穿在他的东南亚历史研究当中，认为"中国并未停滞不前或是完全退出全球商业贸易，而是通过积极在日本、马尼拉以及东南亚其他港口参与贵金属贸易，为该地区注入活力，创造了许多新型产业。"（见导论"东方全球化解读"一节。）作者的观点是有价值的，在他的著作中得到充分的展现。作者视野开阔，而没有像近代欧洲一些哲学家、经济学家和社会学家那样，把东方社会、特别是中国古代社会看作是停滞的和不发展的。作者擅长从长时段、大范围把握东方历史，看到东方社会在生生不已的演进中发生的变化。"作为'近代早期'的发达国家，宋代时期中国的崛起恰逢国际贸易规模急剧增长，中国部分农村经济与海外市场的生产有着直接的联系。在宋朝末期，中国的帆船越过马六甲海峡到达印度海岸，填补了在西部的阿拉伯-印度霸权终结后留下的空白。"（见导论"长期东方优先"历史分期一节。）这样的评断精准有力，不落俗套，确系有较多的开拓。

《时代》重视东方大航海活动在世界航海总坐标中的位置。该书以"亚洲大航海时代"为题，勇立史坛，别有新意，多方面展现东方大航海活动的作用与影响。在走向海洋、利用海洋方面，东方国家已经走在世界的前面，留下先人的劳绩。可贵的是，第四章"朝贡贸易体系与海外华人"集中讨论了海外华人参与世界贸易竞争，对于西太平洋贸易网建设的贡献,与世界各国进行有无相通的交流活动,在美人之美、美己之美和美美与共的互惠中实现了文明共享,在文明共享中走向时代的高处。华侨华人遍及南洋各国与世界各地,为当地开发与发展做出了贡献。作者对华侨华人的作用给予积极评价,认为他们是开疆拓土的先驱。通过研读,我们看到唐宋以后东方航海活动出现的新趋势,阿拉伯帝国商人大举东来,足迹遍及东南亚各国和中国东南沿海各省。作者指出:"伊斯兰教的传播也带来了贸易、新科技(包括军事)等许多新的世界机遇。与农业国家相比,外国商人社区在伊斯兰港口城市扮演着更为重要的角色。"作者看到,东南亚的伊斯兰宫廷都与海上贸易发生过密切联系,许多城市因从事国际贸易而出现了繁荣。港口城市马六甲吸引了来自阿拉伯、印度、爪哇、中国及其他地区的商人,成为被载入史册的国际大都会。印度西海岸的果阿也是如此。中国国内的情况也发生了变化,国人看到了"夷物"对于国家致富致强的作用。

关于东南亚华侨华人,《时代》有深入细致的观察,许多结论是从大量的史料中得出的,看到华人群体融入当地社会与传统当中,给当地社会带来活力与发展。作者以发展的眼光看待问题,海外华商克服重重困难,建立华商贸易网络,进行文明的交流与构建,表现出顽强的大无畏精神,与各国商人一道推动西太平洋贸易网发展。东南亚的香料、中国的瓷器与丝绸、印度的胡椒随着商人与商船在世界各地流转,使亚洲区域贸易交流一开始就有了国际交流的性质,成为影响世界的强大力量。中国商人活动范围很广,自日本、朝鲜、东南亚至印度洋的广阔地区都有他们的身影,即便是在明朝严格限制海外贸易的情况下,一些福建沿海的港口仍然成为秘密走私的中心,支撑着海上贸易。日本的九州岛及附近地区形成了华人居住的唐人街,其中以博多最为著名(详见第四章"福建贸易网络"一节)。东南亚的许多城市聚集了大量的华商和华人,把商品、劳务和文化扩展到了印度洋地区，促进了这一地区的早期全球化。

亚洲内部海上贸易网络是作者备感兴趣的问题，倾注的力量也最多。亚洲海域贸易网问题是东方历史的重要内容，涉及的国家众多，说各国都与它发生过联系并不为过。东方历史是丰富的，对外交流交往无疑是重要的方面，书写历史不能没有这些内容。作者关注东亚-东南亚在全球瓷器贸易中的地位，从多方面考察中国瓷器生产、销售和对其他国家的影响情况。无论从人类文明交往史的角度，还是从现实生活的角度看待瓷器贸易，都是有重要意义的，对社会生活和生产的影响也是深远的。对此，《时代》有明确的论述，作者写道："陶器（包括陶瓷）的生产及其质量是文明的标志，而中国瓷器无论是美学价值还是工艺质量均超类绝伦。时至今日，高温釉陶和瓷器复杂的制造流程对欧洲人而言仍是个谜。"（参见第十章"全球陶瓷贸易网络中的东亚-东南亚"。）瓷器是中国的发明，对日本、朝鲜、越南、暹罗（泰国）、缅甸等国瓷器生产产生了极大影响。作者追本溯源，详加考察中国瓷器生产与外销情况。景德镇是中国的瓷都，几个世纪以来一直是全球主要的瓷器生产和出口中心，不仅成为皇家采购瓷器的中心，同时也满足了出口市场的需求。作为亚洲区域史研究者，杰弗里·C.冈恩以其深入浅出的学术史论奠定了自身在国际史坛的地位，在亚洲史探索方面要比其他的西方学者大胆得多。

宋代以后，中国经济重心南移，与国外市场有多方面的联系，对外交往的国家有五六十个。到明清时期，中国的瓷器生产仍处于不断增长的状态，西方船只运送的商品大部分是中国的瓷器。大量的研究材料表明，在近代以前中国的南海地区是世界重要的商品输出之源，汇集了来自世界各国的商船。看得出，作者是以极大热情从事研究的，对近代以前的东方市场给予了长期关注。他的史论与分析，是他对区域史研究推陈出新做出的理论贡献，值得读者关注。

对于东方经济史，西方大部分学者并不擅长，也是他们研究中的薄弱环节。相对之下，《时代》的作者确实与众不同，具备了较深厚的东方史学功底。顺便指出，该书也关注了近代以前日本在东南亚的经贸活动。长期以来，日本生活在东亚的角落里，对外交往的国家相对有限，来到东南亚较晚。日本通过"朱印船"贸易与东南亚国家建立了密切的贸易关系。据统计，仅 1624 年日本朱印船航行到东南亚的暹罗（泰国）、越南、文莱、菲律宾、柬埔寨和马六甲就有 176 次；1604—1635 年，有 356 艘朱印船完成了到东南亚的贸易航行。这些都是作者的细致研究，从微观的角度以数据予以把握，远比随意地举例说明难得多。

在分析视野与国际比较上，该著有可称道之处。作者之所以敢大胆地提出"全球化的黎明：亚洲大航海时代"这样颇有挑战意义的课题，是基于对东西方历史的比较，在比较中发现差异，得出结论，吁请人们关注东方历史经验，从历史经验中获得社会进步的力量。15 世纪初，中国郑和船队七下西洋，"完成了伟大的海上航行，在维持古老亚洲海上贸易网络的同时将朝贡贸易网络扩展至斯里兰卡、印度马拉巴尔海岸、波斯湾、非洲斯瓦希里海岸等印度洋地区。"作者进一步指出，明朝派郑和下西洋是为了促进朝贡贸易，显示中国在世界的领先地位。从时间上说，东方的洲际性大航海远比欧洲早得多，实现了人类远距离、长时间航行。东方人开辟的航线已经把东亚、东南亚、南亚、西亚、波斯湾、阿拉伯半岛和非洲东部地区有力地连接起来，这条航线成为世界上最早、最繁忙的航线。显然，《时代》对此予以了热情关注。这与作者多年在亚洲工作有关，与他长期研究亚洲历史有关，故而能提出这样具有震撼力的课题。可以说，作者收集了有关亚洲地区的翔实历史材料，使他有足够的信心去完成这样一个艰巨的课题。因此，这部著作推动了真正的多元化的全球史研究，与传统的以 16 世纪欧洲人开辟的新航路为世界近代史开端的研究相比大异其趣。

在远西地区，欧洲人的航海活动长期局限在地中海、波罗的海和大西洋附近，只是在 15 世纪末和 16 世纪初才走出欧洲，开始了所谓的"新航路开辟"。葡萄牙、西班牙人先后来到东方，从事殖民侵略活动。此后，荷兰、英国、法国又接连而至，加入对东方的殖民贸易与掠夺当中。1511 年葡萄牙人占领了马六甲王国，之后逐渐变强，一度垄断了东西方贸易。西班牙人从大西洋向太平洋扩张，越过太平洋，于 1565 年占领菲律宾的宿务，到 16 世纪 60 年代把菲律宾列为殖民地。欧洲其他国家在东南亚的经贸活动也构成《时代》中丰富多彩的内容。东方人和欧洲人商贸活动是两种完全不同的经济活动。通过阅读，读者易于接受这样的观点：在探索未知的海洋世界方面，东方人已经走在了世界各国的前面；不断探索外面的陌生世界，东方人一直在努力。在欧洲人开辟新航路之前，东方人已经开始了大规模的海上活动，并于 15 世纪郑和下西洋时达到了高潮，成为东方大航海时代的先声。本书取名《全球化的黎明》甚为响亮，是有其历史根据的。

以上是《时代》这部著作的亮点，也是书中有价值的核心内容，无疑是中国读者颇感兴趣的地方。该书做到了史论结合，论从史出，建树颇多，展现了作者在亚洲区域史和全球史研究上的最新思考，留下了治史者的劳绩；在写作方法上，作者也有自己鲜明的特点，把历史与现实作为一个水乳交融的整体详加考察，给读者、给亚洲史坛留下了可贵的经验与启示。书中映现出的历史实物与文明、文化的内在联系，给了读者诸多理论启迪，尤其书中使用的超越国别史局限的研究与全球性联系的方法，有其重要意义。在这里，我还要指出，作者对中国商船在西太平洋贸易网中的作用估计偏保守，认为中国商船贸易是亚洲内部贸易，很少跨越孟加拉湾到达印度；还有，对欧洲殖民者在东南亚的殖民活动缺少有力的分析与质疑。这是读者阅读时应该加以注意的。该书有成就，有不足，也有我们不能同意的地方。作为学术探讨，存在这些认识上的不同也不奇怪，并不影响这部著作的价值。杰弗里·C.冈恩的研究领域包括全球史、区域史和国际组织等多个领域，是一位难得的历史学家，我们欢迎更多这样的著作出版。

陈奉林

北京师范大学历史学院教授，博士生导师

# 导　读

杰弗里·C.冈恩先生，出生于澳大利亚，先后就读于墨尔本大学、昆士兰大学和莫纳什大学，拥有政治学与亚洲研究三个学位，曾在老挝、文莱、新加坡及中国澳门大学等任教，现为日本长崎大学经济学院名誉教授。杰弗里·C.冈恩是一位著述颇丰的学术专家型作家，用"著作等身"来形容作者是毫不夸张的。

以笔者所能读到的出版物而论，应该说，杰弗里·C.冈恩最主要也是最详尽的研究领域是东帝汶，已出版著述涉及东帝汶的方方面面，不仅基础广，专题性强，而且是成体系的。基础性的著述有：《东帝汶历史词典》《东帝汶：500年》等；专题性的著述有：《2019年东帝汶：全力以赴》《2020年的东帝汶：冠状病毒防疫成本》《2022年东帝汶：抵抗运动一代领导人的回归会开启国家的新时代吗？》《中国经济管理模式在印尼/东帝汶：一个历史和区域的视角》《葡萄牙殖民国家监禁：帝汶无政府主义驱逐工团的生活与时代》《帝汶与澳门的檀香贸易与亚洲南大陆的发现》《新国家：东帝汶的和平建设》《种族灭绝中的同谋：向东帝汶真相委员会提交的关于国际行为者的报告》《东帝汶与联合国：干预的理由》等；综合性的著述有：《帝汶500年导论》《构建东帝汶身份的语言和文化》《西方媒体与学术界对东帝汶的批判》等。从研究的广度和深度而言，称杰弗里·C.冈恩为"东帝汶研究专家"丝毫不过分。

基于深刻的历史背景，要深入研究东帝汶必定会涉及同属"大马来文明圈"的印度尼西亚、马来西亚及文莱等国家，当然，也少不了从马来西亚分离的新加坡。这在杰弗里·C.冈恩的著述中是自然成体系的。

在印度尼西亚研究方面，他著有《2013年的印度尼西亚：寡头政治与民粹主义》《2017年的印度尼西亚》《2018年的印度尼西亚：竞选路线上的面包和马戏团》，以及《陈马六甲的"印度尼西亚共和国"：阐释与评论》等；在马来研究方面，他著有《马来世界的新世界霸权》等；在文莱研究方面，著有《文莱达鲁萨兰国的语言、权力和意识形态》等。至于新加坡研究，则以《新加坡与亚洲革命》为代表。

无论是东帝汶，还是印度尼西亚，或者是马来西亚、新加坡以及文莱，都曾经是近代西方列强在东南亚的殖民地，也就是说，它们都是近代西方列强在东南亚构建的殖民统治体系一个组成部分。将它们视为一体进行研究，必定会涉及近代西方殖民者在东南亚的殖民地统治体系，因为西方列强在"殖民侵略打断了东南亚国家独立发展的进程，使这个地区的国家先后殖民化和逐步边缘化"[1]的同时，"在东南亚，凡是西方势力所及的地方，除了武力强制外，为谋顺利的统治，以达到掠夺目的，必须纳社会秩序于正轨"，[2]而建立起一套统治模式，故而，在近代东南亚各国的历史文化中，广泛存在着不同程度的西方殖民者留下的各种痕迹。直言之，近代东南亚地区社会秩序的确立，是与西方列强的殖民历史很难分开而论的，西方"殖民当局通过不断施压，强化政治制度一致性，淡化被征服以前存在的地区间差别"，[3]使得原本"处于自给自足经济状态的地区被

---

[1] 梁志明主编：《殖民主义史·东南亚卷》，北京：北京大学出版社，1999年12月版，第26页。
[2] 邱新民：《东南亚文化通史》，新加坡：新加坡亚洲研究学会·文学书屋联合出版，1984年8月版，第423页。
[3] Tarling Nicholas, *The Cambridge History of Southeast Asia: Volume Two, From c. 1500 to c. 1800*, Cambridge University Press, Cambrige, United Kingdom, 1999, p.110.

强行带进国际市场交易,从而带来了严重的社会经济混乱",①造成了东南亚近代历史文化的许多方面具有共同性甚至一体性的结果。

或许,杰弗里·C.冈恩就是在这个背景下展开对中南半岛研究的。

中南半岛上的三个国家(老挝、越南和柬埔寨)都曾经是法国的殖民地,三国近代史既有独特性又有一致性,加之相对紧密的地缘关系,近代研究者常常会将其视为一体来研究,杰弗里·C.冈恩也是如此。他不仅著有以中南半岛三国与法国关系为主题的《为法国而死:第一次世界大战中印度支那劳工-士兵面对的胁迫与选择》,而且对三国分别进行了个案研究。对于老挝,他著有《老挝叛乱:殖民地落后时期的农民与政治》《老挝的政治斗争(1930—1954):越南共产党政权与老挝民族独立的斗争》《2016年的老挝》,以及《老挝的上座部佛教、殖民者和政治委员》等;对于越南,他著有《殖民时期的越南大米战争:大饥荒和越盟权力之路》及《胡志明在香港:反殖民网络、引渡与法治》等;对于柬埔寨,他著有《被监视的柬埔寨》及《柬埔寨的君主操控:法国、日本和西哈努克争取独立运动》等。

思维敏捷且擅于利用资源开展研究的杰弗里·C.冈恩,在出任日本长崎大学资深教授时,先后有《亚洲金银贸易网络中的长崎》和《长崎和平对话:市政厅对无核世界的探索》等著述问世。

国内读者大多通过阅读《澳门史:1557—1999》(2006)而知悉杰弗里·C.冈恩的。自该书中译本出版之后,在国内,凡是谈及澳门的著述,几乎必引,可见此著在国内的知名度和影响力。仅凭一个著述中译本,就能让作者在国内拥有较大的读者群,甚至产生较

---

① Tarling Nicholas, *The Cambridge History of Southeast Asia: Volume Two, From c. 1500 to c. 1800*, Cambridge University Press, Cambridge, United Kingdom, 1999, p.253.

大的社会影响，无外乎三个原因：第一，澳门的时代角色。澳门回归燃起了国内读者了解澳门史的极大热情，该书作为"一部最精湛，最全面的关于澳门发展的记述"——新南威尔士大学、澳大利亚国防学院政治学教授詹姆斯·科顿（James Cotton）语，正好迎合了这股热情；第二，作者以国外专家学者身份写的"一部卓冠群伦的权威之作"——中欧国际工商学院经济学教授、教务长兼副院长R.D.克里默（R.D.Cremer）语，也满足了国内读者想换个视角了解澳门的愿望；第三，就是作者新颖的研究视角和极具感染力的著述方式。一本书，尤其是专业属性较强的学术著作，不仅能引起专业人员的兴趣，还能吸引非专业普通读者的阅读欲望，好的课题选题、新的视角和观点、具有感染力的著述方式，三者缺一不可。其实，他涉及中国澳门的研究远不止此，包括由他编著并于2016年出版的英文著作《战时澳门：在日本的阴影下》（*Wartime Macau: Under the Shadow of Japan*）以及于2022年发表的演讲《1999年以来澳门研究的新趋势》等。

从上述对杰弗里·C.冈恩的研究领域和学术成果的介绍，可以看出，他的研究领域是较为广阔的，学术成果也是累累的。同时，我们也可以看出，他的研究是有核心点的，这个核心点就是"东亚历史与文化"，而且他始终不放弃的研究目标，就是"东亚一体化"，也就是我们将要谈的《全球化的黎明：亚洲大航海时代》。

无论出于什么样的学术初衷，随着研究者对东亚近代化的研究推进，常常会落脚于东亚与世界关系领域，即时下流行的"全球化"。相对于东亚国别地区研究，东亚与全球化领域是最能集中地体现杰弗里·C.冈恩高超学术水准、敏锐观察能力和深刻分析能力的。实际上，杰弗里·C.冈恩在进行上述国别和地区研究时，已经不知不觉地进入了这个领域。如《帝汶500年导论》《帝汶与澳门的檀香贸易与亚洲南大陆的发现》《陈马六甲的"印度尼西亚共和国"：阐释与评论》《马来世界的新世界霸权》《文莱达鲁萨兰国的语言、权力和意识形态》《新加坡与亚洲革命》《为法国而死：第一次世界大战中印度支那劳工-士兵面对的胁迫与选择》《亚洲金银贸易网络中的长崎》《澳门史：1557—1999》等，都不同程度地涉及甚至直接可以归类于该领域的研究。

杰弗里·C.冈恩在东亚与全球化关系的研究是逐步扩展的，2003年出版的《第一次全球化：欧亚交易，1500—1800》，从时代划分上就可以看出，这是一部以西方殖民力量进入东亚为起点的，以1800年荷兰东印度公司解散为结束的著作，亦即从"亚洲感觉到欧洲人统治的威胁是从1511年开始的"，[①] 到东南亚早期殖民地形态结束。从"1500—1800"这一时间段划分和论述内容"欧亚交易"中，能感受到某种"西方主义"思维的影响。

在2011年出版的《全球化的黎明：亚洲大航海时代》（英文版）将时间跨度向前扩展至公元1000年，论述中心也改为"从东南亚视角写世界史"，很大程度上改变了前著的观点，提出了"至少在帝国主义时代前，亚洲就已走在全球经济史的前列"（见本书前言），体现出了某种"全球思维"。

在2021年出版的《想象中的地理：世界历史中的海上丝绸之路，100—1800》再次将时间跨度向前推进近1000年，通过对古代海上丝绸之路上政治、文化、经济等领域相互交织、共同发展的历史，构建了分散-统一理论下的世界-地区历史的修正主义史观和"五大文明版块（印度、阿拉伯、中国、日本和欧洲）说"，向"欧洲中心主义"和"文明边缘学说"提出挑战。

由此可见，《全球化的黎明：亚洲大航海时代》，是杰弗里·C.冈恩建构自己研究体系的承上启下的重要节点，书的篇幅不算太大，

---

[①] D.G.E.霍尔著，中山大学东南亚历史研究所译：《东南亚史》，北京：商务印书馆，1982年10月版，第822页。

但其中涉及的课题、提出的观点却很值得我们关注甚至参与讨论。

全书从"导论"至"结语"共13个章节，主要论及但不限于公元1000年至1800年的东南亚，在与中国、印度以及近代西方殖民者的交往过程中，产生的历史、文化、经济、宗教演化。说实在话，要想在这样篇幅的著作里，对历史文化极为复杂的东南亚地区进行较为详尽且有新意的阐述，是一件非常不容易做到的事。杰弗里·C.冈恩在娓娓道来的论述中做到了，不得不让人心生佩服。当然，书中引用的一些史实和提出的一些观点，或许有商榷的空间。学术研究就是如此，见仁见智，言论长短，本来就是常有的事。也唯有如此，才能进步。

杰弗里·C.冈恩明白，要想让事实主掌国际学术话语权的西方学术界，对他讲述的亚洲故事感兴趣，就必须让该故事与西方学术界感兴趣的话题紧密结合，将"东方一体化"与"全球化"亲密结合成《全球化的黎明：亚洲大航海时代》，应运而生。

全球化既是一个大课题，也是一个老课题。1972年，由美国学者乔治·莫代尔斯基（George Modelski）创造的"全球化（Globalization）"[1]一词，其最初的适用领域是经济学和金融学。但随着世界一体化的迅速推进，"全球化"演化为一个社会"热词（big idea）"，其内涵不断扩大到国际间所有往来，可以说已经囊括了所有领域，已经"成为一只方便的篮子"。[2] 现今世界上的任何事物都可以在不经任何包装修饰的状态下直接装入其中。虽然，"不管我们喜欢与否，全球化都是一个不以人们的意志为转移的客观存在"，[3]

---

[1] George Modelski, *Principles of World Politics,* New York: Free Press, 1972.
[2] 费正清、刘广京编著，郭沂纹译：《剑桥中国晚清史》，下卷，北京：中国社会科学出版社，1985年9月版，第6页。
[3] 王宁：《全球化时代的文化论争与文化对话》，《东方文化》，1999年第4期，第259页。

却从来没有形成一个基本的学术界定。于是乎,当前,涉足全球化研究的学者,不知有几多。公开发表的著述更是数不胜数。仅仅一个"全球化"的定义,就已经让人目不暇接了:或说"所谓'全球化',在当今世界,其实质含义就是'美国化'"①;或说"它是国际化、政治经济自由化以及新技术革命的联合体"②;或说"全球化是指世界各个部分之间的相互联系与依赖日益密切、相互渗透与融合不断加强,以及全球一致性因素不断增长的现象、过程和发展趋势"③;或说"西方大国所说的全球化,是指全球经济、政治、文化(意识形态)的一体化",④或说"全球化被看作是世界市场力量的解放,从经济上使国家失去权力,这种全球化对于大多数国家来说是一个被迫过程,这是它们无法摆脱的过程"⑤;或说"民族国家的发展已经预先设定了某种更广泛的全球扩张的存在"⑥;或说"全球化对世界许多相对弱势的大小文化、文明、传统构成最强大的空前挑战,一些文化、文明、传统不得不面对着消失的命运"⑦;或说"全球化正在形成一个广泛的、前所未有的'生命共同体'"⑧;或说"全球化正在使大

---

① 蔡仲德:《全球化?》,《中流》月刊,2001年第4期。
② 思盖尔·伍兹:《全球治理与制度角色》,戴维·赫尔德 安东尼·麦克格鲁编:《治理全球化——权力、权威与全球治理》,北京:社会科学文献出版社,2004年12月版,第3页。
③ 罗天虹:《全球化是西方化吗?》,《教学与研究》,2000年第4期。
④ 谭英华:《美国文化霸权主义对青年的影响》,《社会科学》,2000年第3期。
⑤ (德)汉斯-彼得·马丁 哈拉尔特·舒曼著,张世鹏等译,冯义尤校:《全球化陷阱:对民主和福利的进攻》,北京:中央编译出版社,2001年4月第2版,第297页。
⑥ 米歇尔·曼:《全球化是否终结了民族国家?》,参见俞可平主编:《全球化:全球治理》,北京:社会科学文献出版社,2003年6月版,第117页。
⑦ 庞中英:《另一种全球化——对"反全球化"现象的调查与思考》,北京:《世界经济与政治》,2001年第2期。
⑧ 张敏谦:《全球化与美国的战略》,《现代国际关系》,2000年第6期。

政府时代走向全面终结"[1]；或说"全球化使世界各国之间的联系越来越密切，而这一过程发端于西方发达国家并以它们为中心"，以及"全球化是造成世界政治、经济发展不平衡的重要因素"[2]。林林总总，让人莫衷一是。有研究者甚至提出了"从国际主义向全球主义的完形转变"[3]的设想。理想很丰满，现实很骨感。必须承认，虽然"全球化的力量使主权国家的地位和功能降低，使非国家行为体和脱离国家之外的主体的地位和功能提高，全球社会关系网络的结构制约了国家的行动，但它仍然是由主权国家构成的国际体系本身的全球社会体系"，[4]但"政治现实主义的基本假设是：国际体系是无序的"。[5]换言之，"很明显，全球契约既非管理体制也非行为准则"，[6]当前"超出个体国家层次的治理通常是不充分的，在许多领域它实际上并不存在"，[7]所以，"全球治理是世界历史上最为久远和令人望而却步的挑战之一"。[8]

---

[1] Madeleine Korbel Albright, Enduring Principles in an Era of Constant Change, September 30, 1997. Statement before the Council on Foreign Relation, N. Y. US Department of State Dispatch, October 1997, p. 7.
[2] 刘建飞：《全球化与美国21世纪外交战略》，《国际论坛》，2000年第2期。
[3] 罗纳德·J.格罗索普：《全球治理需要全球政府》，参见俞可平主编：《全球化：全球治理》，北京：社会科学文献出版社，2003年6月版，第164-180页。
[4] （日）星野昭吉著，刘小林、梁云祥译：《全球化时代的世界政治——世界政治的行为主体与结构》，北京：社会科学文献出版社，2004年2月版，第6页。
[5] 罗伯特·吉尔平：《国际治理的现实主义视角》，戴维·赫尔德、安东尼·麦克格鲁编：《治理全球化——权力、权威与全球治理》，北京：社会科学文献出版社，2004年12月版，第339页。
[6] 恩盖尔·伍兹：《全球治理与制度角色》，戴维·赫尔德、安东尼·麦克格鲁编：《治理全球化——权力、权威与全球治理》，北京：社会科学文献出版社，2004年12月版，第15页。
[7] 马蒂亚斯·科尼希-阿尔基布吉：《绘制全球治理》，戴维·赫尔德、安东尼·麦克格鲁编：《治理全球化——权力、权威与全球治理》，北京：社会科学文献出版社，2004年12月版，第41页。
[8] 保罗·韦普纳：《全球公民社会中的治理》，参见俞可平主编：《全球化：全球治理》，北京：社会科学文献出版社，2003年6月版，第197页。

如果我们对世界近代史有所了解的话，就会发现，所谓的"全球化"概念是由"欧洲化""西方化""现（近）代化"等概念，一步步演进而来的。此种称谓上的差异，固然是顺应时代发展的行为，或许可以认为"绝不仅是一个修辞上的问题，而是对观察世界的'西方中心论'观点的修正和突破"，[①] 但其概念衡量核心始终没变，那就是"近代西方的思维模式和行为模式"，并极力地迫使非西方文明变更发展途径或推动非西方文明向其靠拢。正如罗素婉转指出的那样："在所有的文明之中，唯独西方文明对其他文明产生过重大的，有时是压倒一切的影响。"[②] 至少在当今世界追求文明对等、平等或相互尊重的理念上，这种思维模式与行为模式是不符合时代发展的。但这种以"西方近代化"为衡量基础的观点在国内还是有市场的，如有研究者就认为："全球化作为一种社会历史现象，其起源可追溯到16世纪。意大利航海家哥伦布从1492年起多次率舰队横渡大西洋，远航美洲，把东西半球联结起来，使人类有了全球的观念，并逐步开始了全球化的进程"，并称"经济全球化是全球化运动的主要载体和表现"。[③] 也有学者强调："全球化是资本主义生产方式的全球化，是与资本主义生产方式相适应的生产关系和交换关系的全球化"。[④] 当然，当前"西方是而且在未来的若干年里仍然将是最强大的文明"，[⑤] 这是现实的真实存在，也是历史的发展结果，但我们也应

---

[①] 罗荣渠：《现代化新论续篇：东亚与中国的现代化进程》，北京：北京大学出版社，1997年5月版，第19页。
[②] （美）塞缪尔·亨廷顿著，周琪等译：《文明的冲突》，北京：新华出版社，2013年1月版，第161页。
[③] 万本根、蔡方鹿：《经济全球化与中华文化的未来发展》，《河南大学学报》，2000年第6期，第281页。
[④] 吴易风：《全球化的性质和利弊》，北京：《中国人民大学学报》，2001年第4期。
[⑤] （美）塞缪尔·亨廷顿著，周琪等译：《文明的冲突》，北京：新华出版社，2013年1月版，第7页。

该看到，非西方文明正在快速复兴或迅速崛起，大有与西方文明平起平坐，甚至超越西方文明来引导人类文明发展方向的趋势，而在创构并带领世界走向新文明的非西方文明体中，中华文明是最引人关注的。

以苏格拉底、柏拉图、亚里士多德等为代表的希腊文化体系，以孔老为代表的中华文化体系，以犹太教先知为代表的希伯来文化体系，以及伊斯兰教为代表的穆斯林文化体系，都是在多元与单元的不断碰撞中发展至今的。从这个层面上论，美国学者亨廷顿"在冷战后的世界中，全球政治在历史上第一次成了多极的和多文明的，在人类生存的大部分时期，文明之间的交往是间断的或根本不存在"[1]的观点，虽不能称其为错误，至少是不准确或不严谨的。事实上，人类发展史上的"全球政治"（如果我们将其视为一个整合过程的话），始终是处于"多极的和多文化的"状态，只是基于各种客观条件，各"级"或各"文明"间的接触频率或冲撞烈度的呈现越来越显性罢了。我们与作者一样是不赞成"印度或中国文明只是移植到了东南亚"的观点的，更不同意"柬埔寨文化发源于印度文化，这一点是不容置疑的"[2]的提法，虽然"我们随时随地可以在东南亚看到东方文化或西方文化的影子，但如果认真地考察起来，会发现它们并不等同于东方或西方文化，我们称之为'东南亚文化'。"[3]

作者使用"文化转移"来概括中华文明和古印度文明在东南亚的存在与发展，明显展示出其对"东南亚文化"的结构性理解。如

---

[1] （美）塞缪尔·亨廷顿著，周琪等译：《文明的冲突》，北京：新华出版社，2013年1月版，第5页。
[2] （美）马丁·弗·黑尔兹著，厦门大学外语系翻译小组译：《柬埔寨简史·序》，福州：福建人民出版社，1972年10月版，第3页。
[3] 程爱勤：《古代中印交往与东南亚文化》，郑州：大象出版社，2009年8月版，第95页。

果仅从字面上看,我们是不太赞成用"转移"来描述这个历史过程的。因为"转移"的要义是"转换、迁移",①着重强调的是物理性的行为移动,而缺少化学性的内质改变。刘继宣等在《中华民族拓殖南洋史》中有"吾族自明季以来,迄未停止其开辟南荒之伟业也,所异者主客之势也"②诸语,似乎更能说明中华文明扎根于异地。当然"拓殖"一词又太过于强调华人的"主角性"了。我们更喜欢用"移植"来描述中印等异域文化在东南亚的存在与发展。"移植"更能准确地定义中华文明进入东南亚后,在异乡、异土、异水、异地,以及异族和异质文化的大环境下落地、生根、开花、结果的文化适应、结合,甚至融入的历史过程。古印度文明在东南亚地区的历史移植进程大致也是如此,只有量的不同,没有质的区别。

文明单边主义和多边主义、多元性和单元性、排他性和容纳性,不仅决定文明的今天,也决定着文明的未来。所以,讨论各文明体的历史角色,就不能简单地从某个阶段或某个领域来看问题,而是要深入该文明体的五脏六腑,深切了解其本质。

1921年,身处乱世之中的梁漱溟在《东西文化及其哲学》一书在发出叩击包括中国在内的整体东方的历史之问"东方文化可否翻身成为一种世界文化? 如果不能成为世界文化则根本不能存在;若仍可以存在,当然不能仅只使用于中国而须成为世界文化"的同时,充满悲伤地感叹道:"从大概情形来看,仅能看出东方将绝根株的状况,而看不出翻身之道。"③一百年后,全世界不仅看到了中华文明的

---

① 《汉语大词典》编辑委员会《汉语大词典》编纂处编纂:《汉语大词典》,"转移"条,第1321页。
② 刘继宣等:《中华民族拓殖南洋史》,上海:国立编译馆出版,商务印书馆印行,1934年(中华民国23年)8月版,第6页。
③ 梁漱溟:《东西文化及其哲学》,上海:上海人民出版社,2006年5月版,第17页。

"翻身之道",而且深深地感触到了中华文明正在走向"全面复兴"。

相对人类历史曾经存在的诸多古文明,中华文明发展史虽然也有起伏、波动,甚至衰微,但因为其具有强大的文明核心凝聚力,经过历史调整期,很快就会实现复兴。历史证明,中华文明没有衰落期,更不会消亡,只有起伏、波动、调整。经历调整之后,便会迎来一个新高潮。罗素说,古代中国有"一个如此异常的生存力的制度一定有很大的长处,也值得我们尊敬"。[①] 中华文明自然生成的强烈包容性与互融性,不仅决定了其文脉数千年的绵绵不断,而且会在世界发展的大趋势中,继续吸纳各种异域、异质文化,得其精华,去其糟粕,形成符合时代发展需求的新文化体,最终成为"世界文明共同体"或"世界文化"结构中不可或缺的积极力量。

基于不同的历史背景,人类发展史上的各个阶段(无论长期或短期)总是有某种文明体处于某种概念下的领先地位甚至充当领导角色。翻开世界文明发展史,就会看到不同文明体在不同历史阶段扮演的不同历史角色。有研究者称"欧洲文化发展到今天之所以还有强大的生命力,正是因为它能不断吸收不同文化的因素,使自己不断得到丰富和更新",[②] 似乎有过誉之嫌。所谓"欧洲文化",按通常的理解就是学界常用的"西方文化",即陈独秀所说:"'近世文明'者,乃欧罗巴人之所独有,即西洋文明也"。[③] 在人类发展史上曾经存在过的十二大文明体(7个已经消失:美索不达米亚文明、埃及文明、克里亚文明、古典文明、拜占庭文明、中美洲文明、安第斯文明;5个尚存:中华文明、印度文明、日本文明、伊斯兰文明和西方

---

① 罗素:《东方与西方有关幸福的理想》,胡品清译:《一个自由人的崇拜》,长春:时代文艺出版社,1988年4月版,第2页。
② 乐黛云:《多元化及其发展中的两种危险》,《东方文化》,2000年第4期,第271页。
③ 陈独秀:《法兰西人与近世文明》,《新青年》,1915年,第1卷,第1期。

文明）中，"西方文明"是最"近（现）代"的。一般认为它是在公元8~9世纪才逐渐形成，且在此后的"几百年间，它在文明程度上落后于许多其他文明"，[①]直到14~16世纪的"文艺复兴"运动后，才逐步构建起近代文明体系，成为近代文明的代表。如果从"文艺复兴"开始算，所谓"西方文明"的历史，距今最多不过700年左右。如果从英国1640年资产阶级革命开始算，仅有不到300年。相对动辄上千年甚至几千年的人类文明体而言，用"发展到今天"诸语会使人产生一种历史悠久漫长的错觉。

我们认为，"欧洲文化发展到今天之所以还有强大的生命力"，恰恰不是"因为它能不断吸收不同文化的因素，使自己不断得到丰富和更新"，而因为它原本就是一种在新历史阶段创造出来的适合历史发展需求的近（现）代文化（虽然我们不能否认此新文化中存在非欧洲文明成分，但很显然其最最主要的内容还是近代欧洲的），而且它仍然处于生长或完善阶段，呈现出"强大的生命力"也是自然的。即冯友兰所说："所谓西洋文化之所以是优越底，并不是因为它是西洋底，而是因为它是近代底或现代底。"[②]可见，所谓全球化，并非空穴来风，它"既是法人资本主义的逻辑发展，也是政治指导、管理与竞争的产物"。[③]当然，这种"历史先进性"并不阻挡在百年前就有美国著名记者向梁启超发出"西洋文明已经破产了"[④]的感叹。

许多研究全球化的学者，常常在"全球化的属性"上争论不休，例如，"全球化是西方的还是非西方的""全球化是资本主义的还是非

---

[①] 塞缪尔·亨廷顿著，周琪等译：《文明的冲突》，北京：新华出版社，2013年1月版，第29页。
[②] 冯友兰：《别共殊》，《新中华》，复刊第6卷第9期，参见罗荣渠主编：《从"西化"到现代化》，北京：北京大学出版社，1990年3月版，第332页。
[③] （美）托尼·麦克格鲁：《走向真正的全球治理》，参见俞可平主编：《全球化：全球治理》，北京：社会科学文献出版社，2003年6月版，第154页。
[④] 梁启超：《欧游心影录》，北京：商务印书馆，2014年8月版，第22页。

资本主义的""全球化是霸权的还是平等的",等等。事实是,全球化并非是一条"历史单行道",而是附加了诸多社会条件的多向交叉纵横的外部刺激,与内部回应相结合的历史过程。此历史进程带来的表象结果,是当今"世界上最重要的国家绝大多数来自不同的文明",[①]而实质上这些"世界上最重要的国家"所依存的"不同的文明",就是在长期多向交叉纵横的历史冲撞与融合中相辅相成的。罗素说:"在往昔,不同文化的接触曾是人类进步的路标。希腊曾经向埃及学习,罗马曾经向希腊学习,阿拉伯人曾经向罗马帝国学习,中世纪的欧洲曾经向阿拉伯人学习,文艺复兴时期的欧洲又曾拜占庭帝国学习。在那些情形下,常常是青出于蓝而胜于蓝的。"[②]日本学者沟口雄三也说:"在多元文化中不能忘记的是,多元性中亦存在着一元的普遍性。例如,法国革命提出了自由、平等、博爱的原理,这个原理作为人类的普遍原理,为地球上所有的人所共有。这里所说的多元化是指,就自由而言,有美国式的自由、中国式的自由、日本式的自由等,其形式是多元的,但自由这个原理却是普遍的、一元的。"[③]杰弗里·C.冈恩用"全球史动摇了东西方二元划分的观念",否定了"非西方的统一和东西方的两分法这类西方制造出来的神话"。[④]

那么,究竟应该给"全球化"下一个什么样的定义才更具学术色彩而远离意识形态桎梏呢?本书作者在包括此书在内的若干著述中坚持其"全球化是双向的,并不一定意味着西方化"的观点,我

---

[①] 塞缪尔·亨廷顿著,周琪等译:《文明的冲突》,北京:新华出版社,2013年1月版,第7页。
[②] 罗素:《中西文化之比较》,胡品清译:《一个自由人的崇拜》,长春:时代文艺出版社,1988年4月版,第8页。
[③] 沟口雄三:《21世纪文化》,《中华文化论坛》,1999年第1期,第829页。
[④] 塞缪尔·亨廷顿著,周琪等译:《文明的冲突》,北京:新华出版社,2013年1月版,第11页。

是赞成的。实际上，持有相同或相近观点的学者并不少，或说"全球化并不是一个单一的同质化过程，而是一种多样性的统一。全球化过程本质上是一个内在地充满矛盾的过程，它是一个矛盾的统一体：它包含有一体化的趋势，同时也包含分裂化的倾向；既有单一化，又有多样化；既是集中化，又是分散化；既是国际化，又是本土化"，[1]或说全球化"并不是谁'化'谁的问题，而是大家'化'至遵从一个共同的规则"，[2]或强调"经济全球化必须全面贯彻多边主义的合作发展精神，而不是搞单边主义、霸权主义和强权政治"，[3]或说"全球资本主义既促进文化同质性，又促进文化的异质性，而且既受到文化同质性的制约，又受到文化异质性的制约"，[4]还有前引的罗素等学者的观点，不胜枚举。

以历史主义的视角，自人类社会诞生那天起，无论是有意识还是无意识，无论是主动还是被动，"全球化"就已启程。作为生物的人类，就是一个从个体到群体、从群体到全体的族群融合或整合过程。这个多族群融合或整合过程，一定会伴随着活动区域的不断融合或整合，即从极为狭小的原初居住地到相对宽阔的区域，最终形成区域最大化的族群体。此行为过程是极漫长的，行为模式是极多样的，行为目的是极繁杂的，行为结果也常常是不可预期的。在历史上的所有阶段，基于不同的原因和目的，族群间冲突是一定存在

---

[1] 俞可平：《导论——全球化：美国化和西方化，还是中国化和现代化？》，参见俞可平主编：《全球化：西方化还是中国化》，北京：社会科学文献出版社，2002年5月版，第22-23页。
[2] 张国强：《经济全球化认识中需澄清的几个疑难问题》，《社会科学论坛》，1999年第5期。
[3] 马洪：《经济全球化与中国经济》，《人民日报（华东新闻）》，2000年11月16日，第三版。
[4] 罗兰·罗伯森著，梁光严译：《全球化：社会理论和全球文化》，上海：上海人民出版社，2000年3月版，第249页。

的，可能是为了争夺领地掌控权，可能是为了抢夺资源财物，可能是为了掳掠妇女，当然，也有可能是为了某种政治理念或宗教理念，等等。与不同的行为标的相对应的，当然就是行为结果。于是乎，大陆内陆区域游牧族群与农耕族群间的争斗似乎永无休止，各种属性的庞大帝国乍起乍落或此起彼伏也成常态。

这种看似无序的行为，就是人类走向"全球化"的历史阶段。如曾经对中国汉朝造成极大边境稳定困扰的匈奴族群，最终在汉王朝的强力打击下，一部分因南下归化中原而不见其影，另一部分则因西走中亚西亚而如泥佛入水不见其踪。匈奴族群的"失踪"或"遁形"，只是形体的"隐匿"，而非功能的"丧失"，其对中国历史和中亚西亚甚至欧洲历史发展的深邃影响在中外学术界是有共识的。现代考古证明，"大概在接近公元初，随着民族大迁徙开始，蒙古人种类型特点不等程度地向正在形成的中亚两河类型'沉积'"。同时，"至少在汉代以前，东西方人种在新疆境内存在反向渗入，但相比之下，蒙古人种向西的渗入比较零碎，不如西方人种成分的东进活跃"。[1] 这在中国古籍中都是有记载的。如《史记·大宛传》中有"自乌孙以西至安息，以近匈奴，匈奴困月氏也。匈奴使持单于一信，则国国传送食，不敢留苦"[2] 诸语，这就意味着，此时的匈奴族群已经在很大程度上控制了从伊犁河流域到伊朗高原的大片区域，包括贯通东西的陆上交通线。对于《汉书》《后汉书》《三国志》记载的"犂靬（鞬）"，法国学者伯希和曾先后有《犂靬为埃及亚历山大城

---

[1] 韩康信：《新疆古代居民种族研究》，乌鲁木齐：新疆人民出版社，2009年9月版，第17页。
[2] 司马迁：《史记·卷123·大宛列传第63》，北京：中华书局标点本，1959年9月版，第3273页。

说》①和《叶调斯调私诃条犁靬大秦》②两篇短文，分别发表于1915年和1932年《通报》上。他认为，"犁靬为埃及亚历山大城"。后有研究者由此推论，位于今天甘肃和罗布泊之间永昌县的"骊靬"遗址，就是公元前36年汉王朝安置帮助匈奴人与汉王朝作战的来自古罗马的150名战俘的囚禁地，③且为一说。可以作为旁证的是，法国学者费琅断定："是波斯人把过去他们自己给阿拉伯人起的名字传到中国去的"，④同为法国学者的让-诺埃尔·罗伯特也强调，从古罗马到中国的陆上交通线有若干条，但"最出名，同时也是最安全的是一条由波斯人控制组织的，它是开放的、不设防的"。⑤美国学者劳费尔也说："外国植物的输入从公元前二世纪下半叶开始。两种最早来到汉土的异国植物是伊朗的苜蓿和葡萄树。其后接踵而来的有其他伊朗和亚洲中部的植物。"⑥或许只有这样，才会出现"中亚的许多重要历史文化、民族学和种族人类学现象，在我国新疆境内都有强烈反映"⑦的现象。

汉王朝并不满足于"金城、河西西并南山至盐泽空无匈奴"⑧的

---

① 伯希和：《犁靬为埃及亚历山大城说》，冯承钧译：《西域南海史地考证译丛七编》，上海：商务印书馆，1931年版，第34-35页。
② 伯希和：《叶调斯调私诃条犁靬大秦》，冯承钧译：《西域南海史地考证译丛九编》，北京：中华书局，1958年版，第120-124页。
③ 布尔努瓦著，耿昇译：《丝绸之路》，济南：山东画报出版社，2001年10月版，第56页。
④ 费琅：《导言》，耿昇、穆根来译：《阿拉伯波斯突厥人东方文献辑注》，北京：中华书局1989年2月版，第16页。
⑤ 让-诺埃尔·罗伯特著，马军、宋敏生译：《从罗马到中国——恺撒大帝时代的丝绸之路》，南宁：广西师范大学出版社，2005年9月版，第139页。
⑥ 劳费尔著，林筠因译：《中国伊朗编》，北京：商务印书馆，1964年1月版，第9页。
⑦ 韩康信：《新疆古代居民种族研究》，乌鲁木齐：新疆人民出版社，2009年9月版，第1页。
⑧ 司马迁：《史记·卷123·大宛列传第63》，北京：中华书局标点本，1959年9月版，第3167页。

成果，一路穷追猛打，终于在公元前后迫使匈奴族群主体退出西域，开始了漫长而持久的西迁运动，到了公元 2 世纪中叶之后，西域再无匈奴。匈奴族群西迁对欧洲历史影响之巨大，以至于至今仍然有诸多欧洲学者以非常浓重的、或褒或贬的笔墨激烈讨论之。

亨廷顿说："所有学者都承认存在着一个单一的独特的中国文明，它可以追溯到至少公元前 1500 年，也许还可以再往前追溯 1000 年。"[1] 毫不避讳地说，基于世俗文化和入世文化的汉文明发展史，就是在与异质文明不断的碰撞中发展起来的，曾经的"和亲制度""五胡乱华""辽金时代""蒙元时代""满清入关"，还有"汉传佛教"的形成和"儒释道"一体化，都是此发展过程的具体体现。罗素称"中国人不愿意用以牙还牙的态度贬低自己的身价。欧洲人认为那是中国人的懦弱，其实那是他们的力量。中国人曾经用那种力量征服所有的征服者"，[2] 显然在很大程度上还是停留在事物表象上的，因为他还不明白"中国文化是以意欲自为调和，持中为其根本精神的"，[3] 即人们常说的"中庸之道"。换言之，现今的中华文明，实质上就是一个以传统汉文明为核心，容纳诸多域内外异质文明而形成的"海纳百川"的"文明共同体"，至少在这一点上，中华文明是最具容纳性和包容性的文明体，是世上任何以宗教为核心而形成的文明体不可比拟的。

罗素曾有一段比较基督教文明和回教文明与汉文明容纳性论述："我们西方人认为，假如一个人接受了一种宗教的话，他便不能接受

---

[1] 塞缪尔·亨廷顿著，周琪等译：《文明的冲突》，北京：新华出版社，2013 年 1 月版，第 24 页。
[2] 罗素：《中西文化之比较》，胡品清译：《一个自由人的崇拜》，长春：时代文艺出版社，1988 年 4 月版，第 12 页。
[3] 梁漱溟：《东西文化及其哲学》，上海：上海人民出版社，2006 年 5 月版，第 59 页。

另一种,因为我们从犹太人那里学到了那种不容忍的态度。基督教和回教的正统派都规定没有人能同时接受两种宗教,但在中国,那种不可并存性是不存在的。"[1]杜维明强调:"在文明对话的过程中,现阶段很难想象有信奉基督教的回教徒,信奉回教或犹太教的基督徒,信奉犹太教的回教徒,但却有基督教徒的儒家、回教徒的儒家、佛教徒的儒家。"[2]亨廷顿也说:"每一个文明都把自己视为世界的中心,并把自己的历史当作人类历史主要的戏剧性场面来撰写。与其他文明相比较,西方可能更是如此。"[3]而在各类异质文明交往日益密切甚至相互依存、共同发展的"全球化时代",对异质文明的"容纳度"是不可或缺的。换言之,对异质文明容纳度越强,各异质文明间的融合度就越强,全球化的进程中的冲突就越少、越顺利、越快,反之,冲突就越多、越坎坷、越慢。

几千年的人类发展史告诉我们,如同当今存在的各种类型文明体形成轨迹中的打打杀杀、分分合合一样,历史上曾经的每一次打打杀杀、分分合合看似简单的历史重复,实质上都是某种状态下的螺旋上升,虽然其中可能充满了时代血腥。许多研究者在批判"文明冲突论",声讨它是,迫使亨廷顿不得不公开表示,他提出"文明冲突论",是为了"唤起人们对文明冲突的危险性的注意,将有助于促进整个世界上'文明对话'。"[4]殊不知,如果我们把视角放宽广一些,所谓"文明冲突"的本质不就是"文明融合"的一种表现形式吗?从历史客观性而言,在许多情形下,人类发展史上非和平方式

---

[1] 罗素:《中西文化之比较》,胡品清译:《一个自由人的崇拜》,长春:时代文艺出版社,1988年4月版,第12页。
[2] 杜维明:《儒家的理论体系与发展前景》,《中华文明论坛》,1999年第1期。
[3] 塞缪尔·亨廷顿著,周琪等译:《文明的冲突》,北京:新华出版社,2013年1月版,第33页。
[4] 塞缪尔·亨廷顿:《〈文明的冲突〉中文版序言》,周琪等译:《文明的冲突》,北京:新华出版社,2013年1月版,第2页。

的异质文明碰撞，往往是参与方（无论是主动方还是被动方）之间的文明融合更快速或更明显的行为模式，尤其是在以武力征服为族群主要文明扩张手段的时代。当然，在以"和平交往"为主题的现代文明时代，一切基于"非和平"（包括硬暴力和软暴力）的"文明征服"或"文化强迫"行为，虽然在理念上都是不能接受的，但在国际实践中，却是极有市场的。我们相信，全人类文化体或全球文化体的最终形成是不可逆的。昨天各方斤斤计较的差异或冲突，今天可能已经成为大家的共同文化。但这个过程会非常漫长，漫长到不可预测。

从人类历史发展史的层次而论，所谓"全球化"，就是一个历史进程，就是一个从"个体"到"共体"的过程，就是一个从"小国"到"大国"的过程，就是一个从"分离"到"联合"的过程，就是一个从"特殊"到"共同"的过程。如果以中国古代先贤的观点，就是从"邻国相望，鸡犬之声相闻，民至老死，不相往来"的"小国寡民"，过渡到"大道之行，天下为公"的理想社会。人类历史发展史上所有行为的最终目的归根结底无外乎于此。如果一定要说这个过程的终点在哪里，是什么，或许只能说，它是一个永远的发展进程，是一个历史趋近值。因为我们根本无法为它制定出一个目标，故而就无从给它标出一个终点或目标。但当前的认识环境中，有一点是可以确定的，即美国学者亨廷顿所说，"各文明的人民应寻求和扩大与其他文明共有的价值观、制度和实践"，这是一种"共同性原则"。正如有学者所说："全球化不是一个单纯的一体化或同质化，它是一个合理的悖论：既是普遍化，又是特殊化；既是国际化，又是本土化；既是一体化，又是分数散化。"[1]

---

[1] 俞可平：《全球化：中国学者的争论》，载俞可平主编：《全球化：西方化还是中国化》，北京：社会科学文献出版社，2002年5月版，第303页。

杰弗里·C.冈恩很聪明,他没有让自己陷入上述似乎永远止境的讨论中,而是以"全球化源于各大洲文化间日益密切的相互联系"为理论基础,以"亚洲大航海时代"为引子,直接将自己"东亚一体论"称为"全球化的黎明",达到了由"分体"到"合体"的目的。

杰弗里·C.冈恩为构建自己的理论体系,在书中论及了许多问题,甚至可以说是面面俱到,这是构建完整理论体系必须经历的过程,但也难免会出现一些论述不到、不充分的地方,给读者留下商榷的余地。下面就是我们阅读后的一些看法,供读者参考、讨论。

我们赞同作者外来文明的输入与落地,并"不意味着东南亚区域文明是完全的衍生式文明,而是聚焦这些民族的创造性和适应性"的观点。法国学者赛代斯也曾有"印度人遇到的并不是没有任何文化的'野蛮人',相反,是一些具有一定文化的人,并且他们的文化与前雅利安时期的印度文化不无共同之处"[1]诸语。我在《东南亚与中国、印度的文明对话:从东南亚文明多样性谈起》一文中曾经阐释过自己的观点:"当印度文化进入东南亚之时,东南亚是存在某种程度的原生文化的,而且这种原生文化已经发展到可以接受或选择外来文化的水平。否则,我们就不能解释为何印度文化在东南亚得以立足。所以,印度文化输入东南亚的过程不是开荒的过程,而是促进的过程。它需要有一个能够认同、接受自己的文化受体。"[2]也有研究者指出:"说东南亚没有文化或没有历史或历史短暂,是殖

---

[1] G.赛代斯著,蔡华、杨保筠译:《东南亚的印度化的国家》,北京:商务印书馆,2008年7月版,第34页。
[2] 程爱勤:《东南亚与中国、印度的文明对话:从东南亚文明多样性谈起》,载王希、肖红松主编:《跨洋史话:在全球化时代做历史》,北京:商务印书馆,2017年1月,第164页。

民地主义者和一些宗教家,为着压低被统治之殖民地的文化,或达其宣传宗教的目的,作为统治者或宣传家唱'白人的责任'的张本、宣传宗教的伪造资料。"[1] 同样,"中国与东南亚地区间存在着复杂的文化关系,涉及考古学、民族学、人类学、民俗学、历史学、遗传学、文献学、语言学的大量资料,它让我们确认了公元前一千年至公元后的几个世纪间,中国与东南亚地区的亲缘关系"[2];也不能简单地称与中华文明关系密切的东南亚地区文明就是中华文明的"衍生文明"或"边缘文明",它还是由自己的原生文明核心做支撑的。

作者"'海上丝绸之路'的贸易历史可追溯至罗马时期(公元前50年—公元500年),喀拉拉邦和越南南部遗址出土的罗马钱币证实了其悠久的历史"的观点,还是在自觉不自觉中体现出某种"西方文化中心论"的色彩。虽然在古代"海上丝绸之路"某些节点上发现来自罗马的历史遗物是难得的实证,但对历史研究者而言,其学术价值远远不如中国《汉书·地理志·粤地》中那条从对"自日南障塞徐闻合浦"出发至"黄支国"或"已程不国"的南海航线重要,因为它非常详尽地描述了这条往返汉朝南方边界与南亚次大陆沿岸的海上贸易之路,至少在汉武帝执政时期(公元前141年—公元前87年)就已经贯通了。虽然我们不能据此认为汉王朝官方主持或掌管着这条航线,但其借此航线与沿线诸节点建立了往来却是确定的史实。而"罗马钱币"等物被发现于此航线的某个节点,并不能确定罗马商人是否到达此节点。这是基于物(尤其是贵重物,如

---

[1] 邱新民:《东南亚文化通史》,新加坡:新加坡亚洲研究学会·文学书屋联合出版,1984年8月版,第9页。
[2] 程爱勤:《东南亚与中国、印度的文明对话:从东南亚文明多样性谈起》,载王希、肖红松主编:《跨洋史话:在全球化时代做历史》,北京:商务印书馆,2017年1月,第160页。

金银、宝石等）附带流通性而得出的结论。此"罗马钱币"可能由罗马人带来，可能由任何往返于此航线之人带来，也不排除是商业贸易活动之中辗转交换而来，甚至不排除像中国古钱币一样，被视为商品而贩卖。以此来证明海上丝绸之路贸易的悠久历史，虽然直观，却远不如中国古籍记载更具有权威性。更何况罗马的历史上限是公元前50年，汉武帝执政的历史下限是公元前87年呢？

对于东南亚大部分地区被"印度化"的原因，作者只是简单地说与"印度化（梵化）与商人、冒险家和宗教人士有关"。至于汉文明与古印度文明几乎同时进入东南亚地区，结果为何是：古印度文明的痕迹几乎遍布除越南北部之外的所有区域，而汉文明却仅仅存在于越南北圻或其他东南亚域内零星地点？作者并未提及。这可能由于学术界在研究文明传播行为的不同结果时聚焦在商业和移民的规模性之上，而很少论及异域输入文化体的性质区别上。其中不乏诸如赛代斯（George Coedès）级别的西方权威专家，也包括国内学者。西方学者自觉不自觉地习惯于使用对近代资本能量分析衡量的方式，希望从实证主义角度来分析甚至量化中印文化对东南亚区域性影响差异的原因。例如，由梁志明、李谋、杨保筠诸师主编的《东南亚古代史：上古至16世纪初》就有一段具体详细的总结语："由于东南亚地处印度与中国世界两大文明古国之间，伴随着东西方国际海上交通与贸易的发展，来自印度与中国的影响对东南亚早期国家建立发挥了重要的推动作用。而东南亚历史上早期国家基本上都是以该地区某个特定民族为基础而建立的。随着印度婆罗门、商旅等进入东南亚，由印度传入的新宗教，以及与其有着密切联系的王权观念和当地各民族原有的古老信仰和习俗相融合，对东南亚大部分地区的政治体制、法律与社会生活等诸多方面都产生了巨大而深刻的影响。与此同时，中国很早就与东南亚交往，与该地区数十个早期国家建立了官方关系和经贸联系，同时也使中国文化在这些国家产生了广泛的影响。"① 从字里行间，我们体味到了中印文明对东南亚影响的巨大历史差别，但这并没有明确指出导致上述现象产生的原因。我们认为，汉、印文明在东南亚区域的不同表现与结果，最主要的原因是汉、印两大文明的性质不同所导致。简言之，汉文明是以血缘为核心而构建的宗亲文化体，这就决定了其对非血缘群体的本质排斥性，其文化特质对内是内享的、显性的，对外是排斥的、隐性性，其传播方式是内敛性的，传播范围是局限于确定的亲缘或血缘，或许可以再加上与亲缘或血缘有着密切联系的地缘和业缘。古印度文化是基于对诸多神祇崇拜而构建的宗教文化体，这就决定了它对社会群体的影响，是更具有广泛性的精神层面而非血缘或亲缘层面，也可以说它体现出更多的是某社会时代的意识形态。基于此，它的传播模式就一定是外扩性的，传播范围一定是不确定的更广泛的族群或社会阶层。赛代斯称东南亚地区的"印度化过程在本质上应当被理解为一种系统的文化传播过程。这种文化建立于印度的王权观念上，其特征表现在婆罗门教和佛教的崇拜、《往世书》里的神话和遵守《法论》等方面，"② 是很典型地将古印度的"神文化"与"俗权力"混为一谈了，也就很难解释为什么比"印度的王权观念"更加制度化的"中国帝王思想"没有在东南亚地区得以发扬光大的问题。

　　作者是在"中华文明"与"越南文明"独立成体的基础上，来论述北越如何在中国的统治之下从一个没有文字的"南洋文明"转变为"东亚文化世界的独特一员"，以及其文化性质归属（本书第二章·越南郑氏和阮氏政权）的，并称："中国向越南的文明转移长达

---

① 梁志明、李谋、杨保筠主编：《东南亚古代史：上古至16世纪初》，北京：北京大学出版社，2013年3月版，第136页。
② （法）G. 赛代斯著，蔡华、杨保筠译：《东南亚的印度化国家》，北京：商务印书馆，2008年7月版，第34-35页。

一千余年，这还尚未包括自13世纪起的军事和武器转移"（第十一章·总结），这可能是从秦始皇起到宋代止来算的。事实是在此后的大部分时间，声称"独立建国"的越南还是在中原政权的控制之下，直到中法战争结束。由此可知，所谓"越南文明"在历史上很大程度是中华文明的一个组成部分。我们这么说的依据，不是基于地缘关系，而是基于文明性质和文明思维模式。中、越文明之间有许多不同点，但这并不能否定两者之间性质相同和思维模式及行为模式相同。从这个意义上讲，与其说越南文明是中华文明"转移长达一千年"而演绎发展的结果，倒不如说，特定时期或特定领域内的中华文明是现今的中国人与越南人共同建构的。这种区域文明发展现象，与中华文明和朝鲜半岛文明间的关系非常相似。中华文明和日本文明间的关系就大不相同的。日本文明的外在表现形式与中华文明有很多相似点甚至难分你我，但两者的文明性质却是完全不同的，思维模式与行为模式也有质的区别。所以，我是赞同把日本划入"汉字文化圈"但反对把它划入"汉文化圈"的。最能体现出这种文明性质区别的案例，就是日本的"天皇制度"与中国、越南、朝鲜半岛，甚至包括琉球的"帝王制度"性质区别，还有一个案例就是至今仍然是日本最大民众信仰的"神社制度"。

  作者在第四章"朝贡贸易体系与海外华人"中，用一个章节来专门论述"以中国为中心的朝贡贸易体系"，并称："两千年来，复杂且高度固化的朝贡贸易体系将中国与东亚、东南亚地区紧密相连，该体系以中国为中心，几乎所有的地区性海洋国家都参与其中。"对于学界常谈的"朝贡贸易体系"是否真的存在，我是持反对意见的。理由很简单，"朝贡"与"贸易"是两个完全不同质的概念。"朝贡"虽然表现出的是某种物品"交换"，却是基于不平等的政治关系之上的。而"贸易"中的物品交换则是一种至少被交换者认为是"等价"的、"平等"的基础之上的。就如书中提到的王赓武的观点，在960

年宋朝建立之前，南海贸易中大部分都不属于以中国为中心的官方朝贡贸易。换言之，此间的南海贸易大部分与"朝贡"无关，称之为"朝贡贸易"完全是一种概念混淆。基于此，作者称"明朝当局之所以指派郑和下西洋是为了促进朝贡贸易"，也是值得商榷的。将唐朝与印度、波斯和阿拉伯商人的贸易也称为"朝贡贸易"，也是如此。"市舶司"的设立与长期存在，就是最好、最直接的否定。

在早期与中国的海上交往中，来自东南亚的海船（不能确定是否是由东南亚人在本土制造的）所扮演的角色甚至高于中国海船。大约在中国的魏晋时期，随着一些内河造船技术（如书中提到的水密舱壁、货物分隔、船钉等）应用于海船制造，中国海船在南海通道上的重要性开始上升，反过来对东南亚的造船技术起到促进作用。作者称"自8世纪起直至中国第一艘大型远洋船只出现之前，海上贸易由外国航运主导"，比我们研究确定的时代稍微晚了一些。书中提到学界一般认为东南亚的造船业毫无疑问受到古印度三角帆船的巨大影响，但在中国史籍记载的扶南船是不用帆的。例如，《晋书·扶南传》中有外国人混溃受神旨意而"载舶入海"，"泛海至扶南外邑"[1]征服扶南诸语；在《南齐书》中称扶南人"为船八九丈，广载六七尺，头尾似鱼"[2]诸语；在《梁书》中称"吴时扶南王范旃遣亲人苏物"出使天竺国"从扶南发投拘利口，循海大湾中正西北入历湾边数国，可一年余到天竺江口，逆水行七千里乃至焉"[3]诸语；《康泰扶南传》中有"从迦那洲西南入大湾，可七八百里，乃到枝扈大江口，度江径西行，极大秦也，又云发拘利口入大湾中，正

---

[1] 房玄龄：《晋书》卷九十七《列传第六十七·四夷·扶南》，北京：中华书局标点本，1974年11月版，第2547页。
[2] 《南齐书·卷五十八·列传第三十九·东南夷·扶南国》。
[3] 《梁书·卷五十四·列传第四十八·诸夷·扶南》。

西北入，可一年余，得天竺江口"①诸语；《竺枝扶南记》中有"扶南去林邑四千里，水步道通，檀和之令军入邑浦，据船官口，城六里者也"②诸语；《异苑》中有"扶南国治生皆用黄金，俲船东西远近雇一斤，时有不至所屈，欲减金数，船主便作幻，诳使船底砥折，状欲沦滞海中，进退不动，众人遑怖还请请赛，船合如初"③诸语，都没有提到使用"帆"。特别是在被认为是亲自到过扶南国的东吴使者朱应回国后撰写的《外国传》中有"扶南国伐木为舡，长者十二寻，广肘六尺，头尾似鱼，皆以铁镊露装，大者载百人，人有长短桡及篙各一，从头到尾，面有五十人作，或四十二人，随舡大小，立者用长桡，坐则用知桡，水浅乃用篙，皆当上应声如一"④诸语，非常详尽地描述了至少在公元三世纪中叶，扶南的船还是没有作用"帆"的。但在据说是三国东吴太守万震撰写的《南州异物志》中却记载："外徼人随舟大小，或作四帆，前后沓载之。有卢头木，叶如牖形，长丈余，织以为帆。其四帆不正前向，皆使邪移相聚，以取风吹。风后者激而相射，亦并得风力，若急则随意增减之。邪张相取风气，而无高危之虑，故行不避迅风激波，所以能疾。"⑤对"外徼人"使用的帆亦有详细描述，却显然不是指扶南。一般认为，南印度在公元1~3世纪已经广泛使用风帆了，而在《南史》中有描述生活在公元3世纪初的扶南范氏王朝第一王范蔓"自号扶南大王，乃作大船穷涨海，开国十余，辟地五六千里"⑥诸语，似乎表明此时的东南亚除了

---

① 郦道元：《水经注·卷一·康泰扶南传》。
② 郦道元：《水经注·卷六三·竺枝扶南记》。
③ 刘敬叔：《异苑》，《学津讨源》，第十六集，第四十函。
④ 李昉：《太平御览·卷七六九·舟部二·叙舟条》引《外国传》，北京：中华书局，1960年影印本，第3411页。
⑤ 李昉：《太平御览·卷七七一·舟部二·叙舟条》引《南州异物志》，北京：中华书局，1960年影印本。
⑥ 《南史·卷七十八·列传第六十八·夷貊上·扶南》。

扶南，没有其他地方更有可能拥有这种高级"帆船"了。历史真相究竟如何？还有待于新资料证明。

书中提到了阿布-卢戈德的"郑和下西洋并未获得切实的经济成果"问题，这就是近代西方学者看待问题的一个固定模式，行为是为获取经济利益服务的。这是基于近代资本主义大发展时代的定式思维。众所周知，"郑和下西洋"从始至终都不是为了获取"经济成果"，结果当然是"未获得切实的经济成果"。明朝政府在这么长的时间内，花了这么大的人力和物力，不是为了"获得切实的经济成果"，对许多近代西方学者真的是不可理解的事。正是在这个理念上，他们才产生了西方势力东进东南亚是在与中国争夺区域控制权和贸易权，最终打败了明清政府的观点。事实正如作者所言："中国显然也十分乐于接纳经由海上和陆上丝绸之路传入的、从水稻新品种到宗教传说、伊斯兰知识、新世界作物和军事技术等各种外来事物和技术"的，根本不排斥这些异质文化。当然，前提是不能危害到明清政权的统治。

作者对东亚陶瓷生产、传播及贸易网络进行了颇有意思的描述，从最原初的陶器，到最精美的瓷器，勾勒出了一个清晰的发展演变提纲（第11章）。如将此章拿出来，稍事补充，单独成册，也是一本很好的东亚甚至世界陶瓷交流简史。单从陶瓷的生产技术演变、传播目的途径、由点成线再到面再到网的演化过程，就是可以感受到东亚文明一体化过程中对"全球化"的积极贡献。如作者称："没有什么比陶瓷贸易网络更能体现东亚和东南亚国家和政体与由生产者与消费者组成的区域性综合体之间的联系。"（第十章）

作者提出了"知识转移：一个区域性技术的综合体？（第一章）"的论题，想通过"探究一些选定国家在工艺（手工艺除外）、制造和科技方面的技能水平，以确定东方-东方之间的（知识）转移、进步、排斥与停滞都出现在何处"，确实很有意义。所谓"东方-东方转移是指来自广阔欧亚地区的知识交流。"书中引用了佩西（Pacey）将南印度与东南亚视为"区域技术综合体"的观点，与我曾经提出的"早期'印度与东南亚文化圈'"观点似有相同，只是佩西（Pacey）强调的是技术层面的"综合体"，而我着重点是"大文化"层面的"共同体"。[①]

可能是限于篇幅，作者对其"印度文明转移最明显的影响就是大型建筑与水利工程的建设"的观点，并未进行阐述。在这个问题上，从制度、功能和效果甚至历史角色，学界都是有不同看法的。主要问题集中在这些"大型水利工程"的分布规划模式所体现出来的印度文明表现，以及它们与农业生产和社会经济的功效关系等。

作者提出了印度种姓制度没有在东南亚广泛传播，却没有总结造成这个结果的原因。我们认为，就是因为东南亚地区根本没有其扎根的土壤，更没有其生长、发展的空间。这又再次说明在印度文明传入之时，东南亚地区是有其原生文明的，是外来文明是有鉴别能力的，接受什么、拒绝什么、排斥什么，原生文明当然是起到作用的。

毫无疑问，"火药和火枪都是中国发明的"，东南亚地区的热武器技术甚至器具长期依赖中国供应，但随着近代欧洲势力的进入，这种局面被改变了，甚至清中期之后，东南亚成为清朝取得先进欧洲武器的途径之一。这似乎也可以作为中国与东南亚相互促进发展的一个事例。

书中特别列举了"稻作技术"向东南亚的传播及发展。这是一个极好的"技术移植"的案例。水稻栽培技术源自中国已经是世界公认的了，但水稻技术的发展，却有诸多地区的参与，东南亚就是

---

① 程爱勤:《古代中印交往与东南亚文化》，郑州：大象出版社，2009年8月版，第1—96页。

非常有效果的典型区域。从稻种培育、耕种技术、农具改进等,都有一个互相促进发展的过程。

书中提到的"东南亚青铜时代的标志性大铜鼓"问题,也是一个已经有大量研究但尚待进一步深入的课题,尤其是其在华西南与中南半岛间的源起、传承、发展关系的紧密性,值得进一步深入研究。

书中类似的可资商榷的议题,还有许多,限于篇幅,不再一一列巨额。这对于此领域的治学者或对此类议题感兴趣者,是非常好的发现问题、探讨问题的平台。

我们并不完全赞成作者所说的这一观点:"从历史整体的角度而言,一个连贯且人口、民族、信仰众多的东亚共同体已经产生。在这一共同体中有许多交融的元素,对国家和种族等本质主义的概念带来了挑战。这些共同体几乎包含了印度文明、伊斯兰文明、中华文明等所有主要的亚洲文明。"诚然,在近代西方文明带来的长达几百年的巨大行为侵入与精神冲击之下,随着历史的发展,与其文明性质迥然不同的东方文明开始或已经展示出某种复兴态势,以及为了实现某种共同目标而团结共荣的行为,但至少在当前"国家和民族是第一位的旧思考方式仍然压倒一切",① 而国际政治实践中,"国家与非国家行为体益发难以将自己与世界其他地方发生的事件隔离开来,无论它们多么想做到这一点"。②

在东南亚发展史上,集中体现出两个"全球化"历程:一是自东向西的"全球化",即东学西传:东方多文明体系逐渐构成自己的文明共同体,以中华文明为中心的东亚文明体系,向东扩展到朝鲜半岛、日本群岛,向西经丝绸之路扩展到中亚西亚与东欧罗马连

---

① 詹姆斯·N. 罗西瑙:《面对本体论的全球治理》,参见俞可平主编:《全球化:全球治理》,北京:社会科学文献出版社,2003 年 6 月版,第 56 页。
② 奥兰·扬:《全球治理:迈向一种分权的世界秩序的理论》,参见俞可平主编:《全球化:全球治理》,北京:社会科学文献出版社,2003 年 6 月版,第 68 页。

接，向南经东南亚至印度半岛再与阿拉伯、东非连接。这个过程是非常漫长的，走了几千年，主体是自然的、和平的。二是自西向东的"全球化"，即西学东渐：葡萄牙、西班牙、荷兰、英国、法国，最终是由殖民地变成殖民者的美国，主体是强制的、暴力的。

我们期盼着一个包含印度文明、伊斯兰文明、中华文明、日本文明、东南亚文明等所有主要东亚文明的"东亚文明共同体"早日形成。

程爱勤<br>
河南师范大学历史文化学院教授<br>
漯河食品工程职业大学副校长

# 前　言

横跨连接中印的历史海上丝绸之路，在漫长的历史时期中，东亚与东南亚可被视为正在形成的全球性地区。这一论断的形成，基于亚洲内部香料、丝绸、陶瓷和白银贸易的兴盛，至少在帝国主义时代前，亚洲就已走在全球经济史的前列。除了日本人、欧洲人、穆斯林及其他参与者所从事的白银相关贸易外，中国凭借其历史悠久的朝贡贸易网络保障了亚洲内部贸易必要的稳定性和连续性，从而造就了辉煌的商业时代。

然而，民族历史总是顽固地主导着亚洲历史的书写。对于拥有悠久中央集权官僚主义传统的国家来说，这一现象则更为普遍。本书重点关注现代国家出现之前的时代，采取聚焦国家间区域的全新书写方式。在边界研究的大主题下，即使是以国家为中心的叙事也不得不根据时刻变化、充满争议的边界和身份归属重新审视历史。

新兴的世界史或全球史学科既带来了方法也提供了教训，更加重视文化互动与经济交流的融合。通过挑战以欧洲为中心的历史，世界史学家甚至将相对模糊的"地区"升级为主流关注对象。因此，本书从时间和空间两个维度探究地区中本土的民族与政体是如何以各种方式与世界其他地区联系在一起的。

本书试图将文明带入长达数世纪对亚洲商品（包括稀有商品与日常商品）全球贸易的讨论之中，引出了有关发展不平衡、区域内技术交流与进步，以及民族国家传统边界内外出现的亚洲混合新身份的一系列问题。

# 致　谢

在广泛的历史学习中，我欠下许多学术之债。20世纪60年代末，在墨尔本大学杰米·麦基（Jamie Mackie，已故）的指导下，我第一次接触到印度尼西亚历史。我还从墨尔本大学一位研究唐代的客座讲师费子智（C.P.Fitzgerald，已故）处第一次了解到东亚历史。同样在墨尔本，我跟着维克多·普雷斯科特（Victor Prescott）学习了一些政治地理知识。随后我前往莫纳什大学师从柬埔寨专家大卫·钱德勒（David Chandler）学习印度支那历史。出于研究需要，我曾前往老挝开展田野调查并前往法国的图书馆和档案馆搜寻资料。至于与伊斯兰世界的接触，除了本书所讲述的沿丝绸之路的艰苦旅行，我还曾在利比亚与文莱担任过教职。另一些研究源于我对葡萄牙单方面对东帝汶（后来被印尼占领）"去殖民化"以及澳门回归中国这两大事件的关注。为开展包括长崎历史在内的研究工作，我又前往了葡萄牙的图书馆与档案馆。档案书籍不断涌现。

我有幸亲身接触了许多研究东部东南亚历史的学者，尽管在某些情况下相处时间短暂，其中一些学者的名字也会在正文中出现。他们是（以下排序不分先后）：阿布·塔利布·艾哈迈德（Abu Talib Ahmad）、保罗·克拉托斯卡（Paul Kratoska）、马丁·斯图尔特·福克斯（Martin Stuart-Fox）、马克·塞尔登（Mark Selden）、滨下武志（Hamashita Takeshi）、安东尼·瑞德（Anthony Reid）、廖建裕（Leo Suryadinata）、石井米雄（Ishii Yoneo）、韩林（Jean Berlie）、韦杰夫（Geoff Wade）、乔治·索萨（George Souza）、李塔娜（Li Tana）、包乐史（Leonard Blussé）、吉安·泰拉维（Khien Theeravit）、弗雷德里克·杜兰（Frédéric Durand）、芭芭拉·沃森·安达亚（Barbara Watson Andaya）、钱江（James Chin Kong）、罗德里希·普塔克（Roderich Ptak）、路易斯·菲利佩·托马斯（Luis Filipe Thomaz）、辛西娅·维亚利（Cynthia Vialle）、王国斌（R. Bin Wong）、范岱克（Paul Van Dyke）、詹姆斯·沃伦（James Warren），以及许多来自各国的专家学者。我从以上诸位那里学到了很多，十分感谢！

我还要感谢长崎大学经济学部东南亚研究所以系列研究丛书的形式出版了本作品的早期版本。我还要感谢九州产业大学柿右卫门陶瓷艺术研究中心早前委托我编写了第十章的内容。香港大学出版社的匿名读者们帮助我确定了这部作品的范围。此外，我还要感谢地理学家、亚洲研究专家弗雷德里克·杜兰为我起草了专业的地图。

# CONTENTS 目 录

## 导 论

东亚地区主义学派　　　　　　　　　　　　004
"一百条边界，一百种视域"　　　　　　　005
书写一部去中心化的世界区域史　　　　　007
东方全球化解读　　　　　　　　　　　　009
"长期东方优先"历史分期（从宋朝至鸦片战争时期）　012
东南亚、东亚还是东亚-东南亚？　　　　014
东方的地中海？　　　　　　　　　　　　016
东亚历史的形成　　　　　　　　　　　　017

## 第一章
## 印度与中国之间的东南亚

东南亚环境　　　　　　　　　　　　　　023
从狩猎采集者到青铜与铁器时代文明　　026
南岛语族扩散论　　　　　　　　　　　　032
印度贸易与文明转移　　　　　　　　　　037
阿拉伯贸易与伊斯兰教皈依　　　　　　　043
总结　　　　　　　　　　　　　　　　　046

## 第二章
## 东南亚"宪章"王国的兴衰

位于苏门答腊岛的室利佛逝　　　　　　　054
以爪哇为中心的满者伯夷　　　　　　　　055
柬埔寨吴哥王国　　　　　　　　　　　　057
金边宫廷　　　　　　　　　　　　　　　059
泰族的多元性（约1250—1440年）　　　060

| | |
|---|---|
| 万象王国 | 062 |
| 泰族阿瑜陀耶王国 | 064 |
| 缅甸王国 | 066 |
| 越南郑氏和阮氏政权 | 069 |
| 印度化沿海国家——占婆 | 073 |
| 顺化宫廷 | 076 |
| 总结 | 078 |

## 第三章
## 伊斯兰宫廷与海上贸易港口

CHAPTER 3　081—108

| | |
|---|---|
| 东南亚的伊斯兰宫廷 | 084 |
| 亚齐苏丹国：通往东南亚的印度洋门户 | 087 |
| 马六甲苏丹国：马来穆斯林范例 | 089 |
| 万丹（1526—1813 年）：爪哇的伊斯兰国际贸易港口 | 091 |
| 马打蓝：穆斯林宫廷 / 爪哇传统王国 | 093 |
| 文莱苏丹国：横跨中国海 | 095 |
| 摩洛兰：边缘地带的苏禄苏丹国 | 097 |
| 北大年苏丹国：面朝暹罗 | 099 |
| 望加锡：苏拉威西的大都会王国 | 100 |
| 柔佛：拥有战略联盟的苏丹国 | 104 |
| 总结 | 106 |

## 第四章
## 朝贡贸易体系与海外华人

CHAPTER 4　109—138

| | |
|---|---|
| 以中国为中心的朝贡贸易体系 | 111 |
| 商人、走私者与海盗 | 113 |
| 历史学模式 | 118 |
| 15 世纪早期苏门答腊的华人华侨 | 122 |
| 爪哇新客华人社区的兴起 | 123 |
| 马六甲华人：峇峇社区的兴起 | 128 |
| 西班牙管理下的马尼拉华人 | 129 |

| | |
|---|---|
| 曼谷潮州华人：保皇派与臣仆 | 131 |
| "云之南"：云南边境 | 133 |
| 越南华人：开疆拓土的先驱 | 134 |
| 总结 | 137 |

## 第五章
## 商业、货币与商品

CHAPTER 5 · 139—166

| | |
|---|---|
| 东南亚本土钱币 | 141 |
| 中国货币传统 | 143 |
| 不断变化的货币本位 | 144 |
| 东亚-东南亚的商品链 | 146 |
| 总结 | 164 |

## 第六章
## 伊比利亚海洋网络

CHAPTER 6 · 167—194

| | |
|---|---|
| 葡萄牙贸易网络 | 170 |
| 葡属果阿：葡萄牙的东方殖民地 | 176 |
| 葡属马六甲：马来世界的十字路口 | 177 |
| 葡属澳门：中国特许城邦 | 180 |
| 长崎与葡萄牙人：传教士与商人 | 183 |
| 香料群岛：葡萄牙人的苦难之所 | 185 |
| 索洛-弗洛里斯-帝汶地区 | 186 |
| 孟加拉湾的葡萄牙"影子帝国" | 189 |
| 西属马尼拉 | 190 |
| 总结 | 193 |

## 第七章
## 系列霸权：走进荷兰与英国贸易公司

CHAPTER 7 · 195—222

| | |
|---|---|
| 欧洲贸易公司的兴起 | 197 |
| 荷兰东印度公司的运营 | 201 |
| 荷属巴达维亚 | 203 |

| 荷兰对香料的控制 | 204 |
| --- | --- |
| 1669 年后的望加锡 | 207 |
| 荷属马六甲（1641—1824 年） | 208 |
| 位于阿瑜陀耶大都会式宫廷的荷兰东印度公司 | 210 |
| 日本的荷兰人与英国人 | 212 |
| 荷兰和英国与越南郑主的接触 | 213 |
| 台湾热兰遮城（1624—1661 年） | 214 |
| 孟加拉湾地区的荷兰东印度公司 | 217 |
| 英国东印度公司对中国的关注 | 218 |
| 欧洲公司与广州贸易 | 219 |
| 总结 | 221 |

## 第八章
## 日本人町：东南亚的日本侨民社区

CHAPTER 8　223—250

| 日本早期的威信财贸易 | 226 |
| --- | --- |
| 朱印贸易 | 228 |
| 日本、朝鲜与东南亚的联系 | 230 |
| 东南亚贸易中的琉球 | 232 |
| 阿瑜陀耶如履薄冰的日本人 | 235 |
| 马尼拉的日本人：良好的生活与未知的命运 | 238 |
| 柬埔寨："不敢回国的土匪" | 240 |
| 长崎与越南之间的贸易 | 241 |
| 澳门的日本人：毁誉参半 | 243 |
| 安汶岛上的日本雇佣军 | 244 |
| 巴达维亚（雅加达）的日本人 | 245 |
| 总结 | 247 |

## 第九章
## 亚洲内部贵金属贸易经济网络

CHAPTER 9　251—276

| 日本的金矿和银矿 | 254 |
| --- | --- |
| 长崎–澳门与以丝易银贸易 | 255 |

| 日本贵金属贸易中的荷兰人、华人和朝鲜人 | 258 |
| 日本与全球铜贸易 | 261 |
| 云南在中华帝国货币体系中的特殊角色 | 265 |
| 不断减少的日本铜储量及应对措施 | 266 |
| 18 世纪初日本面临的危机 | 270 |
| 贵金属贸易对东南亚国家的影响 | 272 |
| 总结 | 274 |

## 第十章
## 全球陶瓷贸易网络中的东亚-东南亚

| 中国陶瓷生产 | 280 |
| 海洋考古证据 | 282 |
| 暹罗和缅甸陶瓷贸易 | 285 |
| 越南与占婆的陶瓷贸易 | 287 |
| 欧洲陶瓷贸易 | 289 |
| 郑氏家族的陶瓷贸易 | 290 |
| 广州陶瓷出口贸易 | 291 |
| 日本陶瓷贸易网络 | 293 |
| 长崎的荷兰陶瓷贸易 | 294 |
| 荷兰东印度公司的主要贸易网络 | 295 |
| 欧洲的需求以及代夫特的兴起 | 296 |
| 日本-荷兰陶瓷贸易网络的周期 | 297 |
| 二级目的地：区域内贸易 | 299 |
| 中国陶瓷帆船贸易 | 300 |
| 总结 | 302 |

## 第十一章
## 知识转移：一个区域性技术的综合体？

| 托勒密、阿拉伯、印度以及中国的知识交流 | 308 |
| 印度的转移 | 309 |
| 伊斯兰的转移 | 312 |

| | |
|---|---|
| 中国技术在东亚-东南亚的传播 | 312 |
| 军事技术转移 | 319 |
| 东亚-东南亚军事/科学/技术平衡 | 323 |
| 新兴的东南亚物质文化-技术综合体？ | 324 |
| 总结 | 326 |

## 结　语

| | |
|---|---|
| 大东亚区域 | 331 |
| 朝贡贸易体系的衰落 | 333 |
| 世界经济中的东亚-东南亚：退出还是依附？ | 335 |
| 回顾当今的地区主义 | 338 |
| 通往现代性的不同道路 | 339 |

## 参考文献　　　　　　　　　　　　　　　343

# 导 论
INTRODUCTION

导 论

亚洲经济体迅速崛起的全球趋势预示着历史车轮的转动。在世界史学习者的印象中，中国、日本和印度作为丝绸、陶瓷和棉花的生产国与出口国在前现代世界中占据核心地位，而其人口和经济规模也远超中世纪欧洲国家。东南亚广阔的热带地区作为香料和自然商品主要来源地，也拥有灿烂辉煌的文明。不论是柬埔寨吴哥寺庙群，还是爪哇的婆罗浮屠都令前往参观的游客心生敬畏。至今仍然令我们感到困惑的是这个历史上曾闻名世界的贸易枢纽是如何从世界历史舞台的中心跌落的。殖民主义和帝国主义是否令本土机构江河日下？抑或停滞不前才是生活的必然属性？而更为广泛的东南亚东部地区是否值得拥有一部独立书写的历史？

我们承认在东南亚地区现代经济发展中，有关海上贸易的讨论仍存在争议，尤其是涉及社会、经济和文化的多重影响。但是我们试图通过提出一系列相互关联的问题以深入探讨，如该地区是否曾出现过资本主义萌芽，或者该地区是否仍处于欧洲（和中国）核心的外围？我们还想获知欧洲介入所导致的转变发生的时间及其性质。我们希望能够确定当地的冶金、瓷器、纺织品等生产中心，正如我们试图调查当地与外国商业社区间的动态交流一样。在欧洲干预所开启的"商业时代"这一背景下，我们能否在更广阔的东亚-东南亚地区找到一场产生于17世纪但直到现代才得以平息的危机？

与我早先的著作《首次全球化：欧亚互动（1500—1800）》[ First Globalization: The Eurasian Exchange ( 1500–1800 ) ]一样，本书力求捕捉物理和文化边界的流动性与模糊性，特别是在现代民族国家体系出现之前。即便如此，本书将位于中印之间广阔的热带地区定位为一个与全球相连且时间相关的"世界区域",展现了当下世界史书写的全新关注点。第一次全球化强调内在文化与知识层面的动态关联,正是基于此,欧洲得以在文艺复兴与宗教改革的知识磨砺中脱颖而出并超越亚洲更早地实现了工业化和现代化。本书则试图借助一个相互连通的宏观区域支持亚洲经济早熟说。该区域因贸易而形成,却在跌跌撞撞中走过10~18世纪并走向终结。这主要是由外部因素,尤其是西方的崛起造成的。

## 东亚地区主义学派

在写作过程中,我受到了修正主义作品的影响。与传统上以欧洲为中心的历史观不同,这些作品认为东亚在18世纪鼎盛时期实现了高度的和平、繁荣和稳定。该观点认为,中国及其朝贡贸易体系保障了这一时期的繁荣,为东亚-东南亚广大地区非官方贸易的蓬勃发展搭建了地缘政治框架。尽管有反对观点称中国清朝时期和日本德川时期都严格限制海上对外贸易,但贸易依然在其边缘地带进行着。值得注意的是,福建成为联系中国沿海与琉球、日本、东南亚的纽带,一如日本(和朝鲜)在长崎等九州岛海岸内外的不同地方都有对外开放的窗口——来自葡萄牙、荷兰和中国的商人在此源源不断地开展了大量贸易活动。

自亚当·斯密(Adam Smith)以来,全球白银贸易的重要性受到了广泛的认可。但是在新东亚地区主义范式中,认识白银的流动是理解交换机制的核心,亚洲白银流动甚至先于欧洲掠夺美洲白银而出现。在本书重点关注的1000—1800年这段时间里,与出口自西属美洲数额相当的大量日本白银(以及后来的铜)被用以换取中国和越南的丝绸、茶以及其他热带地区的商品。新来的伊比利亚人和北欧人也用印度棉花、鸦片等一系列亚洲商品换取白银以购买梦寐以求的东方丝绸、陶瓷，以及茶叶。

抛开东亚的儒家传统，着眼分析相邻国家集团间的相互依存与互动时，我们发现除东南亚、中亚和东北亚以外，东亚也是一个超级区域，而中国是该区域体系的中心。"东亚地区主义学派"兴起的推动力并非来自中国而是源于包括日本研究人员在内的国际学者。①

## "一百条边界，一百种视域"

但是为什么需要一部超国家历史或者换一种视角的东南亚历史呢？虽然新兴的史前史以及新媒体发展引发的知识全球化带来了挑战，但是民族史仍然主导着东亚-东南亚历史书写。自詹姆斯·沃伦（James Warren）对"苏禄地区"的开创性研究开始，一种全新的书写方式重新确立了与民族国家崛起前的悠久历史叙事模式相匹配的民族叙事的核心地位。在更加广阔的边界研究主题下，即使是强大的中国叙事也要被重新审视，边界扩张相关的内容则是被关注的重点。例如，纪若成（C.Patterson Giersch）在其有关清朝疆域扩张的研究中，就将傣族作为研究中心。他发现来自多个国家与民族的群体曾参与抵抗汉族的入侵，但随着中华文化同化的深入，他们之间逐渐形成了融合的关系网络。诺拉·库克（Nola Cooke）和李塔娜（Li Tana）在有关越南南部和暹罗湾地区"水上疆域"的著作中也指出，民族与国家不断变化的边界处总是存在较强的流动性。

正如詹姆斯·C.斯科特（James C.Scott）所强调的那样，世界中的无国家群体，尤其是高地少数民族，往往在地方权力体系中以

---

① 这些学者有滨下武志、杉原薰（Sugihara Kaoru）以及北美学者王国斌、彭慕兰、马克·塞尔登。后来的安德烈·冈德·法兰克（André Gunder Frank）和乔凡尼·阿锐基（Giovanni Arrighi）也与支持这一"学派"的观点。——译者注

"无政府"的状态存在。但是，在单独将其划分出来时，他们也挑战了低地国家的文明叙事。这种有关独立国家的矛盾观点长期存在，在掠夺性国家中，反叛和逃亡是边缘群体长期以来求助的手段。即使在当下，我们仍不能忽视民族国家内部可能导致其分裂的薄弱之处。现代东南亚分离主义与自治主义运动频发，这并非巧合，而是因为现代国家不惜一切代价维护领土边界。

诚然，"现代民族国家"与东南亚印度化王朝统治者的领土概念相去甚远。吴哥与婆罗浮屠的国王是否注重对人力、资源和领土的控制是该领域专家学者们广泛探讨的问题之一。后殖民研究的影响导致当下研究对东南亚大陆领土的描述回避了严格的西方地理学概念。值得注意的是，通猜·威尼差恭（Thongchai Winichakul）提出了"地缘机体"的概念以解释暹罗（泰国）的经验——这本质上是一种持久的宇宙空间观，与近代早期欧洲笛卡尔的理解大相径庭。考古学的发现固然可服务于国家项目，但也会动摇曾经的官方真理。

通过在世界区域框架下对民族-国家叙事"去中心化"，本书致力于打破强调国家与边界的民族-国家叙事中的固定元素，即"去领土化"。从更广泛的角度而言，本书认为在世界区域叙事的框架与写作中，存在争议的关键内容就是时空边界与边界线的松散性、渗透性、连通性、灵活性与开放性。早期旅行家和航海家面临的世界在布罗代尔的比喻中被展现得淋漓尽致，至少也如鲍斯（Sugata Bose）所言："一百条边界，一百种视域。"

克拉托斯卡（Kratoska）等学者认为，东南亚地区研究植根于冷战时期的国家建构，与正在兴起的全球化研究"截然不同"。我们并不否认这一观点，但是本书试图说明全球化的视角将这一尚未成形的文化、民族、国家的集合体赋予或提升至世界区域的地位，这确实是对它们的救赎。换而言之，本书顺应全球化研究的趋势，即不仅重新评估国家历史的建构，也重新审视地区历史。尽管本书有大量内容在阐述亚洲在早期近代世界经济中发挥的关键作用，但后文也在试图纠错，尤其是不符合世界区域或世界历史分析标准的错误、落入民族主义叙事陷阱的错误，或者更糟糕的是，世界历史学家眼中的欧洲中心主义或东方主义错误。

## 书写一部去中心化的世界区域史

一个广泛的共识是，世界历史对宏观与微观层面的联系的重视甚至超过了其对文明的关注。从这个意义上来讲，通过对错综交织的联系展开详尽阐述，即使是非洲的一个部落也能与更广阔的外部世界一起被纳入不断扩张的（商业或文化）关系层级之中。

正如刘易士（Lewis）与魏根（Wigen）所言，即使是将关注点引至东南亚也是存在问题的，因为大陆和区域都是元地理结构，受制于知识潮流的操纵。例如，华盛顿地区的构建与重建都处于当地精英的掌控之下并被社会化。值得注意的是，现代东南亚这一被严格界定的宏观区域是冷战的产物。这些学者认为，将世界区域作为一个分析单位比将其作为大陆和文明的单位更合适。在他们给出的定义中，世界区域是"主要基于共同的文化历史而划定的大型社会空间集合"。

世界史视角已应用于诸如"大西洋世界"、非洲、印度洋地区以及各大海洋等全球或世界地区。然而，更广阔的东亚地区还尚未采纳这一研究视角。诚然，在以国别为单位的视角下，有学者已尝试编写了数量有限的东南亚地区史。斯坦伯格等学者合著的《寻找东南亚：一部现代史》（*In Search of Southeast Asia: A Modern History*）创新性地采用了分专题论述与按年代叙述相结合的方法。《剑桥东南亚史》（*Cambridge History of Southeast Asia*）也同样值得赞许。剑桥的方法虽然拥有高度的区域意识以及对分时期叙述缺点的深刻认识，但并未从连贯的历史性"世界区域"视角来书写。

我个人认为有关全球历史的书写解释了不同文明跨域、跨时空相遇交融的必然性。在这一过程中，我们见证了实用技术与创新被接受抑或被抛弃的充满趣味的编年史，这些技术创新既能推动社会和国家发展，也会将其他国家抛诸于后。就此而言，即使是史前史也能够揭示语言和文化中的潜在固定元素。放眼东亚—东南亚，语言学理论与考古学（包括海洋考古学）振奋人心的新突破描绘出一幅图景，尽管它一直存在争议且不断被修改、强调潜在的统一性，后来在外部文明的冲击下支离破碎。

在说教层面，欧洲和美洲中心主义坚信欧洲和美国享有更高等的文明（甚至某些版本认为这是神圣的）。我们可以看到这种优越且自命不凡的观念是如何引导众多征服者、传教士、奴隶主和殖民主义者的。所有欧洲列强在殖民统治中都肩负着某种形式的文明教化使命。此类观念并非欧洲独有，其源头可追溯至古希腊、古罗马和古中国等辉煌的文明。千年来，欧洲与亚洲的互动接触唤起了不同文明的中心主义观念。回望收复失地运动和十字军东征，伊斯兰中心主义是中世纪基督教世界面临的最严重威胁。正如十字军东征已成为欧洲他者化伊斯兰世界的代名词，在首次与中国接触时，面对着一个自给自足且自认为是世界中心的帝国，欧洲人感到难以置信。如今，正在崛起的中国（和印度）挑战了美国作为超级大国和世界霸权的观点。

换言之，鉴于对非本土资料的明显偏见，新的世界史方法倾向于尽可能优先选择"去中心化"的视角。通过梳理民族与文化中的交叉因素，这一视角有助于我们超越对文明的本质化看法。建构主义与后现代主义批判让我们看到文化传播与互鉴中丰富的交融实例与形式。此外，世界史还描绘了互动、迁移和转变的过程，而这些在传统历史书写中则通常被隐饰。与民族国家叙述相反，新的历史实际上鼓励跨越边界,不仅是跨越国家和民族的边界,还有社会科学学科的边界。只有细致研究这些互动,我们才能尝试构建属于自己的自我和"他者"的概念。如果自我是欧洲或北美洲,那么新历史视角下的认知就会让我们变得不那么欧洲或美国中心主义。同样,对于中国或伊斯兰中心主义以及其他有关自我与"他者"的本质化看法也是如此。

我们可能会问,以世界为中心的历史与16世纪末的乔万尼·拉穆西奥(Giovanni Ramusio),以及哈克卢特、珀切斯、法国著名编纂者、启蒙运动时期的百科全书派学者的游记集锦有何区别?例如,苏拉马尼亚姆(Subrahmanyam)认为,世界历史学家是为16世纪欧洲对外扩张服务的"侍从"。首先,广泛的共识认为,新的世界史虽然可被应用于国家项目或教育课程中,但并不是民族国家史。伊曼纽尔·沃勒斯坦(Immanuel Wallerstein)主张在较长时间区间中使用的社会历史学方法则是另一个不同之处。就此而言,相互关联的历史事件有着悠久的历史渊源。我们可以回顾伏尔泰的开创性全球历史著作《风俗论》(Essai sur les moeurs et l'esprit des nations),其中批判性地阐述了17世纪欧洲的普遍危机,但也对欧洲、印度、中国和日本的起义展开了评论。

新的世界史并未脱离西方学术传统和出版惯例。它鲜少承认地方的历史编纂,而是处于元叙事的层面,无视地方的语言和国家的学术研究。缩小差距说起来容易做起来难。我认为本土史料优于欧洲的史料,尤其是在王朝事务和哲学的阐释方面。但事实却是欧洲的史料往往是几个世纪以来商业往来和日常生活唯一的现存记录。

## 东方全球化解读

"全球化"引发了许多共鸣。它通常与现代资本主义或西方现代性的兴起有关，但其起源可追溯至古代，追溯至非洲-欧亚大陆的人口、贸易和思想流动。此类研究无一例外地强调文明的交流，包括思想、语言与哲学的复杂交融。在这一观点中，全球化源于各大洲文化间日益密切的相互联系，有时又被描述为"人类之网"。

文化的交融备受瞩目，尤其是在哥伦布、瓦斯科·达·伽马和麦哲伦的航海革命完成之际。这些伟大的发现不仅预示着现代"世界体系"的形成，还为欧洲带来了丰富的财富——从新的食物到新哲学甚至是将永远改变欧洲的新政体。总而言之，追溯全球化的历史有助于我们理解我们在文明层面的相互影响。

并非所有研究全球化的历史学家都对其起源或时间框架看法一致。有些学者强调史前史，有些强调漫长的"东方优先"时期，还有一些注重美洲与世界其他地区的再重联。此外，还有一些学者——实际上是学界主流——强调西方正在崛起而东方正在没落或停滞的"近代早期"。作为相互关联的历史，全球史这一新的学科力求摒弃传统上以欧洲为中心的历史偏见。作为拥有多极或多中心的历史，全球史动摇了东西方二元划分的观念，同时也挑战了"就成就而言，只有欧洲是出类拔萃的"这一观点。

在东方优先的全球化观念中，陆上与海上丝绸之路连接了非洲-欧亚大陆，将造纸术、火药、指南针、梯形三角帆及许多其他技术、哲学和宗教带到了欧洲。希腊文化从西方开始向东传播；随着伊斯兰教的出现，穆斯林商人开辟了远至中国海岸的"辛巴达航线"。照此而言，中东发挥了桥梁作用，因为麦加与巴格达自9世纪起便成为全球贸易的中心，分别连接地中海世界和中国。在这一观点中，中国和印度被视为前现代世界经济更为重要的中心，拥有比其他任何国家都规模更大的经济体和人口，而且还拥有高度先进的科学技术。

公元960年，宋朝建立，中国步入了全球历史上前所未有的经济增长阶段。相对和平的环境很重要，且当时宋朝有由诸如京杭大运河等宏伟的运河连接而成的大型内部市场。由于对外贸易的增加，商业化、城市化、工业化的扩大（包括钢铁工业的发展），宋朝时期的中国在生产力方面处于世界领先地位。造纸术、雕版印刷术和指南针等发明都已投入使用。宋朝时期，中国的船只直接前往东南亚港口，售卖丝绸及其他纺织品、钢铁以换取檀香等香料及其他热带产品。

东方优先论强调了数千年以来文化从东向西流动中东方的主导地位。相比之下，西方在近代早期的优势仅仅维持了数百年，欧洲直至1800年（在某些版本中是1870年）才追赶上中国。毫不奇怪，诸如皮特斯（Pieterse）等学者曾思考东方优先的相关作品是否能够通过边缘化西方、中心化东方而扭转欧洲中心主义的趋势。

然而，至关重要的是，欧洲对美洲的发现与兼并以及对非洲和欧亚大陆的接触和征服真正地开创了"最初全球化"时代，尤其是如果考虑到这些事件在经济、流行病学、生态和人口方面的革命性影响的话则更是如此。这是一个以欧洲为中心的世界，当时亚洲王朝明显缺乏理性和科学逻辑的事实恰恰证实了这一点。尽管一些启蒙思想家看到了儒家政体的优点，但在那之前欧洲人已从对中国的赞扬变为对其专制制度等方面的蔑视。伊斯兰教和儒教都被视为妨碍经济发展的障碍。

崛起的欧洲与"停滞不前"的亚洲最终"分道扬镳"的原因成为许多文献研究的主题，特别是经济史学家对其尤为关注。但是中国并未停滞不前或是完全退出全球商业贸易，而是通过积极在日本、马尼拉以及东南亚其他港口参与贵金属贸易，为该地区注入活力，创造了许多新型产业。例如，来自经济繁荣的沿海省份的中国移民为东南亚带来了前所未有的商业贸易。这些移民带来了一系列实用的技术和商业惯例，在某些情况下甚至比来自欧洲的平行传输更为广泛。

## "长期东方优先"历史分期（从宋朝至鸦片战争时期）

本书聚焦"长期东方优先"历史分期（约 1000—1800 年），在 1500 年左右欧洲人到达东亚与东南亚地区之前，印度、伊斯兰世界和中国之间分别形成了重要的文化和商业联系。公元 618 年，即唐朝初年，连接阿拉伯半岛与中国的海上丝绸之路已然建立，这无疑促进了苏门答腊的室利佛逝、湄公河三角洲下游的沿海城市遗址沃澳等东南亚海上帝国的文化和经济繁荣。到了公元 800 年，印度化预示着东南亚大陆和海岛上大型本土王国的兴起，并在从爪哇到占婆的宗教精英中建立了梵文化的共同体或身份认同。而自汉朝（公元前 111 年）起，越南北部便是中国名副其实的附属国，直至公元 938 年才重新独立。

南宋时期（1127—1129 年），商业航运业成为中国的主要经济基础，开启了海上联系更加密切的时代。在朝廷的支持下，私人海外贸易蓬勃发展，改变了朝贡贸易的性质。南海连接中国中部、南部沿海地区和东南亚，这条贸易网络完全独立于朝贡贸易体系之外。中国的航海技术达到了新的精制水平。作为"近代早期"的发达国家，宋代时期中国的崛起恰逢国际贸易规模急剧增长，中国部分农村经济与海外市场的生产有着直接的联系。在宋朝末期，中国的帆船越过马六甲海峡到达印度海岸，填补了在西部的阿拉伯-印度霸权终结后留下的空白。

尽管在忽必烈（1215—1294 年）统治下，中国掌握了从缅甸到爪哇的海陆控制权，但在明朝时期（1368—1644 年）朝贡才达到巅峰。当时大量流散海外的华人社区扎根于东南亚，比如郑和下西洋时（1405—1430 年）造访爪哇和马六甲海峡的华人社区。虽然中国可能不是决定海上王朝命运或政治结果的主导力量，但从马六甲到文莱和爪哇都感受到了它的存在。

除了中国对东亚-东南亚历史的记录外,是否还有其他的本土起源记载?正如第一章所讨论的,青铜时代或金属时代的到来是基础,尤其是因为这些文化复合体将东南亚北部大陆与传统边界之外的更广阔世界相连。或者说复杂的人口迁徙,尤其是始于台湾的"南岛民族流散"是否可被视作是区域间联系的纽带?又或者是"梵文复合体"抑或所谓印度化进程的出现?伊斯兰化可能是另一个离散的时间标志。以上这些推测都是经过长期的过程才能逐渐融合成一体,而不是开启一个离散的新时代。公元1300年至1500年,蒲甘和吴哥的衰落是东南亚大陆的重要转折点。正如历史学家维克多·李伯曼(Victor Lieberman)所强调的,"后本土王国分裂时代"恰逢大陆中部强大的泰族新国家兴起,见证了国家合并与巩固发展。在此时间框架内,一个复杂的过程发生在东南亚海洋地区,尽管是以兼容并蓄的形式,伊斯兰教还是取代了印度教和佛教的王权和治理观念。

尽管"长期东方优先观"不应忽略更早时期的深刻历史先例,但我们认为宋朝标志着东亚商业革命的到来。尤其是南宋时期中国跨越海内外的海洋趋向最符合我们对连接东亚和东南亚的新兴贸易区的理解。

但是我们也不能忽视西方对欧亚大陆历史的影响。欧洲近代早期(1500—1800年)与中国明清时期的转型大致同步,漫长的变态时期折射出思想的起伏变化以及在亚欧大陆广阔空间内,对其变革的接受与适应。鲜有人能够预见最后的结果,尤其是当时在以中国为中心的体系下,亚洲的发展成就令人瞩目,而相形之下欧洲却显得软弱且四分五裂。但是到了18世纪,除了最偏僻和与世隔绝的地区外,世界所有地区都处于全球化与文化的交融之中。1800年,我们通常认为莫卧儿帝国已处于英国东印度公司的统治之下,而以英国为首的欧洲列强对广州贸易体系对其施加的限制感到不满。

对广大东亚地区历史走向影响较大的还有第一次中英战争或称鸦片战争（1839—1842年），在这次战争中英国海军多次击败清政府。通过签订不平等条约，许多欧洲列强以及日本都获得了"治外法权"，结束了只有向中国进贡才能获取贸易权的时代。情况与之相似的还有较晚染指东南亚的法国，它夺走了深受中国影响的东南亚东部大陆，从而获得了相应的权利。随着中国（以及韩国和日本）通商口岸体系的出现，东亚和东南亚进入了全新的时代。

亚洲国家由独立统治的时代进入欧洲帝国主义时代。在包括本书在内的世界历史研究成果中，这些事件标志着一个时代的落幕，又或是一个新时代的黎明。随着市场真正地实现全球化，全球殖民时代也零零散散地开启。在东南亚，只有暹罗（泰国）未被欧洲直接殖民。

## 东南亚、东亚还是东亚–东南亚？

日本学者滨下武志（Hamashita Takeshi）对将东南亚从东亚分离的合理性提出了质疑。他认为，东亚–东南亚应被视为在以中国为中心的朝贡贸易体系之下的白银贸易或朝贡贸易整体区域的一部分。南大洋的许多国家都处于这一拥有上千年历史的贸易体系之中。这不一定是"本土"的观点——毕竟这是社会科学领域中一次概念构建的尝试——但它确实提供了另一种世界区域研究方法的视角。阿瑞基、滨下武志和塞尔登也提出，早在欧洲的国家主权概念于1648年在威斯特伐利亚产生之前，中国就已在亚洲国家体系中处于主导地位了。

事实上，在前现代东亚–东南亚地区并不存在平等的、相竞争的国家体系。而且东南亚地区缺乏有关国家内部和国家间关系的史料记载，只有中国的史料中记录了众多东南亚国家，它们以互派使节或贸易团的形式建立外交关系。回顾曾统治过广阔赤道地区或大或小的上百个国家（其中有许多国家存在时间很短），我们有理由借鉴滨下武志的朝贡贸易体系模式，同时也要认识到与这一模式相匹配的时期是20世纪末。

但是，即使是在东南亚内部，我们也应该像维克多·李伯曼那样，关注东南亚海岛和大陆在不同文化和贸易影响下的基本区别。与沃勒斯坦（Wallerstein）相反，李伯曼认为东南亚海岛和大陆的边缘化进程速度不同。简而言之，他认为荷兰（与葡萄牙不同）在17世纪末已在东南亚许多海岛上成功建立霸权统治，而同时，英国、荷兰和法国人也在试图赶走大陆上的本土统治者，但没有成功。我们在大陆地区看到的并不是沃勒斯坦式的经济，而是繁荣发展的多国贸易，其范围涉及整个中国沿海直到印度半岛。贸易商品种类繁多，从对大陆上占主导地位的国家至关重要的印度和中国纺织品，到日本和新大陆的银和铜都有包含其中。

法国历史学家丹尼斯·龙巴尔（Denys Lombard）也指出，东南亚海洋与陆地之间存在着基本区别，与欧洲大陆和地中海之间存在的不同相类似。即便如此，他认为这并不是真正的二分法，因为根本不存在没有任何贸易要素的大陆国家，也不存在没有农产品需求或没有腹地的港口城市。因此，我们需要注意不要将所有的区域贸易都当作海上贸易，因为贸易网络兼有海陆两种属性，东南亚大陆国家、云桂周边国家与中国之间的跨境往来更是如此。

以海上贸易为主的东部大陆国家（越南与占婆）充分利用了南海贸易网络，它们与中部大陆相对孤立的国家（泰国）也有所不同，后者是与云南关联的更广阔贸易复合体的组成部分之一。此外，湄南河促进了阿瑜陀耶的崛起及其海上贸易的发展，老挝和柬埔寨也通过湄公河与海上贸易相连。但是随着缅甸将首都从伊洛瓦底江下游迁往阿瓦，西部大陆的传统海洋贸易变得更加难以为继。正如本书后文所要论述的，上述地理位置的不同与融入区域性世界经济的程度差异导致各国未来在面临外部威胁时的独立程度也有所不同。

虽然处于热带-亚热带的东南亚地区常被世界区域研究所忽视，但本书认为，有关东亚区域主义的更为广泛的概念打开了探索研究的大门，例如，欧洲例外论、欧洲中心论与亚洲中心论（尤其是中国中心论）在现代世界体系塑造中的对比，资本主义或前资本主义在亚洲这一地区发展的动力，亚洲"停滞不前"与欧洲蓬勃发展的比较，跨文化互动现象以及全球化的起源。

## 东方的地中海？

毫无疑问，海洋世界吸引着世界史学习者，而费尔南·布罗代尔（Fernand Braudel）对地中海的理解进一步促进了学者对海洋世界的关注。正如龙巴尔所指出的，即使东南亚没有像罗马帝国那样仅用四五个世纪就统一了地中海两岸的国家，但东南亚有充足的语言、文化甚至政治上的共同特征表明它能够成为东方的地中海。在龙巴尔看来，只有借助超国家框架并运用"综合方法"才能理解这一现实。

弗朗索瓦·吉普鲁（François Gipouloux）在《亚洲的地中海》（*La Méditerranée asiatique*）一书中以布罗代尔主义的视角研究从黄海（又称东海）到苏拉威西海之间的地区。就我们的目的而言，地中海类比为理解在所有民族国家的固定惯例之外不断变化的边界地区提供了另一种方式。尽管我们并未像龙巴尔和吉普鲁那样进行详细的甚至是有选择的跨全球比较，但世界史的方法并未忽视对全球化的主要挑战及其相关事件的二阶分析。

地中海类比的吸引力在于内海的概念（如果将中国海与爪哇海分开的话）。二者都涵盖互补的贸易或商业系统以及离散的气象区。更重要的是，它们是涉及多方、互联互通的海域。中国海域贸易的参与者均会受到台风的影响，而需通过马六甲海峡的贸易者也会受到季风和汹涌潮汐的限制。这些条件也影响着自 13 世纪以来便一直搅扰中国海岸的海盗商人团伙，同样也影响着第一批来此的阿拉伯商人、冒险南下的中国船队、第一批到来的欧洲人、在马尼拉与西班牙势力较量的福建船队以及苏门答腊和越南沿海流亡的明朝效忠者。

即使在今天，现代游客来到广阔的印度尼西亚群岛也会被海上活动的规模、范围以及船体和船帆的种类所震撼。在本书中，虽然布吉人及其他海上游牧民族十分重要，但我们也不能忽视无数 orang laut（马来语中的海上民族）在这一地区中扮演的角色，他们至今仍依靠海洋为生。爪哇海和中国沿海地区的巨型多桅帆船只存在于最近的时期，澳门等现代东亚城市直至 20 世纪中期仍以捕鱼为生。

无论是顺风还是逆风（指决定船只是否能够安全离港的关键季风），所谓的东南亚地区从未以任何类似现代地理学的方式被界定。翻开葡萄牙引航员弗朗西斯科·罗德里格斯（Francisco Rodrigues）于 1515 年手绘的中国海岸及列岛图，又或葡萄牙和荷兰 17 世纪地图册中更加精致详细的地图，在这些古老的地图中我们找不到边界。仔细观察，其中有部分些许熟悉的地名：巽他格拉巴（现为雅加达）、新加坡和马六甲、爪哇、苏门答腊、印度恒河、仙那岛、西邦戈岛（日本）都映入眼帘。而阿拉伯或中国有关这一南部世界的地图体现出各地自身的文化建构牢牢扎根于对各自文明的理解上。

## 东亚历史的形成

十种广泛的历史认识为我构思本书提供了依据。我认为这些对于从世界史的角度书写东亚和东南亚历史是十分重要的。第一，我们必须认识到，即使是原史的研究对于理解某些共同的人类学原理也是至关重要的。第二，我们不能忽视文明的转移——印度文明、伊斯兰文明以及中华文明，它们对形成更大的共同体起到了促进作用。第三，我们认识到处于东亚区域性世界体系之中且以中国为中心的区域性朝贡体系的强大作用。第四，我们接受（亚洲）历史进程的连续性超越了（欧洲主导的）世界体系的形成。第五，我们重视侨民贸易社区在文化和（亚洲）区域技术传播中发挥的作用。第六，我们反对东亚政治经济完全封闭的说法，例如德川幕府时期的日本。第七，我们强调黄金流通（包括东亚黄金流通）在东亚近代早期平稳运行的经济社会中所扮演的重要角色。第八，我们不赞成只有西方帝国主义才能带动周边区域摆脱停滞状态的粗陋西方"推动论"看法。第九，无论强大的民族国家叙事发挥着怎样的影响，我们都会重在强调跨边界关系而不是严格意义上的国家间联系。第十，我们赞成区域性世界体系（东亚世界体系）在（欧洲主导的）资本主义世界体系的兴起中发挥着积极作用。

包括世界史方法在内的历史研究并未被冻结于某个时空之中，而是反映了已知（或至少是确定的）与前沿研究中尚待考证的内容之间的持续对话，其本身往往存在争议性。本书致力于重点呈现与世界区域史相关的最新研究以及有关东亚-东南亚地区众多政治体与民族的实证研究。

## 本书的范围

本书刻意扩大了内容的范围。为了勾勒出一个没有地理边界的区域，我们只得从西至印度洋-孟加拉湾，东至爪哇海、南海和东海以及太平洋西端的海域、海峡这一宏观区域入手。在宋朝时期，中国海上贸易进一步扩张，而阿拉伯和印度在中国海域的商业活动有所减少。在元朝与明朝时期，虽然私人贸易常受限制，直至1684年清朝才解禁海外贸易，但以中国为中心的东亚-东南亚格局却愈加清晰。如下所述，本书重点关注东南亚的海洋世界及其与东亚重要的互动联系。东亚区域的动态包括琉球与日本九州岛港口、越南沿海以及其他商业和生产区辐射向外的商业活动；在划定其广阔范围之后，我们试图了解东南亚海洋与大陆贸易港口和市场间所产生的协同效应。

本书以鸦片战争结尾，还探讨了包括伊比利亚、荷兰与英国在内的欧洲动态活动。在这一动态的影响下，东南亚海域港口与贸易中心的数量快速增加。黄金、铜以及陶瓷贸易不仅刺激了本区域和欧洲的需求，而且在明朝中国与德川日本的主要生产基地引发了一场名副其实的"工业革命"。我们研究了东南亚本土居民与印度人、穆斯林、中国人、日本人和欧洲人的互动与接触，探究每个群体对该地区的影响方式。

简言之，这是一个长期的视角，重点关注经济史（尤其是贸易史）以及区域整体的发展。正如本书所阐释的，在西方帝国主义全面兴起之前，1000—1800年这一时间段对近代的形成产生了重要影响。

## 海洋中心法

我们从海洋史的视角出发，从海洋而非陆地的角度去观察广大的东南亚世界。跨越地缘政治的边界，我们发现了一个具有高度联通性的区域，不同民族从这里穿行，旅居者和商人居住于此，新思想与技术在这里传播并融入当地。虽然这一地区变动不断且冲突频发，但也存在长期的国家巩固与建设。但是无论是占代移民、贸易还是技术转移，我们发现海洋中心法最能够发掘这一地区的精神，甚至也同样适用于中国、阿拉伯、托勒密王国对外海和海峡的经典描述。将海洋与海上贸易路线置于研究的中心而非边缘，东亚-东南亚地区的相互联系得以真正凸显。滨下武志曾言：

> 海洋的视角凸显了亚洲作为优越海洋区域的特征。亚

欧大陆东岸海洋形成了一条贯通南北的 S 形平缓曲线。海洋勾勒出大陆、半岛及其相邻岛屿的轮廓，(通过历史) 为塑造亚洲的地理空间做好了铺垫。

本书第一章从"历史的黎明"这一角度出发，介绍了这一地区的文明构建，追溯至铁器时代，强调史前时期的本土性以及宏观区域的广泛共性。此外，这一章还关注印度人、穆斯林以及中国人对该地区的早期影响。接下来的两章向读者呈现了东南亚世界。第二章讲述了东南亚主要本土政体的兴衰。第三章聚焦主要的伊斯兰王国，它们常与欧洲国家有所关联甚至试图与其争夺贸易垄断地位。第四章概述了在官方朝贡体系内外，华人在东南亚定居的起源。因为到"近代早期"，华人社区会成为该地区的永久性特征。第五章介绍了东亚-东南亚世界主要的贸易商品，勾勒出交流与贸易机制的轮廓。随后的三个章节介绍了欧洲（以及日本）的贸易者和定居点。第六章概述了伊比利亚海上贸易网络，重点关注葡萄牙帝国和西班牙帝国的重要地位及商业组织。第七章解释了荷兰和英国强大的贸易公司在亚洲的运作方式。虽然日本侨民与欧洲入侵者和华侨的影响相比有些差距，第八章依然对日本侨民社区退出直接参与东南亚贸易前的活动展开研究。以上两个主题章节都聚焦于个别的贸易项目。第九章描绘了亚洲贵金属贸易在近代早期东亚-东南亚经济中的关键作用。第十章则是对复杂的亚洲陶瓷贸易的案例研究。亚洲陶瓷贸易既是全球化的标志又是原始资本主义发展的例证，且至少与中国和日本有关。最后一章总结了印度、伊斯兰世界和中国对东亚-东南亚"区域技术融合"以及本土知识演进（除更加广为人知的西方技术转移之外）的贡献。

# 第一章

CHAPTER 1

## 印度与中国之间的东南亚

考古研究领域的迅速发展，尤其是东南亚大陆的考古研究为了解新石器时代狩猎采集社会早期国家的复杂演变提供了新的线索。如本章所述，史前时期青铜时代与铁器时代的社会可能会印证东南亚难以找寻的统一性。河谷与高地将这一宏观区域与中国相连接，思想、商品与技术也经此传播，正如汉朝（公元前202—公元220年）对越南北部的控制一样。这并不意味着东南亚区域文明是完全的衍生式文明，而是聚焦这些民族的创造性和适应性，他们创造了东山铜鼓、铁器、陶器、新型纺织艺术、多帆船只等青铜时代的标志，此外还存在其他能够证明其文化自主进步的证据。

正如古代海上丝绸之路与陆上丝绸之路折射出亚欧大陆上文明影响的起伏消长，连接这片中间区域与中东、印度和中国的前现代贸易体系也具有象征性。国家的兴起，尤其是东南亚大陆与海上印度化国家的崛起是本章研究的内容之一。无论如何，公元前1000年出现的东南亚本土国家加入了中国复杂的朝贡贸易网络，其后来的化身还为未来国家的出现奠定了基础。尤其是自12世纪起，随着伊斯兰教传入东亚-东南亚以及商业社区和侨民的本土化，我们不禁疑惑，公元1000—1500年是否应称作早期的"商业时代"？在这样一个多元且地理分散的地区，我们需要突破性的考古发现和相关解释以不断修正已有的认知。

## 东南亚环境

西濒孟加拉湾、东临中国海，东南亚地区本质上是亚洲大陆东南边缘的一部分，古希腊人称之为"黄金半岛"。东南亚世界的中心是向南延伸的马来半岛或中南半岛。托勒密曾将日本列岛、琉球群岛、菲律宾群岛与印尼群岛等火山岛描述为中国东部和南部沿海的一系列怪岛。自古以来，这一湿润的南部世界便为阿拉伯航海家知晓，被中国称作南洋或"南海"，阿拉伯航海文献以及中国历代史书中都有其完整的地名。欧洲制图师将这一没有边界的世界绘入地图之中，在他们看来，东南亚与亚马孙河流域、非洲中部和西部一样是被赤道一分为二的世界三大热带区域之一，也是唯一便于海上航行的热带重要地区。

东南亚横跨亚洲大陆南缘，其土壤和地形反映了大陆的起源。南北走向的山脉，即若开山脉、安南山脉（长山山脉）及云南高原地区对定居造成了困难，正如纵横交错的山谷和河流促成了历史上由北向南的人口迁移路线一样。从史前时期到近代，一直存在从今天的中国南部向东南亚大陆的人口流动。公元 10 世纪前，泰语民族大规模南迁引人关注。向南流入孟加拉湾的伊洛瓦底江和萨尔温江的大河谷、昭披耶河（湄南河）与湄公河河谷，以及东流汇入暹罗湾和中国南海的红河（松彩河）河谷是适宜人类定居的重要地点。这些河流及其三角洲既作为沉积物与灌溉用水的来源，也是稠密的人口聚居地，它们在历史上造就了文明的熔炉。山脉不仅阻碍了人口流动，而且还将各民族沿着不同的社会和文化发展路径分隔开来。最近从中国西南部迁入老挝北部以及越南的瑶族和苗族便是沿着山脊迁徙。

东南亚地区并非总是分为大陆和海洋两部分。全新世海平面上升淹没了以往属于大陆的大片区域。在此之前，15 000 年前，最后一个冰河时代的鼎盛时期，苏门答腊岛、婆罗洲岛和海南岛或许曾与大陆相连。约一万年前，东南亚遍布广阔的山脉与大片低洼的沼泽地，河流及其支流密布、纵横交错其间。在海底，被淹没的河道仍依稀可见。约4000年前，海平面下降形成现在的海岸线，伴随着轻微的震荡，主要河流在原先的基础上被截断。海厄姆（Higham）证实只有当海平面趋于稳定之时，我们才能了解史前时期沿海地区人类定居的情况。然而，千年以来，主要河流三角洲的地貌经历了重大变化，包括最近发生的淤积。安德烈·温克（André Wink）指出，水文学、地质学同考古学一样都是研究景观变化的相关学科。

目前认为，50 000年前人类已拥有了跨越重大水障碍的能力。据推测，巴布亚人（澳洲黑人）等早期人类已能够驾驶原始木筏。早期人类社区通常位于洞穴内或者开阔的河流流域，在这些地方可以找寻到用以判断年代以及经济社会活动的重要证据。但即使海平面自公元前3000年左右开始上升，新的移民浪潮（主要是说南岛语的南部蒙古人）依然将早期狩猎采集移民进一步推向内陆。他们带来了栽培植物、家畜和技术并且改进了木筏和独木舟。

当时同现在一样，海洋是蛋白质的丰富来源，沿海渔业与农业都是人类的主要活动。但是总体而言，西部群岛的降水多于东部。英国博物学家阿尔弗雷德·拉塞尔·华莱士（Alfred Russel Wallace，1823—1913年）以其名命名了群岛上广泛的生物地理学的分界线。龙目岛以东的岛屿生存着澳洲动物，以西的岛屿上则是亚洲热带动物，而在某些版本中，菲律宾被视为过渡区。虽然人类将植物四处传播往往令这一清晰的分界线变得模糊，但爪哇岛中部与北部的火山土、苏门答腊岛的低地以及吕宋岛等潮湿的西部地区更适宜灌溉稻种植。

虽然东南亚海岛和大陆上人口稀少的高地地区仍保留着本土的农耕模式，但从文明的角度而言，低地居民总是更胜一筹。高地居民大多是万物有灵论者且难以受到其他文明的影响，他们采用刀耕火种的农业经营方式，这种方式不仅产量低还要经常更换居所与田地。东南亚低地民族逐渐采纳了农田排水、灌溉田插秧、驯化水牛用以耕地等来自中国的技术方式，因而能够积累贸易所需的余粮。在东南亚大陆，贸易中心、城市和首都往往位于河谷、平原、河口（如越南）。

在印度洋与中国海之间航行不得不在"风下之地"挺过变化的季风。南海地区难以预测的台风更是对水手的出航增加了季节性限制。正如米歇尔（Michel Jacq-Hergoualc'h）所言，季风系统的主要特征是风向在大多数可预测的时间内能自行逆转。显然，季风系统和海流的规律是长途航海者非常重要的参考。

季风雨具有可预测性，这对当地农业以及灌溉与高级水利系统的建设与控制十分关键。根据婆罗门教传说，现如今的泰国和柬埔寨仍旧举行一年一度的春耕仪式，此仪式的历史可追溯至700年前。春耕仪式标志着雨季的开始，旨在祈求风调雨顺、五谷丰登。

人类对东亚-东南亚的环境产生了巨大影响。彼得·布姆加德（Peter Boomgaard）指出，人口增长与国际贸易的压力共同对环境造成了影响。在1400年，东南亚地区森林覆盖率为85%至90%。但是到19世纪中叶，森林覆盖率急剧下降。19世纪40年代，爪哇的森林覆盖率仅剩50%。采伐森林导致了东南亚海岛柚木林与檀木林的枯竭。此外，城市化与造船业的发展进一步增加了对木材的需求。由于人类的狩猎与定居，1800年，部分动物已变得稀有甚至灭绝了。新植物的引入也对环境产生了次生影响。采矿、取盐、珊瑚开采的影响亦是如此。

# 从狩猎采集者到青铜与铁器时代文明

## 大陆的史前史

海厄姆根据最新的考古证据尤其是大陆中部墓葬的发掘，提出东南亚史前可分为 5 个相互关联的阶段。在最早期的阶段，少部分狩猎采集者占领了内陆高地。他们被称为和平人，因首先发现于越南和平省而得名。和平人的遗骸位于洞口附近。如上所述，此类个例也在东南亚出现。第二个阶段是占据海岸线，许多定居点位于海平面抬升时期形成的古隆起滩上。最新的考古研究发现了大型且存续时间较长的狩猎采集社会遗址。公元前 2500 年至公元前 2000 年左右，水稻从中国南部传入红河河谷与泰国呵叻高原。水稻驯化恰逢独特且短暂的新石器时代。海厄姆将其誉为东南亚史前时期最关键的变化之一。在新石器时代，人们还占据了内陆支流河谷，在那里进行水稻种植、饲养家牛与猪、狩猎、捕鱼和采集。毫无疑问，在这一形成期，沼泽地区的居民发明了独特的"东南亚式房屋"，直至今日高架平台仍是其一大特点。正如第十一章所述，在这一时期，人们开始建设壮观且存续持久的山地水稻梯田，在菲律宾吕宋岛中部所发现的梯田便是一大例证。

东南亚青铜时代（有时被称为东山时代）可追溯至公元前 1500 年左右，当时中国岭南地区的青铜铸造技术已发展成熟。类似铸造技术的遗址遍布大陆，原始铜矿的发掘揭示了那时的社会情况和冶金状况的新发现。法国研究人员在越南北部的越北马江江畔发现的东山遗址是东南亚最早被发现使用青铜器的社会。大型东山铜鼓的历史至少可追溯至 3000 年前，有些铜鼓上描绘着海洋场景还装饰有其他符号，在整个东南亚地区乃至偏僻的群岛都有出土。显然，这些铜鼓的开模、铸造与装饰的过程相当复杂。作为威望的象征，铜鼓也表明东南亚在向中央集权的酋长制度过渡。

随着铁被用于制造武器与农具，青铜时代仅持续了一千年就被铁器时代取代。海厄姆解释道，冶铁的起源尚不清楚，但如果铁在东南亚的出现与中国无关，那便有些令人惊讶了。无论如何，在公元 100—200 年湄公河三角洲地区的早期国家出现以前，东南亚铁器时代社会经历了人口迅速增长、国际贸易参与度提升以及更为复杂的社会发展过程。

自公元前1000年起，随着佛教和耆那教的兴起，印度东部沿海的一系列中心开始发行含锡量较高的铜币等铸币，这反映出东南亚金属时代处于其活跃时期。尤其是近20年的考古数据表明，自公元3世纪起，横跨孟加拉湾与安达曼海的海上交流已大幅扩展，印度的文献中也开始提及往返于素万那普（又称黄金国）的航海路线。

实际上，黄金开采、冶炼和装饰品制作也是东南亚金属时代的一部分。例如，在公元226—649年，扶南（一个与湄公河下游保持联系的王国）派遣朝贡使团前往中国，所献贡品中就有黄金制造的礼品。海厄姆指出，在位于今越南安江省的扶南海上都城沃澳遗址的考古研究中发现了大量的黄金以致引来了劫匪。此外，在铁器时代的墓葬中也发现了金珠、银珠以及金叶子、金盘与金花。在群岛地区，金属时代黄金加工的考古证据较少，但是在菲律宾棉兰岛北部的武端发现了用于黄金提纯和装饰品加工的金具，说明金饰业的历史可溯至1000年前。

考古学不断带来新的发现，正如20世纪60年代末至70年代初在泰国中北部发现的班清遗址证明，历史上，早在泰语使用者到来之前，孟高棉语使用者就已存在于该地区。孟族文化至少可追溯至公元初期，公元5至6世纪，孟族开始在湄南-昭披耶河地区建立城邦。一些艺术史学家将孟族身份与堕罗钵底文化联系在一起，将堕罗钵底国视为暹罗历史的"初始阶段"。不论如何，孟族的文化得以延续并在缅甸直通、勃固、马达班建立了印度化孟族国家。尽管自18世纪以来，缅甸和泰国都没有独立的孟族权力中心，但孟族文化依然有着强大的影响力。

最近在老挝使用的放射性碳测年技术加深了我们对这一内陆地区的了解，在当时，石器制造、陶器、农业和冶金业已在东南亚大陆广泛传播。其中，一些遗址引人关注，如琅勃拉邦洞穴，最早在和平文化时期被人类占据；位于万象省的 Lao Pako，揭示了公元前 500 年至公元 500 年间的墓葬及定居情况；以及位于川圹省北部"铁器时代"石缸平原的遗址。马德琳·科拉尼（Madelaine Colani）在法国远东学院的资助下对巨大的缸状石罐进行了权威的研究，她推断巨石罐是用作停尸的容器。她还发现了该处巨石与距印度西北部 600 英里①处巨石群的密切关系，越南中部岘港附近的沿海遗址表明了二者具有实质联系，这一联系或许是通过盐商建立起来的。

丰富的海上活动促进了港口城市和相关政体的出现，特别是在群岛的枢纽地带，例如老巨港、淡马锡（新加坡）、马六甲以及巽他海峡附近的万丹省。温克称，这些都是面向海洋的"河口国家"。由于这些国家的内陆地区或土地贫瘠或森林茂密、人口密度低、经济生产受限，它们只能以贸易为生。而且饱受战乱与环境影响，这些国家存在时间短暂且留下的政治和宗教遗迹较少。

克拉地峡两岸的中转处是印度文化传播的滩头堡。对现代马来西亚巴生谷的研究表明，该地区在早期贸易与印度文化传播中是连接孟加拉湾与中国海的纽带。巴生遗址的历史可追溯至公元前 500 年—公元前 200 年。毫无疑问，该遗址与锡矿的开采和出口密切相关，锡矿贸易沿孟加拉湾周边港口进行。吉打州北部的墓葬遗址也有重大发现，这里出土了含锡量较高的青铜器和铁器。此外，在吉打州发现的史前洞穴壁画是证明该地与远洋贸易存在联系的最早证据。

在与印度的海上往来中，玻璃珠制造（印度-太平洋珠）等技术传入东南亚，与此同时印度也开始从东南亚获取黄金、锡、香料以及森林产品。处于萌芽时期的东南亚国家权力中心也开始适应并融

---

① 1 英里 ≈ 1.609 千米。——编者注

合印度文明元素，如文字、国家意识形态、城市规划、建筑、艺术风格与图像学、历法系统、史诗主题、文学以及印度教（婆罗门教）和佛教。在公元 1 世纪至 5 世纪，此类跨洋交流日益密切。值得注意的是，吉打州的遗址中出土了公元 5 世纪至 6 世纪时期的梵语铭文。虽然从商业定居（点）转变成为大型印度化国家的过程十分复杂，但印度教无疑促进了统治者对其统治权的维护，比如印度人自己有时会与当地统治家族联姻以使其统治合法化。

## 海岛的史前史

虽然本章并非致力于在更广泛的东南亚地区寻找人类的起源，我们仍旧对澳洲黑人这一特定群体给予了关注。他们显然先于后来才到达的"南岛人"。这一群体包括澳洲原住民、巴布亚人、巴布亚诸语系使用者，以及包括马来半岛的原住民和安达曼岛人尼在内的各类格利陀人。博朗斯（Blench）曾言，大多数研究者都认同他们是早期移民的后裔。尽管最新的发现使得情况更加复杂，但博朗斯坚信他们的存在反映了人类"走出非洲"后最初的离散。

在东非大裂谷以及后来在格鲁吉亚的德马尼西、爪哇中部的桑吉兰洞穴、中国中部的龙骨坡洞穴的考古发现问世之前，由德国古生物学家尤金·杜布瓦（Eugene Dubois）在爪哇中部梭罗市附近梭罗河岸发现的爪哇人（又称直立猿人）被认为是最古老的类人动物。尽管杜布瓦提出的进化论饱受争议，但包括北京人遗骸在内的后续出土物印证了其发现的重要性。婆罗洲、帝汶岛及海岛其他地区穴居人化石的发现为旧石器时代和新石器时代人类的进化提供了大量的有效证据。

汤姆·哈里森（Tom Harrisson）在位于砂拉越州的尼亚洞穴中发现了距今 35 000 年的头骨，此外其研究还发现了有关澳洲黑人或旧石器时代最早的穴居直立人狩猎采集者的信息，他们分布于东南亚、新几内亚和澳大利亚。马来西亚考古研究中心最近对玲珑和霹雳州的遗址展开了研究，在哥打淡板（Kota Tampan）发现了距今 74 000 年的旧石器时代石具制作点。此外，研究人员还在玲珑谷发现了距今一万年的霹雳人遗骸，这也是东南亚迄今为止出土的最古老的完整遗骸。2009 年年初，此研究组又发现了世界上最古老、距今 180 万年前的石斧。最新的共识认为，直立人实际上是亚洲独有的，并非来自非洲。葡萄牙考古学家首先对东帝汶图图阿拉附近的洞穴遗址（勒内哈拉）进行了研究，发现了有关 42 000 年前人类定居的振奋人心的新证据，其中包括东南亚规模最大的岩画之一。

苏门答腊岛、尼亚斯岛、婆罗洲、爪哇岛、巴厘岛以及菲律宾南部等东南亚海岛地区也拥有许多重要的"青铜-铁器时代"遗址，它们与老挝北部的巨缸遗址类似。最近在松巴岛开展的民族考古调查关注"鲜活的"巨石古墓文化。尽管仍有许多未解之谜，研究人员还是认为这一文化与东山文化的影响有关。不管怎样，在公元后的 1000 年前内，铁器时代社会在海岛地区的出现以及水稻耕作和印度水牛的引入皆说明该地区经历了趋向复杂的重要演进。

在爪哇与巴厘岛发现的最新证据证实了金属时代长途贸易路线的存在。位于巴厘岛北部森姆比伦的遗址中出土了证明 2000 年前印度贸易者曾到访此处的证据，特别是刻有印度文字的陶片、来自印度南部的轮盘以及用于制作长形铜鼓的模具。爪哇岛金属时代众多遗址，尤其是位于雅加达多罗磨公元 5 世纪的遗址也出土了可证明当地生产青铜、铁器和陶轮的证据。正如布尔贝克（Bulbeck）所言，同一时期爪哇中部与东部的发展为日后印度化国家的兴起与繁荣做好了铺垫。海岛东部设防聚邑点的出现最近引发了学术界的关注，出于对班达与东帝汶的新认识，有些学者认为其与约 800 年前更广泛的社会、环境因素有关。

## 南岛语族扩散论

　　据称，在史前时期，海平面远低于今日，人类及动植物群的最后一次大规模迁徙是从中国向南迁。中国东南部（尤其是长江中下游）和台湾地区的新石器文化对于追溯南岛民族的起源发挥着越加重要的作用。南岛语系拥有约 1200 种语言，分布于东南亚乃至太平洋与印度洋的大部分岛屿，是世界上最大的语系之一。约 6000 年前，新石器时代台湾海峡的澎湖列岛与台湾岛之间的往来是远洋航行的先兆，而这也导致了南岛语族跨越海洋并分散至各处。这一广泛的认知源于 18 世纪时期阿德里安·雷兰德（Hadrianas Relandus，1676—1718 年）与洛伦佐·赫尔瓦斯（Lorenzo Hervásy Panduro，1735—1809 年）的著作，但随着考古学和语言学的发展也在被不断改进完善。

　　现代研究常将台湾原住民与东南亚而非中国联系起来，尤其是因为在 2000 年前南迁的中原人取代了福建原住民。如今，学界普遍认为台湾是南岛民族的故乡，南岛民族扩散的顶层结构也在台湾被发现。即便如此，杜冠名（Thurgood）指出南岛语族源于台湾而非中国大陆是一个谬论。侗台语系两大分支中存在显而易见的南岛语借词，这说明更古老的南岛语族祖先位于大陆，同时也反映出其与西方非南岛语系地区存在陆路联系。

　　贝尔伍德（Bellwood）提出的南岛语族扩散论认为，原始南岛语族已掌握航海技术，而且能够利用风雨洋流的季节性变化从台湾向南扩散至苏拉威西海等东南亚海域。公元前 3000 年，南岛语族向东跨越太平洋并在 2000 年前左右到达复活节岛。新石器时代马来-波利尼西亚语族的迁徙也与一种特殊的装饰陶器和名为拉皮塔陶器的贸易品有关。台湾兰屿的雅美人还建造了与南太平洋桨叉架船类似的船只。正如第一批到达东南亚的欧洲人所见，此类船只采用了拉索式结构而非独木舟式。

南岛语族自苏拉威西海域向西航行至婆罗洲,将他们的语言带到了马来半岛、爪哇和苏门答腊岛(马来-波利尼西亚西部)。约2000至1500年前或罗马帝国灭亡前后的最后一次大迁徙中,南岛语族的航海者跨越了印度洋到达非洲东海岸的马达加斯加。他们还间接地将肉桂、桂皮以及大蕉、芋头、香芋等栽培植物带到非洲。DNA检测结果表明现代马达加斯加人的祖先同时具有非洲和东南亚血统,正如马达加斯加语和婆罗洲西南部巴里托山谷玛安延语最为相似一样。

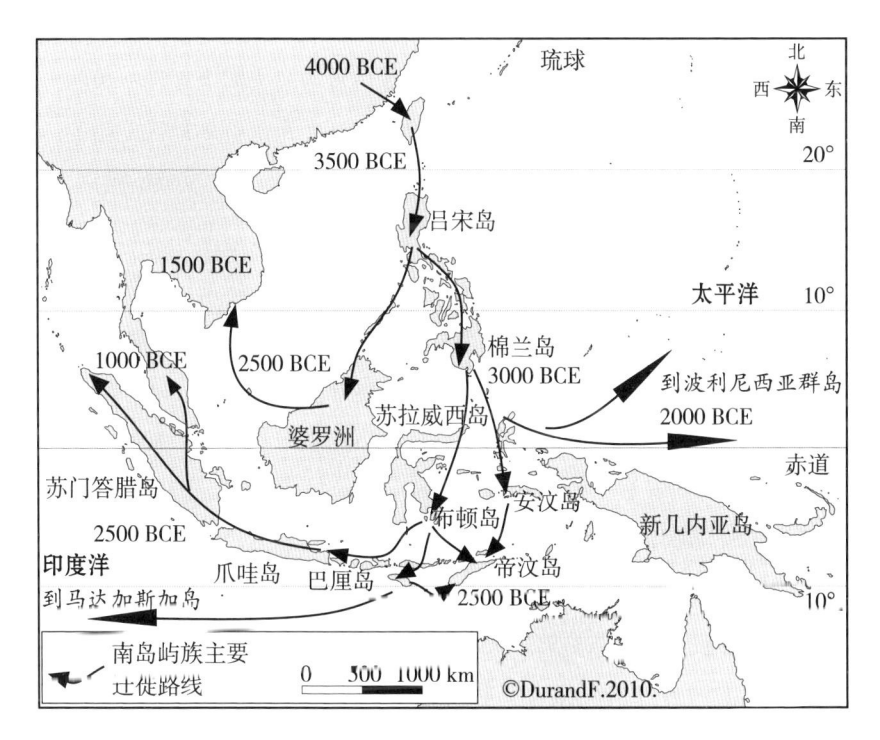

地图1.1 南岛语族的迁徙

正如霍里奇(Horridge)所述,移民不仅通过桨叉架独木舟运输火种、家庭成员、猪、鸡和狗,还带来了捕鱼技术并在海岸线地区定居，随后向内陆扩散。只有新几内亚和哈马黑拉岛不在由南岛语主导的范围内，而帝汶岛则是南岛语系与巴布亚诸语言共存的过渡地带。然而，我们应当清楚地认识到，如今的南岛语族在生物亲缘乃至社会与文化方面都不是单一的类型。据彼得·贝尔伍德的理论，海洋地区与非海洋地区在生殖、文化和语言方面一直处于不断融合之中。

## 海上迁徙

正如"死亡之船"是东南亚本土艺术中反复出现的主题一样，在海岛东南亚地区，许多高地居民仍保留着与过去海上迁徙有关的起源神话，这虽然不足为奇，却值得关注。在东部群岛地区，船的比喻往往与防御相关。苏门答腊岛南部的楠榜船布不仅仅象征船只，还代表着对生殖的崇敬。早期到达的西班牙人注意到菲律宾的描笼涯（又或称村庄）是船的同义词。对东帝汶图图阿拉地区帆船岩画的研究也为探索过去的航海技术提供了图解：岩画中船的图案与东山铜鼓上的"龙舟"图案极为相似。不仅在弗洛勒斯岛、阿洛岛和帝汶岛等东部海岛，最近马来半岛的考古遗址中也出土了铜鼓。芭芭拉·沃森·安达亚（Barbara Watson Andaya）也用充分的论据确定了将陆地与海洋相联系起来的象征手法。

海洋考古学是一个相对新颖且有趣的领域，它将人们的注意力重新定向于海上联系的历史、规模与重要意义。而海上联系不仅仅指中国和阿拉伯等伟大文明间的联系，还包括群岛地区人口分布情况、语言传播以及文化特点。从用于沿海航行或捕鱼的简陋竹筏（婆罗洲北部）和独木舟（帝汶岛）到更为复杂的带有桨叉架船（印度科罗曼德海岸、印尼东部和苏禄岛），毋庸置疑，在数千年历史中，群岛地区的海上航行在不断发展。霍里奇认为，绑扎技术是

"早期南岛语族取得的重要技术突破"。随着来自印度或阿拉伯的远洋多帆缝合船以及带有标志性密水舱的中国船只的到来,外部影响开始发挥作用。

现代马来西亚、菲律宾及其他地区的考古研究揭开了本土造船传统的面纱。公元3世纪至12世纪的遗址,尤其是棉兰岛东北部的武端出土了描笼涯船(大型远洋船)的船体。描笼涯船约30米长,由热带硬木木板制作而成,木板用木钉固定或用纤维绳缝合。在洛姆勒姆捕鲸船上至今仍可见这种缝合技术,其侧舵保留了武吉斯或爪哇船的特点。

## 南亚语系

东山文化与台语–越南语、占语和孟高棉语三个相关联的语言群体的出现有关,其中心位于越南北部。越南语、孟高棉语和越南南部高地的巴拿语支(不包括属于南岛语系的占语)被统称为南亚语系。南亚语系是该地区的本土语系,但其分布并不连续。南亚语系的使用族群包括印度哈尔邦南部、孟加拉西部和奥里萨邦的孟达人,缅甸的布朗族和佤族以及尼科巴人,这也反映了这些族群东西走向的迁徙活动。虽然南岛语的分散传播因其航海技能与采集和水稻种植的先进技术而闻名,南亚语系的分散传播则与新石器时期的农业技能(尤其是水稻种植技能)和高水平的青铜及铁器制造技术有关。正如古普塔(Gupta)所言,孟加拉湾地区南岛语族与南亚语族语的融合具有重要意义。例如,语言学家关注的楠考里语是一种位于尼科巴群岛的南亚语系语言,在南岛语系的基础上发展而来。

探究复杂的语言分散传播的另一种方法是区分树状的发展模式与网状的分散模式,南岛语系在海洋世界的分散传播更符合树状模式,而网状模式则能够更好地表征南亚语言在复杂的大陆环境中与邻近族群融合的特点。此外，整个东南亚地区的情况则介于二者之间。

总而言之，古普塔认为，在公元后第一个千年之际，南岛语族和南亚语族就已在马来半岛与孟加拉湾地区定居，为"农业、冶金与航海知识共同体"的形成奠定了基础。与此同时，这也为横跨印度洋的往来开辟了道路。泰国北碧府班东达潘、马来半岛以及苏禄-苏拉威西地区广泛分布的石头与镶蚀类古珠便是证据，它们源于印度，其历史可追溯至公元前4世纪。出土于日本西部的弥生时代早期墓葬遗址中的印度-太平洋珠，其历史可上溯至公元前300年，进一步证明了从孟加拉湾至西太平洋地区的迁移。

总而言之，社会语言学、考古语言学和遗传学的突破有助于我们了解海岛世界在史前时期的情况。早在公元前1000年以前，这里就到达了活动交流的高峰，而在这个无国家、无边界的世界中，航海者是东南亚原住民而非后来的印度人、阿拉伯人和中国人及其他外来者。

## 政治格局与模型

探究东南亚史前时期政治格局的方法之一是构建模型。历史学家O.W. 沃尔特斯（O.W. Wolters）给出了较为成熟且可信的解释，他将东南亚的印度化政体视为小型定居点网络、由多个中心构成的重叠的曼陀罗。在每个曼陀罗结构中，国王被视为天下神圣的权威，在其他统治者之上建立个人权威，而其他统治者则是国王的附庸或臣服于他的盟友。库尔克（Kulke）解释道，实际上曼陀罗是一种跨越"无固定边界且定义模糊的地理区域"的不稳定政治结构。

沃尔特斯认为，相对稳定的持续统治是通过利用当地环境资源实现的。实际上，小型且孤立的文化群体被茂密的森林分隔开来。

东南亚地区的共性特征是男性和女性在亲缘关系或遗传血统方面是平等的，而且并不重视宗族血脉（与中国社会体系不同）。在这一背景下，印度开始发挥影响，毗湿奴与湿婆崇拜也在此兴起。华生·安达亚（Watson Andaya）指出，地方性权威折射出支离破碎的地理环境，在这种环境中，社群与祖先灵魂、树木、河流、洞穴、岩石以及超自然的神灵联系在一起。帝汶的卢立克（lulic）或神灵文化以及缅甸、老挝和泰人的鬼神文化都是流传至今的地方文化象征。

东南亚史前国家体系的模型存在争议，同时也在不断变化。扬·威斯曼·克里斯蒂（Jan Wisseman Christie）曾写道，此类模型不仅是认知潮流的牺牲品，还反映出其支持者的偏见。当然，"远印度"模型或李伯曼的"外部主义史学"受到了赛代斯及其他殖民学者的青睐，且在"自主史学"的利益需求下经历了多番修改。

人类学家克里弗德·格尔茨（Clifford Geertz）承认内生变化的现实，他将巴厘岛称作"尼加拉"或"剧场国家"，并从统治者的光辉荣耀这一角度对其地理环境做出了阐释。因此，他的作品是对20世纪50年代和60年代经济导向理论的回击，在该理论中，卡尔·魏特夫（Karl Wittfogel）的"治水社会"最为著名。除沃尔特斯的曼陀罗模型外，坦比亚（Tambiah）还提出了用"星系政体"或宇宙学模型来阐释早期缅甸国家。克里斯蒂认为，早期爪哇国家比运用曼陀罗和星系政体模型所预测的凝聚性更强。克雷格·雷诺尔斯（Craig Reynolds）则更加反对将西方的国家模型运用于亚洲政体。亚洲政体为人所知的特点是其中心不断变化、缺乏领土主权以及边界模糊。

## 印度贸易与文明转移

众所周知，印度人、阿拉伯人、土耳其人及其他商业群体参与的印度洋贸易沿着精心设计的贸易路线进行。这一路线连接了中国沿海与地中海地区,途经爪哇海、马六甲海峡、孟加拉湾、印度沿海与波斯湾。"海上丝绸之路"的贸易历史可追溯至罗马时期(公元前50年—公元500年),喀拉拉邦和越南南部遗址出土的罗马钱币证实了其悠久的历史。据信,早在伊斯兰时代之前,阿拉伯人就参与了印度洋贸易。

现代学术研究证实了印度洋贸易的重要性。研究中国明代的专家学者韦杰夫(Geoff Wade)曾推测,公元900—1300年的"早期商业时代"有力地推动了这一地区的重要政治、社会和经济变革。借此,韦杰夫反对安东尼·瑞德(Anthony Reid)提出的东南亚"商业时代"为1450—1680年的观点。不论这些相互碰撞的观点是否属实,接下来我们将探讨印度与东南亚往来的范围和性质,正是这些往来催生了文明的转移。

## 印度文明转移的重奏

进入公元后第二个千年后,随着统治范围较大的超区域势力的出现,东南亚的政治版图也开始发生变化。具体而言,如第二章所述,这一进程始于公元9世纪吴哥王朝的兴起,在公元11世纪至13世纪的阿瑜陀耶王朝时期趋于完善,当时大陆西部地区处于蒲甘王朝的统治之下。到公元13世纪,爪哇和印度教-佛教时期东南亚海岛的最后一个王国与帝国——满者伯夷,也成为这个超级政治共同体的一部分。但是在将其他自治中心收为行省以及建立中央官僚机构方面,吴哥王朝最为成功。

主要的印度化王国有位于苏门答腊的室利佛逝,它与建造婆罗浮屠建筑群的赛伦德拉王朝保持着联系;位于爪哇东部的印度化王国——谏义利(约1042—1222年),后来被新柯沙里王国(1222—1293年)取代;以及首都位于爪哇东部特洛武兰的满者伯夷（1293—1527年）。在西部大陆地区，主要的印度化王国则有蒲甘王朝（约850—1287年）、阿瓦王朝（1364—1527年）和东吁王朝（1531—1752年）。在中部大陆地区有柬埔寨的吴哥王朝（802—1441年）、泰族和老族的素可泰王朝（1300—1438年）、阿瑜陀耶王朝（1351—1767年）、琅勃拉邦王国（1353—1975年）、万象王国（1563—1778年）以及曼谷王朝（1782—　　）。此外，在越南的中南沿海还有占婆王国（约400—1653年）以及其他外围国家，菲律宾可能也被包括在其中。

尽管大越王国在公元前221年征服红河三角洲时被纳入中国的版图，它也应当被归入众多王国的前身或是小型政体，尤其是泰-老民族通过（军事）征服或结盟而形成的大型政治体的前身。另一个政体聚集地位于云南西南部的大理，由包括南诏（737—902年）和大理（937—1353年）在内的6个以上的政体组成。信奉南传上座部佛教的南诏国在位于如今缅甸地区的几个邻国之中建立了霸权统治，它于750年发动叛乱前一直受到唐朝（618—907年）的庇护。

正如龙巴尔所言，以农业为基础的王国与海洋王国一样，都与复杂的贸易网络交织在一起。就如今天，有些贸易路线位于大陆，例如连接缅族和泰-老民族王国与云南和越南的路线；但还有一些贸易网络在海洋地区不断发展，比如越南郑王、阮王以及其占族前辈和对手所经营的贸易，此外他们甚至还积极参与阿拉伯与中国的长途贸易。葡萄牙航海家证实，南岛语系的占族人为了参与跨洋贸易，特意将其首都建于越南中南沿海的河口地带。各个王朝之间可能还存在更广泛的联系，比如室利佛逝与吴哥王朝的创立者阇耶跋摩二世（802—860年）之间的渊源，但那一时期国家间的联系并未被完整记录。

所有这些王国在一定程度上都是以水力为基础，吴哥便是典型，它横跨洞里萨湖或巨湖，常被湄公河的季节性洪水淹没。吴哥城的浮雕显示，高棉与占婆士兵使用带有大量划手的桨帆船进行海战。在东南亚海洋地区，海上袭击与海军优势至关重要，与此不同，陆军在大陆作战。吴哥浮雕（以及爪哇的婆罗浮屠）完美地呈现了陆上战争的图景，其中，大象不仅能携带武器，还是决定战争胜负的关键。

## 印度文明的影响

自公元第一个千年初期起，外部文明的影响主要来自印度。北越则是一个例外，它自汉朝起就处于中国的外围，自公元 11 世纪左右便被纳入中国的版图。事实上，如今到访爪哇或泰国的现代旅行者都会被源于梵语巴利语且频繁出现的印度化地名所震惊，这些地名往往带有后缀，例如村镇以 pura 结尾，城市以 nagara 结尾。

波拉克（Pollack）强调，完整的"梵文世界"扎根于现在的缅甸、泰国、柬埔寨、老挝、越南、马来西亚和印度尼西亚，这些地区在公元 4 世纪左右就开始出现梵语铭文。海岛地区最古老的印度铭文是用梵语书写的帕拉瓦文，被发现于婆罗洲西部的古泰，其历史可追溯至公元 400 年。在马来半岛，古马来语和古爪哇语也是用改编自梵语的文字书写的。源自印度的文字、史诗《罗摩衍那》与《摩诃婆罗多》、音乐与舞蹈形式、印度化王权与统治（马来世界的尼加拉国家）以及 Baginda、Duli、Paduka、Ianda 等文莱苏丹的头衔都是文明转移的产物，目前早已融入当地的传统、文化与环境之中。

专家们对于这种转移为何以及如何在东南亚扎根产生了分歧。一些学者推测可能因为大量的人口来源于南亚。由于没有任何事件导致这种人口迁徙，赛代斯等学者认为这是由商业的刺激与对黄金的追求所引发的。范·勒尔（van Leur）驳斥了殖民理论，他认为地方统治者实际上是为了从印度寻求圣礼的合法性与神话中的印度系谱。其所赋予的权威及等级制度使统治者（现已与湿婆教结合）得以掌管农业文明（如在爪哇岛）或国际贸易（如在苏门答腊岛）。还有学者认为，等待风向变化的漫长时期为来此的西方人提供了文化扎根与大规模传播印度思想的机会。不管怎样，正如波拉克所总结的，没有证据表明印度化转移是国家大规模行动的结果（11世纪的朱罗远征除外）。相反，印度化（梵化）与商人、冒险家和宗教人士有关。

在中南半岛的印度化国家中，吴哥王朝之前的扶南可能是最古老的，起源于公元1世纪。位于湄公河三角洲的扶南和港口城市沃澳无疑是印度与中国之间长途贸易的门户，商品货物与朝圣者均参与其中。路易斯·玛乐（Louis Malleret）发现的罗马徽章及带有地中海地区特征的珠宝证实了这一说法。据中国编年史记载，扶南在7世纪时被真腊取代。而且自公元1世纪初期，印度文明就已渗透进入越南南部沿海的芽庄地区。如前文所述，堕罗钵底是与孟族文化相近的王国。孟族在公元6世纪至9世纪之间发展迅速，尤其是在今日泰国中部的佛统府遗址和乌通城遗址处。考古研究证实了南传上座部佛教对其文化的重要性。

在公元4世纪至5世纪左右，来自印度南部的统治者统治着柬埔寨（吴哥王国之前的时代）、占婆、苏门答腊和爪哇。婆罗门教（湿婆教）在除缅甸以外的地区盛行。当时，扶南和占婆都举国信奉湿婆林伽崇拜，此外还接纳了印度文字、跋摩尊称、年号、那伽信仰以及其他富有典型印度特征的元素。

南印度与东南亚乃至中国的贸易联系可追溯至公元3世纪。10世纪在印度南部泰米尔海岸兴起的朱罗王国为商会、婆罗门寺庙社区以及印度化治国方式向斯里兰卡以及向东跨越孟加拉湾的传播注入了新的动力。这一时期，中国史册上有大量关于印度佛教信徒来访中国的记录，中国佛教徒前往印度的记录也数不胜数。值得注意的是，671年前往印度的唐代高僧、旅行家义净记录了60位从海路到达印度的中国人的路线行程。公元 7 世纪，爪哇的驿站和苏门答腊的室利佛逝港口连接了朝圣之路。朱罗王朝曾于 1033 年和 1077—1118 年两次遣使中国，最后一次出使的使团由 72 名肩负着外交与贸易使命的使节组成。朱罗与中国的交往在 12 世纪末至 13 世纪中叶达到顶峰，中国于 1267 年在纳加伯蒂讷姆出资修建的佛塔以及 1281 年建于福建泉州的泰米尔寺庙便是双方频繁交往的证明，该泰米尔寺庙的建筑风格与朱罗王朝晚期的达罗毗荼风格一致。中国的文献也印证了元朝时期（1271—1368 年）中国南部与印度南部在陶瓷、纺织品和胡椒贸易中的紧密联系。

爪哇迪恩高原的立方体寺庙、暹罗与柬埔寨零星分布的遗迹以及越南"占婆海岸"都有显著的印度特征。750—1200 年是东南亚纪念碑建设的鼎盛时期，蒲甘城（11 世纪末）、吴哥城（9 世纪）、吴哥窟（10 世纪）、占城（9 世纪）、门杜寺与婆罗浮屠（9 世纪末）以及巴兰班南（公元 900 年左右）等都在这一时期修建而成。

自 9 世纪初，神王信仰在爪哇和柬埔寨盛行，直至 10 世纪和 11 世纪才被王室林伽崇拜取代，"神庙山"中的吴哥巴戎寺便是例证。即使是印度教的象征"神山"也在 1177 年柬埔寨与占婆岛的混战中被铲除。阇耶跋摩七世转而信奉教义神秘的大乘佛教观世音（Lokesvara）崇拜，但这对于饱受战争和强制劳动之苦的人来讲已丧失了意义。随着南传上座部佛教逐渐盛行，大乘佛教的影响也与之融合。与具有僵化种姓制度的印度不同，到 14 世纪，缅甸、老挝、柬埔寨和暹罗的大部分民众都已接触到僧伽罗（Sinhalese）——斯里兰卡古称——佛教。因此，赛代斯将这种转移称为"印度对中南半岛在文化方面最后一次且影响最深的直接贡献"。

盖伊（Guy）曾言，横跨马六甲海峡的海岛国家室利佛逝（中国称之为三佛齐）在海上交流中发挥着至关重要的作用；室利佛逝于 878 年与中国唐朝建立了朝贡关系。朱罗国与中国宋朝，尤其是

1127 年在东部沿海的杭州定都的南宋，都十分重视国际贸易，促进了频繁而活跃的文化、商业交流。这一贸易的背后也存在各种动因。其中值得注意的是，佛教在中国的盛行引发了对香料等产品的巨大需求。但中国白银外流也引发了危机，朝廷通过鼓励陶瓷及其他商品出口来进行干预，以实现贸易平衡。此外，朝廷还指定港口负责新的商业贸易。宋朝与元朝（1271—1368 年）也都采取了措施，如 871 年在广州设立市舶司并于下一世纪在泉州也设立了平行机构。这体现出宋元两朝对东南亚这一香料等商品产地日益增长的重视。贸易模式变化的另一影响因素是中国南部地区从边疆到定居地的转型，尤其是在南宋时期，华南地区城市人口出现增长，市场也在不断扩大。

在经历了四五个世纪的强盛辉煌后，本土国家或宪章国家在环境和政治方面开始衰退。元朝时期，蒙古人在中国崛起，于 1253 年占领了大理并于 13 世纪末进攻蒲甘。占婆也面临着大越民族南迁的压力。即便如此，婆罗门教与佛教传统仍在素可泰、阿瑜陀耶、平定（自 1100 年起成为占婆的首都）和吴哥盛行，直至 1431 年才衰落。转向海洋地区，1025 年印度南部的朱罗国王击败并摧毁了马来西亚半岛的巨港。朱罗的袭击导致了室利佛逝的灭亡，相关证明见于《马来纪念》。满者伯夷及其附属国巴查查兰的灭亡恰逢爪哇北部沿海地区（淡目国）伊斯兰教的兴起，同时也标志着爪哇海岛时代或印度教-佛教意义上的海上帝国时代的终结。值得注意的是，在印度和斯里兰卡以外的地区，自 14 世纪以后便再也没有出现印度教-佛教纪念碑。

## 阿拉伯贸易与伊斯兰教皈依

公元 7 世纪时期，穆斯林的帝国从阿拉伯半岛中心地带向西迅速扩张至北非的马格里布和西班牙的安达卢西亚，因此伊斯兰商人和传教士得以在唐朝时期踏上通往中国的陆上丝绸之路。喀布尔、撒马尔罕等中亚城市是通往喀什地区和中国的要道。但9世纪，在阿拉伯商人沿海岸远行到中国之际，中国的海上贸易也发展到了波斯湾地区。此外，日本在阿拉伯贸易中也有所涉足。在九州博多旧港和古都奈良出土的陶瓷碎片与8世纪末定都巴格达的阿拔斯帝国有关，这也证明了阿拉伯贸易已触及日本一说。

特别是在13世纪元朝统治时期，穆斯林经营的贸易已扩展至地中海，触及威尼斯及其他地区。在这些往来中，阿拉伯地区、印度南部、斯里兰卡以及以海上贸易为主的室利佛逝、占婆和文莱（自12世纪左右）都通过穆斯林贸易网络同中国沿海地区建立了联系。当时的贸易通过大型、多帆的船只进行，这些船只能够运载大量的货物以及包括印度商人在内的众多乘客。即便如此，东南亚农业国家印度化的程度仍令人惊讶。

阿拉伯地理及航海手册中提及的大多数地方都无法确认。在后来的1000年中，阿拉伯地理知识并未更新、发展。当葡萄牙航海者进入这些海域之时，阿拉伯地区对东南亚的认知实际上已停滞了近300年。虽然波斯和土耳其地理学家在不断取得知识上的进步，但17世纪末阿拉伯制图才开始采用西方的资料。尽管如此，苏亚雷斯（Suárez）认为，阿拉伯航海文献（可能是艾哈迈德·本·马吉德所使用的，据推测，他是陪同瓦斯科·达伽马前往印度的海员）是准确的，且为前往马六甲以及通往爪哇、婆罗洲和中国途中的重要地点提供了帮助。

这一过程并未被完整记录，尽管阿拉伯航海者率先将贸易联系拓展至中国沿海地区，但来自古吉拉特邦与印度东部沿海的穆斯林水手无疑是东南亚贸易中最活跃的群体之一。虽然从考古研究中无法轻易找到证据，就如研究中国陶瓷贸易时一样，但印度很早就是纺织品（东南亚宫廷和市场对其需求量巨大）的主要生产国和出口国,并一直将这一地位延续至英国占据莫卧儿帝国为止。

迄今为止,海岛地区最古老的伊斯兰铭文——尽管并非出自本土——出现在建于 1082 年的勒伦石碑(Leren Stele)上。它出土于现代泗水附近梭罗河口的勒伦遗址(锦石)。据信,这里自 9 世纪以来一直是一个重要港口。然而,在兰列(Lamreh)发现的 1211 年的伊斯兰铭文证实,伊斯兰教已在亚齐建立了传教的滩头堡。13 世纪,马可波罗也证实了伊斯兰教在苏门答腊北部的存在,特别是在海洋贸易途径的地区,从前被印度化的王国诸侯迅速皈依了伊斯兰教。虽然这一过程并不均衡而且仍处于高度融合的状态,但在整个群岛地区,(印度化的)王侯已转为了苏丹,而其民众也大规模皈依伊斯兰教。占婆岛统治者可能是第一位皈依伊斯兰教的君主,文莱伊斯兰教或许是从北方传入的。到 18 世纪末,伊斯兰教在马来世界的地理扩张或多或少到达了巅峰。

巴厘岛及其邻近的龙目岛西部是显著的例外,虽然巴厘岛的尼加拉国家并未能在 19 世纪荷兰殖民主义的最后冲击中幸存,但印度教不仅在这里被保留了下来,而且还在东南亚海岛地区呈现出前伊斯兰教历史雏形。

然而,随着时间的推移,正统的伊斯兰教在亚齐、马来苏丹国、爪哇北部柏希尔海岸、婆罗洲的文莱逐渐发展起来;伊斯兰教的苏菲派或神秘奥义为东南亚的皈依铺平了道路:在东南亚许多地区,伊斯兰教反映了本土融合的传统。东南亚主要的印度教-佛教海上土国如何以及为何接受伊斯兰教将在第三章进行探讨。

## 中国沿海的穆斯林网络

在开辟从波斯横跨印度洋并穿越马六甲海峡的航线后,穆斯林社区在海南、广州等中国南部沿海地区逐渐发展起来。广州实际上已成为阿拉伯-穆斯林港口，广州保存至今的怀圣清真寺（又称光塔寺）可追溯至630年左右，可能是中国最早的清真寺。此外，广州的穆斯林社区还设立了负责法务的卡迪一职。

长期以来，广州一直是中国长途贸易的主要始发港，但1087年宋朝在福建沿海的泉州设立了一个贸易管理机构，此后泉州的税收很快便超过了广州。到了明朝初期，福州和苏州也承担了这一职能。如上所述，泉州除佛教和印度教寺庙外还修建了许多清真寺。当地墓葬的铭文中出现了阿拉伯语、波斯语、叙利亚语和泰米尔语，这也体现出中国贸易港口的国际化特点。尤其在重视贸易的南宋时期，航运总管一直由穆斯林担任，因为穆斯林在这一时期实际主导着中国的长途贸易。尽管元朝的南下导致了穆斯林社区的瓦解，但在明朝时期穆斯林又进行了社会整合，并在汉族社会中拥有特权。摩洛哥旅行家伊本·巴图塔（Ibn Battuta）于1345年到访泉州、福州、杭州和广州。

大量的沉船调查等海洋考古学研究证实，印度和阿拉伯港口与东南亚和中国沿海地区开展的海上贸易确实存在。正如第十章所述，海洋沉船中的大量陶瓷为探究东亚–东南亚贸易和生产周期提供了稀有的证据。在回顾波斯和阿拉伯与中国的贸易联系的同时，范勒尔坚定断言"从最开始，贸易的完全国际性是确定无疑的"。

## 总结

上述内容描绘了一个因地理分隔而分散的区域，从根本上说，它被划分为大陆世界和海洋世界。即便如此，我们聚焦祖先的共性，这一共性可追溯至新石器时代。正如最后一章将要讨论的，东山文化时期，东南亚社会在金属制造、陶瓷、稻米驯化、造船、航海等方面日益增长的复杂性反映出区域性"共同体"的诞生。但这也是

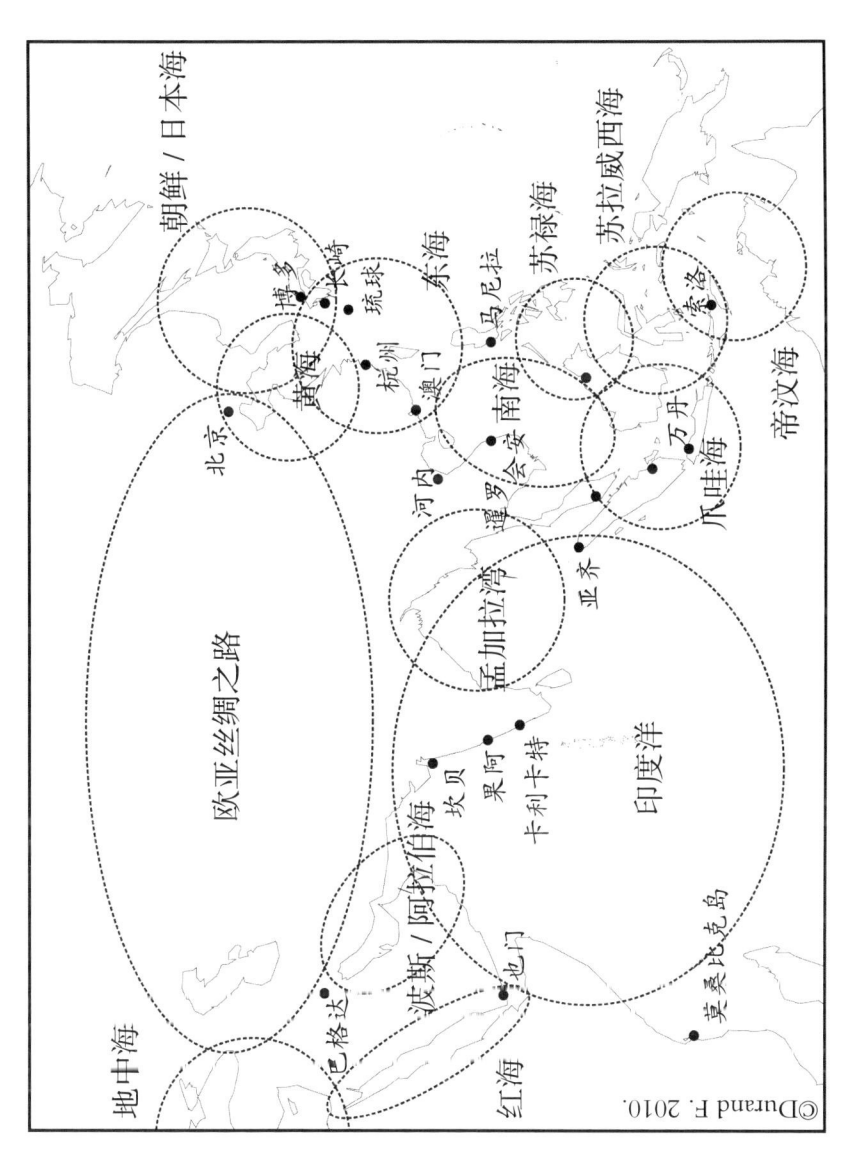

# 第一章
印度与中国之间的东南亚 047

地图 1.2 13 世纪至 16 世纪左右的亚洲海上贸易圈

一个由"网状与树状结构"组成的区域,而这些结构则与南亚语族和南岛语族错综复杂的迁徙及其语言的分散传播有关。

东南亚目前的地质图是按照约4000年前最后一次海平面大震荡后的情况绘制而成,为了解沿海聚落的演变提供了参考。尽管这一地区地理分隔,但越来越多的考古证据表明,在从新石器文化向青铜时代和铁器时代过渡的过程中,这一地区具有广泛的统一性。考古学的突破与语言学理论的完善为南岛分散论和早期大陆文化本土起源论提供了可信的新依据。从东帝汶洞穴发掘的证据表明人类在30 000~35 000年前就已在此定居,此外,马来西亚、老挝及其他地区正在进行的考古研究也为之提供了支撑。

除爪哇东部、缅甸部分地区、红河河谷等土地肥沃的地区人口密度较高以外,史前-前现代时期的东南亚世界与日本和中国沿海高度城市化的社会一样,是人口密度较低的地区之一。此外,另一种二分法也同样存在,即中华文明圈(包括日本、韩国和大越)强大的中央官僚体系传统与印度化东南亚松散结构或曼陀罗式政体特征之间的对比。虽然东南亚的一些王国具有较强的动员力,但地理因素制约了中央国家权力的发展。安东尼·瑞德指出,多样的生物、茂密的森林、洪水频发的河流、较为贫瘠的土壤、狩猎采集社会以及水稻种植等多种因素交织在一起,阻碍了帝国的建立。此外,缺乏清晰边界的海岛以及使用不同语言的孤立群落也让我们不难看出,无论是当时还是现在,该地区都不适宜大型政体的形成。虽然东南亚的印度化及字母的发展程度都令人惊叹,但这一地区的大多数语言都没有文字,口述传统在东南亚仍旧盛行。

一般而言,东西方活跃的海上贸易相关证据可追溯至公元1000年(如果没有更早的话),这说明瑞德将15世纪末视为东南亚"贸易时代"到来的标志这一论断需要被彻底修改。韦德(Wade)指出,来自印度半岛的商人促成的频繁贸易往来日益将东南亚国家带入早期"商业时代"。如果我们认识到文明转移的重要性，那么情况更是如此。但是从长远的角度来看，尤其是在1500年后，我们仍将展望这一"中间"区域作为一个世界性区域而出现的发展进程，至少从我们自己定义的世界史角度而言是如此。

# 第二章

CHAPTER 2

## 东南亚"宪章"王国的兴衰

## 第二章
### 东南亚"宪章"王国的兴衰

亚洲内部国家间外交是亚洲朝贡贸易体系的一部分，本章致力于提供东南亚大陆一系列王国的概览，它们或存在于欧洲人到来前，或存在于即将被后者"发现"的时代。这也是东南亚"宪章"王国兴衰或重构的故事之一。利伯曼提出大陆国家三分法，即分为西部国家、中部国家和东部国家。他还对时常消亡的宪章国家、大约存续于公元1250—1440年的新兴国家以及与日本德川幕府基本同时的巩固期国家做出了重要区分。

一般来说，由海上贸易发展而来的产物（室利佛逝）与典型的以农业为基础且对国际海上贸易依赖较弱的陆地政权（吴哥）之间也存在一定区别，但是在爪哇、占婆、阿瑜陀耶的印度教-佛教政体中这一界限则较为模糊。然而，就维持主导地位、攻击敌对权力中心以及将欧洲掠夺性入侵者拒之门外而言，对外贸易和新技术的获取（尤其是火炮）发挥着至关重要的作用。正如王室的支持能够为欧洲贸易者与当地的商业联络铺平道路，从欧洲获取的军事与科学技术也将促进国家的巩固。欧洲对东南亚大陆和群岛的影响也有所不同，因为在近代早期，欧洲从未控制过东南亚大陆国家，相对于海洋世界的大部分地区，大陆国家的人口量、等级划分度和流动性都要高得多。

这些概览并未包含全部共时的历史，尤其是互不相关且距离遥远的政体间的历史联系；但也强调了各国的某些共同经历，如"印度化"、"汉化"、伊斯兰教的到来以及蒙古入侵、明朝入侵越南、吴哥-占婆之战、阿瑜陀耶扩张、越南占婆冲突、缅甸入侵阿瑜陀耶、西方贸易者与军事专家的到来等世界-区域性历史事件。

## 位于苏门答腊岛的室利佛逝

当欧洲人进入这片海域时,东南亚最后两个强大的印度教-佛教帝国室利佛逝(约 680—1400 年)与满者伯夷(约 1293—1500 年)早已衰落。室利佛逝由于横跨阿拉伯世界、印度与中国之间的主要历史海上航线,在唐代时便被载入中国的记录。即便如此,因其缺乏纪念性遗迹,该王国的具体位置甚至名称仍是现代学术界的未解之谜。

芒更(Manguin)曾解释道,追溯至公元 2 世纪或 3 世纪,苏门答腊岛东南沿海的国家曾因其横跨印度与中国间海上航线而获益,尤其是在隋唐时期,中国将关注点转向东南亚并将其作为调味料与香料的来源地。公元 670 年,这些分散的小国逐渐合并为一个国家,在当时被中国称作室利佛逝。室利佛逝遣使中国的最后记载可追溯至 742 年,但此后中国方面的相关记录逐渐模糊。

室利佛逝以朝圣中心著称,以佛教为国教。室利佛逝的建立恰逢爪哇中部塞伦德拉王朝的兴起,该王朝信奉大乘佛教,建造了婆罗浮屠等古迹。部分学者认为塞伦德拉王朝与室利佛逝之间保持着官方的联系。曾有铭文记述,9 世纪 30 年代,一位来自爪哇的塞伦德拉王子曾统治室利佛逝。室利佛逝后来被中国称作三佛齐,随着中国陶瓷贸易的蓬勃发展,该国又再次派遣一批使臣前往中国朝廷,这也体现了此政权的重生。

首位公开使用室利佛逝这一名称的是荷兰学者亨德里克·凯恩,该名称取自名为 686 哥打卡普尔(686 Kota Kapur)的古马来铭文。乔治·塞代斯在其 1918 年的著作中首次将室利佛逝这一名称与帝国联系起来并将帝国的中心定位于巨港慕西河畔,其后他又对著作进行了大量修改。由于缺乏考古证据和佐证文件,长期以来室利佛逝一直如谜一般存在。学者们在考证马来半岛上其他可能的地点时,巨港只是被当作这个帝国的中心。1973 年，美国-印度尼西亚联合团队在巨港地区首次开展专业考古发掘。芒更指出，联合团队发现了"宗教与经济活动的实质性证据"以及穆西河北岸约 12 千米处散布的大型定居点。在巨港上游地区还发现了佛教与印度教的圣所。直至 20 世纪 80 年代，终于有文本证实了巨港与南苏门答腊之间的联系并证明帝国建立于 7 世纪 80 年代。

芒更总结道，有关室利佛逝的新学术共识大致肯定了欧洲东方学家的发现，即至少在 7 世纪至 8 世纪以及 9 世纪与 10 世纪的经济繁荣期，巨港和南苏门答腊曾是室利佛逝这一强大政权的中心。在爪哇的威胁下，室利佛逝于 11 世纪末将首都迁至占碑并一直延续至 13 世纪，而后又迁至内陆的米南卡保高地。只有在 16 世纪和 17 世纪经济繁荣新时期，由于新苏丹的上任，巨港才得以复兴。

此外，芒更还曾写到，室利佛逝由对海上航线征税的港口城市网络组成。然而它并非殖民语境下一个由巨港统治的帝国。显然，以巨港为基础的政权控制着广阔的穆西河盆地及其上游与下游社会。这一模式被马来半岛的其他政权所借鉴，曾一度被室利佛逝运用。

## 以爪哇为中心的满者伯夷

虽然满者伯夷在欧洲人抵达爪哇前就已灭亡，但麦哲伦船队的抄写员安东尼奥·皮加费塔（Antonio Pigafetta）从爪哇引航员处了解到了满者伯夷的情况并在其记录中描绘了满者伯夷的辉煌图景。在皮加费塔的记录中，满者伯夷是拉贾帕提努斯（Raja Patinus）统治下的爪哇都城。他还提及了爪哇的印度教葬礼习俗和印度神话中的神鸟迦楼罗。皮加费塔记录了巽他、淡目、阇婆、图班、锦石等爪哇柏希尔海岸新兴的穆斯林政权，这些国家的朝臣在满者伯夷的首都受到了款待。而满者伯夷位于爪哇东部，是东南亚海洋地区在伊斯兰时代前最强大的国家，也是马来群岛地区最后一个强盛的印度教帝国。尽管它的势力范围仍存争议，但其影响已扩展至婆罗洲和苏门答腊。满者伯夷的权力中心可能在位于爪哇东部的宗教政治都城特洛武兰和惹班。我们从现存遗迹中仍可窥见佛教–印度教–湿婆教–毗湿宫廷的辉煌。

李克莱弗斯（Ricklefs）认为，《爪哇史颂》（Negarakertagama）著于1367年，是爪哇古代资料的主要来源，由于其中的阐释存在争议，满者伯夷的详细历史仍尚不明确。但是我们知晓统治者的名字，克塔拉亚萨（Kertarajasa Jayawardhana，1294—1309年）是开国君主。据编年史记载，1478年满者伯夷被信奉伊斯兰教的淡目国所灭。而哈奄·武禄（Hayam Wuruk）统治时期则是满者伯夷的黄金时代。

作为一个以农业为基础的王国，满者伯夷从爪哇周边富饶肥沃的灌溉稻田地区征收税款，并通过控制爪哇北部沿海的大片战略要地发展外贸，在沿海地区开展获利丰厚的香料贸易。它从西部的帝汶岛获取檀香并对位于群岛边缘地带的国家征收贡品，这无疑加强了满者伯夷对贸易通道的控制。李克莱弗斯断言，满者伯夷既是一个陆上帝国，也是一个贸易帝国，但他无法确定满者伯夷是否如其所称对边远地区进行过中央集权统治。但在1377年，满者伯夷确实曾派遣海军惩戒巨港。此外，它还与占婆、柬埔寨、暹罗、缅甸南部和越南建立过联络，还曾遣使中国。

满者伯夷首都出土的越南琉璃瓦片证实了其与越南之间的贸易往来。此外，满者伯夷也与中国海外贸易网络建立了联系。2008年，在一次政府出资的考古发掘中发现了大量中国铜币，这说明当时国内市场日趋复杂化或者在对外交易中使用铜币已成为威信财（prestige goods）贸易的一部分。

印度尼西亚民族主义者利用满者伯夷和室利佛逝来美化粉饰印度尼西亚共和国的前身帝国。皮埃尔·芒更曾言，赛代斯的假设并未阻止印度尼西亚民族主义者将室利佛逝作为现代印度尼西亚的强大前身纳入印度尼西亚历史之中,印度尼西亚共和国教育与文化部长马哈普特拉·穆罕默德(1953—1954年在任)便是其中之一。

## 柬埔寨吴哥王国

柬埔寨吴哥王国位于大陆中部,是东南亚最繁华且强盛的农业王国,其历史可追溯至9世纪,1431年被泰族所灭。吴哥极有可能是工业时代前最大的居住区,面积超1000平方公里,通过水利工程养育着数量庞大但密度较低的人口。此后,政治权力中心不断向湄公河下游地区转移。虽然吴哥在16世纪的最后25年曾一度复兴,但它已不再是政治和宗教中心。然而首批到来的欧洲人还是记述了吴哥的璀璨辉煌(若非亲眼所见便是从别处听说),他们从欧洲中心的视角将没落的辉煌归咎于亚洲文明。吴哥窟大致与许多哥特式教堂处于同一时代,吴哥窟建于1113—1150年,而巴黎圣母院始建于1163年。

历经数个世纪的建设,吴哥由信奉印度教的尊王(后转信佛教)统治并将深奥的印度化观念植入本土元素之中。正如布里格斯(Briggs)所言,吴哥借鉴并发扬了扶南(84—630年)和真腊(550—802年)等著名前身王国的传统,而中国史料对这些国家的描述则有所夸张。直至10世纪中叶,蒲甘向缅甸北部扩张,高棉王国这一独特的概念才开始出现。随着行政机构与教会扩张至如今的泰国东部和中部地区,一个全新的阶段就此开启。

吴哥窟建造者、毗湿奴派信徒阇耶跋摩二世(1113—1145/50年在位)期间,吴哥进入鼎盛时期,对湄南河流域、占婆、泰国北部与南部以及老挝建立了不同程度的统治。阇耶跋摩二世还同中国建立了外交关系。从10世纪至13世纪,尽管拥有强大的对手,吴哥的寺庙建设空前繁盛，这标志着它已成为东南亚大陆中部主要的宪章国家。

长久以来，吴哥的水利管理一直备受争议，有些人注重这些大型建筑的仪式性作用，有些则认为运河在更大程度上具有功能属性。吴哥的标志性建筑、运河、水库以及邻近洞里萨内湖的战略要地都说明它是一个水利王国。此类宏伟的水利和农业工程以及以国王为中心的官僚制国家对盈余的占有导致马克思之后的一些人将吴哥文明视作东方生产模式的另一类型。而海厄姆等人则认为吴哥的水利装置并非如斯里兰卡一般用于灌溉，而是发挥着"象征性和宗教功能"。

生态因素，即出于扩大稻田面积以供养约一百万人口的需要而砍伐森林导致了运河淤塞，在一定程度上造成了吴哥的衰落。2009年在大叻对树木年轮进行的研究表明，14世纪末与15世纪初曾发生长达数十年的干旱。来自哥伦比亚大学树木年轮实验室的布兰登·巴克利（Brendan Buckley）推测干旱对吴哥脆弱的水利社会造成了影响。

自13世纪起，中国编年史中就有对吴哥的详细记载，在元朝时期，元朝使节周达观于1296—1297年到访吴哥并对其进行了详尽记述。其中描述道，吴哥是一座城墙环绕但没有名称的城市，建筑特点鲜明，婆罗门教、南传上座部佛教和湿婆教社区共存于此。周达观还发现，洞里萨湖常年泛滥，为周边土地提供了天然肥料，因此这里的稻米一年三熟或一年四熟。虽然他的参照对象是中国，但周达观还是注意到了吴哥许多独具特色的农业及其他方面的做法，比如对森林产品及野生动物的利用。

令人瞩目的是，阇耶跋摩七世修建了从吴哥通往占婆、暹罗和老挝的道路并与中国建立了全新的关系，当时正值宋朝积极与东南亚国家建立海上联系。他率兵进攻越南和占婆（巴戎的浅浮雕中描绘了这次海战）并扩张至湄南河谷地区。柬埔寨研究专家迈克尔·维克里（Michael Vickery）将吴哥扩张与中国的外交联系起来并声称 14 世纪和 15 世纪的相关证据更能说明二者的联系，因为这一时期编年史中的相关记载比以往 500 年都要多。虽然吴哥从未直接接触欧洲贸易公司，但当欧洲人与占婆、暹罗和柬埔寨等其从前的对手或继承者接触之时，吴哥仍然受到了影响。

## 金边宫廷

随着吴哥势力的衰退，高棉帝国的重心转移至湄公河下游。自 13 世纪起，金边附近出现了许多城邦，如 1504 年左右建立的洛韦、16 世纪早期的乌栋。因此，柬埔寨的王权中心更加便于参与中国的海上贸易，与此同时还控制了湄公河沿岸的老挝贸易。高棉王权的新中心依靠三角洲地区的稻田和洞里萨湖渔业资源而延续。克斯滕（Kersten）认为，自从首府迁离吴哥后，柬埔寨已成为更加外向型的贸易王国。但是在 1587 年暹罗占据洛韦后，柬埔寨随之陷入了动荡和混乱时期直至 1602 年才结束，其间不少于 5 位王位觊觎者在进行权力争夺。法国殖民时期的学者艾蒂安·艾莫尼尔（Etienne Aymonier）认为，在首都被暹罗占领后，柬埔寨沦为其附属国。此外，这次动乱致使王朝编年史遗失。洛韦的衰落还引发了两位伊比利亚探险家对王朝政治的干预，他们分别是来自葡萄牙的迭戈·德·维罗索（Diego de Veloso）和来自西班牙的布拉斯·鲁伊斯·德·埃尔南·冈萨雷斯（Blas Ruiz de Herman Gonzales）。欧洲各国（特别是 1620 年以来的荷兰）为在东南亚夺取势力范围展开了激烈的斗争，引发了作战方式的改革，比如炮舰的引入。

## 泰族的多元性（约 1250—1440 年）

　　李伯曼聚焦 1250—1440 年在大陆中部地区新兴的精英群体和国家，其兴起恰逢吴哥和原始宪章国家的衰落。他在研究中使用了参威·卡塞西里（Charnvit Kasetsiri）提出的"多元化国家"（muang pluralism）概念，即以泰国传统行政单位 muang①为基础而形成的许多泰族公国，而 muang 是基于灌溉稻田的领土概念，比如在河谷地区，人们效忠于 muang 的所有者（领主）。他大致列出了 13 个这样受到吴哥、孟族和泰（傣）族传统影响的独立王国，其中泰族在北部的影响力更强。在湄公河上游和中游，新来的泰族人占据或建立了琅勃拉邦、万象等上百个小型公国。在西部，西双版纳的景洪，清盛，帕尧，难邦，包括清迈（约 1222—1296 年）、清莱在内的兰那，素可泰（约 1219 年），华富里，直至湄南河下游的阿瑜陀耶皆为泰族公国。早期到此的欧洲访客与制图师因不了解当地的政治结构，常混淆这些地名。

　　孟高棉族的传说被泰族的传说与神灵信仰取代。转轮王（功德卓著的世界君主）的概念也被泰族国家接受。钱德勒（Chandler）并不认同吴哥传统彻底终结，而是认为阿瑜陀耶等国家接受了一种混合的文化，其中包括吴哥流传下来的印度化王权以及南传上座部佛教。而这些传统又可追溯至信奉南传上座部佛教近千年的孟族王国以及泰族先祖（可能起源于中国南方的部落民族）遗留的村落领导方式。但即便如此钱德勒表示不同国家间的文化融合很少是和平进行的。

　　泰族政体等以传统行政单位 muang 为基础的政体在领主、小领主、平民、奴隶以及退居隐匿的非泰族少数民族中具有重要地位。

---

① 相当于县。——译者注

泰族佛教王国的统治者通常以获得圣物以及其他王权的象征物来彰显其统治的合法性，其宗教权威也会在仪式中突出展现。在阿瑜陀耶等大型政体中，戴莱洛加纳王（1448—1488年在位）制定的等级分明的萨迪纳制（封建制）确定了等级和土地的分配。即便如此，从理论上讲国王才是土地的所有者。然而国家通过控制人力而非土地来增强国力、巩固统治，奴隶和俘虏也会被征入战胜方的军队之中。暹罗的奴隶徭役制度一直延续至近代。

## 印度化的占巴塞王国

历史上的占巴塞王国坐落于老挝西南部、湄公河中游地带，与现在的柬埔寨和泰国接壤，在早期作为独立的王国出现，在地理和传统方面均与北部的老族王国分隔。占巴塞起源于5世纪，它占据了古代真腊的领土，在9世纪至12世纪期间随着吴哥的兴起，占巴塞被纳入了高棉势力范围。梵语铭文以及印度教寺庙瓦普庙和巴萨克神山两侧山丘中发现的证据证明了吴哥与占巴塞的相关性。在苏里雅·翁萨（Souligna Vongsa，1637—1694年在位）时期，万象攻占了占巴塞。在沦为曼谷统治者郑信（1767—1782年在位）的附庸后，占巴塞在万象的地位进一步被削弱。法国人认识到了占巴塞与其他老挝王国的历史和王朝不同，他们在19世纪末将占巴塞从其保护国琅勃拉邦（和万象）中分割出来。

## 澜沧（琅勃拉邦）

老挝北部城市琅勃拉邦（现已被联合国教科文组织列为保护遗址）坐落于湄公河与南康河交汇处的半岛上，气势宏伟且独具魅力。琅勃拉邦以其数量众多的佛教寺庙和原始的自然环境而闻名，如今处于旅游业复兴时期。琅勃拉邦于1893—1954年处于法国殖民统治之下，1975年灭亡。

琅勃拉邦最初名为勐苏瓦，后又被称为川东川铜。它与法昂国王有着密切的联系，法昂国王于1353年建立澜沧洪考（万象白伞之国）。1493年，法昂之子桑森泰（其名意为三千泰人）继位。当地传说，法昂迎娶了一位高棉公主并将南传上座部佛教的权力与宗教观念引入首都。作为老挝君主，他在其领土范围内实行典型的老挝佛教政治统治，而且还融入了印度化的王权元素。尽管如此，直至王朝灭亡之际，在宫廷仪式和典礼中，前佛教时期的元素仍然存在，在非老族原住民中更是如此。由于澜沧临近中国，中国元素也融入其统治之中。而且法昂推动陆上贸易的能力也无疑为王国走向鼎盛奠定了经济基础。

1560年左右，赛塔提拉国王迁都万象，其首都改名为琅勃拉邦以纪念老挝最尊崇的神圣佛像——勃拉邦佛。据信，勃拉邦佛来自斯里兰卡，无疑是从吴哥首都引入的。

历史上，琅勃拉邦多次遭受外敌入侵。1753年缅甸军队入侵琅勃拉邦，于1771年撤兵与万象结盟，这导致了老挝两个王国间关系破裂。1778年，郑信将国宝琅勃拉佛掠至曼谷。1791年万象再次入侵琅勃拉邦并吞并其北部的华潘。此后，琅勃拉邦走向了漫长的衰落。

## 万象王国

这一位于万象（檀香之城）的老挝王国地处内陆，1596年维罗索和鲁伊斯在寻找被废黜的柬埔寨国王之时途经会安，该王国也就此为欧洲人所知。他们将到访此地的情况汇报给马尼拉的西班牙官员，而其关于此地的简短记述也于1609年出版。

第一份有关万象的真实记录来自荷兰商人格里特·冯·温斯特夫（Gerrit van Wuysthoff），他于1641年从荷兰位于金边的贸易战点沿湄公河而上以探寻贸易商机。在老挝商人的帮助下，荷兰人试图打破葡萄牙和西班牙商人对湄公河下游紫胶梗、安息香等森林产品的贸易垄断，但并未取得成功。冯·温斯特夫在万象遇到了一群售卖印度布匹（经德林达依陆路运输而来）的穆斯林商人，他们与向在柬埔寨的老挝人售卖纺织品的荷兰商人产生了竞争。次年，意大利耶稣会士乔瓦尼-玛丽亚·莱丽亚（Giovanni-Maria Leria）来到老挝并在此居住了5年。在她的描述中，苏里雅·翁萨的宫殿"规模宏大以至于让人以为那是一座城镇"。莱丽亚的记录于1663年在欧洲出版，而荷兰人的相关记录则于1669年出版。

在16世纪和17世纪的大部分时间里，万象与河内的郑氏政权、南部的阮氏政权维持着松散的朝贡关系。正如第一批到此的欧洲人所见，1779年却克里王朝的军事入侵将万象洗劫一空，曾经热闹非凡的城市人口锐减。琅勃拉邦、万象和占巴塞不得不承认曼谷王朝的宗主国地位，南部的阮朝也认同其宗主权。然而西山王朝在越南崛起（1786—1788年控制了顺化）并一改黎朝郑氏政权的政策，支持万象并在西部义静开辟了跨越中山山脉的贸易路线（葵合小道）。受到万象对琅勃拉邦和位于高原地区的普安国发动军事袭击的影响，西山王朝对老挝发动了前所未有的短暂攻击，1792年西山军队到达湄公河流域。

在老挝分裂成琅勃拉邦和万象两个王国后出现的王朝斗争以及闭塞的交通无疑阻碍了欧洲人的到来，直至200年后法兰西帝国缔造者亨利·穆奥（Henri Mouhot）才到达此地。因此，老挝直至17世纪末才作为"尚不明确的独立王国"出现在欧洲的地图之上也毫不奇怪了。

## 泰族阿瑜陀耶王国

自 1351 年建国至 1767 年被缅甸灭国,阿瑜陀耶一直是吴哥灭亡后统治东南亚中部大陆的典型宪章国家(其实是后宪章国家)。在其长达 400 年的历史中,阿瑜陀耶历经 34 位国王与 5 个王系。虽然人们信奉掺杂了某些大乘佛教元素的南传上座部佛教,但不论是当时还是现在,万物有灵信仰从未于此消失。在宫廷中,印度教和婆罗门教仪式共存。

在欧洲,阿瑜陀耶被称为暹罗,它横跨湄公河中游形成了一个安全的小岛,岛上有王宫、寺庙和商业区。此外,阿瑜陀耶还参与了横跨红海到日本的海上贸易。它拥有大片适宜水稻种植的肥沃平原,是一个自给自足的农业王国,但新的观点认为阿瑜陀耶的前身自室利佛逝衰落以来便深度参与了暹罗湾和马来半岛地区的海上贸易。暹罗很早以来就通过朝贡贸易与中国建立了联系,其驶向日本的王室帆船也由中国水手掌舵。从此观之,在北方的影响占据主导地位之前,阿瑜陀耶拥有海陆混合型政治经济体系。

阿瑜陀耶由素攀武里和华富里两个王国合并而成,这两个国王的前身是堕罗钵底国(6~11 世纪),堕罗钵底国自苏耶跋摩一世(约 1181—1220 年)时期便被吴哥统治。参威·卡塞西里认为有三大背景事件促进了阿瑜陀耶的兴起:第一个事件是阇耶跋摩七世(1181—1220 年)时期吴哥的衰落,第二个是原本信奉婆罗门印度教和大乘佛教的王室转信南传上座部佛教,第三个则是中国从宋朝到元朝(1271—1368 年)的朝代更迭。这些事件均在乌通王建立阿瑜陀耶的过程中发挥了促进作用。

在早期,阿瑜陀耶曾于 1369 年、1388 年和 1431 年三次入侵吴哥,最终迫使高棉人迁都。此后,阿瑜陀耶吞并了北部的素可泰和南部的洛坤,还占领了马来半岛。阿瑜陀耶的扩张引发了其与缅甸之间的冲突，尤其是在对清迈和孟族王国的控制权方面。1569 年，阿瑜陀耶被缅甸短暂占领，但后来在如今缅甸的丹老和德林达伊重新夺回对印度洋出海通道的控制权。在争夺清迈的冲突中，缅甸军队于 1767 年击败并摧毁阿瑜陀耶。但阿瑜陀耶的影响一直在延续，以郑信（1767—1782 年在位）为首的新一代掌权者将首都迁至曼谷，更加靠近海上贸易的源头，因为他们最初将自己的统治视作对阿瑜陀耶的延续。

毫不奇怪，首先到达阿瑜陀耶的是葡萄牙人，因为葡属印度殖民地总督阿方索·德·阿尔布开克（Afonso de Albuquerque）在征服马六甲之前就接待了暹罗的使节。第一位来到阿瑜陀耶的葡萄牙人是杜阿尔特·费尔南德斯（Duarte Fernandes），他于 1511 年 10 月乘坐中国帆船抵达。他此番前来是为进攻马六甲寻求暹罗的支持，此外他还促成了拉玛铁菩提二世国王（1491—1529 年在位）与葡萄牙结盟。根据 1518 年的条约，葡萄牙人获准在暹罗居住，直到 17 世纪中叶条约才逐渐失去影响力。这一时期阿瑜陀耶日益强大，一方面是由于阿瑜陀耶与葡属马六甲之间的联系，另一方面也得益于王室出资支持与其他地区开展贸易。值得注意的是，应澳门参议院的请求，纳莱王（1656—1688 年在位）向葡萄牙人提供了一笔贷款，用于支付向中国皇帝派遣使团的费用。为了偿还贷款，澳门积极促进阿瑜陀耶与广州的王室帆船贸易，直到 1722 年才还清贷款。

16 世纪末荷兰人才首次来到阿瑜陀耶。1609 年阿瑜陀耶遣使海牙，这也使之成为在欧洲最知名的东南亚王国。英国人紧随荷兰人之后到达，他们自 1612 年起就在阿瑜陀耶和北大年设立贸易站。然而，对阿瑜陀耶政治影响最大的是法国人，其影响自 1662 年皮埃尔·兰伯特·代·拉·莫特（Pierre Lambert de la Motte）到访开始，直至 1687 年凡尔赛与阿瑜陀耶之间互派使节之时达到顶峰。

恩格尔伯特·肯普费（Engelbert Kaempfer）于 1727 年首次出版

了他对阿瑜陀耶的记录。肯普费是一名受雇于荷兰东印度公司的德国医生，他于 1689 年年底（暹罗"1668 年革命"发生一年后）首次途经巴达维亚来到阿瑜陀耶。霍尔瓦德·卡雷·库勒伊（H.K. Kuløy）评论道，肯普费记叙的价值在于它是由"一位非法国人、非天主教徒，且本人与暹罗社会的任何派别都没有关系，也不肩负在暹罗促进基督教传播和欧洲国家利益"的观察者所记录的。值得注意的是，肯普费提及"许多郊区和村庄是由有人居住的小船或轮船而非房屋住宅组成"。事实上，阿瑜陀耶的"国际性"弥补了有关该王国的本土文献资料的空白。这也导致了本土学者不得不寻求西方的资料，正如现代西方读者通过早期法国、荷兰和英国的描述来了解该王国一样。

## 缅甸王国

李伯曼认为缅甸王国应归属于大陆西部王国。他解释道，缅甸历史具有周期性特征，时而由下缅甸统治上缅甸（12 世纪 80 年代和 17 世纪 40 年代），时而与之相反（15 世纪晚期）。南部是孟人的领地而北部则由缅人统治，双方关系十分紧张。从长远来看，19 世纪后，火器的获得以及包括与中国海陆贸易在内的外贸联系促进了中央集权的发展，政权空白时期不断缩短。此外包括棉花和新稻种在内的农业发展，引发了连接南北的商业协同效应，并进一步促进了中央集权的推进。

宪章政体蒲甘建立于 849 年，其中心位于干旱的上缅甸地带，1287 年被蒙古人征服。蒲甘大力发展灌溉水稻种植，运河便是其标志。在这一时期，斯里兰卡的南传上座部佛教得到了较好的发展。印度北部大乘佛教与婆罗门教的影响在蒲甘最早的寺庙中得到体现，但蒲甘国王通过建立佛塔和寺庙引导人们信仰南传上座部佛教。然而殖民学者则关注孟族文化在蒲甘的中心地位,最近的学术研究也证明了藏缅语族的骠族文化(尤其是在建筑方面)具有重要意义。詹姆斯(James)提出,孟族文化在文学传统中也发挥了重要作用。

孟族在缅甸的传统政权位于勃固。在蒲甘王朝灭亡后,勃固成了下缅甸的政治中心。在蒙古入侵后,一位与素可泰兰甘亨国王(1279—1298年在位)有关的掸族人控制了下缅甸,并有可能臣服于暹罗。勃固的崛起离不开亚扎底律(Razadarit,1385—1423年在位),他统一了下缅甸的小城邦政并与阿瓦国王交战。由于便于开展海上贸易和国际贸易,勃固的地位十分重要。

李伯曼曾言,在缅甸的后宪章阶段(1300—1550年),勃固渐渐衰落,掸邦、上缅甸、若开与下缅甸政治分裂。东吁王朝(1486—1544年)再次复兴缅甸并于1544年起定都蒲甘。此外,东吁国王还率先重新实现了政治大一统。

东吁第一帝国(1486—1599年)包括巴萨姆(Bassam)、仰光(Rangoon)、亨扎瓦迪(Henzavadi)、马达班(Martaban)、卑谬(Prome)、东戈(Tongo)、锡尔劳(Sirlao)等具有战略意义的海上城市。它致力于统治北部的掸族和南部的孟族,是上缅甸阿瓦的竞争对手。李伯曼证实,欧式火器及"印度洋雇佣军"在东吁王朝的征服行动中发挥了直接的促进作用。葡萄牙人、中国人和穆斯林都加入了火炮与火绳枪贸易。砖石砌成的堡垒取代了木质的军事防御工事,甚至连象队都配备了枪支火炮。

在首批欧洲人到达之时,东吁王朝的首都勃固正处于莽瑞体(1531—1550年在位)与莽应龙(1551—1581年在位)统治时期,并与印度、马来世界、印度支那甚至中国都保持着贸易往来。通过与马六甲勃固商人的直接接触,葡萄牙人与勃固国王建立了联系并于1519年派遣安东尼奥·科雷亚(Antonio Correa)率领使团前往勃固王国的门户城市马达班。葡萄牙人在沙廉建立了贸易基地,与今日的仰光隔河相望。此外，葡萄牙探险家和雇佣兵在王朝斗争和军事行动中扮演了重要角色。1560年，萨尔瓦多·里贝罗·德·苏扎（Salvadore Ribeiro de Souza）率领军队在勃固平原建立了贸易站和堡垒，并在那里击败了约6000名马来穆斯林入侵者，令勃固国王钦佩不已。自此，德苏扎开始成为在葡萄牙官方统治之外的小国王，在当地获封马辛加（巨狮）封号。在返回葡萄牙前，他还接待外国使节并签署了条约。1569年，东吁国王向大城进军，在葡萄牙的雇佣兵和火炮的帮助下占据了湄南河下游流域。值得注意的是，勃固与暹罗和孟加拉一起出现在费尔南·瓦斯·多拉（Fernão Vaz Dourado）1570年的地图之中。

1586年11月，来自英国的拉尔费·菲奇（Ralph Fitch）从印度孟加拉乘船沿伊洛瓦底江航行至勃固，他被这座城市及其商业活动震撼。威尼斯旅行家兼商人卡斯帕洛·巴尔迪（Casparo Baldi）比菲奇早三年来到勃固。他觐见了国王，也同样对这里印象深刻。巴尔迪发现勃固有两个城市，一个是商人居住的老城，另一个是王室成员居住的新城。他还在勃固见到了"葡萄牙人街"，这说明在此之前葡萄牙人就与该王国建立了联系。

但是，从1584年到1599年，正如其快速建立一样，东吁第一帝国迅速瓦解。李伯曼指出，勃固对暹罗的一系列惩罚性远征均以失败告终。在失去掸族和泰族盟友的支持后，东吁对孟族的进攻更加猛烈。1599年，暹罗、东吁各邦国和若开军队围攻首都勃固。因士兵弃城而逃，勃固的战斗力衰弱，东吁各邦国和若开军队围攻并烧毁了"曾经为亚洲奇迹之一"的首都勃固。利伯曼将勃固的崩溃归咎于一系列生态经济危机，这些危机扼杀了"过热"的东吁第一帝国。

然而，东吁帝国（1597—1752年）之后又迅速东山再起。在此期间，最后一批葡萄牙雇佣军和探险家退出了东吁的历史舞台。

1612 年，负责沙廉沿海商业与战争的若开前雇佣兵菲利普·德·布里托·尼科特（Philippe de Brito Nicote）被阿瓦王国的海陆军队围困击败，他拒不投降于是被杀害。直至一个世纪后，欧洲人才暂且返回该地区。次年，一支没落的王系统一了山谷与临近的高地并建立政权，该政权一支延续至 19 世纪贡榜王朝统治时期。

1634 年，荷兰东印度公司在下缅甸成立，直至 1680 年一直经营一个贸易站点。迪克（Dijk）认为，现存的荷兰文献可能是对相对平静的东吁时期的最佳描述，当时勃固国王将其宫廷和首都迁至了阿瓦。正如李伯曼所言，王朝如此长寿，就存续时间而言，与日本德川幕府、法国波旁王朝和俄罗斯罗曼诺夫大王朝不相上下。东吁的行政改革放松了对人力的控制，与此同时长期和平促进了人口增长和帝国稳定。同样，枪支的购置对于长达 200 年的巩固时期也至关重要。缅甸国王不仅持续进口武器，还制造了火绳枪和火药。18 世纪末 19 世纪初，随着武装步兵比例的飙升，燧发枪很快取代了火绳枪。

1685 年，阿瓦进攻勃固并迫使其臣服。1740 年勃固的孟人用阿瓦战胜勃固时采取的暴力方式进行反击并恢复独立。1752 年，阿瓦最终落入孟人统治之下。走出危机后，贡榜王朝（1752—1885 年）成为"西部大陆历史上行政渗透力和商业发展能力最强大的王朝"。

## 越南郑氏和阮氏政权

越南有文字记载的历史始于公元前 3 世纪，在此后的 12 个世纪中，越南一直处于中国的统治之下并从一个没有文字的"南洋文明"转变为"东亚文化世界的独特一员"。泰勒（Taylor）认为，中国对越南的统治一直延续至公元 10 世纪并从两方面影响了越南。一方面，它培养了接受中国文化领导的精英，这种文化层面的领导体现在语言、哲学、王权及其他中国传统之中。另一方面，它引发了越南对中国和其他外国影响的抵触。这一时期的越南历史可划分为多个阶段。第一阶段始于东山文明或雒越文明，详见第一章。第二阶段称为"汉越阶段"，中国军队支持新兴的汉越精英与越南佛教。第三阶段或称高越阶段，在越南内部建立高国，其统治者效忠北方的王朝。南部的占人在那时是越南的敌人。第四阶段跨越近 6 个世纪，其间中国暂时退出，本土英雄"尝试以不同形式进行自我表达"。第五个阶段即唐-越阶段，尽管曾发生叛乱，但唐朝的军事力量严格限定了越南的政治和文化边界。最终在 10 世纪，越南人成功地确定了自己与中国的边界。泰勒指出，越南发现自己正处于东亚和东南亚的边界之上。越南人在这两个世界之间对自身进行了复杂的定位，并"学会了用从中国传承而来的文化来表现他们的非华人身份"。

宋朝军队在与云南的南诏国交战后，准备再次宣示中国对越南的统治。在黎桓的指挥下，越南军队击退宋军，越南也得以在其后的一个世纪中摆脱来自中国的威胁。重要的是，1010 年殿前指挥使李公蕴登上王位，延续两个世纪的李朝就此建立。1076 年，越南击败了宋朝的第二次入侵，这也是 13 世纪元朝入侵前越南与中国的最后一次战争。15 世纪初，明军试图再次占领越南，而越南用了不到 20 年的时间便将其击退。但是，由于越南佛教开始走向衰落，这一时期成为理学传入越南的重要时期。

毫无疑问，至少在欧洲人到来之时，在东部大陆占据主导地位的国家是大越，其古都位于升龙或河内。李伯曼称，越南是"世界上领土最不连贯的国家"，这在一定程度上是越南的地理位置造成的，尤其是狭长的沿海平原，将北部的红河河谷与南部广阔的湄公河三角洲分割开来。但这也折射出在北部儒家、不断扩张的宪章国家大越同控制着通往南方的河口及沿海平原的印度化占族之间长达千年的斗争。

14 世纪大越国灭亡后，1546 年黎朝的阮氏和郑氏分裂。16 世初，阮氏在南部（塘中）占婆的故地建立阮氏政权，而郑氏及其后人则留在北部（外路）。由于黎朝郑氏政权在北部，阮潢（1558—1613年在位）及其后人便将其疆域深入扩展至湄公河三角洲地区甚至到达了高棉的故土。实际上，首批到此的欧洲人并不能确定越南的政治中心在何处。但自17世纪起，越南中南部顺化出现了另一个政治中心。而1771—1802年的西山起义则以归仁为中心并推翻了南部的阮朝和黎朝郑氏政权。在1792—1802年未来的嘉隆皇帝（阮朝后裔）夺权之前，西山王朝重组了越南世界。如前所述，这些王朝更迭令万象宫廷感到迷惑。

李塔娜（Li Tana）认为，虽然越南主流史学因阮氏政权破坏国家统一而对其持鄙夷的态度，但南部政权在很长一段时间内拥有独有的特征并丰富了越南文化。这在一定程度上体现了南迁的越南人对高棉、占族甚至前占族社会习俗的同化。李伯曼指出，这些习俗包括刺青、嚼槟榔、以竿支撑的房屋以及标志性的女性自治。随着疆域的扩张，南部政权与中国商人群体开始接触，阮朝与东南亚世界的联系逐渐加深。在李伯曼看来，越南应归属于中国世界还是东南亚世界这一存在已久问题的尚无答案，因为它兼具二者的特征。

16世纪末17世纪初，会安成为阮朝与世界交流的主要窗口，吸引了来自葡萄牙、中国和日本等地的商人，因此阮潢自1601年起就与德川幕府沟通，积极招揽日本商船。贸易成果十分丰硕，其中阮朝从日本大量进口铜和铜币，它们既是国内实际流通的货币也可用于制造火炮。李塔娜认为，海上贸易在阮朝疆域的形成中发挥了巨大作用，因为其从中获取了先进的武器，从而比郑氏政权更具优势。然而，因阮朝依赖外国波动不定的市场也就造成了其外部脆弱性，例如日本进口铜的价格上涨导致了货币供应危机。

## 升龙（河内）

越南民族主义史学家将河内誉为一座拥有千年历史的城市，其最初之名为升龙（腾飞之龙）。这座城市见证了 13 世纪元朝、15 世纪明朝、19 世纪末法国以及 20 世纪末美国人的入侵。因此，河内是东南亚地区历史最悠久的首都，而且有关河内的本土记载无疑也最为详尽。

越南研究人员追溯了河内的起源，它位于红河与陇江交汇处以东。红河沿岸的定居史折射出越南文明的兴起过程，但 1010 年李朝首都升龙的出现反映了封建国家向中央集权发展的趋势。升龙东西南北四向方正，再现了中国风水的特征，城中有一座拥有 4 个城门的皇家"紫禁城"以及一个平民居住的城区。为保护城市免受红河周期性洪水侵袭，城中还修建了堤坝。李朝和陈朝（1225—1410 年）君主既弘扬儒家教义也支持佛教的传播，历经三个世纪的建设，这座城市进入鼎盛时期。

现存的第一张城市地图（1490 年）可追溯到黎利统治时期（1428—1527 年），但西方最早的相关记载可追溯到西山王朝时期。1666 年，意大利耶稣会士吉奥·菲利波·代·马里尼（Giovanni Filippo de Marini）记录道，他在升龙见到了两层的楼房以及热闹的宫殿。马里尼将升龙与意大利中型城市进行比较，他对城中的手工艺区印象深刻，这些手工艺区今日在一些古老的城市中依然存在。升龙以生丝和漆器生产中心而闻名，吸引了许多国外贸易者。英国和荷兰商人的居住区也在此期间建成。

然而，随着阮朝崛起并迁都顺化，升龙沦为堡垒城市——其方圆一千米内的防御工事受到法国军事工程师沃邦（Vauban）的间接影响。具有讽刺意味的是，当法国于 1882 年征服河内时拆除了堡垒以建设法式城市，著名的佛塔也被夷为平地以建造天主教堂，至今那座天主教堂依然存在。而城堡却只剩下北门、标志性的瞭望塔和其他一些断壁残垣。越南历史学家认为，由于繁重的税收和对贸易的限制，升龙从未摆脱封建制度进入资本主义体系。整个东南亚无疑皆是如此，但这个王室中心高度的手工业专业化、城市化、巧妙性等特征已融入其辉煌的文明，如今吸引着越来越多的外国游客。

## 印度化沿海国家——占婆

沿越南中南部沿海地带旅行的人一定会为引人注目的占婆塔而惊叹，这些塔是之前沿海的印度化国家——占婆的古迹。即使是今日，越南历史学家也对殖民时代学者的开创性研究持肯定态度，例如亨利·帕芒提耶（Henri Parmentier）的《安南占婆古迹的发明描述（1909—1918年）》。在对遗迹的"再发现"和记录过程中，由于疏忽以及法国和美国战争的破坏，很多内容现已丢失。

与法国东方学家认为占族起源于大陆的观点相反，迈克尔·维克里坚信占婆由南岛人建立："他们通过海路（可能从婆罗洲）抵达这里并在河港地区定居。而且，地区的兴衰取决于国际海上贸易网络的变迁，这一贸易网络从中国延伸到现在的越南北部，沿占婆岛海岸直至柬埔寨南部、努桑塔拉和印度。"到了11世纪，占婆人甚至可能在棉兰老岛北部海岸的武端建立了分支，这也是菲律宾唯一的"印度化"政体。

第一个印度教中心建于2世纪，而最后一个则在19世纪上半叶被向南扩张的越南帝国吞并。在越南沿海河口地区发展起来的一系列小国通常都积极参与贸易，不仅相互之间存在贸易往来而且还与广州建立了贸易联系，此外还参与了始于唐初的南海贸易。占婆王国借助复杂的亲缘网络和联姻逐渐走向统一。作为南岛语系的使用者，占族与其东南亚大陆东部沿海的邻居越南完全不同。

砖砌寺庙和砂岩雕刻成为这一时期印度教和佛教蓬勃发展的物证。8 世纪中叶，随着广州暂时的衰落，占婆王国的重心南迁至现在的芽庄和藩朗，在那里至今仍能见到占婆塔。11 世纪，势力强盛的毗阇耶王国将中心迁至越南中部的平定省，并与以升龙和吴哥为中心的大越爆发冲突。毗阇耶从 13 世纪的蒙古入侵等战乱和劫掠中幸存，1471 年被越南吞并，1653 年又落入考塔拉（Kautara）之手。宾童龙一直坚守至 1832 年。李伯曼表示，占族军队不是越南的对手，越南从明朝或元朝获得了手枪和火炮等军事技术。

1828 年乔治·马伯乐（Georges Maspero）影响深远的著作《占婆史》问世，维克里重新审视这部作品后，质疑经典学术研究中提及的大一统占婆国家是否真实存在。与之相反，现实是敌对的国家各自为政。索斯沃斯（Southworth）曾将以多中心为特点的占婆比作群岛。维克里也强调有必要仔细研究之前占婆在河口地带的堡垒和其他建筑。如今的芽庄是十分重要的研究对象，它坐落于连接中国和印度的海上航线上，2 世纪至 4 世纪时期最古老的占族碑文也出土于此。在维克里看来，至少在 12 世纪中后期占婆在铭文中出现之前，就连所谓的占族都城毗阇耶–平定的位置或存在的真实性都尚存争议。因此，马伯乐有关 1044 年（或 1069 年）越南人进攻毗阇耶的描述是虚构的。总而言之，维克里认为马伯乐称占婆是统一王国的说法以及对毗阇耶含混的描述都具有误导性，而且未得到铭文的印证，因为铭文中强调了美山、芽庄和藩朗等南部国家的重要地位。在北部，柬埔寨最有可能是占婆的对手，而在南部其威胁则来自原住民。维克里还认为，所谓占族于 1170 年征服吴哥的说法与铭文事实不符。他也不认同贝尔纳·格罗利埃（Bernard Groslier）对巴戎寺浅浮雕中战争场面的解释。简言之，占族铭文并未提及 1177 年大胜吴哥一事。

杜冠明（Thurgood）开展的语言学研究表明，2000 年前，使用南岛语的占人与印度尼西亚西部的马来语使用者尚未完全分离。在占婆古都因陀罗补罗附近发现的茶乔铭文可追溯到4世纪，不仅是已知最古老的马来-波利尼西亚文字，而且在语言形式上与马来语惊人的相似。因此，语言学的新证据有助于确定最初少数占人是在公元前最后几个世纪通过航海到达越南南部沿海的。此类新发现也让我们不得不重新审视早期占族王国的政治经济地位。

李伯曼认为，虽然早期的法国学者倾向于将占婆视为一个统一的政体，但最近的研究则聚焦占族社会的多民族性：低地占族人以及山地原住民族中南岛语和南亚语使用者不仅通过宗教仪式或联姻建立联系，还通过贸易关系交织在一起。

高棉和越南宫廷与"水王火王"之间的神话联系，据说存在于越南南部高地南岛语族和信奉万物有灵论的嘉莱族之中，最早因马里尼的记录而被欧洲人知晓并得到了早期法国到访者的证实。据信，神圣的护身符是消失已久的婆罗门或占人祖先遗留下来的。人类学家乔治·孔多米尼斯（Georges Condominas）对德尔加人的研究证实，该族群拥有以风王、气王为代表的萨满信仰。

有证据表明伊斯兰教自11世纪就在占婆传播。但是据说在占婆被越南驱逐至宾童龙附近的一片小区域时期，婆争（Po Saut，1660—1692年）等一些占婆统治者皈依了伊斯兰教。尽管如此，占人仍继续参与国际贸易，甚至早在15世纪末就在马六甲建立了社区。1687年5月，威廉·丹彼尔（William Dampier）曾在暹罗湾遇到一艘开往荷兰属马六甲的占婆商船。1693年在被阮氏政权攻入后，占婆沦为其附属国。尽管如此，在1832—1835年灭亡之前，占婆多次试图摆脱越南的统治。马来世界与来自马来半岛吉兰丹的伊斯兰传教士也影响了占婆社会。随着占族王国被逐步兼并，占族穆斯林向南迁至磅湛附近的柬埔寨，还有一部分到达了丁加奴与海南岛。

但是，在吞并占族王国的过程中，汉化的越南也将某些占族元素融入其宫廷仪式中。魏长乐（Charles Wheeler）在有关会安地区的研究中表明，即使在今天，官方的越南历史叙事与占族历史仍相互分离且存在冲突。不管怎样，法国学者收集了许多雕刻品并对其进行分类，从美学和文明的角度证明了占族文化的灿烂辉煌。这些雕刻品现被妥善存放于河内的越南国家博物馆和岘港的"占族"博物馆中。越南战争结束后，越南联合国际研究人员重启了对占族王国的考古研究，相关古迹也获得了联合国教科文组织的保护。

## 顺化宫廷

坐落于顺化的阮朝宫廷不仅象征着国家再次走向统一，还讲述着首都从河内迁至此地的一段历史。定都顺化未必是因为这里是阮氏的故乡，而是一系列妥协的结果。占婆国王僧伽跋摩二世于1301—1306年将该地割让给阮朝，为后来的阮朝迁都做好了铺垫，也标志着占婆帝国在越南的入侵下走向灭亡。

顺化皇城位于香江以北，本身就曾参与海上贸易。皇城实际上由三部分组成：中心的"紫禁城"、环绕中心的王城以及法国人称之为防城的都城。即便是从旅游地图上也能看出这一布局。顺化始建于1697年，阮福溱在如今城市东南部的富春建造了一座堡垒城市。1744年顺化成为南越阮氏政权的首都。1786年，西山王朝占领顺化并定都于此，直至1802年嘉隆帝才重新收复此地并将其命名为顺化。1806年6月，嘉隆帝在升龙宫登基。虽然在与美国的战争期间遭到严重破坏，但城市的基本形态仍保留至今。城市的建设要归功于嘉隆帝及后来的继位者，他们下令建造了宫殿、亭台、楼阁、佛塔、寺庙、城门和城墙以及专供皇帝活动的"紫禁城"。后来，城中又建了六座阮主皇陵，包括嘉隆帝和明命帝（1820—1849年在位）的陵墓。此外，阮朝还铸造了供奉嘉隆帝的巨大王朝之鼎，重达2500千克。伍德赛德（Woodside）认为，明命帝并不满足于一味模仿清朝，他还试图复现夏、商、周时期的青铜鼎造型，就像在编写一本文化和政治统治的辞典。

按照中国的传统，皇城坐北朝南，四周有护城河和城墙环绕，这实际上更像是法式而非中式。与北京一样，所有仪式建筑都是南北排列。顺化还垄断了中国典籍的印刷，取代了河内文庙的地位。此外，诸如"太和"等中国古代经典词汇也在顺化出现。中国对其产生了直接的影响，阮主从广州招募了中国的瓦匠。阮主刻意再现中国古典风水和宇宙学的帝国设计从而强调自己授命于天。但伍德赛德认为，阮主之所以疯狂装饰美化皇宫是为了抵消西方文化的影响，彼时西方文化已渗透至沿海地区。此外，正如其所言，越南既然引进中国的成文法典，虽然与宏伟的北京城相比其规模甚小，那么它也必须要学习中国的帝国政治建造。

顺化王室进入扩张阶段后确定了新的疆界，而其边界则备受争议。自1626年阮氏政权建立起，西贡便脱离了柬埔寨的控制，迅速切断了其海上通道，大量高棉人被驱逐出柬埔寨。在明命帝统治时期，顺化于18世纪30年代中期吞并了现在柬埔寨东部和中部地区，不仅削弱了高棉王国的势力，还积极推广包括从语言、服饰到行政传统等在内的越南文明。随后，高棉人在暹罗的支持下发动起义，迫使顺化宫廷于1845—1847年同意按照对暹罗有利的方案解决柬埔寨的归属问题。

越南的跨文化殖民也针对其他非越南的低地居民，即河仙的明朝流亡者以及占婆的残余势力。1833—1835年由穆斯林领导的占族起义失败后，同化、殖民化和"遗存者经济隔离"进一步加剧。此外，顺化还以复杂的方式将万象纳入其朝贡圈，例如南部的山地民族直至现代仍分别向顺化和万象进贡森林产品和鸟类羽毛。如前所述，越南南部高地的嘉莱族中流传着萨德特（Sadet）[①]或有关火王、水王和气王的传说。几个世纪以来，嘉莱人在宗教仪式方面受到吴哥和占婆岛影响。但随着印度化国家的衰落，顺化的势力范围扩张至中山一带，嘉莱人也被纳入了顺化的朝贡圈。

## 总结

前文对后宪章时代大陆国家与欧洲商人和雇佣兵的往来的研究证实了李伯曼的重要发现，即在东南亚、日本和中国，火器的引入使国家更加强盛，商业化和对外开放程度更高。而外国雇佣兵指导了防御工事的建设，引入了新的战争理念并为探险家和对外征服壮胆助威。几乎在各处，最终的结局都是领土整合、官僚统治扩张和外围国家解体。几乎在各处，技术转移都在沿着海上路线进行，而且事实证明船载火炮与武装战舰在沿海地区有毁灭性作用。与此不同的是，东南亚大陆也受益于中国早期通过陆路传入的技术。与群岛地区相比，经过长期的割据后，18世纪缅甸、暹罗和越南强大的新王朝弱化了西方的干预。当然，就缅甸、越南、老挝和柬埔寨而言，表面上的王朝大一统并不能最终阻止西方的介入和控制。

越南的李朝和缅甸的蒲甘、勃固以及阿瓦都是上述观点的例证。邻近河流和具有战略重要性的天然良港往往对陆上帝国的生存至关重要，在面对有扩张掠夺野心的邻国之时更是如此。显然，海陆混合型的占婆是这场游戏的输家。事实证明，大象的战斗力无法与大越国的武器相较。柬埔寨在暹罗和越南这两个崛起的陆上王国之间挣扎，拼命借助海上机遇发展商业和军事力量以谋求生存。

横跨东南亚大陆，我们还见证了对民族身份与正统宗派的坚持。

---

[①] 萨德特（Sadet），嘉莱人信奉的神灵。——译者注

这可见于东吁王朝，在那里缅甸化与南传上座部佛教的发展齐头并进。在阿瑜陀耶，神圣的王权、泰族性和南传上座部佛教共同构成了国家的根基，后宪章国家曼谷王朝又再次构建了这一观念。在越南，随着越南儒学的传播，越族或京族战胜了占婆。在所有地区，无论是高地居民还是远离东南亚中心地带的人民，帝国边界的民族不仅被边缘化而且还会沦为奴隶抑或被征召入伍。越南和老挝的山地民族等某些族群与琅勃拉邦或顺化宫廷保持着双重朝贡关系或象征性关系从而得以生存。

如下文所述，葡萄牙与印度教-佛教王国的相遇是独一无二的，其后续影响体现在荷兰用武力征服爪哇岛仅存的传统王国的过程之中。葡萄牙的历史遗产是在群岛地区建立了错综复杂的穆斯林-基督教社群模式。正如后文所述，西班牙人也致使菲律宾和摩鹿加群岛上演了这种穆斯林与基督教徒的较量。许多天主教传教士从澳门等地来到东部大陆，吸引了一批基督教皈依者。然而令人惊讶的是，只有越南（和日本）出现了大规模基督教皈依浪潮，而且这种皈依以高度兼容并蓄的方式进行。

# 第三章

CHAPTER 3

## 伊斯兰宫廷与海上贸易港口

# 第三章
## 伊斯兰宫廷与海上贸易港口

从蒙巴萨到第乌,从卡利卡特到马尔代夫岛链,第一批到达印度洋地区的欧洲人不得不与一系列伊斯兰聚居地和王国打交道。这一历史在东南亚地区再次上演,伊斯兰王国在此建立了稳固的统治:西部是亚齐,核心地带是马六甲,东部则是文莱和苏禄。爪哇岛的统治模式极为复杂,柏希尔海岸是伊斯兰教的主要滩头堡。然而,伊斯兰教在爪哇西部(巽他)仍受到冲击或以与当地高度融合的形式存在,例如爪哇马打蓝王国。东南亚海洋世界的大部分地区仍处于伊斯兰教的影响之外,如苏拉威西岛的望加锡、印度教巴厘岛东部的大部分海岛以及菲律宾群岛苏禄势力范围以外的地区等。显然,伊斯兰教传入东南亚沿海地区后对原始的宪章国家及其人民产生了重大的影响,特别是带来了新的王权与统治模式。虽然对资源和人力的控制仍是国家生存的关键,但伊斯兰教的传播也带来了贸易、新科技(包括军事)等许多新的世界机遇。与农业国家相比,外国商人社区在伊斯兰港口城市扮演着更为重要的角色。在这一时代,马来语成为连接马来世界小苏丹国与海上贸易中心的通用语言。此外,在欧洲入侵者与亚洲人都尚未接受平等民族国家体系的时代,欧洲的扩张既包容又破坏了亚洲王国间古老的外交形式。而且,伊斯兰教逊尼派以哈里发为领导者,但伊斯兰王朝之间并未形成这样更高层次的统一。

本章将描绘一幅东南亚海上贸易之路上一系列伊斯兰宫廷与世界性贸易中心的全景图,探究伊斯兰国家如何在东南亚建立、如何在印度教-佛教国家中兴起,伊斯兰教如何在这种融合的环境中适应当地的权威统治模式,以及伊斯兰国家又是如何应对基督教传教士、欧洲商人以及帝国建设者的到来。

## 东南亚的伊斯兰宫廷

西方早期对东南亚伊斯兰宫廷的描述无疑建立在欧洲人对十字军东征时代的伊斯兰教的刻板印象之上。对于穆斯林信徒来说，从摩洛哥到如今的印度尼西亚，伊斯兰世界赋予了他们独特的世界历史视角。这不仅是指当今遍布全球的乌玛或信徒群体，还代表着非洲-欧亚大陆间陆上与海上贸易的历史联系，而在 13 世纪甚至更早时期，这种联系就已将伊斯兰教传播至全世界。更重要的是，伊斯兰教徒借助天文与航海知识、指南针、制图技术、寻找麦加的需要以及对前往穆罕默德出生地的热忱形成了自己独特的空间认知，甚至书写《古兰经》的阿拉伯语也成为连接不同种族和文化的信徒之间的纽带。穆斯林既可以在中心地带集结形成当地的主要群体，也可以在边缘地区作为少数群体而存在，就如在今日的东南亚和中国大部分地区。在伊斯兰的黄金时代，穆斯林征服了新月半岛另一端的西班牙，甚至将势力范围扩展至中国沿海，但这一时代在本书讨论所涉及的时代之前就已走向衰落。1259 年蒙古人进攻阿拔斯王朝的首都巴格达，1487 年西班牙收复失地运动胜利结束，几年后哥伦布登上了美洲新大陆。而除了在广州还有一座留存至今的清真寺外，伊斯兰教在中国沿海地区已销声匿迹。

8 个世纪前，伊斯兰教（尤其是逊尼派）开始在东南亚海岛地区传播。安德烈·温克指出，虽然阿拉伯商人首先将伊斯兰教带到了海岛东南亚，但伊斯兰教实际上以"印度-伊斯兰模式"在当地社会传播。他认为，通过斯里兰卡的沙斐仪派穆斯林网络及印度两岸的穆斯林社区，海岛东南亚与穆斯林开始了最初的接触。后来到达的古吉拉特人也是伊斯兰教的重要传播者。无论如何，在大规模伊斯兰教皈依浪潮出现之前，穆斯林贸易和定居点就已在东南亚存在了。到了 14 世纪和 15 世纪，贸易不再是导致皈依的主要因素。第一批伊比利亚商人的到来对这一地区产生了威胁，同时也进一步加强了伊斯兰的政治力量。

印度尼西亚学者艾克−阿里芬−曼苏尔（Iik Arifin Mansurnoor）指出，至少在 13 世纪第一个伊斯兰国家建立之前，逊尼派伊斯兰教在东南亚的传播最初并未得到国家的支持。麦地那、大马士革或巴格达的哈里发也从未有过征服东南亚的打算。然而，伊斯兰教通过正式与非正式的渠道不断传播。梅尔雷·李克莱弗斯（Merle Ricklefs）表示，伊斯兰教的传播并非如惊涛骇浪，但也不是波平如镜，而且伊斯兰教仅在 13、14 世纪和 15 世纪才被海岛地区的大量民众接受——这一结论显然在学界还存疑。目前学界还尚未就伊斯兰教皈依的方式形成统一的意见。当然，海上贸易者，尤其是那些在贸易港口等待季风转向的商人，是伊斯兰教最初的传播者。但是 A.H. 约翰斯（A.H. Johns）率先提出，在蒙古人征服西亚后，伊斯兰教经历了内部神秘的转变。到了 17 世纪，在苏菲派的帮助下，伊斯兰教神秘主义派吸引了大批信徒。更巧合的是，马来世界的城邦国家与贸易政体也接受了伊斯兰教，数个世纪以来，马来人的穆斯林身份认同逐渐确立。

马可·波罗（Marco Polo）和伊本·白图泰（Ibn Battuta，1304—1377 年）见证了伊斯兰教在苏门答腊岛北部的存在。马可·波罗于 1292 年到访巴赛，而伊本·白图泰分别于 1346 年和 1354 年两次到访苏门答腊。第一个有关王室皈依伊斯兰教的记载可见于苏莱曼·本·阿卜杜拉·本·巴西尔（Sulaiman bin Abdullah al-Basr）苏丹的墓碑。墓碑建于 1211 年，位于苏门答腊北端的南浡里。在 8 世纪，伊斯兰教最早传入了位于西部海岛地区的亚齐。吉打处于横贯马来半岛的战略要道，《马来纪年》中记载，吉打统治者于

1136 年皈依伊斯兰教。

由于伊斯兰教沿贸易路线传播，历史上主要的伊斯兰政体都位于港口或河口地区，如苏门答腊的巴赛、亚齐、吉打、马六甲、万丹、柔佛、北大年、苏禄和文莱。彭亨、霹雳、雪兰莪、吉兰丹、丁加奴、玻璃市、廖内-林加等历史上所有的马来苏丹国也皆是如此。它们中有些得以幸存，有些则分崩瓦解。位于大陆的占婆和柬埔寨也受到伊斯兰教的影响。马打蓝是位于爪哇中部和东部的重要苏丹国。马来港口穆斯林国家和政体几乎无一例外都拥有高度国际化的特征，接纳了来自阿拉伯、波斯、中国、古吉拉特以及其他民族和语言群体的外国商人。范·勒尔深刻认识到了亚洲贸易的悠久历史，他在书写世界经济史时首先讲述了 1596 年首批前往爪哇万丹的荷兰航海者在得知土耳其、德里，甚至摩洛哥非斯的穆斯林商人也来到此地时感到无比惊讶。从 16 世纪末的葡萄牙和西班牙开始，欧洲列强基本侵蚀了苏丹国在所有东南亚海岛地区的主权。而它们也在不经意间加速了当地人对伊斯兰教的皈依。

东南亚对伊斯兰教的接受受到前伊斯兰时代习俗规范的影响，而佛教和印度教文化为应对新的形势也融合了波斯和阿拉伯世界的伊斯兰文学。后文将介绍一系列伊斯兰苏丹国与欧洲人接触互动的经历，后者会以商人、征服者、十字军或是殖民者的身份出现。在介绍的过程中，本书不仅试图从全新的视角呈现这些分散的政体在世界史中的融合，还将在强大且理性的国家历史和话语之外聚焦它们在全球性区域形成过程中各自和共同的历史轨迹。

克拉茨（Kratz）认为，马来世界普遍缺乏西方意义上的本土资料。而且本土资料即使存在也很少提及一些显而易见的事情，比如欧洲人的逼近。1511—1800 年是西方渗透时期，但相关的马来记载却寥寥无几。而且，许多历史主题的马来手稿实际上是从 19 世纪流传下来的。但是克拉茨也表示，有关文莱的马来手稿确实为了解东部群岛地区文莱的马来伊斯兰组织相对于马六甲-柔佛-亚齐的地位提供了洞见。

## 亚齐苏丹国：通往东南亚的印度洋门户

亚齐是苏门答腊岛北端的伊斯兰教中心，根据阿拉伯和中国的记载，在其之前此地还存在其他国家（如南浡里），但亚齐是伊斯兰教最早到达的地方。苏门答腊岛北部的早期历史仍然模糊不清，但毋庸置疑的是亚齐位于向西通往印度的贸易路线上，这也使其处于印度教的影响之下，正如室利佛逝统治马六甲地区一样。但亚齐并未留下明显的印度教遗迹。目前普遍认为，苏门答腊的巴塞王国是东南亚首个皈依伊斯兰教的王国，据说其统治者来自土耳其。据说在巴塞发现的建于1297年的王陵就是马立克·沙勒（1285—1297年在位）的陵墓。苏门答腊北部的另外两个主要伊斯兰王国是波腊和亚齐达鲁沙兰国。在1345年伊本·白图泰达到苏门答腊之时，亚齐正处于马利克·扎希尔苏丹统治时期。马利克·扎希尔开创了发行刻有阿拉伯文字的古邦金币这一传统。

到1540年，亚齐因向红海地区出口胡椒和香料而闻名。仅胡椒的年出口量就高达1800吨。亚齐的声名也因此远扬至君士坦丁堡，并向后者遣使造访。1562年，奥斯曼帝国贸易代表到来，亚齐苏丹与其建立了朝贡关系。伊斯坎达·慕达苏丹（1607—1636年在位）还拥有一支由军奴组成的宫廷禁卫军，类似于奥斯曼帝国从战争中俘获的苏丹亲兵。此外，他还雇用了阿比西亚奴隶军官和土耳其宫廷派来的士兵。奥斯曼帝国成为苏门答腊军事技术的重要来源。

胡椒贸易将亚齐与爪哇及更远的群岛联系在了一起。后来葡萄牙卷入了与亚齐的贸易和战争之中，我们在葡萄牙的资料中找到了有关苏门答腊的最早记录和图像。亚齐在费尔南·瓦斯·多拉的东亚地图（1568 年）、曼努埃尔·戈迪尼奥·德·埃雷迪亚（Manuel Godhinho de Eredia）的亚齐地图（1610 年）以及亚齐势力范围图（约 1636 年）中都曾出现。据记载，在 1580 年以前亚齐约有八万人口并且可以在短时间内集结齐多达三万名士兵。亚齐苏丹国曾多次遭遇围困袭击，尤其是在 16 世纪 60 年代和 70 年代末。但在葡萄牙人抵达时，亚齐还是一个正在崛起的强国，特别是在阿里·穆哈亚·斯雅（1514—1530 年在位）统治时期，亚齐远征至苏门答腊东部沿海，控制了德里、阿鲁、珀迪尔、帕西等胡椒和黄金产地。1524 年，马六甲总督豪尔赫·德·阿尔伯克基进攻亚齐之时，阿里苏丹击败了一支葡萄牙舰队。1580 年，葡萄牙王室甚至设立了专门负责征服亚齐的上尉与少校职务，而双方战争的起因则是亚齐与葡萄牙争夺马六甲的控制权。虽然在伊斯坎达·慕达统治时期亚齐海军力量达到了巅峰并于 1613 年袭击并击溃柔佛，但还是于 1629 年在马六甲与葡萄牙的战争中遭遇了灾难性的溃败。尽管如此，直至 16 世纪末，亚齐仍是海峡地区的军事强国。

亚齐之所以闻名并非只是出于其重要的战略位置，还因为它是马来世界了解和传播伊斯兰教的源头。伦纳德·安达亚认为，霹雳和彭亨等其他马来国家不仅尊崇效仿这个中东式的王国，还在 17 世纪上半叶承认其霸权地位。瑞德尔表示，马来世界现存的绝大多数神学作品都源自亚齐。这些涵盖神学、教义和神秘主义等内容的手稿或副本中没有一个源于 17 世纪末以前，这导致我们对东南亚伊斯兰神学活动的了解存在三个世纪的空白。

17 世纪初有关亚齐最详细的记载出自法国将军奥古斯丁·德·博留（Augustin de Beaulieu）之手。博留于 1621 年 1 月初抵达亚齐后得知英国人和荷兰人（以及在其之前的葡萄牙人）在两年前就已被亚齐驱逐。尽管如此，为获得贸易许可和建立贸易站点，他还是请求觐见了自称是世界之王的伊斯坎达·慕达苏丹。这关乎亚齐极为重视的胡椒运输控制权。在沙班达和四位重要商人的陪同下，博留如愿见到了苏丹。但是法国依然没有获准建立贸易站点。在谈及城市的实际情况时，博留认为亚齐"更像是一个村庄而不是城市，是一片没有城墙的开放区域，而且堡垒也不比普通的住宅坚固"。他还描述道，"壁垒后面是一个平台，上面有几门铜炮"，博留认为这是国王的军火库。

在伊斯坎达·慕达苏丹的统治下，亚齐效仿奥斯曼帝国和莫卧儿帝国，因此与中东国家十分相像。拉凡（Laffan）曾言，除了正式建立伊斯兰化的统治结构，伊斯坎达苏丹还积极且自大地与奥斯曼苏丹和欧洲君主开展外交活动。在国内，伊斯坎达继续兵分三路与葡萄牙人在马六甲和柔佛争夺海峡控制权。1629 年在马六甲被舰队击败后，亚齐虽然国力渐衰但在 1873 年荷兰-亚齐战争爆发之前，它仍是一个独立的苏丹国。

## 马六甲苏丹国：马来穆斯林范例

欧洲史料证实，15 世纪和 16 世纪东南亚最重要的港口国家是马六甲，它位于马六甲海峡的南端。《马来纪年》证实，信奉印度教的室利佛逝苏门答腊王子拜里米苏拉创立了马六甲王国。在皈依伊斯兰教后，他成了第一位马来穆斯林统治者，被称为伊斯坎达·沙（卒于 1424 年）。虽然有关前伊斯兰时期马六甲王国的记录很少，但据推测其臣民也都皈依了伊斯兰教，因此，马六甲成为伊斯兰教在海岛地区的另一传播点。安达娅（Andaya）指出，与作为从建立之日起便是伊斯兰国家的亚齐相比，马六甲在 15 世纪中叶才皈依伊斯兰教意味着伊斯兰教必须与"根深蒂固的印度教-佛教和本土信仰的混合体系"展开斗争。

港口城市马六甲吸引了来自阿拉伯、印度、爪哇、中国以及其他地区远道而来的商人，作为国际大都会被载入史册。古吉拉特穆斯林在 15 世纪的马六甲拥有特殊地位，他们从事印度棉花（可与中国商品媲美）贸易，成为连接马六甲与印度、埃及马穆鲁克（亚丁与霍尔木兹）以及波斯湾地区的纽带。一些古吉拉特商人与马来贵族联姻，从而获得阿迪贾拉（adhiraja）这一传统头衔。马来宫廷常用"印度吉令（Keling）"一词指代如今奥里萨邦地区的印度人。与古吉拉特精英一样，吉令居住于马六甲北部，还统治着沿海地区。爪哇人居住于怡力，其他族群在其北部定居。马六甲的爪哇商人与柏希尔港口联系紧密，常向马六甲市场供应香料。作为米商，他们也为马六甲提供粮食。而华人社区则位于中国村。每个社区都由沙班达作代表，这是一个源于波斯语的词语，大致意为港口负责人。

满速沙苏丹（1456—1477 年在位）曾被中国史书记载，他将马六甲带入了黄金时代，使之成为非凡的海上贸易中心。此外，马六甲还控制着马来半岛大片沿海地区，无疑也会从内陆地区征收贡品。但是它仍要在北部的暹罗和爪哇岛正在衰落的满者伯夷之间挣扎。正是在满速沙苏丹统治时期，葡萄牙航海家才得知马六甲的存在及其重要的战略意义。

有关马六甲的中文记载可以追溯至 15 世纪。韦德（Wade）整理了《明实录》自 1403 年起有关马六甲的 105 条记录。作为朝贡国，马六甲的使节在中国宫廷受到了丝绸、礼袍、纸币、铜币等赏赐，还获得了印章与某些特权。暹罗受到明朝的庇护，曾三次袭击马六甲。1408 年，郑和在其舰队途经马六甲时向马六甲宫廷赠送了礼品。据说，满速沙苏丹娶了一位名为汉丽宝的中国公主。1509 年，在马六甲最后一位苏丹马末沙（1448—1528 年在位）统治期间，以迪奥戈·洛佩斯·西奎拉（Diego Lopez de Sequeira）为首的葡萄牙舰队以斡旋外交和贸易为名驶入马六甲。1511 年，阿方索·德·阿尔布克尔克（Alfonso d'Albuquerque）率领一支规模更大的葡萄牙舰队重返马六甲，入侵并击败了马六甲苏丹国。1528年，位于柔佛河下游的柔佛-廖内苏丹国虽然受到了苏门答腊岛占碑和布吉斯人的攻击，但还是逐渐将新加坡和新加坡海峡以南群岛的其他岛屿纳入其版图并接手马六甲。

马六甲苏丹国不仅是一个高度结构化的国家，它还成为马来穆斯林君主制的典范，是柔佛、文莱等其他马来伊斯兰国家效仿的对象。苏丹由盘陀诃罗辅佐，其下属官员按等级排列依次为拉克萨玛纳、天猛公、本固鲁。如前所述，沙赫班达尔在协调贸易事务方面也发挥着至关重要的作用。随着时间的推移，《马六甲法典》(*Hukum Kanun*) 问世，它反映了前伊斯兰时代的风俗习惯，同时也体现出伊斯兰规范在向正统化发展。马六甲在葡萄牙和欧洲统治下的命运将留待第四章讨论。

## 万丹（1526—1813年）：爪哇的伊斯兰国际贸易港口

万丹坐落于爪哇岛西北端，地理位置优越，掌控着巽他海峡的通道，还控制着巽他格拉巴（日后的雅加达）。正如第二章所述，其至在葡萄牙征服马六甲之前，万丹就已是控制西爪哇胡椒贸易的主要商业中心。随着印度教-佛教王国巴查查兰的灭亡，万丹在哈桑丁（1552—1570年在位）统治时期成为独立的伊斯兰王国并将其权力扩展到苏门答腊岛南部的楠榜胡椒产区。自1522年起，来自葡萄牙及其他地区的商人来到了这座港口城市。据吉约（Guillot）记载，葡萄牙人利用万丹的胡椒打入中国市场。1596年6月，第一支荷兰舰队抵达万丹，葡萄牙贸易也随之中断，但到17世纪下半叶葡萄牙人卷土重来并引入西班牙雷亚尔作为新的货币本位。在1682年荷兰抢先葡萄牙征服万丹之前，澳门商人也参与了这项贸易。

首批荷兰和英国到访者对万丹的描述展现了荷兰东印度公司到来前的爪哇社会概况。弗朗西斯·德雷克爵士的游记是其最早的英文记载之一，他在穿越巽他海峡回国之前曾在西爪哇短暂停留：

> 爪哇人体格强壮且骁勇好战，他们装备精良，刀剑、靶子和匕首皆由他们自己制造，无论是样式还是金属属性都非常奇特。
>
> 他们头戴土耳其头巾，赤裸着上半身，但下半身会穿着拖地的丝绸，颜色依个人喜好而定。

从荷兰人首次到访爪哇的记载中我们可知万丹控制着岛上的大部分商业活动。它以城墙为壁垒并由火炮作护卫。城中分为不同的区域，每个区都有一位"首领"负责处理战争、火灾及其他紧急情况。大清真寺被栅栏环绕，在集市就能够看到。当然，慕名到万丹的很多商人都是穆斯林。如前所述，集市上的商人"来自各个国家，有葡萄牙人、阿拉伯人、土耳其人、华人、基利翁人、蒲甘人、马来人、孟加拉人、古吉拉特人、马拉巴尔人、哈比沙人和印度人"。然而华人却与其他群体有所不同，他们居住在毗邻葡萄牙人和荷兰人居住区的西侧小镇。每年一月，他们8到10人一组驾驶重达50吨的帆船成群结队地来到万丹售卖丝绸、缎子、丝绒和瓷器。孟加拉人也积极在此销售布料。妇女则主要售卖槟榔叶、槟榔、西瓜、香蕉以及胡椒。胡椒是万丹重要的商品，一般以干冬（gantang）为计量单位销售。

即使在荷兰建立巴达维亚之后，万丹仍然继续吸引着英国人、丹麦人、西班牙人、葡萄牙人和荷兰人（或许是叛徒）前来贸易。荷兰人弗莱克（Fryke）曾言，这些来此的荷兰人"使万丹成为荷兰东印度公司非常棘手且危险的邻居"。此外，正如弗莱克所言，万丹国王曾多次从陆地和海上进攻巴达维亚，迫使荷兰围攻万丹。虽然万丹最终被1619年建于巽他格拉巴（雅加达）的巴达维亚所灭，但在17世纪的大部分时期，万丹仍是一个重要的贸易港口。荷兰人与万丹苏丹分别于1681年和1684年签订的两份合约就反映了这一点。

## 马打蓝：穆斯林宫廷/爪哇传统王国

15世纪末至16世纪初，爪哇岛柏希尔海岸出现了许多伊斯兰王国，除万丹外还有淡目、古突士、哲帕拉和泗水。淡目国可能是由华人穆斯林建立的，是其中最重要的国家：它控制着古老的图班港口并于1527年控制了印度教佛教王国谏义利。淡目国还促进了井里汶的崛起，正如第二章所述，它接着征服了万丹和巽他格拉巴，终结了爪哇海岸最后的印度-佛教重要势力。淡目甚至扩张至苏门答腊岛的巨港和婆罗洲的马辰，但是到了16世纪50年代，它也面临着来自竞争对手的挑战。

15世纪末与16世纪初，井里汶和淡目国相继崛起，爪哇也随之进入了漫长的文化转变期。当东印度公司为寻找贸易契机和盟友而再度考察爪哇沿海地区时，万丹和马打蓝是争夺爪哇霸权的两个主要对手。马打蓝的统治者何时皈依伊斯兰教尚无定论，但在阿贡苏丹（1613—1646年在位）统治时期，马打蓝在爪哇北部沿海地区的势力范围进一步扩张并将哲帕拉升级为主要的商业中心。李兑莱弗斯认为，阿贡苏丹在去世之时可谓是爪哇岛自满者伯夷时代以来最伟大的征服者。他是爪哇东部和中部以及马都拉的霸主，在苏门答腊和加里曼丹都有其盟友。在爪哇，只有万丹未被其征服。

荷兰新占据的雅加达（巴达维亚）也受到了马打蓝的攻击。但1677年马打蓝统治者阿孟古拉一世（1646—1677年在位）为平息叛乱而求助于荷兰，最终导致了荷兰人篡权夺位。荷兰不仅加大了征服爪哇领土的力度，还迫使马打蓝向巴达维亚支付运输木材和胡椒的费用。1740年不满荷兰的华侨与巴库·布沃诺二世（1726—1749年在位）联合围攻荷兰据点三宝垄并于1742年袭击卡塔苏拉的荷兰驻军。马打蓝共经历三次王位继承战争（1704—1708年、1719—1723年、1746—1757年），最终以巴库·布沃诺二世的去世与孟古布米（后来的哈孟库布沃诺一世苏丹，1749—1792年在位）的崛起而告终。与此同时，梭罗苏南也声称具有王位继承权。尽管奥斯曼帝国与荷兰从中调解，但马打蓝仍旧走向了分裂，导致两个宫廷分道扬镳。

1755年《吉扬提条约》签订后，马打蓝解体，日惹苏丹国建立。孟古布米继承了苏丹国一半的领土，承认东印度公司在沿海地区的统治权并向荷兰人收取租金。自16世纪初以来，这里首次进入了相对和平的时期。但荷兰对宫廷事务的干预逐渐增加，然而在拿破仑时期仍有许多问题悬而未决，与此同时英国于1811年征服了爪哇。此后，1825年一位日惹王子发动起义，具有大规模破坏性的蒂博尼哥罗战争就此爆发。

如今，参观苏丹王宫的游客一定会被其折中主义的建筑与文化风格所震撼。它由孟古布米于1756年建立，在英国总督斯坦福·莱佛士看来，它实际上是一座防御工事，按照欧洲的模式在护城河上架设吊桥。但王宫内部却体现了爪哇的宇宙空间观念。在城墙内矗立着一座宏伟的清真寺，两支加美兰管弦乐队也随传随到。史密夫亚斯指出，在王宫精美的砖砌花园中，伊斯兰教与印度教佛教元素和谐共融。王宫西面的凹室面向麦加，因此苏丹被视为毗湿奴（印度守护神之一）。王宫中收藏的《塞拉苏尔亚王朝手稿》（*Serat Surja Raja Manuscript*）讲述了南女回到花园冥想的故事，体现了兼容并蓄的爪哇穆斯林–印度教–佛教–万物有灵论传统。

## 文莱苏丹国：横跨中国海

虽然文莱的起源尚未明晰，但历史学家一致认为，婆罗洲之前存在过一个强大的前伊斯兰王国，在中国被称作为渤泥。渤泥的其中一处遗址可能位于砂拉越河岸的古晋附近，另一处则位于文莱河岸的哥打巴图，其历史可追溯至7世纪或8世纪。汤姆·哈里森1952—1953年在哥打巴图进行考古发掘时发现了一个由红土雕刻而成的平台，该平台呈现出印度教宇宙哲学的特征，这表明当时文莱已受到室利佛逝或满者伯夷的影响。哈里森认为哥打巴图在"已知的东南亚遗址中是独一无二的"，因为它在这一有限的空间中存续了很久，其中不仅出土了唐代的中国石器和瓷器，还有史前时期的石墙、切割成型的木材以及一些相关的植物。

1968年和1978年在文莱其他遗址（古邦和卢穆特）进行的原史考古研究加深了我们对文莱与中国宋朝甚至是暹罗（素可泰和宋加洛）陶瓷贸易的认知。当地出土的陶器带有独特的图案，而此类陶器的贸易网络分布广泛，若非来自香港，便是来自婆罗洲沿海的其他地区。考古证据表明，（瓜拉）古邦起源于宋朝时期，后来被哥打巴图所灭并一直被其占领。16世纪末古邦开始与清朝贸易，而西班牙也在这一时期入侵并结束了哥打巴图在此地的统治。

文莱是一个海洋帝国，在婆罗洲北部沿岸拥有强大的政治和商业影响力，直至14世纪才因满者伯夷的入侵而走向衰落。由于文莱被纳入中国的朝贡贸易圈，中国的编年史中有关于它的详细记载，但文莱本土资料却十分匮乏。霍顿（Horton）认为，文莱并非是有纪事传统的官僚国家，货币、地图抑或是个人的文字记录也不存在。目前文莱的苏丹及其统治时间均无法确定。尽管有一些猜测，但文莱国王何时皈依伊斯兰教也仍无人知晓。

在麻那惹加那乃国王的统治下，文莱似乎开始复兴。在与中国建立了朝贡关系后，麻那惹加那乃于1408年携王妃及侍从前往南京，后来在南京病逝并被安葬于此。1958年发现的一块石碑用梵文记录了统治者的头衔，但国王究竟是印度教徒还是穆斯林仍待考证。目前，文莱史学界认为麻那惹加那乃名为阿卜杜勒·马吉德·哈桑，是文莱第二任苏丹（1402—1408年在位）。此后，文莱又多次遣使中国，直至1425年才终止。这一时期还流传着文莱国王娶中国公主的传统。正如尼科尔（Nicholl）所言，文莱与中国在这一时期联系紧密，这也在一定程度促进了文莱的复兴。

皮加费塔在16世纪早期对文莱宫廷（哥打巴图遗址）的描述具有重要意义，证实了文莱宫廷当时已皈依伊斯兰教。此外，他还绘制了一幅该岛的粗略地图并将其标注为"文莱"。皮加费塔在描述文莱著名海上村庄时写道，位于文莱湾的另一座城市居住着异教徒，"比摩洛的城市还大，而且与其一样都建在海中"。他的记录于1525年在法国巴黎以总结摘要的形式首次出版。

王国的核心权力在惹加（raja）或苏丹手中，其王位世袭且有权赐封职衔和分封领土。文莱高度等级分化的尊称和语言礼仪体系保留至今。由于是效仿马六甲苏丹国，因此这一体系最初源于印度教。王室专用的黄色、官员的名称以及其他前伊斯兰时代的王室服饰均可体现其印度教来源。

皮加费塔认为，文字秘书的出现说明文莱宫廷很早便已有识文断字的能力。16世纪中叶，文莱苏丹与位于菲律宾的西班牙人之间的信函表明该国使用以爪夷文书写的阿拉伯式马来语。爪夷文不仅用于与外界通信交流，而且还是叙事诗、诗歌等马来书面文化传播的唯一媒介。阿拉伯语作为《古兰经》的语言，除了少数宗教信徒，其他人基本上无法接触。因此，以爪夷文或阿拉伯文字书写的马来语能够向更多的信徒普及阿拉伯语。此外，在婆罗洲沿海和菲律宾，马来语还是伊斯兰教口头传教的用语。

虽然有关伊斯兰达瓦（dakwah）——宣教之意——过程的本土资料较少，但西班牙的相关记录呈现了文莱苏丹国的外部动态，文莱不仅不断扩大其海上影响力及贡品征收力度，还试图改变其他国家的宗教信仰。特别是在博尔基亚苏丹统治时期，文莱的势力范围从婆罗洲最北端扩展至最西南部的达图角，而伊斯兰传教士则到达了苏拉威西、蒂多雷岛和摩鹿加群岛的德那第。即便如此，文莱的影响力仍是时起时落，主要控制河流与海岸线附近地区，并未触及岛屿内陆地带。

在17世纪，内战与王朝斗争削弱了文莱对其相邻领土的控制。最终，1762年在位的阿里赛夫汀一世确立了王系。18世纪相关文献记载较少，但文莱与其他马来伊斯兰国家一样积极地迎接了新来传教的卡瓦迪、萨曼尼亚、沙德希里等苏菲教团。1807年，文莱之家（Brunei House）在麦加建立，马来世界的信徒组成的爪夷群体或前来朝圣或留下潜心学习。而瓦哈比教派的影响也将于19世纪产生。

## 摩洛兰①：边缘地带的苏禄苏丹国

1457年在菲律宾南部苏禄海的霍洛岛上出现了一个强大的苏丹国。有关霍洛苏禄的最早记载见于元朝，这也说明中国与该岛建立了早期的贸易联系。马胡尔（Majul）认为，13世纪和14世纪期间从中国乘船到此的中国穆斯林和阿拉伯人可能是最早到达苏禄的伊斯兰传教士，甚至比伊斯兰教传入马六甲和爪哇的时间还要早。据《明实录》记载，1417年苏禄东王和西王率领一支大规模朝贡使团前往中国，此后苏禄又多次遣使直至1424年才突然终止。

有些编年记载称一位出生于柔佛、来自马六甲的阿拉伯人（哈

---

① 摩洛人的居住地。——译者注

希姆·阿布·巴克尔）首次列出了历代苏丹的传承序列。但马胡尔表示以时间为序创制年表大事记（或称塔西拉①）在这一海岛地区十分常见。王室塔西拉通常会明确苏丹的在位时期，并由一位曾游历并建立本土王国的沙里夫（穆斯林统治者）确认其为先知穆罕默德的后裔。此外，有的塔西拉还进一步梳理本国与邻近苏丹国（如文莱、柔佛、苏禄）以及整个伊斯兰世界之间的关系。还有一些塔西拉将前伊斯兰历史、伊斯兰教传入的过程以及相邻帝国对其的影响等外部元素纳入其中。

苏禄苏丹国在其鼎盛时期统治着棉兰老岛、巴拉望岛和沙巴沿海地区。在被西班牙征服前，苏禄与文莱某些家族保持着家族联络并在吕宋岛的马尼拉湾设有前哨。在17世纪60年代前，文莱也曾向苏禄派驻过总督。棉兰岛当时的伊斯兰权力中心马京达瑙通过联姻与苏禄建立了联系。16世纪末，在菲律宾的西班牙人同文莱-苏禄苏丹国发生了冲突。文莱-苏禄苏丹国不仅在马尼拉湾还在民都洛岛、克拉米恩群岛、宿务岛和棉兰老岛都建立了前哨和定居点。

1578年6月，在西班牙总督弗朗西斯科·德·桑多（Francisco de Sande）的命令下，西班牙与苏禄进行了首次直接接触。17世纪西班牙持续不断进攻霍洛岛但都没有取得重大胜利。虽然西班牙人从未完全平定南部伊斯兰地区，但他们在三宝颜（1635年、1719年）甚至是穆斯林中心地带的霍洛筑建了防御工事。为恢复昔日的辉煌，苏禄苏丹在时隔约300年后恢复了与中国的朝贡关系。沃伦（Warren）指出，苏禄是当地（陶苏格）海产品和林产品的集散地，具有重要的战略地位。它常用本地产品换取中国的陶瓷及其他产品。

面对海盗袭击、教士被绑、协议毁约、行动失败、传教活动和军事化的威胁，西班牙在整个18世纪都在频繁地攻击摩洛兰，也就

---

① 源自阿拉伯语的教统一词，意为链条、连接。——译者注

是人们所说的摩洛的土地。1763—1805 年，英国人试图统治婆罗洲西北部的巴兰邦岸岛，这激怒了当地穆斯林势力。1842 年 2 月，美国与霍洛苏丹（贾玛鲁·基拉姆一世）签署了和平贸易条约。次年，法国也想要购买巴西兰岛，但其所有尝试均以失败告终。

## 北大年苏丹国：面朝暹罗

北大年穆斯林苏丹国在 1350 年前后建立，它位于克拉地峡东侧，是当时马来半岛上最强大的公国。据说北大年是在一个名为狼牙修的遗址上建立的，狼牙修是 7 世纪一个信奉佛教的早期贸易国家（约 1690 年编纂的《北大年传》证实了这一说法）。14 世纪末 15 世纪初，在侨居于此的苏木都剌人的影响下，北大年苏丹皈依伊斯兰教。法国传教士西蒙·德·拉卢贝尔（Simon de la Loubère）指出，17 世纪北大年统治的一个显著特点是女王都出自同一家族，而且都已过了生育年龄。

北大年是欧洲人以及之前的琉球人开展贸易的港口。尽管阿瑜陀耶称北大年属其管辖，但在伊斯兰教影响加深之际，北大年也被纳入了马六甲的版图。然而作为离阿瑜陀耶最近的伊斯兰王国，北大年在 16 世纪末前一直向其进贡。1564 年阿瑜陀耶被缅甸攻陷后，北大年脱离其统治，其统治者自立为王。巴萨通（1629—1656 年在位）篡位登基后，北大年拒绝承认阿瑜陀耶的统治。1636 年北大年依照惯例向暹罗国王进贡了金银花，但此后北大年又宣布独立，直至 1679 年才又恢复进贡。

随着马六甲苏丹国走向衰落，北大年吸引了中国帆船贸易从事者的目光，其重要地位不断提升。据说，黄金、胡椒以及船只的补给品都来自北大年，亚洲、欧洲等世界各地的商人也都在其避风港停留休整。北大年位于吉打的陆路东端战略要地，避开了穿越新加坡海峡的漫长海上通道。来自中国、柬埔寨、越南郑氏政权、印度和日本的船只均停靠于此。1517年葡萄牙人开始到此贸易，荷兰与英国也相继于1602年和1612年在此建立贸易站点。在荷兰的威胁下，英国被迫于1623年从北大年撤离。北大年还建立了独特的中国城和与之匹配的墓地。

石井米雄（Ishii）认为，北大年在马来和暹罗世界中矛盾挣扎，处于模棱两可的立场，尽管北大年的女性统治制度越来越徒有象征性，但至少也延续到了1694年。在1697年吉兰丹王朝势力壮大后，北大年的商业活动开始走向衰落。

与吉打等其他马来北部国家一样，北大年在18世纪中叶前一直向暹罗进贡。1767年缅甸大败暹罗，北大年从而得以喘息，但是曼谷王朝早期统治者又采取了更加强硬的措施，1786年北大年又恢复了向暹罗三年一贡金银花的朝贡传统。在经历了1830—1832年的小规模战争后，北大年首领逃往吉兰丹，暹罗随即统治了北大年并将其分解，但其附属国仍作为朝贡国被保留了下来。

## 望加锡：苏拉威西的大都会王国

望加锡（1971年更名为乌戎潘当）坐落于苏拉威西岛南端，横跨戈瓦河，早在17世纪初皈依伊斯兰教前就已成为繁华的国际化港口。虽然苏拉威西大部分地区处于爪哇帝国的统治之外，但我们依然推测爪哇与其存在贸易往来。然而人们普遍认为由于其在摩鹿加香料贸易中的地理位置优越，望加锡最初是一个独立的贸易国家。地处海岛世界的中心，横跨弗洛勒斯海、爪哇海和班达海的东西海上通道，望加锡成为连接马来半岛、苏门答腊与斯兰岛和新几内亚的纽带。海峡以北是菲律宾和中国南海，以南则是望加锡人或布吉人侨居的小巽他群岛，松巴哇岛亦是如此。

瑞德认为，该地区第一个重要的政治中心是戈瓦，大概出现于1500年。16世纪40年代葡萄牙的记载中曾提到葡萄牙传教士曾到达戈瓦北部一个名为"香"（Siang）的国家。这可能在一定程度上促使了马来穆斯林商人在戈瓦–塔罗地区寻找贸易伙伴；在图尼帕兰加（1548—1566年在位）统治时期他们最终迁往望加锡。马来势力在望加锡不断扩张，随着与摩鹿加贸易的发展，望加锡成为贸易出口中心。作为香料的来源地以及中印商品的市场，望加锡还吸引了众多欧洲商人。

1641年葡属马六甲被荷兰人占领后，葡萄牙商人迁往望加锡。1642年，商人兼外交官弗朗西斯科·维埃依拉·德·菲格雷多（Francisco Vieira de Figueiredo）也来到了这座约三千名葡萄牙人居住的城市。英国与丹麦相继于1613年和1618年在此建立贸易站点。马尼拉的西班牙商人和中国人也是该港口的常客。望加锡对外国人的吸引力不仅在于贸易，还因为早在皈依伊斯兰教之前，当地的统治者便营造了相对自由与安全的环境。在阿拉乌丁国王（1593—1639年在位）在位时期，望加锡成为爪哇和吕宋岛之间最强大的国家，在苏拉威西岛沿海、婆罗洲东部、龙目岛和松巴哇等地建立了霸权统治。在苏拉威西南部的布吉国家皈依伊斯兰教后，望加锡的舰队和政治军事影响力也随之增强。在1643—1646年新上任的帕廷加洛昂苏丹（1639—1654年在位）在一系列战争中征服了波尼苏丹国的布吉人。

在吉布森（Gibson）所提到的伊斯兰教正统转型之前，特别是在帕廷加洛昂苏丹统治时期，传教士的叙述中出现了一个更加"人文主义"的望加锡伊斯兰权威模式。以下是17世纪早期耶稣会士对望加锡的描述：

这里有水稻和棕榈树，没有猪，有无数的牛和鸡以及各种各样的鱼类，还有温和的空气。男子上身赤裸，女子羞涩端庄。

这里的人们曾是异教徒，他们决定信奉一种伟大的宗教，于是遣使马六甲以寻找神父，又前往亚齐寻找穆斯林传教士。后者率先到来，于是人们便接受了伊斯兰教。

王国的统治者帕廷加洛昂对基督教信仰和历史了如指掌，还收藏了许多西方数学书籍。他被拥立为国王，但却拒绝了这一尊位，成为王国的统治者已令其心满意足。

他为被赶出马六甲的葡萄牙人提供了合适的住所，赋予他们信仰上的自由，有时协助他们举行仪式。

他总是谈论教皇和圣人，因此很容易被当作天主教徒。

他嘲笑荷兰新教徒假装拥有可见的教会，却不承认其可见的领袖。就此而言，穆斯林令异教徒为之羞愧……

帕廷加洛昂苏丹（卒于1654年）的世界主义思想备受赞誉。直至1605年或1606年望加锡才正式接受伊斯兰教，此后伊斯兰教与万物有灵论共存。基督教与伊斯兰教相互竞争，甚至在宫廷中也是如此。马托亚苏丹（1593—1610年在位）时期这种情况十分普遍，在此期间马来和葡萄牙商人的居住区及城市其他地区都发展迅速。其子帕廷加洛昂将宫廷及这座城市复杂的巧妙性延续下来。

法国天主教传教士尼古拉斯·热尔瓦斯（Nicolas Gervaise，1662—1729年）的《望加锡王国史述》(*Description Historique de la Royaume de Macaçar*)等作品中记录了天主教和伊斯兰教在望加锡的斗争。热尔瓦斯不仅试图让望加锡皈依基督教还将两位王子带回法国接受基督教教育。他也正是从两位王子处获知了有关望加锡的基本情况。

帕廷加洛昂精通葡萄牙语，学识渊博，才华横溢，他四处招揽外国到访者，亚历山德罗（Alexander de Rhodes）等传教士在其记叙中对他赞赏有加。众所周知，他收集了大量的欧洲书籍并努力学习与数学和世界事务相关的知识。他还委托他人将有关枪炮操作的西班牙著作以及其他相关的欧洲书籍翻译为望加锡语。

即便如此，我们也不应被文艺复兴时期对知识的渴求所蒙蔽。威廉·卡明斯（William Cummings）提醒道，16世纪和17世纪是从口头文化向文字文化（在宫廷精英中）转型的时期，在人类学背景下这一转型仍在持续。望加锡在这几个世纪中出现的手稿往往被尊为圣物而非知识的源泉，整个马来世界的手稿文化大致皆是如此。

东印度公司征服了这个由王国转型而来的苏丹国，其总督科内利斯·斯皮尔曼（Cornelis Speelman）记录了望加锡在被征服前的辉煌历史。他写道，望加锡与棉兰老岛、苏禄、澳门、马尼拉、宿务、柬埔寨、亚齐、马辰和巫律述都有贸易往来；婆罗洲东海岸的巴西和库台则被戈瓦和塔洛王室用以海上航行。葡萄牙承运者负责澳门的航线。但是获利最多的是马尼拉贸易，其中一部分受到王室的管控。除此之外，望加锡还时不时与帝汶、松巴哇岛的比马、布顿、坦布卡、邦盖、斯兰、爪哇、巴厘岛、巨港、占碑、柔佛和马六甲开展贸易。在其被征服前的鼎盛时期，每年约有250趟贸易航行服务于望加锡市场。因此，虽然望加锡的兴起和其在与安汶岛开展的香料（丁香）贸易、与班达开展的肉豆蔻和肉豆蔻香料贸易中发挥的转口作用有关，但从17世纪40年代开始随着荷兰逐渐加强管制，望加锡的商业繁荣（暂时）走向了没落。

1666—1669年，经过血腥的海上围攻，望加锡最终被荷兰占领。斯皮尔曼记录道，接替帕廷加洛昂的戈瓦苏丹哈山努丁在望加锡筑建防御工事，并开始建设海军。苏丹不信任荷兰加尔文传教士并通过将望加锡对所有国家开放来避免荷兰的垄断。这与荷兰垄断丁香和其他香料贸易的企图背道而驰。（荷兰）东印度公司在其布吉盟友阿隆·帕拉卡（Arung Pallaka）的协助下对望加锡展开了为期三年的海上围攻，最终苏丹投降，双方于1667年签署《彭加耶条约》（以阿拉伯文和荷兰文签订），望加锡被迫承认荷兰的贸易垄断权。此外，望加锡苏丹还被迫放弃了对波尼、弗洛勒斯和松巴哇的控制权，而荷兰则修建了鹿特丹堡作为东印度公司在望加锡的指挥中心。次年，哈桑努丁去世，斯皮尔曼随后担任荷属东印度总督（1681—1684年）。所谓的戈瓦战争并没有使布吉斯人就此沉寂。他们继续发动零星的战争，就如他们在群岛地区的侨民从加里曼丹（婆罗洲）的三马林达到柔佛和马六甲海峡地区都搅起波澜一样。

正如布吉森所言，现代人类学对某一望加锡南部社区的研究证实，在探究泛南岛神话、满者伯夷的影响以及布吉宇宙论时必须要如我们所做的那样，借助历史文本，参考伊斯兰政治权威统治在爪哇海、南苏拉威西等地的运作方式。

## 柔佛：拥有战略联盟的苏丹国

位于马来半岛南端的柔佛苏丹国之所以也出现在本章的叙述中，主要有以下理由。第一，马哈茂德·沙一世（1511—1528年在位）之子从葡萄牙对马六甲的进攻中逃脱，建立了柔佛拉玛（旧柔佛）。柔佛与吉打都被视作是马六甲苏丹国的延续。第二，柔佛家族谱系错综复杂，是王朝战略性结盟的产物，其中不仅包括新加坡海峡的布吉人血统还有苏门答腊岛的米南佳保人血统。柔佛控制着包括彭亨在内的马来半岛大片地区，因掌控重要的海上贸易航线而发展成为海上帝国。第三，柔佛在亚齐和葡属马六甲之间旷日持久的战争中发挥了平衡作用。它不仅为马六甲带来了威胁，还袭击从中国航行至印度的葡萄牙船只，其本身也经常遭到袭击。第四，柔佛能够与昔日的欧洲敌人结盟，比如它自1602年起与荷兰结盟继而得以在

1641年将葡萄牙赶出马六甲。

荷兰与葡萄牙海军在柔佛河对峙，导致1603年葡萄牙圣加大利纳号快船在此被扣，此事在当时备受争议。博尔施伯格（Borschberg）认为，扣押圣加大利纳号等柔佛与荷兰的联手合作行动引发了雨果·格劳秀斯（Hugo Grotius）的关注。在于1604—1605年撰写的《捕获法》（*De Jure Praedae*）中，他从此事出发阐述了对主权、贸易、正当战争和结盟等问题的思考。

在马末沙二世（1685—1699年）在位期间，由于内部动乱，旧柔佛从贸易转口港沦落为穷乡僻壤。约20年后，欧洲的记载中罕见地出现了有关柔佛的记录，它出自若昂·塔瓦雷斯（João Tavares）之手。若昂·塔瓦雷斯是一位葡萄牙船长，他带领船队从印度出发，船上还载有刚当选澳门总督的古尔露（Antonio de Albuquerque Coelho）。在逆流而上的途中，葡萄牙船队惊奇地发现了一个规模庞大的水上村庄。他们还遇到了丹麦和英国船只以及一小群印度人和基督徒。他们到访时正值宰相与拉贾·克里尔（王位觊觎者）企图篡夺合法君主穆达·马哈茂德（Muda Mahmud）的王位。葡萄牙人在这场冲突选边站表面上是为了获得一些基督教特权，但却对宫廷情况所知甚少，最终幸运地死里逃生。他们发现宰相拥有大约5000名武装士兵、1000艘帆船和1000门火炮，其中火炮大部分是铜制的，也有一些是大型火炮。虽然柔佛仍然是沿海地区占主导地位的马来王国，但葡萄牙人发现它正走向衰落。1819年英国人定居并殖民新加坡后，主要与接续旧柔佛的柔佛-廖内-林加打交道。

由于柔佛与欧洲列强有所接触，关于它的文献记载比其他马来苏丹国更丰富。主要的本土文献有殖民时代学者理查德·温斯泰德（Sir Richard Windstedt）所著的《马来拉惹起源》（*Asal Raja-raja Melayu*）与《柔佛传奇》（*Hikayat Negeri Johor*）以及伦纳·安达娅（Leonard Andaya）最近的著作。有关穆斯林马来世界的非本土学术研究并没有影响本土（和本土化）学者用英语和马来语撰写马来历史的积极性，他们有些受到了官方的资助。

## 总结

令人震惊的是，在整个东南亚，古代贸易中心的穆斯林"马来"统治者几乎无一例外都是印度教徒出身。从马六甲到巽他和文莱，我们见证了王公变为苏丹，他们披上权力的外衣，构建了复杂的家族谱系并相应地转换了宫廷用具和王家服饰。追随着马六甲苏丹国的脚步，围绕着某种所有权、伊斯兰身份和对苏丹的忠诚，马来性也正在产生。虽然荷兰和英国对海岛地区的划分破坏了马六甲海峡地区的历史统一性，但是，英国殖民统治下的马来种族显现出同质化，尽管东印度公司控制下的海岛地区仍存在着更为多变的地区种族认同。

无论是作为中国的朝贡国（马六甲、文莱和苏禄），还是奥斯曼帝国的前哨（亚齐），抑或是古代印度教-佛教王国（马打蓝）的没落继承者，东南亚的伊斯兰宫廷都曾经历黄金时代，或被记载，或被口口相传。但到16世纪末，从葡萄牙侵占马六甲苏丹国可以看出，东南亚各地的伊斯兰宫廷都处于守势。尽管在欧洲人的支持下，一批更加繁荣的贸易中心崛起了，而这些强盛一时的王室贸易中心也因此被边缘化，但亚齐与佛柔的复兴告诉我们不应忽视穆斯林王国。文莱和苏禄在西班牙的入侵下勉强幸存，但贸易网络的变化也使这些曾经强大的国家沦落至边缘角落。在皈依伊斯兰教约60年后，望加锡就被荷兰人征服，商业也走向衰落。但是正如第七章所言，苏拉威西岛南部的王国由于地处海岛地区的中心而获得新贸易商机，加之当地人吃苦耐劳，最终得以重新振兴。

作为老对手，欧洲造访者对伊斯兰王国的情况较为熟悉。伊斯兰教沿贸易路线传播。在阿拉伯知识的引导下，葡萄牙人到达了马六甲及更远的地方。麦哲伦在他的环球航行时带来了一名马来翻译，这名翻译虽然在途中发挥了重要作用但到达菲律宾后却对其造成致命的影响。葡萄牙人沿袭他们在非洲、波斯湾和印度海岸开创的传统，在零和博弈中占据了重要的伊斯兰贸易中心，夺取了对贸易路线的控制权。16 世纪初，伊比利亚列强将目光瞄准了香料贸易源头，展开了更为致命的博弈。但香料也是文明地位的竞争领域之一。

文莱击败了西班牙，而苏禄也保住了自己的地盘。荷兰和英国并不太关注东南亚海洋地区的传教活动，但他们并未减少针对与伊斯兰敌人（万丹、马打兰、望加锡）的军事行动，如平定战争（亚齐）以及（在马六甲海峡和新加坡海峡、文莱海岸以及其船只冒险途经的所有海岛地区）镇压"海上劫掠"。

# 第四章
CHAPTER 4

## 朝贡贸易体系与海外华人

如今，东南亚各国都有规模庞大甚至占主导地位的华人社区，这是历史贸易往来与欧洲殖民主义时期移民的产物。其中有些以飞地的模式存在，或成为与众不同且保持着民族边界的社区；有些则通过通婚或与其他民族共同抵御敌对原住民而"克里奥尔化"，从而具有复杂的双重或三重文化身份。越南华人、泰国华人、高棉华人以及现代印尼的娘惹或峇峇都是高度本土化的范例。与现在情况相同，虽然当时明朝在不断向南扩张，但汉人却发现自己始终处于民族界限的边缘地带，比如在台湾。漂泊于日本和越南的明朝臣民，在当地社会中面临着激烈的文化竞争。清朝则进一步深入"蛮夷"之地，建立了扩张迅速、文化多元的帝国，其疆域包括现在的云南和西藏。无论如何，尽管在具体细节上有所欠缺，宋朝和明朝的史料有力地证明了中国与南洋各国在历史上存在贸易联系。

## 以中国为中心的朝贡贸易体系

两千年来，复杂且高度固化的朝贡贸易体系将中国与东亚–东南亚地区紧密相连，该体系以中国为中心，几乎所有的地区性海洋国家都参与其中。王赓武认为，在960年宋朝建立之前，南海贸易已持续了11个世纪，涉及方方面面。其中大部分都不属于以中国为中心的官方朝贡贸易。

马丁·斯图尔特–福克斯（Martin Stuart-Fox）总结道，东南亚语境中的朝贡与中国皇帝之于诸侯国的朝贡有很大不同。朝贡并非是必然有利于中国的经济交易，因为皇帝总是回馈价值更高的物品，但朝贡象征着进贡国的臣服，巩固了中国的优越地位。长期以来，与中国不同，东南亚国家在与中央王国建立相互认可的双边关系时都奉行一种妥协文化。

韦德在一篇有关明朝军队的论文中指出，中国西南和越南是两个明显的例外。从 1406 年到 1423 年的 21 年间，明朝试图对越南进行统治，他们在当地建立了行政机构并进行经济剥削。最后，招募越南士兵加入明军的做法取得了适得其反的效果。越南人起义并赶走了明军。自 14 世纪后半叶到 1444 年，云南所有的主要政体均被明朝征服。15 世纪 30 年代和 40 年代，明朝中原大军进攻边远地区，将之分割成更小的行政单位并扶持傀儡负责管辖，同时对占夺的地区实施统治。韦德表示，泰族无法与拥有火器和大炮的明军相较，而大越则吸收借鉴了这些新科技。

15 世纪初，穆斯林官员郑和率领载有数千名水手的 7 艘大型远洋帆船（1371—1435 年）完成了伟大的海上航行，在维持古老亚洲海上贸易网络的同时将朝贡贸易网络扩展至斯里兰卡、印度马拉巴尔海岸、波斯湾、非洲斯瓦希里海岸等印度洋地区。明朝当局之所以指派郑和下西洋是为了促进朝贡贸易，同时宣示中国在世界的领先地位。韦德指出，郑和下西洋的目的并非是争夺领土，而是为了控制港口和航道。

明朝永乐帝（1402—1424 年在位）于 1421 年将都城由南京迁至位于北方干旱区的北京，王朝的关注点也将随之从南洋转移至在历史上一直给中国带来威胁的中亚边界。由于 15 世纪日本海盗猖獗，自称是欧洲商人的新面孔也到达中国沿海，明朝朝廷内部对开放的海上贸易政策存在矛盾的态度。随着清朝建立和台湾海峡两岸忠于明朝的势力崛起，中国的海禁政策达到了巅峰，为防止民间秘密从事海上贸易，当局将民众向内迁至离沿海 50 千米外的地区。尽管如此，海上贸易依然在进行，或是经由在葡萄牙保护下平稳渡过明清交替时期的澳门港口，或是暗中与日本等地开展帆船贸易。

葡萄牙人在中国海域进行贸易的过程中，中国和日本海盗（即倭寇）是威胁其贸易稳定的因素之一。1557年葡萄牙人借助外交手段以及武力遏制倭寇，与广州官员就允许伊比利亚商人在珠江三角洲西侧的澳门半岛永久居住一事达成协议。霍启昌（Fok Kai Cheong）认为，"澳门模式"开启了全新的贸易体系，即与日本白银贸易相连的广州-澳门双重贸易体系。广州借助半年一度的丝绸交易会在财政与制度上和葡萄牙人居住的澳门形成互补。

罗德里希·普塔克（Roderich Ptak）指出，在明朝，所有进港船只均要遵守市舶制度。广州是管理所有东南亚抵达船只的主要港口。相比之下，长期以来琉球商人及其海外活动的基地福建则实行月港体制（以港口名称命名），泉州和漳州商人得以借此走出国门、前往海外。月港体制是福建的一大特色，它鼓励中国人从事海外贸易，但将外国商人（尤其是荷兰人）拒之门外。因此，在明朝末期福建在海外贸易中扮演着更加积极的角色而广州却因接纳古老朝贡体系以外的外国商人而逐渐陷入被动。最终，除广州以外，越来越多的地方港口开放对外贸易，市舶制度也随之瓦解。

## 商人、走私者与海盗

并非所有的海上贸易都是合法的。至少在1684年取消海禁之前，明朝和早期清廷一直对朝贡体系外的海外贸易持否定态度。但私营贸易十分重要，合法贸易、非法贸易以及走私往往相互关联。后来，欧洲走私者也加入其中。海盗活动与走私贸易并未局限于某一特定的地理区域，而是广泛存在于日本西部的对马和平户沿海、浙江和福建沿海、北部湾、如今香港澳门附近的珠江口岛屿周围、马六甲海峡，以及苏禄-婆罗洲地区。

然而，最近的学术界强调，海上劫掠行为是一种西方的产物。瑞德指出，在中文和马来语中没有与英文"Pirate"现成的对应词，正如西方人在翻译明朝史料时常用该词掩饰商人与海盗联盟的真实本质。对于马来世界，瑞德建议有必要根据当地的国家政策重新探究"海盗行为"的合法性。他说："在海洋地区，比如东南亚的大部分区域，国家的生存发展更依赖于对海洋而非陆地的控制。"海上暴力掠夺是一种将贸易转移至指定港口和国家的游戏竞赛。

安东尼重新探究了中国海域的海上劫掠行为，他认为海上劫掠与走私都是商业化与经济发展进程的一部分。尽管海盗活动可能会对当地政治和社会秩序产生负面影响，但它往往会使沿海社区串通一气继而形成独立发展的"影子经济"。此外，16世纪和17世纪海上贸易屡遭中国政府禁止，因此，几乎无法在商人、走私者和海盗之间做出区分。走私者常常能够促进新港口的诞生，其中对马港、厦门港和月港等港口逐渐发展成为合法港口。

15世纪马六甲海峡南部的巨港有一个被明朝视为非法的大型华人社区。如前所述，16世纪中叶，倭寇严重影响了中国沿海的贸易，也激起了明朝的愤怒。除日本人外，倭寇中还包括大量来自福建地区的中国人以及东南亚人。他们在朝鲜至东南亚一带的海域中活动。据最早抵达中国沿海的葡萄牙人以及到达北大年和马尼拉沿海的荷兰人证实，倭寇的活动范围很广，他们的"巢穴"遍布九州岛的平户以及浙江沿海等地。

到了17世纪，福建沿海已成为有组织的海盗活动（或至少是走私贸易）的主要场所，这也促进了当地的繁荣。其中一个最臭名昭著的海盗船队由林凤领导，他们对西属马尼拉带来了较大威胁，此外林凤还掌管着庞大的贸易网络。在明清交替的动荡之际，郑氏家族在台湾和厦门建立了庞大的海上帝国，其统治范围远至越南沿海，甚至到了马来半岛的北大年和彭亨。

安东尼认为18世纪末海盗活动死灰复燃与1684年清朝解除海禁后的商业蓬勃复苏有关。在广州贸易体系发展的同时，为服务日益繁荣的海外华人社区，帆船贸易也越加活跃。1802—1820年，从浙江到越南的中国沿海一带出现了新的海盗联盟。与此同时，以"掠夺"为基础的政治经济出现于珠江的近海岛屿以及平江等地区，其中位于中越边境模糊地带的平江不仅是海盗天堂还是黑市所在地。

## 王赓武与滨下武志之争

我们之所以能够了解以中国为中心的朝贡贸易体系主要归功于王赓武与滨下武志两位学者的研究。王赓武关注该体系两千年以来的演变及最终衰落的过程，而滨下武志则通过展现朝贡和贸易之间的运作联系描绘了该体系的实际运作模式。

### 王赓武

王赓武指出，虽然向宗主国统治者进贡在全世界各国的交往中普遍存在，但中国在2500多年中将这一概念发展到了极致。考虑到中国人普遍具有的自身优越感，王赓武勾勒出了一幅以"天子"为尊的中国世界秩序图景，其中东南亚人被视为中华文化世界以外的蛮夷。虽然他的视野并没有只局限于东南亚，但他的学术研究中很大一部分都与东南亚华人华侨有关。朝贡制度在官方史书中有详细记载。自公元前221年帝国大一统开始，朝贡制度的影响范围远远超出了中国的疆界。虽然它是中国用于处理与陆路国家关系的国防和外交工具，但东南亚国家并未对中国构成军事威胁。就东南亚国家而言，朝贡制度更多的是在外国贸易中扮演了监管的角色，是一个集外交、国防和商业优势于一体的灵活机制。如上所述，中国同越南发展关系主要是为获取其在政治上的忠诚，而对于东南亚其他国家来说，贸易和文化关系才是关键。

朝贡贸易体系并非是静态的，而是随着中国王朝历史的发展而演变。唐朝（618—907年）时期，特别是7世纪与8世纪初，在印度、波斯和阿拉伯商人对华朝贡贸易蓬勃发展之际，朝廷在广州设立了市舶司（贸易监管机构）。宋朝（960—1279年）沿用了许多唐朝的做法，东南亚的使团定期前来朝贡，而室利佛逝的兴起无疑在其中发挥了推动作用。

王赓武进一步解释道，在接下来的两个世纪里，中国民间海外贸易在官方贸易之外蓬勃发展。然而，元朝（1279—1368年）却推翻了朝贡贸易体系，使之从商业纽带变为表示臣服的工具。13世纪90年代，越南、占婆、缅甸以及后来的爪哇都被视为不向元朝臣服的国家，因而遭到陆路或庞大战船舰队的入侵袭击。1274年和1281年，蒙古舰队（900艘船只）袭击了九州岛北部，试图将日本收为附属国，但并未成功。郑和七下西洋只是宣示了中国的实力并重新声明一切关系皆通过朝贡开展。虽然定都南京的前三位明朝皇帝都十分重视与东南亚的海上联系，但1421年迁都北京后，明朝开始注重政治和安全问题。

朝鲜、越南、暹罗、占婆、爪哇、马六甲、文莱、柬埔寨和日本等朝贡国均定期派使团携带贡品前往中国以巩固外交关系，促进贸易并承认中国作为中央王国的统治与王权威严。此外，在缅甸、老挝、特别是越南的边境地区，它们还与中国开展了大量的非官方贸易，那里的集镇沿着山口和河谷发展起来，少数民族和汉族都参与其中。

滨下武志

朝贡贸易体系如何应对西方外来者带来的新挑战？滨下武志在欧洲中心主义（民族国家）的认识之外构建了东亚区域史，追溯了这一体系的起源。他认为若要理解西方与亚洲的贸易，我们必须了解葡萄牙、荷兰（以及俄国）是如何被迫适应并与中国朝贡体系这一最强大的区域性世界体系展开互动的。沃勒斯坦提出了二分世界的概念，该观念只是在历史上将地方经济简单地纳入了以欧洲为中心的资本主义世界经济中，而滨下武志则通过强调东亚-东南亚区域性世界体系来回应沃勒斯坦的观点。

滨下武志描绘了一幅令人信服的朝贡贸易地史图景。就空间角度而言，朝贡体系由三个不同的要素组成。第一，它是一个由中国东海和南海塑造并勾勒出的陆海系统，虽然苏禄海、爪哇海和苏拉威西海等其他海洋也很重要。沿海居民在这一海洋世界中至关重要，他们同时也与内陆地区保持着联系。第二，它是一个环海地区，其港口和城市不仅与内陆相接，还通过贸易与其他港口相连。第三，部分港口用于长途贸易。滨下武志认为，将海洋世界松散地连为一体的主要历史根源是以中国为中心的朝贡贸易关系。

滨下武志还呈现了明清时期的规章法度，其中他依据实际情况对不同的地域集团和朝贡国进行了排序和调整。借此，他详细地介绍了一种独立的、以中国为基础的世界经济以及一个统一的国际化朝贡贸易体系，该体系以中国为中心、外围由东南亚、西北亚、中亚和东北亚组成且与毗邻的印度贸易区相连。他认为，朝贡贸易体系并不一定排斥竞争性的商业贸易，但它常将其掩盖。

如第八章所述，琉球也参与了这一连接东北亚与东南亚的远途贸易。在德川幕府禁止日本直接参与贸易前，日本官方的"朱印"贸易商曾航行至东南亚各地。滨下武志指出，朝贡贸易体系可被视作白银使用区整体的一部分，其中白银常年是中国贸易顺差的结算媒介。

20世纪末，学术界在本土视角以外建构了朝贡贸易体系这一概念，王赓武和滨下武志等历史学家为其提供了解释框架。在这一框架中，朝贡贸易的空间维度（包括日本与越南效仿者）、商品贸易网络、主要的贸易者、主要港口和贸易路线、需求和消费模式的变化、贸易周期，甚至王朝的兴衰等多个层次结构及其从属观点被有序呈现。

王赓武更关注中央王国对非儒教人士的排斥，他尤为关注处于体系外围的东南亚地区的情况。他倾向于将王朝史解读为反映中国人普遍认知的一面镜子。作为一名东南亚本土学者，他聚焦海外华人以及连接其与祖国的意识形态或跨文化因素。相比之下，滨下武者的研究则是地缘政治与历史的重建，更加注重这一体系的经济特征而非意识形态特点。此外，滨下武者还强调朝贡贸易环海的空间特征，其动态运作超出了西方的认知。王赓武与滨下武志都秉持同样的亚洲历史区域秩序观，前者关注东南亚而后者则聚焦东北亚——琉球贸易在其中扮演重要角色，并思考日本在"体系"中的"例外"现象。

## 历史学模式

中国水手、商人和旅居者在东南亚已有一千余年的历史了。据说，12世纪后半叶，福建市舶司提举赵汝适与中国贸易往来国的水手进行了交谈并将内容记录成册，这些水手主要来自越南、柬埔寨、马来半岛的关丹、文莱（渤泥）、菲律宾、巽他、苏门答腊岛东海岸的巨港和贡榜以及爪哇。宋朝的记载为我们呈现了一份贸易港口的清单，这些港口将广州和中国沿海与东南亚地区的港口联系起来。《明实录》的记载则更为详尽，其中有4000多处提到了东南亚和云南的港口。

如第二章所言，当时中国商人和佛教僧侣穿越马六甲海峡到达以巨港为中心的室利佛逝。中国在本土大陆外建立首个属地的时间难以确定，但是1296—1297年随元朝使团前往吴哥的周达观在《真腊风土记》中写道:"唐人之为水手者,利其国中不着衣裳,且米粮易求,妇女易得,屋室易办,器用易足,买卖易为。"

然而到了明朝,中国奉行"差异显著甚至相互矛盾"的海外贸易政策。明朝积极推行朝贡贸易制度,如派遣郑和下西洋等,却禁止民众进行私人贸易。1372年明朝出台"片板不得下海"的政策并严格执行,直至1576年才将此废除。但即便如此,仍有一大批中国商人和水手还是跟随郑和的脚步冒险踏入了东南亚。面对官方的限制,尤其是在福建沿海,非法贸易蓬勃发展并最终扩展至日本以及处于朝贡贸易之外的台湾和东南亚地区。

## 福建贸易网络

10世纪左右,宋代史料中记载了闽南人从福建至东南亚的历史迁徙。这一人口迁徙必须置于中国南部的农业变化以及新的海上贸易机遇兴起的背景下来看待。随着新农田的开辟,南宋人口不断增长。占城稻等水稻新品种提高了粮食产量。而且宋朝比以往的朝代更加重视贸易并与东南亚及更远的地区开展了海上贸易。

詹运豪(James Chin)在有关海外闽南贸易网络的研究中讲述了1013—1091年大批闽南商人航行至朝鲜开展商业活动的过程。此外,他还指出,12世纪70年代中国商人曾在占婆活动。在11世纪和12世纪中国人在如今菲律宾的内湖、民都洛岛和宿务岛都建立了坚实牢固的贸易站点。13世纪,中国人甚至到了印度的科罗曼德海岸并短暂逗留。这一时期,重要的华人社区开始出现在爪哇岛的柏希尔海岸以及马来半岛的马六甲、彭亨和吉兰丹,郑和下西洋时曾与苏门答腊沿海的华人社区有过接触。中国人在越南的历史则更加久远,但在受中国统治的十个世纪中,越南是一个独特的存在。李朝(1010—1225年)和陈朝(1225—1400年)时期的许多学士都拥有中文名，13 世纪陈朝统治者的祖先还是福建移民。

即使是在明朝限制海外贸易的情况下，一些福建沿海偏远的港口仍成为秘密走私的中心，支撑着活跃的海上贸易。月港便是其中之一。14 世纪末明朝时期，福建家族在琉球的久米村建立了一块领地以开展外交和海上活动。常驻琉球的能匠，又称"闽人三十六姓"，基本上沿袭了中国的传统习俗。清朝建立后，华人拒绝遵循其风俗习惯，逐渐被琉球社会同化。在此期间，中国人不仅在九州岛及其附近岛屿的港口从事季节性贸易，还形成了许多唐人街，其中博多最为著名。这些社区不应与在葡萄牙和荷兰贸易背景下发展起来的平户和长崎侨民社区混为一谈。1560 年，福建沿海出现了一批走私团伙，其中许多以平户为基地，明朝将其视为海盗并禁止了所有与日本直接开展的贸易。

17 世纪，随着中国海上贸易的重新官方化，月港成为从日本到东南亚途中所有中国港口的中心，每年有数百艘船只经此前往西班牙、葡萄牙以及荷兰控制的港口开展海外帆船贸易，而月港缴纳的税收也充实了国库与福建当地财政。当地名士张燮所著《东西洋考》详细地记载了月港贸易的情况以供当地官员更深入地了解海洋世界。其中大约记载了 45 个国家，虽然存在些许瑕疵，但它是第一部详细描述欧洲国家在东南亚活动的中文史料。

## 汉化与本土化

华人群体在当地的文化适应是从古至今许多文献的核心内容。明朝派往马六甲（以及刁蛮不羁的中国海盗所盘踞的巨港）的使节关注的重点在于海外华人是忠于朝廷的臣民，遵守礼节且通过中国的贸易网络同本国开展贸易。然而斯图尔特·福克斯却指出，即使有个别华商陪同使团，海外华人在明朝官方政策中也没有一席之地。

因为他们并未被视为是天子的子民，所以明朝也无须借其发挥中国的影响。但是，令后殖民时代东南亚国家建设者担心的是华人华侨不仅是寄居者，还是对母国忠诚的公民。忠诚的对象与身份认同时至今日依然困扰着这一群体。即便如此，"混合性"成为东南亚华人群体的一大特征。菲利普·柯丁（Philip Curtin）对"贸易侨民"的广义定义也适用于某些华人群体。

霍尔（Hall）等人指出，如果我们认为这些华人社区本质上具有"短暂性和独立性"，那么有关海外华人本土化的研究不仅存在争议，还是一个定义性的问题。他提出了东南亚华人社区"分层"的观点，即一些华人在此定居并被同化，而另一些则在日后返回母国。他解释道，与宋元时期鼓励海上贸易不同，明初的贸易政策支持海外华人发扬其中国性，鼓励他们追随朝贡贸易体系将贸易输送至中国限定的几个港口。但在15世纪30年代末，明朝迁都北京，航海活动戛然而止，对朝贡贸易也加以限制。因此，爪哇北部沿海等地的华人为了生存发展只能选择融入当地文化、与当地人通婚并与穆斯林商团建立联系。16世纪60年代，明朝政策发生翻天覆地的变化，中国帆船贸易也再次兴起，正如新来的荷兰人所见，万丹等地的华人社区也重现生机。

20世纪90年代，法国学者韩林（Jean Berlie）在有关贵州和广西侗族的研究中从"汉化"的角度出发解析长期以来的历史发展趋势。他致力于证明这一过程兼具文化和政治属性。"其实汉化是没有边界的，与民族国家的概念无关且已持续了数个世纪。"我们也赞同这一观点，或许这一论断在中国正式疆界以外的地区更具有普适性。

中国的父权观念显然也对华人在当地扎根和通婚产生了影响。儒家立法、宗亲会以及其他中国传统习俗都横亘于华人社区与本土社会之间，使二者分离。芭芭拉·沃森·安达亚认为，"'中国性'赋予了人们一套有关男女应如何互动的观念"，而在当地的传统中女性则拥有更高的地位或至少是在严格的性别角色外享有自由。此外，儒家道德观念也与南方人的文化规范存在冲突之处，例如，在南方，人们更注重女性在农业劳动中的参与，更遑论其在市场中的地位了。安达亚的研究呈现了汉族男性与苗族、占族、越族、达雅伊班族、爪哇族和台湾原住民等其他民族女性的互动情况。在中国父权制观念中，当地的着装规范、择偶与离异自由、寡妇再婚等本土社会习俗均有伤风化。元朝派往吴哥的使节注意到当地女性结婚很容易。可以确定的是，首批前往那里的中国男性不仅雇用奴隶还有临时妻子、妾以及"合法"妻子。而对于后来的人而言，若无法与中国女性结婚，他们则更倾向于选择已被同化的混血女性为配偶，这样他们的后代还能是"华人"。

## 15世纪早期苏门答腊的华人华侨

明朝时期，违反海禁的商人会被永久流放。东南亚和日本海域出现了大量的商人海盗群体。詹运豪将目光投向了马六甲海峡苏门答腊岛上鲜有学者研究的华人群体。自14世纪末起，中国商人便开始在老巨港（旧港）定居。他们以粤商为首，由数千名来自福建和广东沿海的退伍士兵和逃难平民组成。但是令明廷大为震怒的是，这些逃亡者在海峡地区从事海盗活动，封锁了海上通道长达数年并阻碍了贸易往来。为终结海盗活动、驱使侨民回国，明朝于15世纪初派遣两名使者前往该地。但是当地华人首领并未同意回国，而是提出向永乐帝（1402—1424年）进贡。在陈祖义的带领下，海峡地区掀起了新一轮海盗潮，这也是明朝于1405年派遣郑和下西洋的原因之一。明朝史料记载，在郑和的带领下，明朝船队在海战中歼灭了约5000名华侨，海盗商船或被俘或被毁。回到中国后，陈祖义及其手下被处以斩首之刑。在迎来新的和平后，明朝派出绥靖使团再次出使巨港，该使团由一位广东的忠义商人带领。韦德表示，事实上，永乐年间在明朝的支持下，马六甲试图控制巨港。

除巨港外，马六甲、北大年、彭亨和暹罗都是中国商人海盗的盘踞之处，日本西部许多偏远的港口也是如此。这些地方涌现出许多著名的贸易家族，他们不仅经营远途贸易，有时还与最早到达的葡萄牙商人以及其他欧洲商人联手合作。傅吾康（Wolfgang Franke）和苏尔梦（Claudine Salmon）基于对17世纪中叶华人寺庙铭文的分析，进一步呈现了东南亚海岛地区明朝"流民"社区的形成过程。

## 爪哇新客华人社区的兴起

虽然缺乏详细记载，但我们可以基于对爪哇融入中国朝贡贸易体系历程的了解拼凑出爪哇华人社区出现的过程。元军的入侵以及郑和下西洋都促进了中国人向爪哇的迁徙。但是在郑和下西洋的漫长间隔期，这些旅居的中国人滞留在爪哇继而逐渐本土化或至少被爪哇柏希尔北部沿海的传统文化所同化。这些新客（或土生华人峇峇娘惹）已在此繁衍数代，后来的中国移民最初在万丹（和马六甲）等地，随后又在雅加达等荷属地区形成了独特的社区，但新客与后来的移民不可混为一谈。此外，迁至爪哇的中国穆斯林是否传播了伊斯兰文化也是一个值得探讨的有趣问题。

瑞德等历史学家认为爪哇柏希尔沿海华人社区的出现与郑和下西洋存在直接的关联。郑和前五次（1405—1416年）以及第七次（1430年）下西洋时均在泗水锦石短暂停留，整修船只并等待季风转向。爪哇向中国的朝贡活动在1369—1430年达到了顶峰，一些掉队的人还曾在爪哇派往中国的朝贡使团中担任使节。瑞德根据编年史料推断，土生华人（峇峇娘惹）或帮助了锦石与哲拉帕王国的建立或作为穆斯林融入了王朝之中。令人惊讶的是，连柏希尔沿海的著名清真寺都受到了中国佛塔的影响。现代学者还探讨了郑和带领的使团是否真正皈依了伊斯兰哈乃斐派，当时哈乃斐派在明朝船队上的云南官员中十分盛行。无论如何，到15世纪初中国商人已经成为爪哇岛沿海贸易文化的重要组成部分。但韦德指出，郑和舰队抵达爪哇海域时并未抱有和平的动机，其行动也不友善。而且其舰队还试图惩戒"明朝在东南亚海洋地区建立霸权的主要对手"——满者伯夷。在1450年后，明朝退出了"南洋"贸易，柏希尔海岸孤立的华人社区也随之与当地文化融为一体。直至1567年福建帆船贸易复苏才为爪哇注入了新鲜的中国血液。

这段历史已融入当地的传说之中。在海岛东南亚，爪哇岛三宝垄的三保公庙、槟城的峇都矛和泗水的郑和清真寺都会举行纪念郑和下西洋的活动。然而正如廖建裕所言，传说和历史对此事的记载存在较大出入，而中国的史料也没有更详细的补充说明。宋朝时期中国南方盛行的妈祖崇拜（又称母神崇拜）也跟随着郑和及后来的航海者传播至中国之外的地区。正如今日澳门著名的妈祖阁与迁至东南亚沿海地区的妈祖神庙再现了港口城市间的"姐妹情谊"。

## 爪哇万丹

穆斯林统治下的万丹贸易中心有一个华人社区，在荷兰人到来之时社区约有三千人，阿卜杜勒·法塔·阿贡苏丹（1651—1683年在位）在位时，王国进入鼎盛时期，而华人社区规模也进一步扩大。这个多元化的社区由商人、工匠、水手、农技师、抄写员和账房先生组成，坐落于名为班芝兰的独特街区，该街区以砖房闻名。他们保留了自己的语言和习俗并将收益汇寄回中国。班芝兰临近港口和市场。万丹的华人还开辟了一片墓地（至今仍存），建造了一座风格独特交融的清真寺并租赁土地种植甘蔗。与前文所述的新客相反，万丹华人与当地居民产生了一些摩擦。即便如此，只要迎娶了当地的妻妾，甚至是信奉伊斯兰教，他们仍可被称作新客，相比之下后来到此的华人则更加认同其中国人的身份。皈依伊斯兰教的中国人在宫廷中拥有一定地位，而普通的中国人则与欧洲人一样被视作"卡菲勒"，即不信教者，被当地人疏离。

至少自17世纪起，万丹华人担任的职务之一便是沙赫班达尔。1656年一位名为阿卜杜勒·瓦基尔（Abdul Wakkil）的华人担任沙赫班达尔兼任甲必丹。1657年，基亚伊·恩加贝·凯苏（Kiyai Ngabehi Kaytsu）接替其职务并一直担任至1674年。兰托安德罗（Rantoandro）讲述道，凯苏本身就是一位富商，他为苏丹购入了一支小型船队。这只船队不仅在爪哇岛、苏拉威西岛和苏门答腊岛一带活动，还远航至暹罗、柬埔寨、越南，甚至是马尼拉、澳门、长崎。凯苏如大臣一般威信极高，成了名副其实的"外贸部长"。在爪哇语中他被尊称为"kiyai"，无疑获得了当地人的认可。然而，巴达维亚建立后，吸引了许多万丹华人移民，尤其是与荷兰人做"非法"生意的华人。此后，巴达维亚设立了甲必丹制度，苏明岗（1645—1663年）为第一任甲必丹。后来荷兰逐渐控制了万丹苏丹，正如来自中国的王大海（Ong Tai-Hae）于1791年所见，万丹苏丹沦落到居住于一座偏僻幽静的宫殿中并由荷兰士兵看守。此外，荷兰还掌控着王位的继承。

## 巴达维亚

早在荷兰人到来之前，中国与爪哇就已存在朝贡贸易往来。毋庸置疑，中国商人先于荷兰人到达巽他格拉巴，即巴达维亚。袁冰陵写道，殖民时期，巴达维亚的中国少数民族人口不仅超过了荷兰人甚至还超过了巴厘人、帝汶人、爪哇人、马来人和安汶人。他们是当地最富裕的群体,其贸易网络不仅延伸至福建和广东还扩展到了斯里兰卡甚至马达加斯加。当荷兰东印度公司总督扬·彼得生·库恩(Jan Pieterszoon Coen)在巴达维亚筑城防御时,华人还受邀居住于城内。许多华人都应邀前去,库恩在短时间内选出了一位甲必丹并令其负责民政事宜。

在接下来的一个世纪中,华人开始在周边国家定居,主要负责甘蔗种植。但声名狼藉的是,1740年居住于城内的约四千名华人以及城外的许多华人均惨遭屠杀,袁冰陵称之为"种族清洗"。"华人战争"还席卷了其他城镇,爪哇贵族也卷入其中,直至1743年才结束。直到东印度公司出口的蔗糖逐渐减少,位于长崎的日本当局才得知这一事件。

但是荷兰人又需要华人农民,因此便重新调整了甲必丹制度与华人理事会,赋予其司法职能。与荷兰人的一偏之见相反,许多中国移民都具有较高的文化素养。他们中除来自福建的移民外还有一部分官吏和富豪,均为男性。其妻子都是本土人,而且他们更倾向于选择巴厘人(印度教教徒)或是泰国人为妻。其后代便是娘惹,即使母亲是奴隶,他们的后代也能成为自由民并获得平等的地位。到19世纪20年代,巴达维亚的华人增至三万至四万人。与中国传统妇女相比,巴达维亚的华人女性拥有特殊的(法律和性别)地位。

巴达维亚的华人社区是历史记载最为丰富的华人社区之一,其中现存的巴达维亚公馆(福建公馆)与华人理事会档案馆(1788—1957年)中资料尤为详尽,以闽南语、荷兰语和马来语书写,涉及出生、死亡、婚姻、离婚、人口调查、法庭案件等内容,一直记录至1908年。这些记载展现了华人在爪哇的经济活动,甚至个人层面的活动也有所体现,此外还记录了甲必丹(华人社区首领)的具体职能和等级制度。自1792年起,华人理事会设立于帕布安街的一栋大楼内。其他华人社区的档案可能已经丢失。但袁冰陵认为,其他华人社区并没有类似的档案，东南亚大陆地区亦是如此。已故的丹尼斯·龙巴尔和苏尔梦等学者研究了雅加达的华人寺庙铭文，为呈现华人移民爪哇的情况提供了资料来源。

## 华人眼中的爪哇北部

正如到此的福建文人王大海于1791年所见，港口城市三宝垄华人众多，其首领为甲必丹，由荷兰人在一场隆重仪式中任命。在参观甲必丹府邸时，他见到了精致的服饰与佳肴以及数十名陪同女子。他写道："巴达维亚的甲必丹权力分散且收益不稳，而三宝垄的甲必丹则权力稳固，收益稳定。煮海造盐，耕田生利，这些都是甲必丹的特权。因此，他可以积累财富。"此外，那里主仆关系严格，且人们偏好选择华人作自己的女婿。妻子则被称为"Nigai"，即夫人，男人十分惧怕她们，还有"女仆为夫人们撑伞遮阳"。三宝垄以西的港口城市北加浪岸也有一个大型唐人街，名为"Pa-China-an"："唐人街依山傍海，它由一排民居组成，有五六十间。房屋连墙接栋，层高较高，西边为甲必丹的住所，右边则是一个花园……"除此之外，他还见到了一个槟榔种植园、一片墓地、一座供奉着"海上保护神"的寺庙、一个征收进出口费用的海关大楼，河对岸外围还有一个海关大楼负责二次检查，在面朝大海处还有一座圣人之墓，（华人）船民在那烧香祭拜。向南约20英里处有两家甘蔗糖厂。尽管这里位于爪哇北部且华人在荷兰人的压迫下生存，但这也是一个自给自足的华人世界。高山流水，夕阳西下，渔民驾船而返，回到北加浪岸的场景令王大海脑海中浮现的不是其家乡福建，而是苏杭。

## 马六甲华人：峇峇社区的兴起

15 世纪中叶，马六甲成为中国与东南亚海上交流的中心。郑和第二次（约 1408—1411 年）和第四次（1416—1419 年）下西洋时都曾造访这一地理位置得天独厚的港口。瑞德认为，马六甲之所以能够成为海上交流中心是因为爪哇岛缺乏政治中心、动荡不安且马六甲国王积极参与朝贡贸易。霍尔指出，爪哇北部的华人社区被本土化，但马六甲的华人社区仍保持着中国性。

早在葡萄牙征服马六甲之前，马六甲就出现了独特的华人社区。1403 年，《明实录》中首次出现了有关这一港口城市的记载。作为朝贡国的统治者，马六甲苏丹获赐印章、丝绸、特制服饰以及某些特权。《明实录》（1521 年 8 月 31 日）记载了"非朝贡国"佛郎基（葡萄牙）篡夺马六甲苏丹统治权一事。沙赫班达尔负责管辖来自占城、广州、泉州、琉球等地的中国船只。

托马斯认为，在 1511 年征服马六甲港口之时，华人曾和葡萄牙人一起对抗苏丹。在 16 世纪末，许多中国商人定居马六甲。广东侨民与福建侨民各自建立了会堂和寺庙。他们中的少数人皈依了基督教，而许多福建人则成了穆斯林。建于 1728 年的马六甲东圭纳清真寺（其名称源于葡语 tranqueira，即粗石墙）至今仍存，其因三层宝塔式的中式建筑风格而闻名。毋庸置疑，在马六甲早期，大量中国商人、水手和过往旅客都聚集于此。

马六甲华人的一大特点是他们既能吸纳马来世界的语言、文化等元素，同时又能坚守中华传统。当然，对于皈依伊斯兰教的少数华人而言，众多本地社区对其接纳程度更高。长期以来，中国的宗法传统以及宗庙和帮（会堂）结构促进了华人社区的传承发展。然而，在马六甲峇峇或娘惹文化中显而易见的是，服饰、饮食，特别是方言体现了土生华人与这些新来华人在身份认同方面的差别。在并不总是欢迎新来者的边缘社会中，融入当地文化并以多元交融的生活方式生存是他们自我保护的方式之一。

## 西班牙管理下的马尼拉华人

早在西班牙征服菲律宾前，中菲之间就已存在直接的贸易往来，而在1571年米格尔·洛佩斯·德莱加斯皮（Miguel Lopez de Legazpi）兴建马尼拉城后，更是吸引了一批又一批福建船队接连不断航行至此。每次三五十艘帆船载有100吨至300吨货物从福建港口驶出，在经历约15天的航行后于11月抵达马尼拉。除货物外，船队还搭载商人和移民者等多达三百名乘客。尽管他们的生计、宗教信仰和贸易都受到限制，更遑论不时遭遇迫害、谋杀甚至是大屠杀，但是被西班牙人称作"常来人"（可能是源自闽南语中称呼商人的"生理"）的华人在西班牙贸易中是不可或缺的。

虽然纺织品和陶器进口可能会对当地工业造成不利影响，但华人在殖民地经济中发挥着至关重要的作用。正如第四章所述，如果不了解马尼拉的华人就无法理解大帆船贸易。自1582年起，华商不再以丝绸易货，而是要求用白银结算。航运统计数据可印证华人在以丝易银贸易中的重要性。在1577—1612年，在抵达马尼拉的船只中，共有584艘中国船只，与此相比日本船只有45艘，而葡萄牙船只有25艘。

1687年1月14日英国船长托马斯·卡文迪许爵士与马尼拉取得了联系，他对马尼拉华人给予了高度评价：

> 这些常来人是中国商人，在各种贸易和商品销售方面十分敏锐聪慧，尤善机械发明制造，其丝缎刺绣技术在全世界最为精湛。他们能用金银和丝线制作成形态各异的兽

类、禽类和鱼类，如技艺精湛的画师一样将各处的比例和颜色都描绘得恰到好处，使其惟妙惟肖、栩栩如生。显然，这些人一定给马尼拉带来了利润丰厚的贸易，因为他们带来的黄金比其在此制造的还要多，他们带有大量这种贵金属（黄金），在此将其按重量换成相应的白银。

马尼拉华人构成了一个重要的社区并掌控了主要的贸易市场，那便是"八连"，又被称为丝绸市场。它大致位于马尼拉东北部，建于1582年，次年毁于火灾，后被总督迭戈·龙基略（Diego Ronquillo）迁至巴石河畔的一处沼泽地。1588年6月2日，萨拉查主教（Domingo de Salazar）在给弗雷·桑切斯（Fray Sánchez）的信中描述了八连迁址的情况：

> 城内是华商的丝绸市场（八连），有多达150家商店和约600名华人，另有约一百名华人居住在城对面的河对岸，他们都已婚而且许多是基督徒。除此之外还有渔民、园丁、猎人、纺织工、砖匠、石灰焙烧工、木匠和铁匠等约三百人住在丝绸市场以外的海岸和河岸处。在市场内聚集了许多裁缝、鞋匠、面包师、木匠、蜡烛匠、甜品商、药商、画家、银匠和从事其他职业的人。

如上所述，八连不仅是丝绸市场，还是一个名副其实的大型交易市场，因为华人在此进口了牲畜、马、鹅、鸡以及各种各样中国水果和其他产品。马尼拉的华人从事多种多样的手工业活动，技术交流也随之兴起。他们进口的铁、火药和硝石是西班牙大帆船和防御工事建造中不可或缺的原料。华人还向西班牙人放贷，因为这些贸易帆船为福建富商集体共有，所以这一风险投资的收益人人有份。

1588 年，马尼拉及周边地区的福建侨民和广东侨民增至一万人，人数的增长导致了不同群体之间问题频发。他们不仅与西班牙当局和修道士产生分歧，还与原住民发生了摩擦。西班牙主张通过让华人皈依天主教来同化他们。自 1581 年起，多明我会开始吸纳华人皈依者，短时间内，为促进华人皈依，他们在华人区筑建了多所教堂。然而政府要求皈依天主教的华人必须剪掉辫子，这一命令遭到了强烈的抵制。王室认为这一规定不合时宜，因为它实际上阻碍了华人受洗和皈依。

尽管发生了一系列血腥事件，移民数量依然不断增长，16 世纪 90 年代中期至 17 世纪 80 年代尤为如此。1603 年，出于相互猜忌与误解，马尼拉华人揭竿而起发动起义，西班牙在日本人和原住民的协助下进行大屠杀，造成约 23 000 名华人丧生，剩余的幸存者则被送往桨帆船担任划手。此外还有多次屠杀华人事件相继发生于 1639 年（反征税起义）、1662 年与 1686 年（与中国国内政局相关）、1762 年英国入侵期间（华人支持英国）和 1819 年（由西班牙歧视性立法引发）。虽然每次屠杀的起因各不相同，但所有华人起义都具有一个共同的特征，那就是对政府压迫的反抗。

## 曼谷潮州华人：保皇派与臣仆

时至今日，湄南河畔的曼谷唐人街仍是嵌于广大社会结构中的一个孤立社区。漫步于熙熙攘攘的城市之中，人们会被中国传统的顽强生命力所震撼——这里有寺庙、宗亲会、美食、手工艺、商业中心以及无处不在的店屋。与马来西亚的唐人街相比，这里的语言、习俗和风格更加多元。华人在现代泰国所扮演的社会和经济角色另当别论，但华人社区出现的过程却为研究东南亚华人社区的形成提供了另一种视角。

从中国到暹罗的小规模移民始于阿瑜陀耶时期甚至更早，当时暹罗与中国通过朝贡贸易相互往来。华人不仅参与暹罗王室的帆船贸易，还经常从中国捎带移民返回暹罗。然而，直至达信王（1767—1782年在位）和拉玛一世王（1782—1809年在位）统治时期，中国社会才掀起大规模移民暹罗的浪潮。达信王本人就是华人移民之子，由于当时城市人口稀少，华人在农业及其他领域都不可或缺，因此他鼓励华人移民至位于吞武里的新首都。中国商人在帆船贸易中十分活跃，而帆船贸易是当时外部经济的支柱，也是国家用于首都防御及其他开支的主要财政税收来源。作为潮州人，达信王积极鼓励潮州、福建以及广东人移民暹罗。这一享有特权的群体号称"王室华人"，他们甚至可以居住在一个特殊街区。曼谷王朝的建立者拉玛一世王也拥有华人血统，其母为华裔。他不仅延续了优待华人的政策，甚至还鼓励将一部分中国文学经典翻译为泰语。

詹妮弗·库什曼（Jennifer Cushman）对暹罗帆船贸易展开了进一步研究。自18世纪初起，中国商人开始频繁出入暹罗港口，其主要目的是寻获"海峡产品"或海岛地区进口货物。库什曼指出，此类贸易的主要特征是船舶与船员皆来自中国，而且中国官方将其视作"国内"贸易。因此，帆船贸易被纳入本土贸易的范畴，而非官方的朝贡贸易。暹罗同中国的朝贡贸易仅通过广州进行，而本土帆船贸易则往来于中国西南部与东部沿海从海南至天津的众多港口。除纺织品、陶瓷及其他大众消费品外，来自福建及其他港口的帆船还将工匠、掌柜和商人等移民带到暹罗。暹罗贵族大力发展同中国之间的贸易，与此同时，规模庞大且不断壮大的华人社区也随之兴起并在贸易中发挥了促进作用。

马利妮（Malinee）援引了施坚雅（William Skinner）的研究成果，她认为在早期曼谷约有20万华人，而全国（暹罗）的华人约为500万，主要集中于南部锡矿城镇和沿海城镇。这一时代的华人中有相当一部分出生于暹罗但却将自己视作中国人。作为唯一享有特权的外国群体,华人能与当地人自由通婚,此外还能自由使用中文姓名或其他中国身份标记。他们不必像大多数泰国人一样服徭役,但需每年缴纳人头税。华人通过通婚不断融入泰国贵族阶层,随着时间的推移,中泰混血后裔的数量不断增加。华人还对泰国的生活方式、建筑、文学等社会生活的各个领域产生了深远影响,在曼谷尤为明显。在吞武里王朝至曼谷王朝早期,华人在王室血统等方面对泰国影响巨大,一些观察者也因此将其视作一个更加新颖且更具活力的时期并将其同阿瑜陀耶早期区分开来。

## "云之南":云南边境

云南位于中国西部,地大物博,与缅甸、老挝、越南和西藏地区之间存在天然的屏障。历史上,人口、贸易、思想在此处交汇又经此流向各处,向南穿越险要关隘传至东南亚,向西北传至西藏,向北远达蒙古,向东到达中国内地。但殖民主义时期强行划定的现代边界至今仍会引发争议。无论如何,云南为我们提供了契合"华人华侨"这一主题的生动案例。1983年,笔者在位于中老边境、横跨湄公河中游的西双版纳傣族地区开展田野调查时,印象最深刻的便是汉人定居的特点。他们许多人定居时日尚短,具有移民殖民主义开拓者的典型的节俭特征以及政治文化方面的自负心态。"文化大革命"的影响仍清晰可见,致使傣族文化如堕烟海并被高度同化。

中国学者杨斌认为,鉴于云南与东南亚的互动历史,东南亚学者给云南强加"人为边界"是荒谬的。他根据西方资料以及云南史料合集《云南史料丛刊》,进一步纠正了上述不合理的研究。

杨斌指出,汉人迁往云南的大规模移民浪潮最初是在西汉时期(公元前206年至公元前24年)。在南诏时期,唐朝军队来到云南,双方之间的战争加快了汉族移民的节奏。然而，13世纪蒙古人入侵云南并将其彻底纳入中国的版图，同时还将经久不衰的伊斯兰元素引入此地。

13世纪以前，外来者不断融入当地社会，但明朝征服云南后，明军在此驻扎，反向同化现象也随之出现。在多次平定战乱后，明朝实行镇戍制度并鼓励农民移民。商人也在此发现了商机。到16世纪末，汉族定居人数已超过百万，极大地促进了当地整体汉化。明清交替之际动乱一经平息，移民蜂拥而至涌入云南，汉族人口比例不断上升。重要的是，清朝时期的移民进入了南部"蛮夷之地"等丘陵地带，将梯田、新世界作物等引入这一地区。正如第二章所述，云南是清朝货币体系中铜的主要产地，在清朝时期中国区域经济和世界经济中扮演着重要角色。

## 越南华人：开疆拓土的先驱

到了18世纪，越南已彻底成为儒家王国，与韩国和日本一样被中华传统深入同化。从汉朝到唐朝，越南在中国的统治下度过了十个世纪，此外又在中华文化圈的影响下经历了九个世纪相对自治的时期。越南有时被称作"小龙"，其历代王朝都借鉴了中国文明，例如帝制、官僚体制、科举制度、儒家经典和中国文字。此外，越南还被纳入了朝贡贸易体系之中。在阮朝时期（1802—1840年）越南三年一度遣使中国。当然，在乡村和宫廷之间存在着巨大鸿沟的情况之下，这些外来机制嫁接至当地的过程也存在多种解释。此外，中国还吸纳并征服了其存在于占族文明中的宿敌。

特别是在中世纪时期，在中越流动的边境地带，中国还面临着一座民族屏障。众多少数民族聚居于此，其中傣族是最主要的民族。詹姆斯·安德森（James Anderson）在有关跨境民族效忠对象与身份认同的研究中提及，11 世纪早期一位使用泰语的酋长曾发动叛乱，他借此强调，冲突与"谈判"一样决定了边境群体与朝廷之间的关系。即使 968 年越南独立之后，虽然边境地区的高地首领有时会接受中国授予的统治头衔并与之建立朝贡关系，但他们仍想摆脱中央王朝的束缚，对自己的领地独立行使主权。1078 年，中越经双边谈判划定了领土边界，此后，边界以北的泰语社区逐渐汉化，而边界以南的越南泰族虽然与越南宫廷建立了庇护关系但却抵制全面同化。

李塔娜写道，历史上，北方的越南统治者对汉族商人敬而远之，在首都则更是如此。1149 年，李英宗（Li Anh Ton）开放云屯岛作为中国商人的专属贸易区。这一政策延续了数百年直至 17 世纪时南部的庸宪也出于同样的目的向中国商人开放。尽管如此，河内在后来吸引了众多广东和福建的移民。其中广东移民集中于帆船街（Huanh Buam Street）而福建移民则聚集在懒翁街（Lan Ong Street）。洞天（Hang Ngay）的房屋结构坚固，富裕的广东米商们居住于此。此外，广东和福建侨民还都设立了会馆。

但是在内区（早期到此的欧洲人又称之为交趾支那），阮氏政权意识到国家生存发展需要依靠中国（或日本）商人，于是便鼓励其定居于此，还允许他们担任政府职位。在中国贸易的推动下，内区逐渐繁荣起来，这也为 16 世纪至 18 世纪中国主宰越南南部经济奠定了基础。广南、会安、庸宪和顺化等港口都在与中国的贸易往来中发挥了促进作用。1618—1621 年居住于内陆的意大利传教士克里斯托福罗·博里（Christoforo Borri）描述了会安的情况："这里一部分属于华人，另一部分属于日本人，他们相互分离，各有其自己的管辖者，也各自按照本国的习俗规范生活。"然而，随着日本贸易的衰退，华人在 17 世纪末占据了主导地位。1695 年，一位中国到访者曾见到一个繁忙的港口，各国商人在此居住。来自福建的华人居住在沿河而建的众多房屋之中，他们穿着前朝（明朝）的服装并与当地女性通婚以促进其生意的发展。会安的明香社（明朝效忠者聚居的村庄），尤其是在岣崂、占城、锦铺和桥村，均由一名官吏监督管辖。

清朝时期，汉人开始大规模移民越南，但随着明朝的覆灭，大量忠于明朝的臣民扎根于湄公河三角洲南部的广袤边境地区，融入早先抵达柬埔寨的华人之中并与当地人通婚。1700年左右，广东冒险家郑玖在河仙建立了一个港口国家。河仙实际上是一个独立的地区，诺拉·库克和李塔娜称之为"水上疆域"。它包含湄公河三角洲地区并通过帆船贸易与马来半岛和中国相连。日本学者樱井由美雄（Sakurai Yumio）认为，自18世纪末起，在暹罗新国王郑信将军的招揽下，潮州华人在暹罗湾一带的尖竹汶府和达叻府定居。1771年郑信率军成功入侵河仙。郑氏家族弃城而逃，迁往芹苴，这也是"半独立的西部水疆"的最后一战。

虽然华人移民迎娶了越南妻子但仍保持着中国的生活方式。正如伍德赛德（Woodside）所述，只有他们的子孙在越南为官，他们才会丧失中国人的身份。对于华商阶层来说，这是不可能的。与那些同当地人通婚的明香阶层（明朝遗民）相比，商人通常加入按地区组织的帮会。此外，在19世纪的越南，第二代或是第三代华裔男性若能坚持穿着中式服装并留有长辫就更受人尊崇。而明香人则在清朝与越南宫廷的双重文化中扮演重要的中间人角色。

时至今日，在西贡热闹非凡的堤岸唐人街，游客仍能见到许多建于17世纪末的华人寺庙和社区房屋。其中最为著名的是拥有275年历史的二府庙（福德庙），最初是为满足来自泉州和漳州的福建移民的需求所建。在法国的统治下，社区蓬勃发展，一所"福建学堂"也在寺庙群附近建立，至今仍以另外的形式存在。

## 总结

　　以中国为中心的朝贡体系经历了漫长的演变。其间，部分朝贡国退出，又有其他朝贡国加入，有些忠心耿耿，有些若即若离，而日本和越南（一定程度上）甚至试图在此基础之上建立微型朝贡贸易体系。我们力图描绘在欧洲入侵者到来之前这一体系的总体运作情况，以及其贸易公司构建的全球贸易网络对朝贡贸易体系带来的政治和商业压力。虽然这一体系在形式上延续到晚清时期，但在广东贸易体系、鸦片战争和不平等条约面前，它早已形同虚设。

　　南洋各地华人社区的出现并非偶然，正如在越南的情况所示，华人社区的发展与中华帝国长期以来的历史兴衰密切相关。在从爪哇到文莱再至琉球的朝贡贸易网络中，中国船只往返其间，服务贸易需求。简而言之，自宋朝起，中国的航海设计就遥遥领先，尽管海上事故频发，但中国海船或其本土化的翻版为来访的使节与朝贡者提供了一定程度的安全保障。按照欧洲的标准来看，这些船只也足够宽敞开阔，既可运载货物又可搭载乘客。显然，如果没有活跃的帆船贸易和东道国相对稳定的政治局势，东南亚华人社区的发展将更受掣肘。

　　但是在受殖民统治的城市以及幕府将军统治下的日本，离散的华人社区的出现应另当别论。首先，这些使用闽南语的华人群体是复杂贸易网络的一部分。因此，他们不仅要受明清时期海外贸易法令的约束，而且在从日本到马尼拉再到巴达维亚的贸易网络中，他们的活动有时还要受到当地变化无常的严苛限制。然而，即使大量中国移民被视为获取税收的摇钱树，吞武里王朝和曼谷王朝早期的情况也显然是一个例外。汉人涌入台湾等政治动荡的边境地区，这体现了边疆多元交融的特征。但贯穿明朝，以及后来的清朝，中国不断将其疆域深入扩展至帝国外围广阔的原住民领地，比如云南、西藏等半自治地区。

无论是在爪哇还是帝汶，在马尼拉抑或马六甲，华人群体都不得不融入当地的传统。大多数男性都娶了当地女性为妻，他们的后代也因此拥有了峇峇、明香人或混血儿等新的复合身份，这有时也对儒家父权制观念带来了挑战。但是新的移民群体保留了"帮"或"会"的政治组织形式，寺庙、语言、饮食和传统也维护了他们中国人的认同感，而这种认同往往与欧式的司法、行政和"文明"背道而驰。从越南到马来半岛再到婆罗洲和帝汶岛，几乎各处的华人社区都由甲必丹领导，在越南的甲必丹实际是官吏，而欧洲殖民地的甲必丹则是从前的政府官员。明清交替造成了效忠对象、身份和居住地固定性等方面的复杂变化。这些对湄公河三角洲地区的明香人社区影响尤为显著。

明朝时期，爪哇柏希尔海岸、万丹、马六甲、（阮朝治下的）越南、西属马尼拉等地的华人移民与柯丁对"贸易侨民"的定义一致。最初以语言、宗教和民族划分的移民社区（我们主要以福建华人为例）充当了跨文化中间人的角色，他们在带来重要物质元素与社会组织元素的同时也被当地社区同化。

# 第五章

**CHAPTER 5**

# 商业、货币与商品

从东亚–东南亚通用货币的产生过程中，我们能够了解到各国及其港口与中国海、印度洋以及欧洲和美洲的商业联系。此外，区分本土货币与外来货币或交易形式也具有一定意义。与货币流通密切相关的是范围更广的商品贸易及其在不同文化与社会环境中的不同价值。如果可能的话，我们还应确定商业和贸易的代理人是本地人还是外来者。这一问题可与长期以来的争论一起探讨，即与欧洲贸易公司的大规模资本主义组织相比，亚洲商人无法实现利益最大化。虽然最近学者已在印度、中国及两者的中间地带寻找支持亚洲资本主义早熟这一观点的相关证据，范·勒尔依然常从上述角度进行阐释。

本章力图阐述东南亚本土钱币出现的过程，它既加强了贸易和商业联系，同时也印证了区域贸易的关联性。本章还详述了主要的贸易商品，这种对商品以及对连接生产者与消费者的商品链的关注符合世界史书写的史学趋势。我们希望通过研究 1000—1800 年这一漫长时间范围内的贸易商品来洞悉具体的生产周期以及原始工业活动。显然，在这个多元混合的贸易中，我们应当厘清自然产品贸易与加工产品或增值产品贸易，前者产生于种植经济作物贸易之前，而后者则应包括原材料在内，许多原材料本身在长期以来也都是主要产品。正如波梅兰茨（Pomerantz）所言，供大众消费的日常奢侈品的流通是判断原始资本主义甚至成熟资本主义发展的一个指标。

## 东南亚本土钱币

在前现代时期，东南亚大多数本土贸易都是通过以物易物的方式进行。即使时至今日，老挝、缅甸、婆罗洲、苏拉威西、帝汶、新几内亚和中国西南部交通不便的地区仍未使用货币。在金属货币出现之前，马尔代夫的子安贝曾用作交换的媒介，至少在公元前2世纪就已传至中国云南等内陆地区，马尔代夫的苏丹国也在后来加入了地区贸易网络。在杨斌看来，特别是南诏国至大理国统治时期，云南是在贝币、金属（采自云南本地）和马匹贸易中连接东南亚与西藏地区和印度的战略门户，并将这条路线称为"西南丝绸之路"。即使是蒙古人入侵也未能击垮贝币贸易网络。直至17世纪，清朝才以铜钱取代贝币，从经济上实现了对云南的整合。

黄金（和白银）开采自整个地区的冲积砂矿并用于交换物品或制作装饰品。与此相同，爪哇也于8世纪末出现了本土发行的金币和银币，其名为檀香花锭，背面印有梵文，已传至马来半岛、苏门答腊和菲律宾。13世纪末，苏门答腊北部的苏木都剌国首次铸造了小巧且印有铭文的伊斯兰钱币，后来它成为亚齐的标准商业钱币，被称为"古邦"。然而到13世纪末，部分本土钱币已被广泛使用且价值较低的中国纸币所取代。在马六甲海峡地区，穆斯林世界（包括印度洋地区）的主要货币——第纳尔金币与银币，或许是个例外。

锡币的本土发行始于14世纪，主要发行范围是苏门答腊岛东北部和马来半岛西部沿海地区。荷兰旅行家约荷夫（Nieuhoff）曾记述马六甲早期的情况，他发现这里除了"质量大价值低"的锡币外，没有其他钱币。戴维森（Davidson）认为，到17世纪时，由质地较软的锡合金制成的文莱本土钱币已在流通，直至17世纪下半叶才被名为"Pitis"的钱币取代。Pitis兼具锡币和中国钱币的风格特点，其上刻有猫、大象、老虎和骆驼的图案，正面还刻有阿拉伯文字。

威克斯（Wicks）指出，关于钱币在东南亚的出现，有趣的是为何有些地区建立了相对复杂的银（或布）本位制货币体系而吴哥、蒲甘等另一些地区却仍未在商品交易中使用钱币？若要回答这个问题，我们应对这些政治经济中心融入地区或全球贸易网络的情况有所了解，因为在偌大的东南亚，各地区商业化和市场化的情况各不相同。

## 中国货币传统

在东南亚市场，货币的普及是生产与交易过程日益复杂化的标志。众多现代学者的研究都证实了这一观点，比如万志英（Richard von Glahn）对宋朝以来中国货币政策的研究、岛田（Shimada）有关铜币的研究以及弗林（Flynn）与吉拉尔德兹（Giraldez）有关白银贸易的研究。中国铸币的历史至少可追溯至周朝（公元前6世纪），而纸币的使用始于宋朝。随着贸易航行逐渐频繁，中国钱币的流动范围也不断扩大，越南、韩国、日本等古老的朝贡国早就引进了中国货币。

正如万志英所言，铜币是中华帝国货币的基本形式，对财政和货币政策的制定起到了指导作用。韩国、日本和越南都不同程度地借鉴了这一模式，货币发行权是一项重要的特权，受到严格的管控。货币政策是国家最重要的经济管理工具。然而宋朝却发现维持以铜币为基础的货币政策越加困难。元朝和明朝也以纸币弥补铜币的短缺。但是在明朝初期，由于国家不得不在交易中使用未经加工铸造的白银，纸币逐渐消失。万志英认为，从帝国早期钱（铜）币经济到后期白银经济的转变"是中国社会、经济和文化演变的关键分水岭"。但实际上，明清时期中国并没有统一的货币本位，由于地方贸易体系的资源和需求不同，多种地方货币同时存在。其中有些用于本地交易，有些则用于远途交易的结算。

随着冶金知识在东南亚的传播，越南丁朝（968—980年）、朝鲜高丽（918—1392年）和日本奈良王朝（710—784年）均各自铸造了带有明显中式特点的钱币。至少自15世纪起，琉球首里王也开始效仿中国铸币。这些钱币通常为方孔圆钱，由铜合金制成，其上刻有表示年号的四个汉字。高丽向日本及其他地区出口钱币（有些出土于爪哇的满者伯夷遗址），与之不同，日本自17世纪起才开始对外出口铜或钱币。

## 日本货币

8世纪时期，日本国内已铸造了12种类型的铜币以及多种银币。日本奈良国立文化财产研究所表示，古奈良平城京（710—784年）建立了一座中央铸币厂，用于地区生产的"种钱"便是在此铸造。奈良当局试图借此创制一套广泛流通的本位货币。首套本位币和同开珎铸于708年。其他铸币厂都临近铜产地，例如现在的日本山口县和京都府。毋庸置疑，铸币模具所用母钱的发现有助于解释大一统国家在大规模钱币生产中发挥的作用。

1569年年初，日本处于动荡的战国时代（约15世纪中叶至17世纪初），尽管市场汇率时有波动，"三英杰"之首织田信长（1534—1582年）确定了金币、银币和铜币的兑换比率。1600—1700年，这一模式继续被沿用。织田信长控制了具有战略价值的金矿和银矿。其政策与室町幕府（1392—1573年）的政策背道而驰，为贯穿德川时期的三货制度的建立奠定了基础。正如日本经济史学家朝尾直弘（Asao Nachiro）所言，金币和银币的铸造和发行是日本货币体系中具有划时代意义的大事。

## 不断变化的货币本位

作为在朝贡贸易体系中处于中心地位的人口大国（1644年人口已达到1.6亿），中国改用白银对全世界都产生了影响，不仅导致对白银的需求量增加，还造成银价飙升，甚至与金价不相上下。福建商人与九州及其附近地区的日本商人均参与了或合法或非法的贸易，他们有时甚至贷款给欧洲货主，这些欧洲人往往会选择以马尼拉、澳门、巴达维亚等为始发地以及更正规、官方认可的贸易航线。现代经济史学家认为，迄今为止，中国（和印度）是近代早期经济中最重要的终端市场，弗林与吉拉尔德兹称其为新大陆与日本白银的最终"汇集地"。在中国转向银本位制的同时，纸币本位制逐渐瓦解。

尽管自 15 世纪下半叶中国就出现了银本位的趋势，尤其是在广东和长江下游地带的商业中心，人们倾向于使用白银而非铜币。虽然该地区对铜币的需求量很大，但当地税收乃至日本和朝鲜的贡品都兑换成了白银。万志英认为，明清时期的货币史实际上印证了现代货币理论的原则，即"贵金属单纯具有货币属性，还是商品。贵金属贸易的波动取决于其价格以及预期收益"。17 世纪中叶，白银价格下降，但万志英表示，"帝国的白银无疑提升了中国货币供给中迫切需要的流动性"。

17 世纪，由于大量日本出口的铜流入中国帆船贸易，从爪哇到越南，中式铜币已成为东亚–东南亚地区的本位货币。这些铜币由劣质的铅和铜渣混合制成，非常易碎，被称作"caixa"。因为它们单个的价值很低，所以为方便起见，人们通常会将铜钱串在一起。据当时史料记载，用于出口的铜币是在泉州制造的。

最终，日本铜币大量流入越南阮主，铜币价格的波动也对当地经济产生了影响。岛田指出，"日本铜币不仅是亚洲内部贸易中的进口商品，还是维持亚洲经济稳定的关键要素"。其所指向的不仅是日本铜币的流通，还涉及铜币本位制意识的提升。此外岛田的观点还说明了一个更加普遍的问题，即货币化是发展近代经济的必要条件。

## 东亚-东南亚的商品链

　　此处的商品链是指进入本地市场、区域市场或世界市场的贸易商品的层级体系。它遵循供给或需求的客观规律，并且如奢侈品贸易（早期对欧洲的香料贸易、中国对亚洲某些森林药材的需求）一样，会受到人为制造的需求的刺激。商品链在新需求（日本对丝绸的需求或欧洲对陶瓷的需求）的基础上产生，也源于金属加工或纺织生产（需要染料和明矾）等新技术引发的需求。次序分明的历史商品链或商品网络通常能够淡化民族国家的作用，进而突出人们生产和消费的商品之地位。此外，我们还能借此了解相关商品的采集、获取、运输、加工和分销所涉及的技术与社会组织。

　　首批有关香料贸易的信息传至欧洲后，西方商人被其吸引从而进入亚洲市场。例如，1586年拉尔夫·菲奇（Ralph Fitch）发现，勃固的海上贸易十分活跃，印度西北部的康贝鸦片、马德拉斯的彩布、孟加拉的白布以及其他布匹都很抢手。他还注意到，来自马六甲的船只满载着"中国的檀香、瓷器及其他商品，婆罗洲的樟脑和苏门答腊亚齐的胡椒"抵达勃固海岸的八都马港。此外，来自麦加的船只装载着"羊毛织品、红布、天鹅绒、鸦片等"停靠在叙利亚港口。

　　托梅·皮列士（Tomé Pires）的《东方志》（*Suma Oriental*）、林斯霍滕的《航海记》（*Itinerario*）等早期欧洲人的游记往往类似于贸易产品目录册。中国的编年史以及西川如见（Nishikawa Joken）的《华夷通商考》（*Zoho Kai tsusho ko*）等日本文献中也记录了贸易的物品及其原产地。实际上，这些由航海家或抄写员编写的商品清单可以称得上是人们记录并了解当时商品链的首次浅略尝试。现代学术研究一直在力图确定古代南海贸易和宋代海上贸易中的贸易物品。

　　然而，奢侈品贸易与不断扩展的"日常奢侈品"贸易相辅相成，后者逐渐成为大众消费品。有些贸易商品（通常是大宗贸易商品）进入了原始工业活动之中，为生产中心指明了未来的发展道路，但也使其他地区沦为纯粹的（原材料）供应地。（贵金属贸易和陶瓷贸易将分别在第九章和第十章讨论。）后文证明了欧洲商人在东南亚商业活动中的参与，但也会对本土商人群体是否为亚洲早熟的资本家这一问题进行研究。在古代，不论是鲜为人知抑或广为人知的商品，还是平平无奇的产品都处于国际贸易体系之中，比如稀有动物、庙宇响钟、墓碑、牛黄石、氧化钴以及霍布森-乔布森著作中提及的上千种其他物品，由于篇幅限制，在此无法一一列举。

本书所探讨的是在本土和国际贸易中常见的商品。此外，我们还将研究东亚-东南亚海洋地区的贸易代理人，如阿拉伯人、波斯人、古吉拉特人、中国人、马来人、爪哇人、占族人、越南人、日本人以及其他地区的航海者。菲利普·柯丁阐述道，"贸易侨民"或旅居当地的外国商人群体（有的包括数代人），甚至在欧洲贸易公司出现之前，就作为商业代理人和文化使者发挥了重要作用。

## 纺织品贸易

### 丝绸

在工业时代，难以置信的是，推动东亚贵金属贸易的巨大动力来源于养蚕结茧以及中国丝绸的出口。其中中国丝绸主要出口至日本，在16世纪还通过马尼拉大帆船出口至墨西哥与欧洲。那么，中国的丝绸是在哪里以及怎样生产的呢？18世纪的欧洲人发现，中国几乎所有省份都养蚕，但养蚕基地主要集中于南京和浙江沿海一带，这两个省的丝绸产量最高。

中国的丝绸和陶瓷一起以贸易品的身份踏上古代"丝绸之

路"。在古代，陶瓷贸易也是丝绸之路贸易的一种，但是由于陶瓷脆弱易脆，此类商品的考古学证据较为匮乏。阿布–卢格霍德（Abu-Lughod）认为，长期以来，欧洲和中东一直存在对丝绸这一奢侈品的需求，而中国的丝绸生产在南宋时期（1126—1279年）达到了顶峰。丝绸是路上丝绸之路中价值高而精巧的产品之一，但在6世纪时，由于海上贸易的发展，丝绸贸易被大宗陶瓷贸易取代，沦落至附属地位，中国也继而丧失了（丝绸贸易的）垄断权，转而成为其中东竞争者的供应商。

苏耀昌（Alvin So）曾围绕18世纪和19世纪中国南方的丝绸生产展开论述，他认为"农业–城市"之间的复杂联系建立于农民高强度的劳动之上，尤其是提取蚕丝这一精密细致的环节，不乏大量女性参与。苏耀昌继而进一步解释了中国南部地区以及当地上层阶级是如何掌控蚕丝业与丝绸贸易的。白馥兰（Francesca Bray）曾言，1581年后，在棉花生产的竞争下，丝绸生产从农村地区转移到长江下游的郊区村庄。明末时，丝绸生产不再是一项女性专属的活动，所有家庭成员皆参与其中。尽管随着鸦片贸易的发展，中国被边缘化，但受到严格管控的丝绸业还是为中国带来了白银净流入，这标志着中国很早就融入了世界经济之中。

18世纪中叶，一位英国商人比维斯（Beawes）记录道："他们每年都要向北京进贡近400船的金线织物、锦缎、绸缎和天鹅绒等，此外还有皇帝赐予嫔妃、皇子和所有皇室成员的丝绸。"他还指出，所有省份缴纳的贡品中必须要有丝绸和丝织品，而这些"通常以皇帝的名义转售"。即便如此，比维斯认为，这些丝绸仍不及浙江丝绸产量的一半。然而，最精致的丝绸产自南京，技艺顶尖的匠人皆云集于此。这些丝绸仅供国内消费，而流入欧洲市场的生丝等丝绸则产于广州（或广东省）。

## 棉花

早在印度河流域文明时期，印度就因棉织品生产和出口而享有盛誉。印度棉花不仅曾在埃及出土，还在古罗马备受欢迎并通过陆路传入中国。虽然棉花是东南亚许多地区的本土产品，但在很久以前，纺织工艺就已成为印度与东南亚互动交流的内容之一。对于东南亚精英阶层和平民来说，印度纺织品均是珍品。

东南亚人喜好穿着棉制服装。1296 年周达观在吴哥见到男女都在腰上缠布，出门时则加条大布缠住小布："布甚有等级。其国中虽自织布，暹罗及占城皆有来者。"我们可以推测，粗糙的花布被大量出售，而带有华丽刺绣的精品则被世代相传或用于制作宫廷、宗教场合所需的特别服饰。皇室与贵族较为青睐印度的金丝布和丝绸。格林表示，吴哥的雕刻图像和浮雕以视觉的形式证明，人们日常使用素色和带图案纺织品。

虽然这一时期的纺织品没能留存至今，但蜡染和扎染等许多源自印度的棉纺织技术在东南亚被本土化。高棉人率先从印度化国家借鉴了马裤风格的纱笼（如后来暹罗和老挝男性所穿的服饰），后来暹罗宫廷也采用了这一服饰。高棉人还根据印度的经纬拼织创制了自己的拼织。其中某些款式专供国王与朝臣使用，国王根据等级分配纺织品。老挝宫廷除了从印度和波斯进口织锦外，还会生产本国设计的织锦。尤其是在东南亚大陆地区，纺织品设计、应用及其象征意义的变化还有助于追溯不同民族迁徙和定居的历史轨迹。此外，印度纺织品通过琉球或菲律宾传入日本，甚至对日本拼织的形式也产生了影响。随着时间的推移，曼陀罗、大象、迦楼罗和娜迦等印度的装饰图案，不仅被东南亚各地采用，而且还在当地传统的基础上获得了再生。

随着欧洲商人的到来，印度棉布（英语为 calico 或 chintz，日语为 sarasa）与来自古吉拉特邦、科罗曼德尔海岸和孟加拉的梭织品大量进入葡萄牙贸易并随之流入东方市场（包括马尼拉和墨西哥）。反之，荷兰东印度公司和英国商人也为东南亚海岛地区的市场供给产品。如若没有纺织品贸易，欧洲人将无钱购买他们梦寐以求的香料。当然，中国也是棉布的另一个来源地。福建周期性的帆船贸易将南京白麻布和印度的纺织品一同运往各处。

17世纪20年代与30年代，即使东印度公司在印度科罗曼德尔海岸成立后，来自澳门、果阿、科钦和那加帕蒂南的葡萄牙商人仍然设法购买印度纺织品，剩下较粗糙的留给了荷兰人。亚洲和葡萄牙的船只将其贸易货物运往马六甲、亚齐、若开、孟加拉和暹罗等次要目的地，与此同时，从科罗曼德尔、孟加拉到望加锡的棉花进口也出现了短暂的复苏。正如印度棉布在欧洲盛行一样（至少在其进口数量对英国的生产造成威胁之前是如此），东印度公司将印度纺织品远销日本，日本当地称之为"nanban sarasa"。

印度的纺织品生产和出口不仅将其与东亚-东南亚相连，还将其与西亚、欧洲和大西洋世界联系在一起。印度纺织品的出口规模也凸显了南亚在18世纪世界经济中的地位。显然，这些产品的出口数量对印度的经济至关重要，就如东印度公司在亚洲内部贸易中的采购有助于刺激从沿海到内陆（棉花种植地）的商业活动一样。但具有讽刺意味的是，在英国的统治下，印度莫卧儿王朝的贸易从盈转损。如下所述，亚洲纺织业不仅满足了精英群体和普通民众的消费需求，而且还在染料和固色剂供应等相关商业活动中产生了乘数效应。

## 染料与明矾

在古时，人类就发现了植物染料可用于纺织品着色。即使在今日，缅甸、老挝和海岛地区的传统和部落社会居民仍然对天然染料了解甚广。靛蓝色和深红色（来自一种树脂）是人们的最爱，此外人们还能从根、叶、茎和荚果中提取出各种颜色。在越南，野生的薯莨被用于生产一种独特的棕色布料，该布料在18世纪曾风靡一时。产自亚洲热带地区的苏木是日本朱印贸易的主要进口商品，它也因其美洲的同类被称为"巴西苏木"，是一种红色的染料。在亚洲各王国，服饰的颜色不仅是一种装饰，还是等级的象征。

据索萨（Souza）研究，明矾（二硫酸铵）在亚洲纺织业中主要用作媒染剂或固色剂。早在6世纪，中国人就以明矾为固色剂，到9世纪时，印度也知晓了其用途。17世纪时，福建成为明矾的主要产地，而其又通过广州等中国南方的港口被输送到各地。明矾的出口让中国与另一主要的纺织生产中心——印度——之间建立了联系。这一时期，澳门的葡萄牙船只获得了中印之间的专属航行权，明矾作为压舱物同胡椒、瓷器等获利丰厚的货物一起随船而行。苏拉特、孟加拉等印度东部和西部沿海地区均参与了这一贸易。在荷兰占领台湾后，东印度公司也加入了对苏拉特的贸易队伍之中。葡萄牙和中国的帆船贸易对东印度公司在巴达维亚的贸易产生了影响。随着时间的推移，明矾的价格随着产量的增加而上涨。明矾的生产及其在纺织业中的应用是早期或原始工业生产的例子之一。

## 香料、药材、药物与食物

一直以来，香料贸易都被赋予了神秘的色彩，其历史可追溯至古代，而其所涉及的调味料、芳香植物以及药材中有许多都来自亚洲热带地区。对于香料这一奢侈品的市场需求，推动了香料运输线路的产生，其中一条通往地中海地区，而另一条则通向中国。不同国家与文明斗争的核心便是争夺陆上与海上香料贸易路线。众所周知，奥斯曼帝国控制了红海和地中海东部，葡萄牙人因此不得不寻找一条通往印度的海上航线，1948年瓦斯科·达伽马航行至卡雷卡特，开辟了这一新航路。后来，葡萄牙、荷兰及其他欧洲国家为打压伊斯兰对手，从源头上插手"香料贸易"。

欧洲人通过加西亚·德·奥尔塔（Garcia de Horta，1501—1568年）等学者与收藏家的开创性作品了解到东方的药物、香料及芳香植物。奥尔塔是果阿的一名犹太医学家，其著作《印度方药谈话录》（Conversations on the Simples, Drugs and Medicinal Substances of India）于1563年在当地出版，书中向欧洲人介绍了大量有关热带产品及其药用特性的信息。其中涉及大麻、曼陀罗、鸦片、香料、水果、热带植物以及檀香等"芳香剂"。重要的是，他还借鉴了希腊和阿拉伯的写作传统并采访了婆罗门印度教徒以及其他相关的亚洲人士，为世人提供了有关产品供应的基本贸易情报。

## 肉桂与桂皮

肉桂可用作药材和调味品，是首批进入欧洲贸易的香料之一。葡萄牙人希望从源头控制肉桂贸易，在这一动机的驱使下，他们占领了斯里兰卡沿海的国家。肉桂原产于斯里兰卡和印度南部，而桂皮则广泛分布于爪哇、苏门答腊和越南，二者均提取自树的内皮。为获取商业利益，人们通常也会一并收集树的外皮。一百多年以来，葡萄牙人一直在采收斯里兰卡的肉桂，雇用萨拉迦玛（婆罗门）专门为肉桂剥皮并要求当地的国王以肉桂为贡品。从1636年起，荷兰人与位于内陆的康提王国结盟，侵夺了肉桂贸易，最终于1658年将葡萄牙人逐出斯里兰卡西南部的"肉桂海岸"。当1796年英国人占领该地区时，肉桂在世界市场上备受青睐。自1830年起，荷兰在爪哇推行所谓的定植制度，将肉桂作为其出口作物之一。

## 胡椒贸易

16世纪和17世纪，印度胡椒作为最大的经济作物出现于东南亚国家。它原产自印度，据说在3世纪时越南就已开始种植胡椒。中国史料证实，早在12世纪，爪哇就已开始种植胡椒。直至1500年，中国一直是东南亚胡椒最大的客户。但直至16世纪，苏门答腊和马来半岛才有剩余的胡椒可供出口，其产量与印度喀拉拉邦的传统生产中心不相上下并最终超过后者。苏门答腊西部、中部和南部，爪哇西部以及马来半岛均出现了"胡椒海岸"。亚齐的胡椒贸易横跨印度洋，到达印度、红海和地中海市场，其贸易量与葡萄牙通过开普殖民地开展的贸易量相当。到17世纪初，东南亚胡椒出口量超过5000吨，其中大部分来自万丹。在1650年后，胡椒价格急剧下降，因此其出口量不断上升，直至1670年达到了8500吨的峰值。16世纪末，随着欧洲市场逐渐超越中国市场，英国人和荷兰人对胡椒贸易做出了改变，开始从种植者处直接购买胡椒。即便如此，18世纪末，廖内、柔佛和文莱等各地仍出现了中国的胡椒种植者。

早在1819年英国人建立新加坡之前，华人就已经在岛上建立了槟榔膏种植园。事实上，槟榔膏和胡椒是在一起种植的。槟榔膏（钩藤属）是一种分布广泛的大型热带藤本植物，在中国被用于鞣制、染色或作药材使用。在当地，人们在嚼槟榔时会配以槟榔膏。槟榔的贸易非常广泛，它甚至进入了福建和台湾的市场并成为那里的一种温和药物。据瑞德估计，约有20万人或5%的人口参与了胡椒种植，而胡椒种植也增加了当地的收入并对社会发展起到促进作用，同时还对航运等其他活动产生了乘数效应，"极大地推动了该地区的商业化发展"。

## 肉豆蔻衣、肉豆蔻与丁香

葡萄牙人从果阿、马六甲，甚至威尼斯的基地收集亚洲香料贸易的重要情报。至少自公元后第一个千年起，丁香（丁香树的干花蕾）以及肉豆蔻和肉豆蔻衣（来自海岛地区特有的肉豆蔻树）都作为利润丰厚的贸易品进入了中国、印度、美索不达米亚和地中海市场。普塔克曾试图评估宋代以来中国对于丁香的需求所产生的重要影响，他发现与印度和中东相比，中国的丁香进口量相对较少，但作为香料和药材，其价格却很高。

1512 年，安东尼奥·德·阿布鲁（Antonio d'Abreu）快速进行了从马六甲到香料群岛的探索航行，葡萄牙人据此绘制了海上航线图并几乎垄断了班达的供应源。然而麦哲伦在 1521 年的环球航行中却对此提出质疑。马六甲的葡萄牙抄写员托梅·皮列士曾记录道，尤其是当更具侵略和殖民动机的荷兰人与英国人到来后，香料贸易的实用价值将改变当地和这一区域的权力关系。

肉豆蔻和肉豆蔻衣是班达岛的特有植物，而丁香则生长于哈马黑拉岛西南方的岛屿上。在葡萄牙人到来之时，香料贸易由特尔纳特和蒂多雷苏丹国掌控，后来伊比利亚人、英国人和荷兰人均参与到香料贸易中来并围绕其展开了斗争。有关香料贸易的斗争不仅导致了葡萄牙人被驱逐，还引发了荷兰人在英属安汶岛的大屠杀、（班达）原住民的灭绝，此外还导致了该地区新来者宗教信仰的改变。自 17 世纪 20 年代起，荷兰人就在安汶建立了自己的丁香种植园。1667 年荷兰人在占领望加锡后几乎赶走了所有的欧洲竞争对手。尽管如此，在 18 世纪 50 年代，荷兰的垄断并没有阻止皮埃尔·波微（Pierre Poivre）等人秘密采集植物标本。后来，他在印度洋的一个法属岛屿上建立了丁香种植园。18 世纪 90 年代，东印度公司对价值较低的肉豆蔻和肉豆蔻衣贸易的垄断也被打破。

## 糖

在不同的文化圈中，制糖方法也有所不同。东南亚各地使用糖棕树生产"红糖"；而爪哇则不同，华人移民在该地建立了甘蔗种植园，此后，用于商业出口的蔗糖生产是于17世纪后在借鉴中国精炼方法的基础之上发展起来的。甘蔗原产于印度或东南亚，早在公元前3世纪在中国南方就为人所知。在宋朝时期，广东和福建同孟加拉和印度东部一样成为亚洲主要的甘蔗种植区，糖也随之成为出口东南亚的产品。

在全新的条件下，东印度公司在日本以及欧洲发现了精糖的新市场，在定植制度（强制种植）之下，爪哇的蔗糖种植规模不断扩大。在占领台湾后，东印度公司鼓励当地人种植甘蔗并将精糖出口至日本和西方。福建人在马尼拉定居点建立之初一直向其出口糖，还通过帆船贸易将糖运至日本，以极低的售价与葡萄牙和荷兰商人竞争。1740年，爪哇华人起义及对其血腥的镇压活动为葡萄牙商人带来了机遇，尤其是当时广东的糖生产已进入"蒸蒸日上的阶段"。为满足印度马拉巴尔海岸对蔗糖的大量需求，在随后的几十年里，与东印度公司相比，葡萄牙的糖出口量更大。18世纪初，越南中南部的广南成为向中国出口蔗糖的主要中心。河内老城的糖街也因有许多和南部广义糖生产商打交道的中国商人而得名。当地商人将糖加工成甜水果干或蔬菜干。在更早些时候，阿瑜陀耶成为日本的生产商和供应出口商。长崎通往江户的小路被称为"东海道"，在这一新舶来品热潮的影响下，人们将其命名为"糖路"。日本将进口的糖用于制作甜点，一年一度的盂兰盆节期间食用的糕点便是由之制成。自1830年起，菲律宾的吕宋岛以及后来的宿雾和内格罗斯也成为糖出口地。

## 盐

盐这一商品在不同地区的贸易情况各不相同，在稀缺地区往往以高价售卖。其贸易常通过陆路进行，通常而言，低地生产者与高地客户借助精心设计的"盐路"相互联系。居住在云南和印度支那山区的高地民族对盐的需求量很大，他们一般用马和骡子来运输盐。在老挝，盐不仅是密集贸易的货物，还是老挝人用于与山区居民兑换物资的通货。原住民将其视作可预防疾病的药物并赋予其神圣性。值得注意的是，万象以北 60 千米处的班博盐坑直到近代还被用于举行繁复的各类宗教及其他仪式。

东南亚大多数沿海民族都掌握了制盐技术，主要将其用作鱼类防腐剂。吴哥国王在海岸以蒸发法制盐。爪哇岛北海岸盐田充足，支撑起岛间的贸易。暹罗湾北部的盐田被开发用于贸易，当然也用于为泰国赚取收益。通常情况下，是在其来源地对盐征税。自 10 世纪起，中国开始对大米征税，但盐税是国家最重要的收入来源。河内的盐街（后来被法国人更名为棉行街）印证了盐在越南商业和帝国经济中的重要性。

## 鸦片贸易

早在唐朝，鸦片就已成为中国的一种药材。古希腊人、阿拉伯人和印度人也很早就对鸦片有所了解。然而，荷兰和英国在亚洲成立贸易公司后，鸦片的采购和贸易才紧密结合并发展成为一项国际商业活动。罂粟广泛分布于印度和西亚，可用于制作鸦片，但东南亚却并非其自然生长地。19 世纪末，法国人出于商业目的将罂粟引入老挝北部，此后罂粟广泛生长于在缅甸北部和云南南部一带。

1688 年，东印度公司向爪哇岛输入了大量印度鸦片。在漫长的

18世纪中，鸦片是巴达维亚商铺的主要收入来源，其他商品都相形见绌。在爪哇，人们最初是食用鸦片，在17世纪末，华人开始吸食鸦片以供消遣，因此鸦片随之进入了亚洲政治经济体系之中。索萨在谈及东印度公司在爪哇的贸易时将鸦片称为一种"转型"商品。在公开拍卖的基础上，东印度公司内部成立了一家名为"Amphioen Society"的公司，这是一家抵押或信用担保机构，与一批经过严格审查的商人合作开展商业活动。其中，东印度公司负责供应，而爪哇的福建商人、东印度公司之前的官员、科罗曼德尔海岸的放贷者和本土代理商负责分销。随着越来越多的苦力及其他群体成为鸦片的消费者，鸦片逐渐成为当地劳动力成本结构的组成部分。目前尚不清楚产生于"第一次转型"时期的"鸦片瘾"是当时就在福建传播开来的，还是中国沿海地区的人们在后来才开始大规模吸食鸦片。

鸦片产自马尔瓦等英属印度地区，从18世纪开始进入葡属澳门。范岱克（Van Dyke）断言，鸦片在中国南方以及亚齐、爪哇、婆罗洲等其他地方出现的时间相对较晚，但18世纪30年代时，鸦片已成为从金奈出港的英国船只上常见的进口货物。到1757年时，鸦片已在中国站稳脚跟。如前所述，商人通过销售鸦片能够快速赚得购买茶叶所需的银两。在英国人从源头上控制巴特那鸦片之前，葡萄牙商人一直从孟加拉或马拉巴尔采购巴特那鸦片。帕西人、穆斯林、亚美尼亚人、广东人等亚洲代理商以及一些葡萄牙商人参与了鸦片的生产和分销。但是荷兰和英国东印度公司想方设法使其社会化、合法化，并将在殖民地销售鸦片作为官方收入的主要来源，同时他们还更明目张胆地纵容在澳门以及广州开展的非法贸易。清政府试图阻止鸦片进口和白银外流，最终导致了两次鸦片战争的爆发。吊诡的是，当时中国种植的鸦片本身就已在一定程度上满足了当地的需求。到20世纪中叶，殖民地的鸦片种植以及鸦片垄断最终逐渐退出历史舞台，这一过程以及非法的毒品贸易我们在此处不再赘述。但是我们需要注意，越南北部、老挝、缅甸某些少数民族仍将鸦片用作药材。

## 外来食物

欧洲人发现，中国人十分喜爱来自东南亚的食物。法国作家阿贝·纪尧姆·托马斯·雷纳尔（Abbé Guillaume-Thomas Raignal）曾于18世纪末写道，来到爪哇的中国人致力于通过买卖黑鹿鞭、鱼翅、海参（马来语称为 bêche-de-mer 或 trepang）和燕窝等物品发家致富，"估计这些都是中国餐桌上的美味佳肴"。长达五个世纪之久的中国燕窝贸易直接将中国南方与东南亚许多地区联系在一起并一直延续至今。

苏尔梦对此进行了深入的研究，她认为，明清时期，尤其是在中国南方，随着高端美食的出现，燕窝的消费不断发展演变。它最初采摘自广东、海南和云南喀斯特山脉的洞穴，但中国商人还前往会安沿海的占婆岛、暹罗湾、尼科巴群岛以及婆罗洲等东南亚海洋地区大范围寻找珍贵的海燕窝。在17世纪末，苏拉威西岛西南部的望加锡成了燕窝的采集点，摩鹿加的班达也成为厦门帆船贸易的目的地之一。这是因为在自然条件下，海燕分布于大多数群岛及西太平洋地区。中国商人被迫与当地统治者协商，将危险且困难重重的燕窝采摘承包给当地人。随着时间的推移，燕窝采摘逐渐受到更多管控，商业化程度不断提升。据我所知，对燕窝的喜爱仅存在于中华文化之中；这一贸易商品是东亚–东南亚贸易区的典型标志。

## 海洋与森林产品贸易

### 海洋产品

同现在一样，当时人们在海洋中采集海产品。大多数鱼类在本土市场供应，而咸鱼等其他海产品则流入了区域贸易网络之中。时至今日，香港西环从鱼翅、海参等海味干货到其他粤菜美食仍应有尽有，令人眼花缭乱。鱼市场（Pasar ikan）遍布东南亚海洋和大陆地区。马来世界甚至是中国沿海的水上村庄都在讲述着当地人与海洋之间相互依存的共生关系。正如肯普费亲眼所见，阿瑜陀耶也展现出部分海洋性的特征，同样，吴哥和占婆也都利用了洞里萨湖的海产资源。塔利亚科佐（Tagliacozzo）指出，政治、商业和海产品贸易以强有力的方式紧密结合在一起。例如，英国利用从海产品贸易中赚取的利润支持其在马六甲海峡的扩张（1785年租借槟城，1819年进入新加坡）。与此同时，苏禄苏丹国在北婆罗洲的广阔浅水区采集海产品并运往中国，英国的海产品贸易也导致其与苏禄展开竞争。从日本西部到小巽他群岛（伦巴塔岛），所有村庄都在从事捕鲸活动。正如梅尔维尔（Melville）的经典著作《白鲸》（Moby Dick）所述，这一活动最终也吸引了欧美人。自古以来，零散分布于南海的环礁就是中越渔民熟知的海产品胜地，海龟蛋、玳瑁壳、珊瑚及其他海产品皆产于此。到20世纪，这里也成了国际争端频发的地区。

## 森林贸易之香料

早在欧洲商人到群岛地区寻找香料之前，南部广袤热带地区的丰饶物产就吸引了中国商人。就本质而言，这种纯天然的林产品贸易早在欧洲人刻意种植经济作物前就已在进行。在苏门答腊、婆罗洲、帝汶、云南以及印度支那和缅甸的高地，林产品贸易促进了沿海居民与高地和内陆居民之间的频繁交流。其中一些林产品在后来分别进入了从印度洋至地中海以及从印度洋至中国和日本的远途贸易圈。

龙脑香子（马来语为 kapur barus）是中国商人梦寐以求的药材之一，可被用于丧葬仪式或用作化妆品，后来成为一种药材。它是由龙脑树树干中分泌的半透明晶体制成，广泛分布于东南亚赤道地区。在唐朝时就出现了有关这一香料的记载，也正是从那时起，从阿拉伯至东南亚的远途贸易不断发展壮大。赵汝适在谈及12世纪至13世纪的中阿贸易时曾提到，爪哇（尤其是文莱）是樟脑的主要产地。在明朝时期，安南、暹罗、马六甲、柔佛、彭亨、苏禄、占婆和文莱等国将樟脑带入了朝贡贸易网络之中。在被荷兰统治后，台湾也开始采集樟脑。

小豆蔻是一种在亚洲热带地区广泛分布的芳香类香料，可用于调味或用作药材。它原产自印度马拉巴尔沿海地区，是阿拉伯贸易网络的组成元素之一。虽然葡萄牙人经营过小豆蔻贸易，但最早在印度建立小豆蔻种植园的却是英国人。柬埔寨和越南将其带入了朝贡贸易网络之中。柬埔寨的小豆蔻山脉以及波罗芬高原是小豆蔻的传统产地。

历史上，老挝和柬埔寨山区曾是紫胶和安息香胶等林产品的重要产地。紫胶是一种小昆虫分泌的树脂，在老挝，人们常从野外的树枝上采集。自古以来，紫胶就被用作棉花、丝绸和皮革的染料。安息香胶产自老挝、暹罗、柬埔寨和越南，是从安息香树中提取的树脂，作为一种芳香剂，传统上在印度、中国和日本常用于制香。尽管这在本质上属于亚洲内部贸易，但荷兰东印度公司却企图从源头对其加以控制。

除前文所述的苏木外，伽南香、沉香、伽罗木也都进入了前往日本的帆船贸易之中。伽南香和沉香的树脂是制造香水的珍贵材料。其在越南中部沿海市场上的价格说明二者属于奢侈品。这些林产品为高地居民与外部世界贸易提供了商机，与之相同，在欧洲人的支持下，胡椒、甘蜜、丁香、肉豆蔻和甘蔗也成为经济作物，其中许多产自种植园。

在元朝与明朝初期，檀香贸易连接了帝汶岛与中国。除了香料制造或香木加工，檀香贸易不涉及任何其他特定生产工艺或创新之处。我们可将檀香供应的可持续性视为一项资源管理问题。布姆加德（Boomgard）针对世界市场需求提出了三种檀香管理模式，即爪哇模式、松巴模式和帝汶模式。16世纪以前，爪哇是檀香的出口中心，但当欧洲商人进入亚洲海洋地区时，爪哇的檀香供应已因过度采伐而减少。与此相反，松巴岛（首批到达的欧洲人称其为"檀香岛"）的本土统治者却因担心惊扰森林中的祖灵而反对东印度公司采伐檀香。至少在19世纪末以前，松巴一直延续了这一"禁欲模式"，因为那里还有马、奴隶等其他被需求的资源。相比之下，帝汶则是"持续性供应模式"，即在缺乏其他重要资源的情况下，本土统治者被迫长期节约资源。此外，布姆加德还提到了当地统治者进行资源管理的其他案例，例如苏拉威西岛北部的西米、松巴哇岛的苏木以及苏门答腊岛北部的决明子树。

## 动物

在从暹罗、越南，尤其是台湾地区运往日本的货物中，动物皮毛十分常见。17世纪初，大量梅花鹿徜徉于台湾的森林之中。虽然鹿的种类不止一种，但梅花鹿的鹿皮最为珍贵。猎鹿是原住民的传统活动，他们使用长矛、弓箭和其他传统方法进行狩猎。原住民用鹿肉和鹿皮与来自中国大陆的商人交换盐、铁和其他商品，随后中国商人到沿海地区并与日本开展帆船贸易。鹿皮在日本的需求量很大，可用于装饰剑柄和制作铠甲。此外，日本还通过朱印贸易进口了各种用于处理鹿皮的天然鞣剂。

（荷兰）东印度公司在台湾建立后，荷兰人鼓励原住民猎鹿，但既未能垄断鹿皮的出口，也未能阻止日本人直接参与鹿皮贸易。自1636年起，中国猎人进入原住民领地并取得此项贸易的主宰权。鹿皮贸易利润丰厚，由于走私者的存在，荷兰征收人头税的企图破灭。1637 年，在设坑式陷阱这一新方法得到应用后，每年约有 10 万张鹿皮出口，最终荷兰人不得不通过设立狩猎季节等方面限制狩猎。台湾的某些本土物种已经灭绝，越南和暹罗的鹿群数量也因贸易而锐减。

活的野生动物也是贸易物之一。郑和下西洋时将印度洋地区的珍稀动物运回中国，所有欧洲船只也都载有作为食物和贸易品的动物，东西半球间的非本土物种交流由此拉开了帷幕，狗、山羊以及其他家畜被引入亚洲。欧洲人也参与了亚洲动物贸易，葡萄牙人十分青睐斯里兰卡的大象贸易，荷兰人也是如此，他们常将这些动物作为贡品献给日本幕府将军等。此外，各种珍稀鸟类也成为贸易品，中国商人自古以来就在寻找犀牛角等动物身体的组成部分以用作药材或食材。

## 工业产品

### 硫黄

硫黄是东亚-东南亚贸易中的一种化学品，是火药的关键成分，最早由中国人发明。随着火器在战场上应用，自宋朝起，日本列岛以及拥有大量火山的琉球群岛成了这一黄色化学材料的来源地。山内（Yamauchi）指出，宋朝于 1084 年至少派出了一支船队前往九州岛北部的博多采购硫黄以备战时使用。当时，位于鹿儿岛以南约 80 千米处的硫黄岛是日本硫黄的主要产地。

群岛东部的索洛岛作为硫黄产地而闻名，17 世纪初多米尼加人曾在此筑建防御工事。16 世纪初，托梅·皮列士写道："索洛岛盛产硫黄，硫黄是其最为著名的产品……这里硫黄产量极高，因此他们将硫黄作为商品从马六甲运往交趾支那……"这无疑由葡萄牙人经营，但如果中国成为其市场也不足为奇。越南和明朝是东半球的硫黄消费大国，其购买硫黄主要用于制造火药。在琉球进贡的贡品中，明朝较为青睐硫黄，后来琉球的硫黄也被纳入了福建贸易网络之中。硫黄岛火山是一座活火山，也是琉球岛硫黄采集地之一，很可能就是明朝地图中的硫黄山。阿瑜陀耶国王掌握了火药生产及武器使用技术，因此也从琉球进口硫黄。

1696年福州的火药库爆炸后，清朝将台湾视为宝贵的硫黄产地。在清朝统治台湾仅13年时，郁永河便受命前往台北采集硫黄矿。他以日记的形式著成《裨海纪游》（又称《采硫日记》）。在游历原住民所在地区后，他记录了原住民长期从事硫黄贸易并将其用于原始武器生产的情况。西班牙人得知后也从原住民处采购硫黄并将北投视为硫黄的主要产地。在西班牙人被驱逐后，荷兰人也介入了硫黄贸易。

## 铁与钢

东南亚需求量较大的中国贸易品是熟铁和生铁，在运输中它们用藤条拴绑并作为压舱物。9世纪黑石号沉船中的普通生铁锅和三脚铸铁锅、10世纪鹰潭号沉船中的熟铁棒和生铁锅、12世纪鳄鱼岛沉船中的熟铁刀片和生铁锅、13世纪破浪浅滩沉船中的大生铁锅、13世纪爪哇海沉船中的熟铁棒和生铁锅以及1602年平顺沉船中的铁等都印证了上述说法。爪哇海船曾载有200吨铁驶向金属资源稀缺的爪哇岛，而300年后的平顺沉船上装载着几乎相同的货物，这说明在长时间内铁一直保持着重要的地位。

虽然铁的冶炼技术在东南亚某些地区独立发展，但在整个前现代时期，中国的冶金技术领先了欧洲数百年。早在公元前500年，中国就以化石燃料作为能源。在李约瑟的基础上，阿布-卢格霍德指出，自18世纪起，中国北方就已开始开采煤炭并将其用于冶炼优质的铁甚至钢。

越南和日本都是中国冶金技术的受益者。但日本在武士刀和剑的生产和出口方面更为出色，约荷夫断言，它们不仅出口至中国沿海还远达北大年。德·罗维尔（de Roever）认为，仅在1619年，在索洛岛，东印度公司在刚从葡萄牙人手中夺取的铁厂利用从日本平户贸易站进口的铁制造了45 000件武器，随后向帝汶岛的交战各方出口。自与日本建立联系之初，葡萄牙人便从此处进口日本武士刀，将其纳入从帝汶至非洲的贸易网络之中。

## 总结

波米兰茨（Pomerantz）指出，对货币经济以及商品流通（跨文化或单一文化、奢侈品或日用品）的研究有助于我们在一定程度上了解当时的情况。起初，欧洲商人更关注的是贸易品而非位于亚洲中心地带的生产基地。然而，一场静悄悄的革命正在悄然席卷亚洲各地主要的纺织、陶瓷和冶金中心。例如，在主要生产中心，女性在丝绸和纺织业的参与度可能很高。但这一活动是否具有资本主义或原始资本主义的性质，抑或仅仅是劳动技术创新仍未有定论。尽管欧洲人在此地建立了据点，至少与亚洲和欧洲的大城市相比，广袤的热带森林与海洋仍是出口产品的主要采集地，这些产品不远万里到达他国市场，是外国经销商的利润来源，但对当地的创新、生产工艺甚至生活水平的提升帮助甚少。

贸易商品化与货币的使用和流通之间存在着必然的联系。最终，只有规模较大的欧洲公司才能承担远途贸易的财务风险，而自筹资金的亚洲商人一直活跃在亚洲内部贸易中。虽然印度人在与东南亚的传统纺织品贸易中发挥的作用鲜有文献记载，但亚洲商人在对日纺织贸易中的参与范围之广却令人惊讶。毫无疑问，有关越南或爪哇纺织贸易的微观研究证实，商业网络与集市并存。此外，华人（包括福建和广东商人）在一系列贸易活动中长期扮演的同等角色也得到了充分证明，因为华商已深深扎根于某些东南亚地区，甚至世代相传。宗教、种族、种姓和性别很可能是东南亚港口国家商业网络运作中的主导因素，但我们仍需要更多的案例研究来进一步确定这一模式。

马科维茨（Markovits）评论道："我们应该摆脱这样一种思维，即在欧洲的主导下，亚洲商业进行了目的论式的发展演变，从而产生了韦伯普遍主义形式所定义的理性。"恰恰相反，欧洲人往往对本土贸易情有独钟，而且在外人眼中不合逻辑的传统贸易与消费模式其实是顽强的幸存者。现代交通工具（轮船）、现代公司制度以及伪需求的出现最终强加了普世主义价值观，但是如果我们将东南亚海岛与高地等大片偏远地区也纳入考虑的范围之内，在本书的时间框架内，甚至直至今日，上述价值观仍未影响到主要商业中心和交通线路之外的地区。

# 第六章
CHAPTER 6

# 伊比利亚海洋网络

## 第六章 伊比利亚海洋网络

　　如果我们认为,到 16 世纪时,东南亚周边地区已被纳入全球秩序网络之中,那么我们就应研究其中的渗透机制。显然,欧洲人在东亚-东南亚建立的前哨据点,通过远程操控从源头上获取香料和丝绸等贸易商品,在跨洋贵金属套利贸易中扮演了至关重要的角色。在那个时代,尤其是漫长的 17 世纪,葡属马六甲、澳门和长崎、西属马尼拉,以及后来的荷属巴达维亚和台湾,都完美地演绎了同样的角色。安汶岛、班达岛、索洛岛和帝汶岛的利法奥等设防岛屿是第二批欧洲前哨据点,它们发挥了同样的作用。这些据点是全球贸易网络不同层级间的连接点,一边串接起印度、非洲、欧洲和美洲,一边又与墨西哥相衔接。其鲜明的标志便是本章所述的伊比利亚人建立的商业网络和贸易站点以及某些欧洲公司的贸易和殖民冲动。

　　伊比利亚的"扩张"尽管不似后来的欧洲公司那样具有成熟的资本主义特征,但却是帝国主义的一种表现。与印度、伊斯兰和中国的文明转移相比,伊比利亚闯入亚太地区引发了深刻的变化。正在形成中的东亚-东南亚世界区域将按照外来者设定的条件进入全球生产和交易网络。那么,热带商品的生产者是如何转变为欧洲进口商品的消费者并逐步进入全球市场的呢?欧洲的代理人又是如何运作的呢?是通过赤裸裸的掠夺还是军事威胁?是通过所谓的"教化使命"还是"贸易自由化"或重商主义等看似合法的经济手段?这些外来者是扼杀了当地的工业和商业,还是激活了古老的贸易网络?

## 葡萄牙贸易网络

　　16世纪以前，东南亚和中国海被视为欧洲与中国之间的中间地带。瓷器、丝绸和香料贸易牢牢掌握在中国、阿拉伯和古吉拉特商人手中，但在1511年葡萄牙利用远途贸易侵入马六甲海峡地区后，欧洲对这些商品的需求不断增长，其贸易范围和体量也随之极速扩大。1510年托梅·皮列士推测，大约有240万葡元的贸易品途经马六甲，每次都有约200艘船只停泊在港口。马六甲犹如一座"大型商场"，与阿瑜陀耶、万丹、淡目、文莱、望加锡、北大年和亚齐等其他港口城市有着密切的联系。特别是在1513—1570年，葡萄牙从源头上掌控了胡椒、肉豆蔻、肉豆蔻干皮和檀香的供应后，鉴于东西方贸易产生的巨大利润，海岛地区的"香料"变得至关重要。

　　众所周知，出于宗教和商业目的，葡萄牙航海家亨利王子（1394—1460年）下令从非洲沿海包抄穆斯林国家。在欧洲第一轮扩张中，指南针、大三角帆船以及从穆斯林处获知的航海知识发挥了关键的作用。1420—1430年，葡萄牙人开始在大西洋马德拉岛和亚速尔群岛定居。15世纪40年代至60年代，葡萄牙人在西非几内亚海岸发现了维德角的存在。1483年他们到达刚果地区，1487—1488年，巴托洛缪·迪亚士（Bartolomeu Dias）绕过好望角。1497—1499年，瓦斯科·达伽马（Vasco da Gama）航行至印度卡利卡特，1500年佩德罗·阿尔瓦雷斯·卡布拉尔到达巴西，此后葡萄牙人建立起欧洲与大西洋和印度洋之间的稳定联系。

　　继瓦斯科·达伽马的航行后，葡萄牙人闯入印度洋地区，虽然他们严重动摇了稳固的伊斯兰贸易网络，但并未将之彻底摧毁。不久后，葡萄牙海军在蒙巴萨、莫桑比克岛、霍尔木兹、第乌、果阿、锡兰、亚齐、马六甲、马鲁古群岛、索罗岛和帝汶等地建立了新月形的堡垒并确立了霸权。葡萄牙人于1509年抵达马六甲，1513年进入中国沿海，16世纪50年代到达九州，1543年抵达更靠南的种子岛。

葡萄牙在澳门（1557年）、平户（16世纪50年代）和长崎（1571年）等中国海域范围内的贸易十分坎坷，不仅要向澳门支付地租，为贿赂日本还要给其献上丰厚的礼品。在东亚，葡萄牙人融入了原有的贸易网络。比如，首批抵达种子岛的葡萄牙人就是随中国帆船贸易而来。长期以来，澳门的葡萄牙人与中国商人建立了伙伴关系。总而言之，葡萄牙贸易路线将平户和长崎与澳门、广州、马六甲、果阿、东非斯瓦希里沿海的莫桑比克岛、非洲西海岸各地和巴西等港口直接串联在一起，此外，当然还与葡萄牙相接。

显然，这是一种受季风影响的季节性贸易。此外，我们还需注意的是葡萄牙人重在购买香料而非从事香料贸易。穆斯林商人常用印度纺织品换取香料，而葡萄牙人则用贵金属，其中一部分是通过伊比利亚-美洲-非洲三角贸易所获。尽管沉船和海盗袭击事件时有发生，有时还需长途跋涉，但获得的利润证明这一切都是值得的。然而，葡萄牙人的参与也加速了这一贸易的消亡。虽然他们促进了香料贸易的发展，但同时也使位于香料海岛的亚齐、马打兰和特尔纳特等强大的本土国家成为反对势力关注的焦点。1574年，葡萄牙人被逐出特尔纳特，但他们仍留在了群岛地区。

## 技术赋能

伊比利亚人向新世界的扩张是一项有组织性的活动。虽然国家的大力支持是欧洲贸易和殖民的一大特征，但如果没有掌握关键的海洋知识技术和仪器——航海星盘、十字竿和象限仪等，这一行动也不可能成功。上述仪器都是人们通过日观天象、夜观星象而发明的，可用于测定纬度。15世纪，星光导航在欧洲出现，在航行途中无法看到海岸线时，它便可发挥关键作用。

技术的发展让欧洲制图师得以在波多兰航海图的基础上更进一步。之前的波多兰航海图起源于地中海地区,结合磁极指南以航位推测法用线条绘制出沿海的轮廓特征,常用于近海航行。随着对大西洋地区的探索不断发展,葡萄牙新航海图将传统的磁航线网格与纬度刻度相结合,巴雷托(Barreto)将其称作"16世纪葡萄牙人在制图领域的伟大技术创新"。除此之外,以水平的方式表示海岸线、对深度的记录等其他技术创新也层出不穷。

若昂·德·卡斯特罗(João de Castro)博士于1535年在《对话地理学》(*Da Geografia de Dialogo*)一书中自信地写道:"真正完美的地理学是将天地相关联,以此方法划界并赋予每片土地合适的长度和宽度。通过这种方式,我们可以在一张简洁的海图上精确地描绘出整个世界,以及其中的任何部分、省份、王国或地区。"他曾预言,欧洲将主宰全球范围内的边界划分,同时他还超越了笛卡尔的理解,预见到未来将会产生与边界和划界相关的争端,甚至是"文明的冲突"。

## 地理赋能

伊比利亚航海制图反映了人们对海洋和海岸认识的巨大转变。以前的认识源于希腊人或托勒密的观点,还夹杂着威尼斯旅行者对东方土地诱人又充满神话性的描述。与此相反,葡萄牙航海图呈现了大量有关印度洋和中国海域的信息,在16世纪和17世纪葡萄牙海员和航海线图(一套海上航线设置指南)所提供的信息不断增多,航海图也越加精确。1502年,坎迪诺平面球形图颠覆了托勒密有关东方世界的认知,明确将印度、马来半岛、北部湾、海南岛、中国海岸及附近群岛纳入东方的范畴。当然,这一进步离不开阿拉伯、马来、爪哇和中国相关知识的帮助。事实上,当时最杰出的三位葡萄牙制图师是葡裔印度人费尔南·瓦斯·多拉、拉萨罗·路易斯（Lazaro Luis）以及葡裔马来人曼努埃尔·戈蒂纽·德·埃雷迪亚（Manuel Godinho de Erédia）。此外，还有一位著名的制图师为弗朗西斯·罗德里格斯（Francisco Rodrigues），他曾搭乘首艘前往香料岛的葡萄牙船只，同时也是《东方地理志》(Livro de Geographia Oriental) 的作者。显然，罗德里格斯在马六甲从一位爪哇海员处获得了一幅帝汶的地图。他是首个绘制中国海域航海图的欧洲人，还是首个记载了中国名称（China）、提及澳门名称（Macau）的人。

这段时间里，制图领域的一系列发展成果包括：乔治·雷内尔（Jorge Reinel）的平面球体图（约1519年）大致描绘出了马来半岛、苏门答腊岛和中国南海岸；迪奥戈·里贝罗（Diogo Ribeiro）的平面球体图（约1527年）中出现了越南的占婆沿海、爪哇和马鲁古群岛；1529年的地图中出现了"中国"的国名（以前被称作契丹或上印度）以及爪哇和苏门答腊岛；1545年，帝汶岛出现于不知何人所制的葡萄牙地图中，该地图还因引入经纬线而闻名；1550年，佚名的葡萄牙地图绘制出了琉球群岛和日本。自拉萨罗·路易斯（约1563年）和费尔南·瓦斯·多拉（1556年）起，本州和琉球群岛以龟状岛屿的形式一同呈现于葡萄牙的地图之上，在整个17世纪这一错误都未能得到改正。巴托洛缪·拉索（Bartolomeu Lasso）在其1590年的地图中勾勒出了婆罗洲、菲律宾、暹罗湾和越南。葡萄牙制图技术虽然在后来被淘汰，但在16世纪却具有开创性意义。

## 葡萄牙的外交

早在欧洲向东南亚扩张之前，就曾与印度教-佛教世界有过接触。葡萄牙曾与莫卧儿帝国扩张冲击下德干半岛上最后一个印度教权力中心毗奢耶那伽罗帝国（1336—1565年）有过联系。葡萄牙人曾一度参与了斯里兰卡科提王国的宫廷纷争。约1506年起，一切以和平的方式进行，但后来葡萄牙人企图掌控肉桂、宝石和大象贸易，因而诉诸武力征服。当他们在马六甲与勃固和阿瑜陀耶取得联系后，便致力于同爪哇岛上最后一个印度教-佛教王国巽他格拉巴发展贸易与外交关系，以联合应对爪哇北部沿海伊斯兰势力日益严重的威胁。在这一时代，文明的相遇和冲突将在整个东南亚海域反复上演，最终形成了延续至今的文化和宗教模式。

巽他格拉巴是位于爪哇岛北部沿海的古老贸易港口，当葡萄牙与其初次接触之时，它正处于巴查查兰的统治之下。巴查查兰是最后一个印度教-佛教王国，首都位于如今茂物附近的巴图图利斯。巽他格拉巴是著名的胡椒产地，吸引了来自琉球（1513年和1518年）等世界各地的船只来此贸易。它又名雅加达，1513年葡萄牙人在征服马六甲两年后才首次到此。《东方志》的作者托梅·皮列士也随船到达这里，他记述了巴查查兰被爪哇北部穆斯林国家于1525—1527年联合侵占之前的重要情景。虽然葡萄牙人并未占领爪哇的任何地区，但他们于1522年与巴查查兰签订了条约。

皮列士提到，由于井里汶和淡目伊斯兰教王国带来的威胁不断加剧，印度教宫廷局势也日益紧张。从爪哇北部沿海到东部的马都拉都处于巴查查兰的统治之下。巽他格拉巴国王被皮列士称为"勇敢的航海战士"，他经常乘快船（又称lancharas，重达150吨）前往马六甲，或许还曾向西远航至马尔代夫。万丹是巴查查兰的重要港口，而巽他格拉巴则是一个"壮观"的港口，由法官、司法制度和职员负责管理。皮列士还发现，这里胡椒、粗布以及马六甲地区日常生活所需的大米、蔬菜和家畜均供应充足。而且爪哇的印度教徒商人还前往马六甲，用中国的货币或黄金购买印度的布料。尽管巽他国王抵制并严格管控穆斯林，但皮列士的描述记载了该王国在皈依伊斯兰教前不为人知的一面——开放外向，以贸易为导向。

面对伊斯兰教的威胁，巴查查兰的印度教统治者 Prabu Suruwisesa（又称 Sang Hyang，意为"神圣的"）与马六甲总督若热·德·阿尔布开克（Jorge de Albuquerque）派来的葡萄牙船长恩里克·莱梅（Henrique Lemé）达成协议，同意葡萄牙人在此筑建防御工事。1522 年 8 月 21 日，在沙赫班达尔等三名国王特命代表的见证下，双方签署了《葡萄牙-巽他条约》，该条约一式两份（其中一份仍存于葡萄牙的档案馆中）。此外，双方还互赠了礼物，巽他赠送给葡方一千袋胡椒。葡萄牙人在利翁河畔选定的地点（位于格拉巴海滩）放置了一根石柱（共三根石柱之一）。1918 年，这根石柱在雅加达南部的内陆地区被发现，该地区在 16 世纪时就已由华人管辖。石柱顶端有一个浑天仪，其上刻有基督骑士团十字架，还有"葡萄牙之主""世界的希望"等铭文，现存于印尼国家博物馆。

虽然签署了条约，但葡属马六甲仍未能保全巴查查兰。霍肯（Heuken）反倒认为,《葡萄牙-巽他条约》的签订实际上让穆斯林联军更加大胆地发动进攻。1524—1525 年，法塔西拉（Fatahillah）率领淡目苏丹军队攻陷万丹，格拉巴也于次年沦陷。《井里汶故事》（Cerita Ceribon）和现代印尼故事中都有相关的描述：三艘被派去保卫巽他格拉巴的葡萄牙船只因遭遇风暴而无法航行，在其被攻陷数天后才到达。而这些异教徒入侵者自然而然也成了刚到此地的伊斯兰军队的猎物。

17 世纪初，为了对抗存在感和影响力都不断增强的荷兰，葡萄牙外交的重点开始转移至爪哇岛和苏拉威西岛。1624 年，马打兰在爪哇对荷兰人动武的消息传到了葡属印度后，当局下令向马打兰赠送马匹等礼品以与之结盟。但是葡萄牙派遣的使团在海上被荷兰人拦截俘获，导致其目的未能达成。在接下来的二十余年中，葡萄牙依然在不断尝试，如派遣特使若热·达库尼亚·科斯塔（Jorge da Cunha Costa）前往等。尽管此类尝试均已失败告终，但马打兰还是将荷兰控制下的巴达维亚交给了葡萄牙以换取结盟合作和军事支持。

## 葡属果阿：葡萄牙的东方殖民地

1520 年，果阿由葡萄牙总督阿方索·德·阿尔布开克从德干南部的印度王国手中接管，在现代以前，其与达曼和第乌等不知名前哨地区均沦为了殖民地。葡萄牙人占领了从古吉拉特到马拉巴尔的印度沿海前哨基地（指从果阿到科摩林的整片沿海地带），直至荷兰人围攻科钦与科东格阿尔卢尔（1661 年）才被驱逐。穆斯林管辖的卡利卡特并未落入葡萄牙人手中，但后来由葡萄牙人和穆斯林共同控制的科钦取代了卡利卡特，成为马拉巴尔的主要贸易城市。马拉巴尔海岸盛产胡椒、生姜、肉桂、大米、蔗糖和木材，因其胡椒贸易额相当可观，葡萄牙人在此大力开采当地资源。

位于果阿的葡萄牙总督分管五个行政辖区，即莫桑比克、马斯喀特、霍尔木兹、斯里兰卡和马六甲，后来增加了澳门和帝汶。葡萄牙人所谓的东方殖民地实质上是一个以印度为中心，连接果阿与东南亚甚至中国和日本的海上贸易帝国。而当荷兰人扼住马六甲海峡的咽喉时，这一体系的弱点便显露无遗。但葡萄牙对殖民地的控制在形式上一直持续至 19 世纪，定期从果阿出发的航船将新任总督带到了帝汶和澳门。英国人在印度站稳脚跟后，也对东南亚采取了类似的做法。加尔各答和马德拉斯成为英国在东南亚进行官方和私人贸易，以及占领槟城、新加坡等早期帝国建设的后方基地。

在 16 世纪和 17 世纪有关东方贸易的著作中，葡属果阿或因其繁荣的商业而闻名，或因其遭遇的厄运而备受关注。马六甲和澳门亦是如此，果阿的命运与它们息息相关。拉赫（Lach）表示，1600 年以前，对这座如今被称为"旧果阿"的岛屿城市及其周边环境的最佳描述出自荷兰人扬·惠根·范·林希霍腾（John Huighen van

Linschoten）之手，他于 1583 年记述了此地的情况：

> 果阿是东印度的大都会，是葡萄牙的交通要塞。总督、大主教、御前会议和大法庭皆汇集于此。从那时起，东印度所有地区均受到管辖与统治。
>
> 这里同时也是所有印度商品的集散地，来自阿拉伯、康贝、孟加拉、勃固、暹罗、马六甲、爪哇、摩鹿加、中国等地的众多商人都来此买卖。

拥有教堂和石迹遗址的果阿古城如今只是一座巴洛克纪念馆。1759 年，葡萄牙总督将葡属印度的行政中心迁至帕吉那，直至 1961 年印度入侵才将葡萄牙人驱逐。虽然帕吉那所谓的"印度东方殖民地"档案馆大部分仍完好无损，但是拥有淡彩色葡式建筑的前殖民地首府果阿却在争取获得联合国教科文组织保护的"竞赛"中败下阵来。或许，更有可能的情况是，它从未得到参与"竞赛"的资格。

## 葡属马六甲：马来世界的十字路口

马六甲苏丹国建于 15 世纪，自其成立之初便无比繁荣。马六甲是位于两大季风系统之间平静地带上的转运中心，西面来自印度和东面来自琉球的船只定期经此开展贸易航行。在 1511 年 8 月阿方索·德·阿尔布开克征服马六甲后，葡萄牙人随即开始在此建造其传统建筑，如依照中世纪葡萄牙风格建造的法摩沙堡以及名为东街纳的防御城墙。按照果阿印度行政厅的指示，马六甲由一名首长、一名主管或港务官及其他官员管理。来往于印度、中国与日本之间的基督教会官员也以马六甲为基地。

路易斯·托马斯（Luis Thomaz）认为，葡萄牙统治阶级取代传统马来统治者是造成新旧秩序断裂的主要原因。二者都是"介于传统贵族和真正的资产阶级之间的贸易贵族"。无论是贵族、官员、士兵还是水手，马六甲的大多数葡萄牙人都属于官僚阶级。但是，仍有少数非官僚阶级的商人在与王室贸易或官方贸易竞争。前往亚洲的葡萄牙人中几乎没有女性，因此葡萄牙人开始与当地人通婚，克里奥尔化社会也随之出现。马六甲的情况亦是如此。退伍兵等在当地通婚的葡萄牙人掌管着马来贵族遗弃的果园以及弥撒科迪亚（葡萄牙领地典型的慈善机构）。到17世纪初，通婚的葡萄牙人已达300人。

作为葡萄牙在海岛地区的主要据点，有关马六甲的记载十分完备。16世纪80年代早期的《市堡书（手稿）》（*Livro das Cidades e Fortalezas*）以及曼努埃尔·戈迪诺·德·埃雷迪亚（Manuel Godinho de Erédia）创作的《葡萄牙征服图》《马六甲宣言》（*Declaraçam de Malaca*）中均有对马六甲城镇的描述。1515年，托梅·皮列士详细记录了马六甲地区丰富多彩的多民族贸易群体，这也是首个出自欧洲人之手的相关记载：

> 这里有来自开罗的摩尔人、麦加人、亚丁人、埃塞俄比亚人、基尔瓦人、马林迪人、霍尔木兹人、美晋人、土耳其人、土库曼人、来自亚美尼亚的基督徒、古吉拉特人、柴尔人、达波尔人、果阿人、来自德干王国的人、马拉巴尔人、吉灵人、奥里萨人、锡兰人、孟加拉人、若开人、勃固人、暹罗人、吉打人、马来人、彭亨人、北大年人、柬埔寨人、占婆人、交趾支那人、琉球人、文莱人、罗斯人、丹戎武啰人、拉弗斯人、邦加人、林加人、摩鹿加人、班达人、比马人、帝汶人、马都拉人、爪哇人、巽他人、巨港人、占碑人、通卡人、印特拉吉利人、卡尔佩特塔人、

米南加保人、西阿克人、阿尔库人、阿鲁人、巴塔人、汤夏诺人、巴昔人、佩蒂尔人、马尔代夫人。

托马斯指出，葡属马六甲第一大外来群体是柏希尔海岸的爪哇人，来自吕宋的穆斯林商人也加入了他们的行列。在苏丹统治时期，古吉拉特商人受到优待，但由于在葡萄牙统治时期他们与土耳其等葡萄牙的敌对势力保持往来，其地位一落千丈。与此同时，在葡萄牙官方的扶持下，诃陵人以及泰米尔印度教徒商人的地位不断提升。而随着偷渡移民数量的增长，长期以来深深扎根于此的华人群体不断发展壮大，他们继续在此扮演中间人的角色。此外，还有许多其他群体，如孟加拉人、蒲甘人、缅人以及中东和印度的犹太人。

葡属马六甲由马六甲河沿岸的三个地区或街区组成。第一个街区为河右岸的乌贝，诃陵人居住于此。第二个则位于河对岸，由木桥连通，是葡萄牙人的营地，官员和平民皆住在此处，在遭遇围攻时，这里还是其盟友的避难所。在16世纪能在这里建造出这样的城墙和堡垒着实令人震撼。第三个是位于南部的希利尔，主要是马来和爪哇渔民的聚居地。城外就是三保山，现为大型华人墓地，里面还有一口历史悠久的水井。毋庸置疑，当时这里是华人的聚集地。葡萄牙人继续沿用沙赫班达尔制度，泰米尔印度教社区有一位单独的首领，而伊斯兰教社区的首领则是一位来自吕宋的穆斯林。托马斯指出，马六甲四周被丛林包围，而非如吴哥或蒲甘那样拥有肥沃的土地。因此马六甲主要靠海上进口获取食物。城市发展的中心是河口，而非海湾。

最近，葡萄牙档案管发现了一本写于1519年回忆录，它出自当地一位名商之手，备受大家的关注。这部回忆录用波斯语撰写，记录了从1511年至1519年的事件，作者姓名不详，只知其来自中东，可能是犹太人或亚美尼亚人。其所记录的时间段恰为阿尔布克尔克在任时期。众所周知，阿尔布克尔克曾宣布对所有亚洲商人实行三年免税，以吸引他们留在马六甲。他积极致力于重建与爪哇的海上联系，将其作为重要的物资来源。他发行葡萄牙货币以取代苏丹货币。马末沙苏丹在新加坡南部的宾坦岛重建势力后，还与其保持着外交关系。但是，1512年1月阿尔布克尔克离任后，回忆录作者记录道，马六甲的首领们在政治和经济方面逐渐"失调"，甚至葡萄牙人内部也开始爆发冲突。若热·德·布里托（Jorge de Brito）写道，马六甲的经济走向衰退，每年仅有十几艘船只到港，而在苏丹统治时期则有上百艘。

1646年，马六甲被荷兰人占领，就此摆脱了葡萄牙人的控制。荷兰人在不破坏当地社会结构的情况下，强行推行自己的社会和宗教制度。但1824年英国占领马六甲后则不断损坏法摩沙堡。值得注意的是，尽管在这座如今沉睡小镇上，欧洲天主教遗址仅是一座纪念性建筑，但克里奥尔化的天主教马来社区在马六甲依然存在。此外，马来西亚的国家话语体系凸显了古苏丹国的重要性，官方甚至还为其专门建造了一座博物馆。然而，马六甲的华人群体则具有连续性，与其将之视为葡萄牙历史的遗留物，不如说华人已成为融入与广大马来穆斯林人口和睦相处的峇峇娘惹或克里奥尔化群体。

## 葡属澳门：中国特许城邦

虽然葡萄牙航海者在1511年征服马六甲不久后就来到了中国沿海，但直至1557年，葡萄牙人才在广东南部沿海的澳门半岛永久定居。在此之前，他们一直在澳门或其附近岛屿上开展季节性贸易。葡萄牙人击败了地处战略要塞且长期向明朝进贡的朝贡国，并继续向南海进军，对明朝的朝贡贸易体系造成了威胁。据《明实录》（1530年10月25日）记载："正德年间（1506—1521年），佛郎机国（葡萄牙）给称入贡（与其他正统的东南亚朝贡国一起），请封，阑入流毒，概行屏绝。"据记载，葡萄牙人最终被海防驱逐。但几年后，地方当局便以"缺乏资金和货物为借口，提议重新将沿海地区向葡萄牙开放"。最终，葡萄牙人获准在澳门开展贸易并要向广东当局缴纳白银"地租"。霍启昌（Fok Kai Cheong）将葡萄牙商人与地方政府协商达成的这一安排称作"澳门模式"。但它从未受到明廷的直接认可，与其他贸易伙伴相比，卢西塔尼亚商人在明朝的贸易和外交中处于异常的状态。

直至近代，葡萄牙人定居澳门一事仍缺乏清晰的法律依据，尽管早前曾有穆斯林和印度人来杭州贸易并在沿海地区聚居，但葡萄牙人可谓是获得了其他国家所不具备的特权。除1656—1658年首次来京的俄国贸易、外交和宗教使团外，明廷对其他外国人均慎而远之。虽然荷兰和英国用尽诡计和威胁，但在广州贸易体系出现之前，他们仍无法与中国直接开展贸易。尽管葡萄牙人为能在澳门定居和贸易向当地支付了"地租"，但其从未被视作明朝的附属国。天子从未接见过葡萄牙人，葡萄牙人也从未向北京进贡。因此，他们处于朝贡体系之外。

澳门是中国与世界交流的窗口，也是欧洲与中国联系的通道，此话绝非虚言。由于葡萄牙没有较好的汉学学堂，传教士及其他想来中国的人都在澳门学习汉语和中国文化。此外，正是葡萄牙人将中国的瓷器经由澳门引入欧洲。毋庸置疑，中国的茶最初也是由此到达欧洲的。与此同时，葡萄牙人也将新世界食物、19世纪的天花疫苗等"欧洲"文化产品引入中国。

澳门是一个多元融合的天主教社会，既有葡萄牙男子，也有马来人、中国人、印度人以及日本女子。葡萄牙商业精英统治着人口众多的中国人。今日社会中的欧亚融合元素（澳门元素）就是历史的遗产。此外，澳门还因将欧洲社会机构嫁接于中国社会中而闻名；

澳门的参议院是中国首个此类机构，慈善机构弥撒科迪亚至今尚存，此外在卢西塔尼时期天主教会中国传统社会机构同时蓬勃发展。

在葡萄牙人定居澳门后，澳门便成为葡萄牙商人前往广州的要道。谟区查（Charles Boxer）在其《来自妈港的大船》（*Great Ship from Amacon*）一书中记载道，1587年通往长崎的航线开通后，澳门与日本保持着联系，在以丝易银的贸易中获利颇丰。日本实施闭关锁国前，情况一直如此。葡萄牙人将从日本获得的白银用以向中国当局支付"地租"。此外，还有一条航线与之相互补充，即经由马六甲和澳门将商品运往日本。17世纪20年代后，葡萄牙人对中国当地和日本信贷的依赖程度不断加深。

虽然葡萄牙人宣称澳门"独立"，但在历史上，中国对澳门当地事务的干预程度呈现出不断加深的趋势，例如，1688年在澳门建立了中国海关大楼，1776年在澳门边境对面设立衙门并声称对澳门的中外居民拥有管辖权。19世纪，中国坚持向澳门指派行政长官。中国的干涉不仅动摇了参议院的权威，而且体制中常存的贿赂现象也侵蚀着澳门的财政。19世纪中期，这种利益冲突引发了严重的误解、内乱，甚至是暗杀和军事报复。

虽然葡萄牙人面临荷兰海军在中国海域行动所带来的威胁，但这一城邦却迎来了繁盛一时的黄金时代，在与日本的贸易中，葡萄牙王室和商人赚得盆满钵满。欧洲出版物中有关17世纪澳门的蚀刻版画想象奇丽，将澳门描绘成一座拥有遍地商铺、宏伟教堂和坚固防御工事的欧式城市。在日本贸易衰退后，澳门将其贸易路线转向阿瑜陀耶、越南、巴达维亚、望加锡、印度，尤其是帝汶。

由于澳门长期以来被葡萄牙统治且社会相对稳定，因此在中国和欧洲，与其相关的记载比其他地区更为丰富。除官方的文件记载外，澳门还迎来了众多国家的天主教传教团，他们通常在澳门长期逗留，掌握中文后再进入内地传教。其中有些传教士获得了明廷和清廷特殊的青睐；耶稣会士和道明会士试图借由中国经典影响中国的精英阶层，耶稣会传教士利玛窦就是其中之一，他于1582年抵达澳门，在中国生活了28年。19世纪初，新教传教士也来到了澳门，他们与其他到访者的作品中常有关于澳门的记载。随着广州贸易体系逐渐开放，世界各地的人们涌向澳门，欧洲的艺术家们也不例外，他们在此留下的图像记录令人叹为观止。

并非所有到澳门的人都为其写下了盛赞。事实上，尽管后来到访的英国人和美国人都想在澳门的鸦片、茶叶以及19世纪中叶的苦力贸易中分一杯羹，但他们还是对葡萄牙人的官僚作风、败坏的道德风气以及贪污腐败现象展开了批判。鉴于葡萄牙与中国的交往联络持续了近半个世纪，1999年12月澳门回归中国可谓是一个历史性时刻。2005年，澳门历史城区被列入《世界遗产名录》，这座历史名城之所以只有一部分入选，是因为在过去的25年中，大部分历史遗迹都因"城市改造"而消失了。

## 长崎与葡萄牙人：传教士与商人

甚至在澳门正式成为葡萄牙的飞地之前，圣方济各·沙勿略（St. Francis Xavier）等葡萄牙商人和传教士就已在当地大名（封建领主）的支持下，在日本九州岛的多个港口开展贸易。长崎北部的小岛平户便是葡萄牙人运输中国商品的贸易港口之一。但是在与松浦大名的合作联盟破裂后，从事商贸的耶稣会传教士便开始寻找其他合适的地点。大村大名的领地远至人口稀少的长崎港，在获其准许后，葡萄牙人开始了一年一度的以丝易银贸易，直至1637年德川幕府禁止日本同外国人接触后才停止。

正是这些传教士在日本开创了谟区查所谓的"基督教世纪"，日本贸易也将澳门带入了繁盛的黄金时代。不论是对于粤商、葡萄牙船长、耶稣会士抑或日本本地商人和放债者来说，这都是双赢的贸易。由于长崎实际上由耶稣会士主宰，因此虽然在教会看来是可耻的，但传教士还是以翻译和中间人的身份加入丝绸买卖之中。

众所周知，长崎的葡萄牙季节性贸易商人受到所谓的潘卡达（又称丝割符制度，日语为 ito wappu）的限制，在这一制度下，日本商人纷纷团购丝绸。潘卡达制度压低了价格，对由江户、大阪和京都经销商组成的行会十分有利。1604 年，该制度最初针对的是葡萄牙人，后来其适用范围扩展至中国人和荷兰人。直到 1631—1632 年，葡萄牙人不愿偿还贷款后日本才对其减免部分限制，允许其在这一垄断体系外售卖丝绸。金融制度是这一贸易的另一大特点。在海上银制度（respondência system）下，葡萄牙人不得不大举借款以从马尼拉和长崎购入白银。现存的海上银单具和提单揭示了澳门商人欠博多放贷者的债务，他们有时还要承担利率高达 30% 的利息。谟区查认为，由于债务问题尚未解决，日本将驱逐葡萄牙人一事推迟。在双方关系破裂之际，葡萄牙人仍欠其九州的债主 70 万两白银。

值得注意的是，葡萄牙并未获得在长崎的永久居住权。后来，荷兰人取代了葡萄牙人成为出岛的新居民，出岛是一座当时新建成的监狱式岛屿。因此，葡萄牙人不得不送礼贿赂当地官员以及生意伙伴——信仰基督教的大名。与荷兰人一样，他们也要每年前往幕府觐见。显然，在贸易中，葡萄牙人身陷囹圄，一边受到幕府愈发严格的限制，一边还要面临荷兰海军的袭击。荷兰人致力于打破葡萄牙的贸易垄断。1637—1638 年，荷兰人甚至与幕府联手远征，镇压基督徒叛乱（岛原之乱），日本的基督时代和葡萄牙贸易也就此终结。

长崎与澳门的贸易往来推动了日本的商业化和工业化进程。如第九章所述，贸易以新的方式刺激白银的开采，一如中国对白银的需求促使幕府大力开发白银资源。进口丝绸满足了精英阶层日益增长的审美需求。其中，商人和分销网络均发挥了一定作用。从长崎至博多、大阪乃至其他地区的存款及信贷体系都精细复杂。与日本人口较多的城市相比，贸易的季节性在一定程度上限制了长崎的繁荣。

除圣多明各（耶稣会建造的数十座教堂之一）、诸圣石井、现为禅寺的耶稣会修院以及现代日语中的部分借词外，葡萄牙人在长崎的历史遗存如今已所剩无几。然而，明治时代（1868—1912年）早期，抵达日本的法国天主教传教士惊讶地发现，前来接应他们的是地下天主教会的成员，该教会在长达数百年的迫害中幸存。

## 香料群岛：葡萄牙人的苦难之所

特尔纳特岛和蒂多尔岛是马鲁古主要的小岛，危险的珊瑚礁环绕着连绵起伏的锥状火山。这两座岛屿位于条件较为优越的哈马黑拉岛以西约五千米处，南面是一直以来都占据重要地位的安汶岛。哈娜表示，火山斜坡处生长的丁香树曾是自然最佳的馈赠。其他岛屿上也有丁香树，但特尔纳特岛、蒂多尔岛以及其他三座相邻岛屿上的最好。中世纪末的意大利旅行家卢多维可·德·瓦特玛（Ludovico di Varthema）记录了这些丁香的存在，据此，阿尔布开克于1511年末派安东尼奥·德·阿布鲁前往此处。安东尼奥于次年抵达肉豆蔻和肉豆蔻干皮的主产地班达岛。班达人则乐于做生意。弗朗西斯科·塞里奥（Francisco Serrão）留在了岛上，向特尔纳特（博利夫苏丹）和蒂多尔（阿尔马松逊苏丹）统治者则说服葡萄牙人并与之建立正式的贸易关系。塞里奥在当地站稳脚跟后，借助亚洲帆船与马六甲迅速开展香料贸易。在葡萄牙的影响下，特纳尔特走向衰亡。

1521年11月6日，麦哲伦环球航行中唯一留存下来的船只抵达蒂多尔岛。船长埃尔卡诺（Del Cano）与蒂多尔的苏丹建立了良好的关系。在安东尼奥·德·布里托（António de Brito）的带领下，葡萄牙人在特尔纳特的势力不断增强。1522 年 5 月，一支由七艘船只和约五六百人组成的远征队带着大炮、火枪、火炮、建筑木材、工匠和手艺人抵达该岛，1525 年，新的军队紧随其后抵达。在巴布苏丹的带领下，特尔纳特人围困葡萄牙人长达五年之久致使其被迫投降。1575 年 7 月 15 日，他们黯然地离开了这个自 1512 年以来一直由其统治的岛屿。不过，正如英国人弗朗西斯·德雷克（Francis Drake）在 1579 年亲眼所见的那样，苏丹仍然准许其同马六甲开展香料贸易。哈娜将这一时期称为特尔纳特君主制的"黄金时代"。

葡萄牙人面临的不仅仅是文明问题，还有人类学方面的困难。首先，圣方济各·沙勿略等耶稣会传教士在安汶岛的传教于 16 世纪中叶达到顶峰，有 30 个村庄皈依了基督教，与穆斯林村庄的数量大致相当。但在 16 世纪上半叶，由于葡萄牙人与特尔纳特的苏丹关系恶化，特尔纳特的基督教村庄不断遭到穆斯林的袭击。荷兰人类学家 F.A.E. 冯·伍登（F.A.E.van Wouden）在其 20 世纪 30 年代的研究中表示，特尔纳特和蒂多尔二者相互依存，蒂多尔女子常嫁与特尔纳特男子为妻。

雷里萨（Leirissa）解释道，16 世纪葡萄牙人逗留期间，安汶人为维护"二元共生"的关系，频繁发动袭击、战争，还传播基督教。居住于岛西的希托人起初接纳了葡萄牙人，但后来却将他们视为安汶穆斯林在海岛世界的一大威胁。与此不同，马鲁古东部的安汶基督徒却将葡萄牙人的到来视为机遇，借此巩固其在基督教世界中地位。

## 索洛-弗洛里斯-帝汶地区

自 1522 年在马鲁古筑堡起，至被卷土重来的特纳尔特人驱逐前，葡萄牙人尚未在檀香的主产地帝汶获得永久居住权。与之不同，

1556 年多明我修士选择首先在与索洛岛相邻的小岛定居。与帝汶岛一样，葡萄牙人至少在到达马六甲之时就已得知索洛岛的存在。多明我修士在此筑建防御工事，保护基督教村庄免受苏拉威西穆斯林的袭击。索洛岛成了葡萄牙人在东部群岛贸易的主要集散地，是帝汶海岸的避风港，船只停泊于此等待风向转变。葡萄牙人在索洛岛活动的记载甚至比百年后有关其在帝汶岛活动的记录更为丰富。

莱唐表示，虽然多明我修士文献中有关索洛岛防御堡垒建设时间的记载并不一致，但由于这一孤立的定居点受到穆斯林的劫掠威胁，规划修筑堡垒显然是当务之急。1566 年，葡萄牙人用石块和石灰建成堡垒。1575 年，一艘载有一名船长和 20 名士兵的武装船抵达，葡萄牙人随之加强与果阿的联系。1595 年，位于印度的殖民政府掌握了首领任命权，引发了多明我修士的激烈讨论，他们认为自身权力被削弱。

无论如何，索洛岛易手之频繁引人关注。拉比阿纳堡垒以位于岛屿北部的主要定居点命名，在 1598 年本土势力反对该地首领的叛乱中，拉比阿纳堡垒被部分烧毁，但很快又被重建和修复。它临近海洋，坐落于深谷之间的高地。1602 年，布吉穆斯林率领 37 艘船和 3000 名士兵进攻该堡垒，葡萄牙舰队碰巧到达并击退其围攻。

索洛堡、蒂多尔和澳门的防御工事是位于葡萄牙城市与岛屿防御体系最东端的贸易站点，该体系从非洲沿海的索法拉、印度的科罗曼德尔海岸一直延伸至马六甲。葡萄牙人在印度洋击败穆斯林后，在东部海岛地区面临着欧洲对手的严重威胁，这似乎是一场抢夺财富与灵魂的零和博弈。1613 年 1 月 17 日，阿波罗尼奥斯·肖特（Apollonius Schotte）率领荷兰舰队抵达索洛岛附近并占领了这座堡垒，葡萄牙指挥官遂返回马六甲。荷兰人将其更名为亨德里克斯堡，此后索洛一直处于动荡之中。荷兰人于 1615 年弃城又于 1618 年重新占领该岛，1621 年葡萄牙人进攻该岛却以失败告终。然而，令荷兰人失望的是，1629年索洛新任混血首领让·赫拉伊（Jan de Hornay）向葡萄牙人妥协，以致荷兰再次失去了这座堡垒。在这一系列事件发生后，多明我修士于1630年4月暂时占领该岛直至后来弃岛离开，1646年2月荷兰人重新收复此地。此后，葡萄牙人将关注的焦点转移至弗洛里斯岛的拉兰图卡（1636年），还曾短暂聚焦帝汶岛西部的古邦（1646年）。弗洛里斯岛东部的葡萄牙人（至少是拉兰图卡本地欧亚混血的葡萄牙人）随后将索洛岛收归葡萄牙。然而，当葡萄牙人试图在面积更大的帝汶岛建立永久定居点之时，其在檀香贸易中的战略重要性却逐渐下降。

17世纪中叶，虽然帝汶岛西北角欧西库的黎法奥成为最受葡萄牙人青睐的停靠港，尤其是澳门的檀香贸易商人经常前往此处，但他们仍未在岛上建立永久定居点。与1557年前在澳门一样，葡萄牙商人抵达帝汶岛北部后，会建造临时住所，在那里居住数周乃至数月，等待生意结束或季节更替。自宋朝起，黎法奥就处于中国和阿拉伯国家的弧形贸易区范围内，但在葡萄牙统治期间，它开始与澳门和果阿开展季节性贸易。

1769年10月，在多明我会在索洛岛和弗洛里斯岛地区开拓贸易约200年、在黎法奥筑建防御工事100余年之际，帝力建立。虽然相关记载较少，但我们已知葡萄牙人在建立新首都后便会加强对外部敌人和帝汶人的防御。但是葡萄牙人的成功防御离不开其与当地首领之间在外交上形成的战略联盟。在英国人定居澳大利亚（1788年）前，葡萄牙人就试图对此地进行殖民管理，但却并未建立海关制度及其他政府机构，因此这一尝试注定将以失败告终。与此同时，该岛的贸易也落入荷兰人、中国人和欧亚混血的拉兰图人之手。

## 孟加拉湾的葡萄牙"影子帝国"

乔治·维尼乌斯（Georges Winius）提出的"影子帝国"这一创造性概念值得关注。该词用以描述16世纪和17世纪葡萄牙人在孟加拉地区的活动，他们在里斯本与印度殖民政府严格管控之外创建了"影子帝国"。葡萄牙人在孟加拉湾地区形成的新月形聚居区并非是"正规"的，它们未被葡萄牙占领，甚至也不受其统治。虽然在胡格利（如今的加尔各答）等地他们也偶尔会选出一位首领，但通常情况下这些包括流亡者在内的葡萄牙人都处于莫卧儿帝国的统治之下。事实上，一些逃亡者还成了莫卧儿王朝的雇佣兵。他们与当地女子通婚，传教士也紧随其脚步来到这里，天主教在各地萌芽发展。15世纪80年代，"影子帝国"的势力范围已扩张至麦拉坡的圣多美（如今的金奈）、普利卡特、纳加帕蒂南、胡格利、吉大港、若开和勃固。1602年，在军事上协助若开王国的葡萄牙人在仰光对面的沙廉定居。

贸易网络是连接这些地区的纽带，印度棉制品得以出口至若开、勃固以及均克锡兰（如今的普吉）等孟加拉湾东部岛屿和港口附近的海洋地区。与果阿相比，马六甲与这一贸易网络的联系更为密切。17世纪30年代中期，"影子帝国"受到荷兰东印度公司和英国人的影响，加之与本土统治者之间的矛盾，其势力范围大大缩减。1640年，英国人在马德拉斯（金奈）修筑了圣乔治堡。即便如此，葡萄牙天主教徒融入当地文化，从而长期留居于此。维尼乌斯发现，游离在外的葡萄牙商人、冒险家在中国沿海乃至巴西、加勒比海等帝国的"影子"之下活动。此外，他还提及了在东印度地区（现今的马来西亚、印度尼西亚）的克里奥尔化天主教社区。

## 西属马尼拉

1519 年麦哲伦船队抵达宿务，大约半个世纪后（1571 年 6 月 3 日），在米格尔·佩洛斯·德·莱加斯皮（Miguel López de Legazpi）的带领下，西班牙人宣布建立马尼拉城。西班牙海军为袭击马尼拉并迫使汤多的穆斯林统治者投降准备了一年之久。当时，马尼拉有一个规模约 150 人的华人社区；此外，该地还与葡萄牙存在贸易往来。西班牙人在充分研究海岛贸易中心及其与福建、日本贸易联系的基础上决定以马尼拉为日后的殖民首都。6 月 24 日，莱加斯皮任命了两名法官（alcades）、一名警察局长（aguacilmayor）和 12 名议员（regidors），自此，城市和防御设施建设拉开了序幕。

托马斯·卡文迪许（Thomas Cavendish）在 1586 年 7 月到访马尼拉时写道：

> 马尼拉居住着六七百位西班牙人，城市没有城墙，虽然黄金资源和商品十分丰富，但实力并不强盛。马尼拉与新西班牙的阿卡普尔科每年都稳定地保持着通信往来，此外，每年还有二三十只船只前往中国，与圣格洛人（Sanguelos）的贸易也获利颇丰。

事实上，1574 年中国海盗商林凤率领 62 艘战船袭击马尼拉，经此一役，修筑防御工事迫在眉睫。在卡文迪许不请自来的数年前，马尼拉就已毁于火灾和地震。在多次遭遇华人和荷兰人的袭击后，西班牙人用石头筑建了防御工事并重建马尼拉，这也使得西班牙政治、军事和基督教权力中心得以久存于此。随着时间的推移，人们重回此地，许多教堂与军事机构也被重建，这反映了大帆船贸易带来的新繁荣。王城区坐落于巴石河与海洋之间，由耶稣会建筑师按照西班牙古典城市规划设计、中国石匠和菲律宾劳工建造而成。如今，环绕其周围的天主教堂和政府大楼依然存在。1762—1774 年，英国占领马尼拉后，围墙环绕的王城区成为该城市和殖民地的神经中枢。各种非天主教社区在城墙外围不断扩张。此外，大帆船贸易也促使中国人移民至马尼拉。

沃森·安达亚指出，在多民族、多中心的岛国菲律宾，从未有过马尼拉这样的政治中心。除了苏禄苏丹国及其外围附属国等伊斯兰国家外，描笼涯或社区级别以下的政治权威统治着绝大多数菲律宾人。西班牙人不仅将圣战元素输入海岛地区，还将中央集权引入马尼拉及其他省份。我们不难想象，在西班牙人掌控政治和军事、华人主宰商业、传教士和修道士影响着平民生活的情况下，印度人和菲律宾人将处于何种边缘化的境地。正如科尔普斯（Corpuz）所言，他们对于西班牙人来说只是"收入的来源"。

虽然马尼拉是西班牙在菲律宾最为重要的权力中心，但它并非西班牙在东部地区唯一的防御据点。除了在南部的宿务和三宝颜修筑的堡垒外，防御力量还在马鲁古驻守多年。为维护前往中国的贸易航线，西班牙于 1641 年在台湾北端的淡水建造了鸡笼港。次年，荷兰人围攻并占领这一要塞，这也是西班牙在西太平洋地区首次被击败。西班牙试图效仿葡萄牙，与日本直接开展贸易但并未成功。而日本则对西班牙征服菲律宾感到恐慌，甚至试图与荷兰联手入侵马尼拉。

## 马尼拉贵金属贸易网络

伊比利亚人到达东南亚后，贵金属贸易网络就此开启，其规模仅次于西班牙征服墨西哥后建立的新世界大西洋贵金属贸易。如前所述，1571 年长崎港建立，作为澳门–日本贸易的终点港，长崎港成为推动日本贵金属流入中国的重要渠道。在当时，中国是世界上人口最多、技术最为先进、社会经济分化最严重的国家。正如亚当·斯密（Adam Smith）在《国富论》（Wealth of Nations）"关于前四世纪间银价的变化"这一部分中所述，相关世界市场的兴起和国际分工通过贵金属贸易中的白银相连。

1565年至1815年，尽管存在亏损的风险，通过菲律宾连接美洲与中国的马尼拉大帆船贸易（太平洋贸易）是欧洲殖民史上获利最多的生意。虽然自亚当·斯密起，美洲白银大量流入东方这一事实以及以阿卡普尔科为起点的马尼拉大帆船贸易的普遍机制已广为人知，但就其规模和影响而言，现代研究仍众说纷纭。

在供给方面，每年开采自墨西哥和秘鲁波西托银矿的白银流入大帆船贸易，于十月至次年四月，帆船乘着季风从阿卡普尔科驶出。白银贸易的收益不仅可以填补商人的商品成本，更重要的是，还被墨西哥当局用以支付西班牙在菲律宾的行政经费。大帆船乘风而返，从中国南方、越南、暹罗等地带来丝绸、瓷器、官窑以及其他舶来品，甚至还从印度带回棉制品。

由此可见，马尼拉帆船贸易形成的全新贸易路线与以往的线路相互补充，欧洲借此将贵金属运往亚洲，而葡萄牙、荷兰、英国则继续沿用西方路线进口新世界白银。塞维利亚商人却因白银外流而担忧不已，因为在墨西哥和秘鲁，中国丝绸销量高于西班牙丝绸，向中国出口的白银越多，流入西班牙的就越少。因此，官方接连出台各项限制贸易的政策，如禁止同中国直接贸易（1593年）、限制墨西哥与秘鲁之间的商业往来（1587年，1636年）、禁止丝绸进口（1710年）。但这些措施收效甚微，最终于1734年被取消。

1587年，葡萄牙人将马尼拉大帆船贸易从阿卡普尔科转移至澳门。长期以来，尽管伊比利亚国家间矛盾深化，葡萄牙依然维持着其在丝绸贸易源头的垄断地位，在1637年被逐出日本前，葡萄牙人获得了日本白银贸易的经营特权。然而，西班牙人对新世界白银的垄断时间则更为长久——250 年。

## 总结

就葡萄牙而言，其入侵亚洲海域的目的并非是定居殖民。与美洲新大陆不同，葡萄牙人在亚洲需要面对众多先进文明与政治中心。然而，在涉足印度洋贸易时，他们与穆斯林国家展开了零和斗争，其中第乌海战以及其与马六甲苏丹国之间的战争尤为关键。此外，葡萄牙人还打起外交牌：他们与信奉印度教的爪哇巴查查兰国王签订条约，与亚齐伊斯兰教王国发展友好关系，与文莱苏丹国联手对抗西班牙，在与中国、日本、阿瑜陀耶、郑主与阮主等东方宫廷的交往中，葡萄牙人姿态谦卑，而非与之对抗。无论是果阿、澳门等长期定居地，还是长崎等季节性定居所，凡是葡萄牙人扎根之处，文明的碰撞也在激烈展开。我将此处文明的相遇称作"欧亚交流"。

在当地航海知识的帮助下，葡萄牙航海家开辟了跨越半球的贸易路线，后来荷兰人和英国人也相继效仿。葡萄牙是首个了解亚洲贸易"划分"的欧洲国家，如澳门与长崎间的以丝易银贸易、帝汶岛与澳门间的檀香贸易，以及孟加拉湾的印度纺织品、香料和林产品贸易等。此外，葡萄牙还是首个从源头上介入中国瓷器贸易的欧洲国家。并非所有的葡萄牙贸易皆为官方贸易，私人商业活动也不占少数。在这一区域，葡萄牙冒险家既扮演了雇佣兵的角色，同时也是军事知识的传播者。

西班牙人以其在墨西哥开创的模式为模版，征服并按照西班牙理念重塑了菲律宾。通过允许中国人参与马尼拉-阿卡普尔科贸易，西班牙人将菲律宾带入了一个正在形成中的新世界区域。但是与后来到此的北欧人在商业、军事和技术层面的影响相比，伊比利亚人并未导致当地的生产消费模式发生巨大改变。与此相反，他们取代了当地的商业精英，或弥补了商业精英的空缺。最为重要的是，伊比利亚人在区域范围内建立了一个以白银为基础的信托体系，19世纪时，西班牙雷亚尔成为整个地区的通用货币。除日本在德川时代借鉴的采矿技术外，西班牙并未引发重大的技术变革。而除却中央集权制的国家建构，其在菲律宾的主要遗产或许主要体现在文明领域，如文明之间的相互竞争，至今仍影响着穆斯林与基督徒的关系。

# 第七章
CHAPTER 7

## 系列霸权：走进荷兰与英国贸易公司

# 第七章
系列霸权：走进荷兰与英国贸易公司

两大伊比利亚强国在亚洲朝贡贸易中确立其文化沟通者与贸易中间人的优越地位后不久，荷兰、英国这两大来自欧洲的对手便横空出现。它们借助远途贸易以及包括奴隶、蔗糖和贵金属在内的大西洋贸易，成为沃勒斯坦口中"欧洲世界经济体"的核心。本章将追溯北欧公司崛起所引发的"霸权转移"，这些公司在亚洲贸易中取代了伊比利亚人的地位并致使其退出亚洲舞台。此外，英国对印度次大陆的统治以及荷兰在爪哇岛的深度干预活动还体现了"霸权转移"的其他特征，如对珍稀贸易物的源头垄断、对领土的管控以及欧式官僚机构的建立。在葡萄牙对华贸易垄断被打破后，广州的鸦片易茶贸易加剧了欧洲公司与商人的风险。

与伊比利亚商人相比，荷兰、英国、法国和丹麦等国的公司资本更为雄厚。它们不仅被视为高度结构化的官僚组织，还是首批跨国公司的范例。而诸如此类的认知也引发了一系列问题：就韦伯的理论而言，公司经营的理性程度如何？以及这种理性对本土商业网络、当地市场和贸易商有何影响？

## 欧洲贸易公司的兴起

自17世纪末起，一些欧洲国家和美国就开始对贸易公司提供资金以支持其在广州参与利润丰厚但成本高昂的中国贸易。荷兰和英国是最先从源头介入传统香料贸易的北欧国家，法国和丹麦紧随其后，但并未如愿以偿。英国、荷兰以及印度支那的法国人将贸易利益押注于陆上帝国。虽然海上霸权在扩张中发挥了一定作用，但联盟的组建也同样十分重要。欧洲人精心筹谋，向当地的王公贵族、苏丹、纳瓦布及其他当权者赠送礼物，其中既有实用的火炮、奢侈品，也有欧洲的小玩意。其斡旋成功的结果往往是签订书面协议或条约。

就荷兰而言，商业竞争与低地国家反对伊比利亚列强的民族起义齐头并进，在1581年荷兰共和国诞生之时进入高潮。1580年，西班牙王室吞并葡萄牙，马德里宫廷控制了里斯本香料市场。作为欧洲主要的香料经销商，新教荷兰（与英国）试图通过直接与供应地联络以避免里斯本的贸易限制。在脱离西班牙统治后，新成立的荷兰共和国向西班牙船队及殖民哨岗宣战，并分别于1601年在香料群岛、1603年和1610年在果阿、1607年和1608年在莫桑比克岛、1616年和1629年在马六甲、1610年在菲律宾、1622年和1626年在澳门对葡萄牙人发动了一系列进攻。然而，以上袭击均以失败告终。但是，在香料群岛（1605年）、马六甲（1641年）、科伦坡（1641年）、科钦（1662年），荷兰舰队的袭击致使葡萄牙损失惨重。1639年，葡萄牙人被逐出日本。1730年阿曼人击退葡萄牙，重新掌控东非的斯瓦希里沿海。与此同时，英国占领了葡萄牙在印度洋和波斯湾的据点。17世纪40年代至50年代，葡萄牙与荷兰在西非的斗争进入高潮，最终葡萄牙人赢得了安哥拉的控制权。同样，在巴西，荷兰也动摇了葡萄牙在北部地区的统治，直至1822年该殖民地才独立。1621—1623年，英荷联合舰队集中双方火力，在中国海域对抗葡萄牙和西班牙舰队。

1596年，荷兰人首次贸易航行至爪哇岛。在接下来的六年内，荷兰整合多家贸易公司，成立荷兰东印度公司（VOC）。至此，荷兰在马鲁古群岛的安汶实现了对香料贸易的垄断。在1798年因濒临破产而倒闭前，荷兰东印度公司一直扮演着国中之国的角色。实际上，它是首家跨国公司，不仅负责商业经营，还有权参与国家事务管理、

# 第七章
## 系列霸权：走进荷兰与英国贸易公司

发动战争，并掌握其雇员的生杀大权。

王室特许成立的英国东印度公司自1600年成立以来就获得了英国与亚洲两地之间的独家贸易权。在统治马德拉斯和加尔各答之前，公司最初的关注焦点是马鲁古群岛的香料贸易。1600年，在首次贸易航行中，詹姆斯·兰开斯特（James Lancaster）率领船队到达亚齐和万丹，并在这两地获得了贸易特权。在1604年的第二次航行中，船队再次到访苏门答腊岛以及班达和安汶，但未能如愿获得贸易权。在1606年的第三次航行中，英国人在霍金斯（Hawkins）的带领下首次与印度人在苏拉特接触，随后返回万丹和马鲁古群岛。苏拉特和摩卡是1608年第四次航行的重点目标，1606年的第五次航行船队又将视线转移至万丹并到访班达。在第六次至第十次航行中，船队奉命从苏拉特以及如今的坎贝采购印度布匹并在万丹买卖胡椒和香料。

1603年，万丹正式成为英国东印度公司的贸易站，英国船只从此出发，前往暹罗和日本九州岛西南部的平户。在第八次贸易航行中，约翰·萨里斯（John Saris）船长率领船队在这两地获得了贸易特权。1617年，万丹成为苏门答腊岛、婆罗洲、班达岛、日本和印度西海岸的管理"工厂"或贸易站。同年，公司获得了卢恩岛和马鲁古罗金森岛的控制权，直至1620年才被荷兰人驱逐。此外，英国还在望加锡建立了贸易站，但于1667年被荷兰人占领。

然而，在1623年"安汶岛大屠杀"以及与日本的贸易失败后，政治中心从万丹转移至荷属巴达维亚。1682年荷兰人占领万丹，随后英国人迁往苏门答腊岛西部沿海的明古连（明古鲁），并于1687年在此建造了约克堡。从更广泛的视角而言，英国的重心转移至印度的科罗曼德尔海岸或东部沿海地区，同时不断强化对莫卧儿帝国的控制，而公司在这一过程中扮演了国家代理人的角色。1684年，圣乔治堡（马德拉斯）行政级别提升，由总督管辖，负责管理公司在孟加拉湾周边的活动,孟买取代苏拉特成为公司在印度西部和波斯湾地区活动的中心。即便如此,万丹仍旧是英国船运的中转站,而英国当时的重点是对华贸易。

1664年,法国王室成立法国东印度公司,开始与英国和荷兰的公司竞争。该公司由让-巴蒂斯特·柯尔贝尔(Jean Baptiste Calvert)筹建,路易十四国王(1638—1718年在位)特许经营,主要贸易范围是印度洋地区。其首任总督弗朗索瓦·卡龙(François Caron)曾是荷兰东印度公司的殖民长官,在平户工作二十余年。在公司的操纵下,波旁岛(留尼汪岛)和法兰西岛(毛里求斯岛)成为种植园殖民地。1685—1688年,法国还闯入暹罗,不仅在其宫廷开展传教活动,还企图在如今的曼谷和孟加拉湾的丹老岛(Mergui)设防,却以失败告终。

在莫卧儿帝国衰落之际,法国人和英国人不断扩大与南印度本土统治者的结盟圈。1757年,在普拉西战争中,罗伯特·克莱夫(Robert Clive)率领英军击败法国,从此获得了孟加拉的控制权。然而,马德拉斯南部的本地治里和孟加拉胡格利河畔的金德纳格尔直至近代依然归法国管辖。植物猎手、帝国建设者皮埃尔·波微等法国人在东南亚海洋地区从事经济间谍活动。在传教士活动与随之而来的海军力量的影响下,法国与越南阮氏政权展开炮舰外交,最终,法国陆续吞并了广阔的印度支那半岛。

在其他欧洲公司中,唯一一家直接涉足东南亚事务的是成立于1616年的丹麦东印度公司。该公司在成立之初获得了长达12年之久的丹麦-亚洲贸易垄断权,最终于1650年被解散。丹麦人开辟了从特兰奎巴至德林达依达的贸易航线用以运输胡椒。从1621年起,他们开始与望加锡开展丁香贸易,并开辟了通往万丹和巽他的贸易新路线。自1754年起,丹麦人开始在尼科巴群岛定居,但不久后就又离开此处。

我们应从欧洲内部斗争和拿破仑战争等战争的复杂背景出发，从而理解前文中有关欧洲不断扩张的论述。1795年法国攻占荷兰，建立傀儡政权巴达维亚共和国，四年后将其并入法兰西帝国。1810年，当拿破仑在莱比锡战役中战败后，荷兰才重获独立。法国还占领了伊比利亚半岛，削弱了西班牙在葡萄牙对美洲等殖民地的控制权。在拿破仑时期，英国占领了印度洋地区的法属留尼汪岛、毛里求斯岛以及本地治里等五个在印度的贸易站。荷兰的殖民地也被英国占领，其中1810—1811年英荷爪哇之战最为著名，战后托马斯·斯坦福·莱佛士暂时获得了爪哇的管辖权，马六甲、西帝汶和马鲁古也落入英国之手。只有长崎的出岛还能看到荷兰国旗。

## 荷兰东印度公司的运营

17世纪20年代，荷兰人在爪哇岛的新首都巴达维亚站稳了脚跟，实现了葡萄牙人未能完成的目标，即在整个东部群岛地区建立起行政架构并夺取本土统治者的权力。荷兰还向葡萄牙发动战争以损耗其力量。他们俘获了葡萄牙的快船，进攻澳门但并未成功，还出拳打击马六甲贸易。1641年，荷兰攻占马六甲，葡萄牙人被迫将海岛贸易的范围缩小至望加锡和帝汶。在望加锡，葡萄牙人与荷兰的对手穆斯林联手，而在帝汶，被葡萄牙同化的盟友打碎了荷兰垄断重要对华檀香贸易的美梦。

从某种程度来说，荷兰对马六甲海峡的封锁并未遏制葡萄牙的贸易，反倒加剧了其在澳门愈加频繁的活动。17世纪中叶，澳门取代马六甲成为葡萄牙商人开展私营贸易的重要活动中心。与此同时，澳门商人（包括葡萄牙人和中国人）开始向越南、婆罗洲、马尼拉、帝汶，甚至孟加拉湾各地扩张。16世纪和17世纪，东南亚海洋国家迎来了"商业时代"，无论是澳门-日本贸易中的欧洲船只，还是通过帆船贸易在中国沿海到越南及其他地方开展的商业活动，抑或是与亚洲人结伴而来的葡萄牙冒险者，都是中国南海贸易兴起和繁荣的见证。

如藤田（Fujita）所述，17世纪30年代末，荷兰人往返运输中日白银和孟加拉丝绸，成为连接中国东海和印度洋这两个独立海域的纽带，从而重塑了中世纪贸易网络。O.W. 沃尔特斯称之为"单一海洋"贸易。或许有人会反驳道，葡萄牙商人，甚至是更早的阿拉伯人，都早在荷兰东印度公司出现之前做过同样的事。但在17世纪，作为一个新兴的资产阶级原始资本主义经济体，荷兰运货量及运载的货物品种均超过了伊比利亚和亚洲国家。继葡萄牙后，没有任何一个亚洲国家能如欧洲商人一般掌控亚洲内部贸易。

荷兰东印度公司根据政治形势和商业信息不断变更贸易路线与港口。而荷兰贸易路线之所以发生变化不仅仅是由于重要贸易站的获得或丧失，还因为与荷兰直接贸易的兴起使得一些贸易中心摆脱了巴达维亚的航运封锁。所谓的咖啡船从也门的摩卡驶向荷兰东印度公司位于斯里兰卡西南部加勒的设防贸易站。1720年后，荷兰东印度公司开辟了从荷兰直达广州的航线，1734年又开通了直达孟加拉的航线。

通过掠夺和占领，荷兰逐渐篡夺了葡萄牙长期以来对欧亚大陆新月形海域的商业和政治控制权。自1609年起，荷兰东印度公司开始在印度东部沿海、今金奈（马德拉斯）以北的普利卡特筑建定居点和防御工事。在攻占马六甲并将伊比利亚人赶出马鲁古群岛后，荷兰人得以在其所谓的"官方贸易区"巩固商业霸权。1646年，荷兰东印度公司取代葡萄牙在日本出岛获得了独家贸易特权。1663年，荷兰人占领了印度马拉巴尔海岸的科钦，并同之前的葡萄牙人一样，与地方当局勾结。古吉拉特的苏拉特也随之成为荷兰与莫卧儿帝国的主要贸易点。荷兰人还在胡格利河上建立了一个贸易站，并在恒河沿岸建立了一系列贸易站以连接印度内地。1634—1680 年，荷兰东印度公司又在下缅甸的沙廉成立了一个贸易站点。在中国南海地区，只有葡属澳门成功抵御了荷兰的侵略，在 17 世纪初，曾三次挫败荷兰的入侵。经中国批准，澳门成为广州和中国内陆贸易的门户，享有特权。

荷兰人在日本银矿开采白银后，又采购孟加拉丝绸和其他商品，随后踏上返程之路。黄英俊（Huang Anh Tuan）详细描述了 1637—1700 年荷兰与东亚主要丝绸生产和出口地东京（河内旧称）开展的以银易丝贸易。波斯是荷兰的另一个重要贸易中心。荷兰人从东南亚的巴达维亚基地出发，前往日本的平户和长崎、台湾的台南以及缅甸、柬埔寨、暹罗、越南郑主和阮主的各大港口。但是荷兰人被中国市场拒之门外并于 1661 年被逐出台湾，他们还试图借助中国帆船贸易谋利。荷兰人从未真正垄断过中国或日本的陶瓷运输。陶瓷贸易网络各端都有其竞争对手，如穆斯林、印度人、中国人、葡萄牙人和英国人。由荷兰东印度公司完善的亚洲内部贸易主要用于亚洲商品及其他亚洲产品的交易。

## 荷属巴达维亚

巴达维亚建于 1619 年，不仅是总督府所在地，还是荷兰东印度公司在亚洲（以及开普殖民地）实际运营的中心，同时也是亚洲航运的主要集汇点。现代雅加达的巴达维亚堡（现为海洋博物馆）以及鱼市、巽他格拉巴历史区中建于 1652 年的仓库均说明巴达维亚曾是荷兰东印度公司的重要港口。在各贸易港口，荷兰东印度公司雇用了约 20 万名员工，而 1770 年只有约 40 人处于高级商人及以上级别。伽士特拉（Gaastra）写道，精英阶层的官员从官方和非官方收入中获取财富，每年高达数百万荷兰盾。他们中有许多人都生活奢侈、妻妾成群、奴隶众多，还有一些与王室联姻。而荷兰东印度公司的招聘渠道相对封闭，在招聘中偏向亲属。

无论是在欧洲贸易还是亚洲内部贸易中，巴达维亚都是日本出口的主要目的地。总督享有公司在亚洲的贸易最高控制权。来自国内的指示通常会传至巴达维亚，然后传达至出岛及其他地方。荷兰东印度公司在运营方面层级众多：每个港口由一名总督（锡兰、开普敦）、一名总监或首席官员（孟加拉、苏拉特、波斯）抑或是主管（出岛、帝汶古邦）管辖。尽管自斯里兰卡、孟加拉和广州直达荷兰的航运兴起，巴达维亚仍是荷兰东印度公司航运业务的中心。

巴达维亚是船只经南印度洋航线（包括开普敦）返航时途经的首个主要停靠港口。途经马六甲海峡的荷兰船只还运输陶瓷、铜、樟脑、漆器、各种纺织品、香料和茶叶，满足了印度及其他地区对这些商品的需求。巴达维亚几乎成为这一区域的核心，吸纳了广大东亚半球的贸易和贡品，扼住了明清两朝（或其葡萄牙代理人）开展的传统朝贡贸易的咽喉。其建筑、街道规划以及殖民地社会等级制度均反映了巴达维亚所扮演的角色。

## 荷兰对香料的控制

### 安汶

马鲁古群岛的安汶是香料的主产地，1519年葡萄牙人占领安汶，随后在此筑建防御工事。1600年9月，荷兰海军上将斯特文·范·德·哈根（Steven van de Haghen）成功将葡萄牙人驱逐并代表荷兰东印度公司与当地居民缔结了首份条约。在巴达维亚定居点建立前，安汶是荷兰东印度公司在群岛地区的首个领地。1605年2月，海军上将与基督教和穆斯林村落缔结了另一份条约。但荷兰人未能执行条约条款,即维护要塞并维持对当地香料贸易的垄断权。

荷兰史学家弗莱克(Vlekke)发现,垄断权并未被写入后来的条约中。无论如何,最初的合约十分重要,因为"它们为整个群岛未来的政治发展奠定了基础"。1609 年 8 月 10 日,海军上将皮雷·威廉·范霍文(Pierre Willem Verhoeven)与岛上的"原住民和领主"签订了条约。该条约同样明确规定,荷兰将保护其免受葡萄牙人及其他敌人的侵害,而所有居民则有义务将所有收获的产品(香料)交予奈拉岛的拿骚堡。

1627 年 3 月 19 日,范霍文曾这样描述安汶岛的情形:"堡垒靠近海岸,船只几乎在其侧停泊。"堡垒由石头砌成,四周有壕沟环绕,由四个营的防御力量镇守。在不远处的瓦房中还有一个"极佳"的军械库。此外,还有一座大型建筑,总督、专员及其他人员均在此办公。在这些建筑地下是一个储藏室或仓库,里面存放着各种食品,如大米、肉、猪油、植物油、醋和丁香。其中只有少量丁香是采自该岛,而大部分则是从附近的两个岛屿运来的。据观察,季风期的丁香收获量为 70 株,预计下一季的收获量为 250~300 株。虽然丁香是岛上的天然植物,但早在五年前,岛上就已种植了大量丁香,丁香在种植后四五个月后就能结果。堡垒处有一家精致的店铺,"岛上居民、外国人、商人、公司职员等所有人均可前去购买所需的物品"。当时岛上有 3060 人,其中有 1230 名"黑民"住在堡垒附近。岛上共有 1620 人有武装能力。

1619 年,根据英荷之间的协议,英国东印度公司获准在马鲁古设立贸易站,但必须与荷兰分摊驻军费用。英国人发现这一方案获利甚微,于是于 1623 年 1 月在"安汶大屠杀"发生前撤出了该岛。在"安汶大屠杀"中,荷兰人在安汶处决了英国商人领袖及其他 10 名英国人和一些日本人。据说,这也是英国后来密谋杀害荷兰人的原因之一。荷兰人这一背信弃义的行为扎根于英国人的记忆深处,甚至还被写入文学作品之中，使英国人久久难以忘怀。

## 班达

据罗赫芬（Roggewain）所言，班达岛坐落于安汶东南部，由荷兰位于奈拉岛的总督管辖。总督通常是一位显赫的商人，管辖着其他几个邻近的小岛。班达的政府议会也是仿照安汶建立的。岛上戒备森严，"坚不可摧"，一支由小型船只组成的庞大舰队长期在此守卫。据描述，驻军"人数众多，但由于食物供给缺乏，其情况远比公司在其他任何地方的驻军都要糟糕。该岛土地贫瘠，土壤含沙量高，几乎不产任何食物……士兵们不得不以猫、狗及身边的其他动物为食"。荷兰人写道，当地人"残忍且背信弃义、冥顽不灵"，"为了自身安全，公司不得不将其铲除"以实行殖民统治。但是由于"他们一无是处且无赖流氓，不久就被绞肠痛这一地方病消灭"。罗赫芬还描述了一类"被称为珀克尼尔（Perkiniers）的自由民"，他们炮制肉豆蔻，按个人意愿将一定数量的肉豆蔻卖给公司并从中"收取适当报酬，其生活十分自在"。除危机情况外，"该岛大量种植肉豆蔻，因此在重要的肉豆蔻贸易中，荷兰能够供应整个欧洲市场"。

1616年12月，英国东印度公司在班达群岛中一座名为伦岛的小岛上成立。在进入肉豆蔻种植园后，腹背受敌的英国人随即受到了荷兰人的监视与袭击。1621年，荷兰攻克了英国的防守，签订于1619年的英荷协议也随之失效。但若英国俘虏的遭遇可称得上残酷，那么用如今的话说，班达人简直可谓是种族灭绝的受害者。毋庸置疑，在伦岛的惨败以及荷兰人在安汶岛的叛变迫使英国公司从源头上退出了丁香和肉豆蔻贸易，但位于巴达维亚的新总部却将目光重新投向了万丹以及后来在苏门答腊西海岸开展的胡椒贸易。

## 1669 年后的望加锡

纳普（Knapp）与萨瑟兰（Sutherland）基于对荷兰东印度公司档案的研究，描绘了 1669 年后在荷兰严格管控之下望加锡市场的繁荣景象。港务官的登记簿显示，在经历了艰难的过渡期后，望加锡的出口蓬勃发展，其产品不仅出口至包括巴达维亚在内的本土市场，望加锡和布吉航海者还在澳大利亚北部等广阔的海域内采集海参并将其出口到中国。此外荷兰东印度公司还毫不留情地驱逐了欧洲竞争者、限制当地商人的代理权并加强对香料贸易的垄断。《彭加耶条约》(1669 年) 规定，荷兰将驱逐葡萄牙、英国和其他欧洲商人，禁止其在望加锡贸易。荷兰东印度公司垄断了印度布匹和中国瓷器的进口。望加锡所有臣民出航均要获得荷兰东印度公司的通行许可，即使是最小型的船只亦是如此。由于松巴哇岛的比马战事不断，最初荷兰禁止航行前往小巽他群岛。而对于望加锡人来说，禁止前往中国、马鲁古群岛和菲律宾造成的损失更大。在有利可图且不影响其垄断香料贸易的情况下，荷兰人并没有试图完全消除岛际贸易。

望加锡贸易涉及琼脂、燕窝、蜡和藤条等一系列产品，但其中海参贸易是望加锡商业复兴的象征。在中国南方，海参是一种珍贵的食材。18 世纪初，从东南亚到中国的海参贸易仍处于萌芽时期。在 18 世纪 20 年代，平均每年仅有 3.5 船货物运抵望加锡，几乎所有的出港货物都运往巴达维亚，而中国船只只占三分之一。尽管数十年来这一数量一直在波动，到 18 世纪 60 年代抵达望加锡的货物已达 83 船。在整个 18 世纪，中国在贸易中的影响力不断增强，而荷兰东印度公司及其本土代理商的影响力则有所下降。18 世纪 80 年代，九成以上的货物都由中国船只运输。18 世纪 70 年代，中国船只从厦门直达，巴达维亚的市场份额也随之下降。18 世纪 80 年代时厦门航线的份额上升至 85%。从厦门起航的帆船为望加锡市场带来了陶瓷、纺织品（可能还有铁），还进入了从班达至松巴哇的区域贸易网络之中。望加锡不仅从印度和中国进口棉花，还进口当地生产的布料。

在荷兰管控之外，布吉人及其他民族的望加锡人发挥着重要作用。1611 年，刚皈依伊斯兰教不久的望加锡战胜了布吉人。布吉航海者的活动范围几乎遍及整个群岛地区，他们在苏拉威西沿海、龙目岛、松巴哇岛（比马岛）、弗洛雷斯岛和塞兰岛附近开辟了殖民地，参与（柔佛）王朝内部斗争，将贸易范围扩展至马六甲海峡和加里曼丹沿海等更广阔的新月地带。1640 年，托洛苏丹派出由 100 艘船和 15 000 名士兵组成的舰队洗劫了葡萄牙人在弗洛雷斯东部的定居点拉兰图卡。荷兰人或许未曾对此表示反对，但望加锡的舰队也向帝汶进军，试图使这一万物有灵论主导的岛屿皈依伊斯兰教。正如李伯曼所言，这是群岛东部地区历史上最大的附属地区。除阿拉伯人和苏门答腊岛的米南卡保人外，布吉人是流散于该群岛中最重要的非华人贸易群体。在 18 世纪初，由于中国对海参的需求增加，望加锡人每年都航行至澳大利亚北部采集海参。

在荷兰的控制下，望加锡无疑步入了商业史上的新阶段，连接澳大利亚北部沿海和遥远中国市场的海参贸易便是一个生动的例子。我们之所以认为望加锡繁荣，不仅是因为与之相关的文献记载比其他许多港口更加丰富，还是由于这里港口的地理位置、多元的民族构成、充满活力的本土产业（包括纺织业）和消费驱动的需求。这一观点似乎挑战了瑞德"商业时代"论述，即在 16 世纪和 17 世纪的贸易繁荣之后，早期现代东南亚海洋王国逐渐衰落，或是遭遇欧洲和中国之间商业竞争的夹击。

# 荷属马六甲（1641—1824 年）

在葡萄牙长期统治之下，马六甲的人口结构发生了转变。值得注意的是，讲葡萄牙语且信奉天主教的欧亚混血群体出现了。1641年，在一系列海上冲突与围攻后，荷兰海军夺取了该港口城市的控制权。除 1794—1818 年拿破仑战争时期由英国统治外，在 1824 年英国卷土重来之前，马六甲一直由荷兰东印度公司负责管辖。

在 1641 年被葡萄牙占领之时，马六甲已不再拥有重要地位。然而，至今仍存于现代城市之中的荷兰东印度公司红屋是荷兰统治时期马六甲复兴的见证，当时输送至印度市场和欧洲市场的货物均在马六甲这一"仓库"分拣。据英国文献记载，18 世纪中期，马六甲"声名远扬且商业规模繁荣"。此外，马六甲还紧密嵌入荷兰东印度公司的贸易网络，成为传统群岛贸易以及日本、中国台湾、中国大陆货物的重要转运点。

马来西亚学者诺丁·侯赛因（Nordin Hussin）指出，自 1641 年至 1824 年，马六甲历经 32 位荷兰总督的管辖，总督下属的公司官员和高级商人也云集于此。在城镇管理方面，选区是荷兰东印度公司殖民管理的重要单位。荷兰最初将马六甲划分为四块区域，每个区域由一名首领负责。北部为东纳区（源自葡萄牙语的 tranqueira），南部为怡力，古老的葡萄牙堡垒东侧为廖内、三保山。虽然堡垒本身是荷兰东印度公司官员和伯格人（荷裔欧亚混血）的住所，但它却处于选区体系以外。18 世纪 70 年代起，选区数量增加至七个，其中包括荷兰区与鸡场区，伯格人、欧洲人和大量亚洲人聚集于此，与此同时这里也是马来人和摩尔人的选区。

诺丁指出，荷兰人对大主教群体的忠诚及其宗教信仰保持怀疑。与高度本土化的华人峇峇和北根的穆斯林爪夷人不同，信奉天主教的欧亚混血仍未被同化。荷兰官僚阶级处于政治与社会等级体系的顶层。英国作家毕奥（Beawes）记载，在马六甲约有 200~300 个荷兰家庭。与之前的葡萄牙人一样，荷兰人通常将华人视作不可或缺的贸易伙伴。尽管荷兰人认可印度人在区域贸易中发挥的作用，但他们对印度社群的观感并不是很好。有些印度商人指挥船队在印度和中国之间开展贸易。马来人则偏好从事传统职业，他们擅长农业，而这对殖民地的生存而言也是不可或缺的。部分北根爪夷人或马来印度穆斯林受教育水平较高，而其他人则以成功商人的身份在殖民社会赢得了大众的尊重。其中最为著名的是马来文学之父孟希·阿卜杜拉（Munshi Abdullah）。在葡萄牙统治时期，马六甲的穆斯林社区中有爪哇人、布吉人、米南卡保人以及许多其他民族和混血儿。诺丁认为，虽然荷属马六甲存在文化隔离，但在荷兰归正会控制基督教社区后，通婚及其他关系不断对文化壁垒发起挑战。

1780年至1830年是马六甲城市迅速发展的时期之一，当时人口规模增至11 500到14 500人。19世纪，富裕的华人取代了伯格人，在新一轮华人移民浪潮的影响下，华人峇峇和新移民之间的区别逐渐减少。在荷兰东印度公司统治终结后，马六甲成了一座典型的亚洲城镇。最终，英国东印度公司的商人于1786年建立槟城，马六甲不敌其位于海峡北端的对手，开始走向衰落。1819年，英国人殖民管辖新加坡后，也从这一古老港口分流了部分贸易和商人。

## 位于阿瑜陀耶大都会式宫廷的荷兰东印度公司

欧洲的阿瑜陀耶地图和图像通常是从南部以鸟瞰的视角绘制而成，上面显示阿瑜陀耶由城墙环绕，在昭披耶河岸牛角滩上形成了一个天然岛屿。东侧人工挖掘的运河是一道天然的防守线。法国传教士让·德·库尔托林（Jean de Courtaulin）于1686年绘制的地图显示，阿瑜陀耶城墙外围有葡萄牙和法国教堂，约有2000名天主教徒。地图上还标注出了穆斯林（摩尔人）、马来人、勃固（孟人）、中国人、日本人、法国人、葡萄牙人和荷兰人的聚居区以及少数民族村落。各街道间纵横交错的水渠将皇宫、佛塔、海军军械库等不同区域分隔开来。各条河流水道促进了农业生产的蓬勃发展。库尔托林的地图首次指出城市北部和东北寺庙众多。在宫廷中,王权观念根深蒂固,等级制度森严,封建君臣关系严格。阿瑜陀耶对宿敌毫不留情,却对(外部)世界十分包容开放。

最早与阿瑜陀耶直接接触的是葡萄牙人,他们在1511年征服马六甲不久后就来到了这里。在五年之内,葡萄牙人就获得了贸易特权。16世纪90年代,继缅甸入侵以及接下来的一系列战争之后,纳黎萱国王(1590—1605年在位)成功复国,1592年荷兰人从纳黎萱国王处获得了与葡萄牙人相似的特权。但是首个邀请外国商人来阿瑜陀耶定居的是厄伽陀沙律(Ekathotsarot)国王和颂昙(Songtham)国王,他们开启了国家历史的新篇章。在阿瑜陀耶,所有的贸易均由位高权重的财政大臣负责。与其他亚洲宫廷一样,外国人也会向宫廷赠送昂贵新奇的礼物。

优越的地理位置是阿瑜陀耶发展的重要因素,通过湄南河,阿瑜陀耶与途经暹罗湾的跨洋贸易紧密相连。王室垄断了贸易,从明朝起就与中国建立了朝贡关系。常驻当地宫廷的华商借助当地建造的中式帆船(有些实际上悬挂着葡萄牙国旗)开展远洋贸易。例如,在前往长崎贸易的王室帆船上工作的华人船员就住在阿瑜陀耶当地唐人街的一片特设街区。自16世纪末到17世纪中叶,日本人也住在一片专属的街区。

但是在1608—1767年,荷兰东印度公司在阿瑜陀耶的活动从未间断。纳黎萱国王察觉到葡萄牙海上势力带来的威胁,同时也中止了与丹那沙林的陆路贸易。最初常驻暹罗的两位外交官科内利斯·斯佩克斯(Cornelius Specx)和兰伯特·雅各布(Lambert Jacobsz)主动提出为纳黎萱国王的使节访荷提供优待,厄伽陀沙律国王最终接受了这一提议。为安抚葡萄牙人,国王还派遣了一个使团前往果阿。在马提利夫(Matelief)上将的带领下,暹罗的使节乘坐东印度公司船只于 1609 年抵达海牙。但是荷兰东印度公司在阿瑜陀耶贸易中的主导地位使王室感到不安,于是阿瑜陀耶宫廷于 1636 年对葡萄牙拥有的贸易特权重新做出了调整。

即便如此,荷兰东印度公司由于在 1668 年革命中保持中立,成为唯一一家能够继续留在阿瑜陀耶经营的欧洲公司。帕碧罗阁国王(1688—1703 年在位)赋予荷兰东印度公司在六坤经营锡贸易的宝贵特权。泰沙王(1709—1733 年在位)批准了现有的条约,但在其统治时期,面对华商的竞争,荷兰东印度公司无法再维持其垄断特权与经营利润。

1750 年,缅甸袭击阿瑜陀耶,洗劫了荷兰东印度公司的贸易站,导致荷兰代理商在混乱中丧生。1766 年 8 月,曼谷落入缅军之手。这次,荷兰东印度公司的总监弃贸易站而逃,只留下一名当地人负责管理。次年 2 月,暹罗首都再遭袭击,被夷为平地。后来,公司回绝了吞武里王朝建国君主、潮汕华裔达信王在曼谷重开贸易站的要求。1788 年,荷兰东印度公司解散。

## 日本的荷兰人与英国人

葡萄牙人自 1570 年起就在长崎开创了以丝易银贸易,而 1646 年荷兰人被迫从平户迁出,搬至长崎港新建的人工岛出岛。自 1515 年起至 1623 年离开前,英国商人一直在平户设有贸易站。在葡萄牙人被驱逐之后,直至 1853 年佩里率著名的黑船迫使幕府开放对外贸易前,荷兰是唯一获准在日本开展贸易的欧洲国家。受苦受难的荷兰商人受制于当地的赠礼制度,不得不每年长途跋涉前往江户幕府,送上昂贵的礼物。有关长崎贸易制度的文献资料比其他地区的类似资料都更为丰富,这主要是因为荷兰人在此长期开展贸易,而且卡龙(Caron)、通贝里(Thunberg)、肯普费(Kaempfer)、西博尔德

（Siebold）等杰出学者将毕生精力都投注于日本研究。

荷兰人在长崎到底在开展什么贸易？据荷兰东印度公司日志记载，进口至日本的荷兰货物既有散货也有布匹。散货贸易的产品以产自爪哇和台湾的糖（糖粉和糖块）为主，还有苏木、鹿皮、胡椒、肉豆蔻、丁香、檀香以及其他来自印度、暹罗、越南和东印度群岛等地荷兰贸易站的其他热带产品。而布匹主要是从中国、越南和印度进口的丝绸，此外，荷兰还会从欧洲进口丝绸以迎合日本消费者的新需求。荷兰人将玻璃、钟表等许多工业品带入日本。由于篇幅限制，此处不再讨论荷兰对日本的技术转移（兰学）。长崎的荷兰人成功利用日本出口的银和铜与东南亚开展利润丰厚的贸易。漆器和陶瓷是重要的互补货物。长崎的荷兰东印度公司与开展帆船贸易的华商时而竞争，时而合作。

## 荷兰和英国与越南郑主的接触

在祸及越南北部和中南部的郑阮纷争爆发之际，欧洲商人和传教士首次来到越南。葡萄牙人已在此地生活了一个世纪，并在贸易和军事技术方面与阮主建立了密切的关系。17世纪30年代，荷兰东印度公司与越南郑主（东京）建立了贸易联系，这也使其站在了葡萄牙人与阮主的对立面。17世纪40年代，荷兰人允许将部分船只用于针对阮丰的海上行动。

荷兰人先于英国人在升龙（河内）建立了贸易基地，而英国人则于1671年派出了泽尼号（Zeni）商船经万丹抵达越南。由于不确定能否被接纳，英国人决定撤退，但国王却准许其留下。摩尔斯（Morse）总结道，贸易站虽然适时地建立了，但是："却在赠礼、特权和苛捐杂税的体系下挣扎了25年。那里不能用现金支付，也不能用现金购买，但其大部分出口货物都来自国王和王子的赠予。"

荷兰人受到的待遇也不比英国人好。虽然拿到货源困难重重，但越南郑主在当时依然是中国丝绸的唯一供应源，因此也是英国市场中丝绸的主要来源。1697年，英国人放弃了在越南的贸易基地。三年后，荷兰人也从越南撤离。英国船长亚历山大·汉密尔顿（Alexander Hamilton）称，英国与郑主的私人贸易一直持续到1722年，但这一贸易因一次"暴力事件"，即一艘英国船上的一名越南妇女被绑架而终止。

塞缪尔·巴隆·（Samuel Baron）是荷兰东印度公司员工亨德里克·巴隆（Hendrik Baron）之子，出生于越南。在英国学习五年后，年轻的巴隆于17世纪70年代回到故乡，负责英国公司的事务。此时，英国与荷兰正在开战。巴隆将其著作献给了当时河内英国工厂的负责人威廉·吉福德（William Gyfford）。然而，在其四年的任期内，由于荷兰的排挤、当地官员的贪腐以及英国产品缺乏市场，郑主首都的商业逐渐衰退。约60年后，巴隆的记述在丘吉尔文集中发表。德鲁（Draw）和泰勒（Taylor）表示，巴隆描述了越南的历史、教育、郑氏家族政治、外省及中央统治、法律制度、公共仪式和日常生活。鉴于这一时期越南史料极为匮乏，这些资料显得尤为珍贵。

## 台湾热兰遮城（1624—1661年）

自1624年荷兰东印度公司定址台湾至1661年撤离前，荷兰与日本之间的贸易逐渐结构化。由于未能与中国建立直接贸易关系，台湾的荷兰东印度公司便开始与福建商人交流联络。1634年后，荷兰常进口克拉克瓷①以满足欧洲的需求。

1573—1620年，明朝文献将葡萄牙和西班牙人口中的福尔摩沙

---

① 克拉克瓷为中国陶瓷的别称。——译者注

岛称为台湾，而荷兰人则称其为大员（主要指如今的台南某地）。在荷兰人到此之前，日本与中国的船只一直在此贸易。海军中将布兰德·范·沃韦克（Wybrand van Warwick）率领船队于 1604 年 6 月从北大年启程，首次抵达澎湖列岛。科内利斯·马提利夫（Cornelis Matelief）率领荷兰舰队于 1607 年返回。荷兰人的目的是封锁从马尼拉启程的中国帆船贸易，这也致使其与厦门官员产生了激烈的冲突。

在澎湖列岛定居失败后，荷兰将统治中枢设在位于西部沿海低地的安平。荷兰人声称，中国皇帝将台湾赐予荷兰东印度公司，令其将澎湖列岛的住所及基本防御工事迁至此地。但爪哇总督简·皮特斯佐恩·科恩（Jan Pieterszoon Coen）也承认，日本人在此定居的时间早于荷兰人。坎贝尔（Campbell）认为，荷兰的行动实际上是征服而非妥协让步。

据记载，大员是西南沿海约一英里长的沙洲，只有野生菠萝和一些本土植被。在短时间内，荷兰兴建的定居点及防御工事热兰遮城吸引了 10000 名中国人和原住民。在荷兰的安全保障与贸易的趋势下，难民、米商、糖商及其他人员接踵而至。据第三任荷兰台湾总督彼得·纳茨（Pieter Nuyts）统计，五年内，荷兰东印度公司向日本输送了五批丝绸，向爪哇输送了两批，总价值超过一百万弗罗令。收支相抵，"这为各印度群岛带来的利润率不低于 100%"。

沃尔克（Volker）指出，从台湾至巴达维亚的贸易船只发货单显示，每批货物中有 10 万至 25 万件陶瓷。不久，台湾的工厂就能支持平户、暹罗、巴达维亚开展的亚洲内部贸易。随着越来越多的中国移民进入这一不断扩大的疆域，台湾的贸易情况也开始发生转变。值得注意的是，中国人经营的种植园所生产的蔗糖和鹿皮开始进入与日本的贸易之中。

荷兰人致力于铲除贸易对手。荷兰人于 1641 年开始进攻淡水的圣地亚哥堡，次年 8 月，其围攻袭击进入最为疯狂的阶段。荷兰人在太平洋地区首次战胜西班牙人后,慷慨地饶恕了其性命,但从其领地掠夺了多达一百万美元的白银。荷兰加尔文教派牧师搬至天主教传教士曾经活动的地方。然而,中国海盗给荷兰造成了巨大的航运损失。1628年6月,彼得·纳茨在给平户荷兰东印度公司的信件中写道:"没有船只能出没于中国沿海,否则就会落入海盗头子之手。"

日本则更难对付,尤其是因为它继续无视荷兰的霸权。1626年,日本向荷兰驻江户使馆投诉。在1628年"纳茨事件"中,滨田弥兵卫(Jaffioen)率领由470名日本人组成的武装帆船舰队(6枚野战炮装于甲板上,9枚在底部作为压舱物)闯入荷兰堡垒并扣押纳茨等人,以此为要挟换取贸易损失的赔偿。日本商人末次平藏(Suetsugu Heizo)和滨田弥兵卫的贸易诉求加剧了事件的复杂性。纳茨在平户被下狱,经受了四年的折磨。为平息这一致使平户贸易中止的事件,荷兰被迫于1634—1636年派遣一名特使前往江户,他就是亨德里克·哈格纳尔(Hendrik Hagenaar)。

最终,1661年,经过长达九个月的围攻,郑成功率领明军击退荷兰,荷兰人无法再将台湾作为沟通中日贸易的桥梁。在1683年被清朝征服之前,郑氏家族一直控制着沿海地区的海上航线,向长崎和马尼拉派遣帆船。

1670年,郑成功之子郑经寻求与万丹的英国公司建立贸易关系。伦敦的董事们接受了这一提议。英国人随后进驻从前热兰遮堡的行政中心,出售胡椒和少量英国宽布,以及火药、铅、铁和火枪,以支援郑氏征战。1674—1680年,郑军占据了厦门,因此英国人首次能与大陆港口(尽管不是与帝国政府)开展贸易,获得了瓷器和茶叶这一新商品。在清朝征服并接管台湾后,英国公司仍于1684—1685年再次获准进入厦门,此时厦门已被牢牢掌握在清朝手中。由于清朝放松了对海外贸易的管控,英国船只可以从印度直抵广州、舟山和厦门等港口。相比之下，河内的贸易站就显得有些多余，于1697年被关闭。

## 孟加拉湾地区的荷兰东印度公司

为了在孟加拉湾的纺织品贸易中分一杯羹，荷兰人并未忽视在印度科罗曼德尔海岸建立贸易据点，而缅甸市场则是其目标。荷兰东印度公司在科罗曼德尔海岸的主要活动中心是普利卡特，建于1609年。此外，17世纪时，公司在科罗曼德尔海岸的据点还有比穆尼帕特南、贾甘纳塔普兰、马苏里帕特南、纳加帕蒂南。威尔·O. 迪克（Wil O. Dijk）强调，正是因为荷兰东印度公司打入了印度纺织品贸易的源头，才得以推动孟加拉湾贸易的发展。在普利卡特建立之后，荷兰人开始与亚洲商人争夺市场。他们在缅甸沿海建立了4个贸易站，而当时缅甸的政治宗教中心从勃固转移至上缅甸的阿瓦。荷兰东印度公司将科罗曼德尔和孟加拉工厂生产的印度纺织品和纱线运往缅甸，用以换取当地商品。自1650年起，公司开始在云南边境采购铜币并将其输入缅甸。中国钱币经由缅甸进入巴达维亚甚至斯里兰卡并成为当地的法定货币，这说明东亚铜币的流动范围比传统上认为的还要大。1620—1660年，普利卡特成为荷兰在东亚主要的火药生产和分销中心，不仅满足了荷兰东印度公司的需求，而且通过孟加拉湾贸易被输送至任何所需之地。

到1795年，荷兰在印度两岸的所有领地逐渐落入英国东印度公司之手。普莱西战役（1757年）揭开了英国统治次大陆的序幕，随后，1761年英国占领了法国的前哨基地本地治里。统治斯里兰卡的荷兰东印度公司也饱受叛乱之苦（1761—1765年）。最终，根据1814年的《英荷条约》，荷兰将科钦割让给英国，以换取苏门答腊东部沿海锡矿资源丰富的邦加岛。虽然普利卡特屡遭争夺，但最终英国人于 1825 年从荷兰人手中正式夺回了占领权。

## 英国东印度公司对中国的关注

凯伊认为，除期望从香料贸易中获利等动机外，英国东印度公司成立的原因之一是为英国的主要出口产品羊毛织物寻找市场。尽管东印度公司主要以进口为导向，但国家对羊毛出口的期望迫使领导层提早寻求多元化经营。在 1606 年，约翰·萨里斯（John Saris）船长在万丹撰写的报告中指出，日本列岛是英国宽幅纺织品唯一有潜力的市场，当时尤其是在热带地区，销售前景黯淡。

萨利斯不可能读过流放在外的英国人威尔·亚当（Will Adams）从平户写给其在英国东印度公司的好友奥古斯汀·斯伯丁（Augustin Spalding）的信件。1613 年 1 月 12 日，他在信中写道："我担心不能获利，我们的商品在这里太便宜了，布匹亦是如此。"他继续写道："如果英国商人能够进入中国贸易，那么我们国家就能在此获得巨额利润，尊贵的伦敦印度公司也就不必从英国汇款，因为日本有大量的黄金和白银，便利的航行运输激发了对黄金和白银的需求。"

平户铤而走险的英国人另辟蹊径进入与东南亚的帆船贸易之中。他们（包括威尔·亚当）购买或租用中国帆船航行至暹罗、柬埔寨以及阮主管控的广南，在 1619 年最后一次航行中，他们到达了越南郑主。在琉球，其他高风险的航行则宣告失败。在平户，最令英国人头疼的问题莫过于开拓中国贸易。公司秘书兼历史学家彼得·奥伯（Peter Auber）曾言，1613 年 8 月，公司及代理商试图利用平户的有利地理位置进入中国贸易，为此还特别聘请了中国船长和长崎重要的华商。在平户的工厂关闭前，英国公司一直在不断尝试，但都徒劳无功。

在香料群岛、日本和台湾接连失败，公司几乎又撤回印度，而此时与中国的贸易性质也开始发生转变。在香料群岛继续采集胡椒、香料和锡的同时，英国人开始与中国开展鸦片和茶叶贸易。外国船队开始在广州直接进行贸易，万丹再次成为对华贸易的供应站。英国海军从马德拉斯基地出发，一直在寻找能够保护对华航线免受竞争对手、海盗以及当地统治者干扰的战略要地，而这些群体仍然控制着重要的海峡和水道。在第一阶段，1794年，吉打苏丹将槟城割让给英国。如前所述，拿破仑战争（1803—1815年）期间，英国公司占领了马六甲等荷属群岛。1819年，不顾荷兰的反抗，英国占领了新加坡。最终，1824年《英荷条约》划定了英国和荷兰在群岛地区的势力范围，还规定了马拉巴尔海岸部分领土的交换事宜。马来世界就此改变，马来亚和婆罗洲也被纳入英国的统治范围之内。

## 欧洲公司与广州贸易

只有财力雄厚的公司才能挺过从欧洲到中国充满风险的远途航运竞争。1685—1700年左右，广州成为这一贸易的中心。

早在明朝，广州就已经成为中国沿海主要的对外贸易窗口，与福建和浙江的港口齐名。葡萄牙人选择定居于珠江三角洲西南端的澳门，显然是意识到了广州的重要性。在新商业兴起之时，葡萄牙最初与广州当局在澳门协商。广州当局很快意识到，在中国城市开展的贸易更容易管控，因此将澳门半岛租借给葡萄牙王室，澳门也随之成为唯一准许外国人在中国沿海贸易的基地。

诚如范岱克所言，广州贸易起初规模很小，但每十年都在稳步增长。从1699年到1714年，法国和英国公司每年派遣一两艘船。而当时亚美尼亚和穆斯林商人以及其他（英国）私营商人已十分活跃。1717年奥地利奥斯坦德贸易公司首抵广州，1729年荷兰东印度公司抵达广州，1731年首艘丹麦亚洲公司的皇家特许船只到达广州，

1732 年首艘瑞典东印度公司船只抵达黄埔。在早期，美国私人贸易商经营的双桅船就已加入贸易中来。当然，葡萄牙商人以及马尼拉的西班牙商人每年也会到广州采购货物。丹麦船只停泊于长洲，法国船只停泊在小谷围岛，除官方船只外，其他船只一律不准在广州停泊。淡季期间，所有外国人都必须居住于澳门。

通常，欧洲对华贸易的船只规模最大，载货最丰富，航时最长。欧洲公司的主要目的是采购茶叶。当时茶叶在欧洲风靡一时，饮茶甚至成了人们的一种习惯。至少在 1735 年波士顿倾茶事件之前，英国和英属北美殖民地是欧洲的主要市场。在英国在印度和斯里兰卡建立茶叶种植园以前，中国是茶叶的唯一产地，对华茶叶贸易利润丰厚。例如，1730 年至 1833 年，丹麦亚洲公司共向中国派出 130 艘船，其中 5 艘失踪。去程平均耗时 216 天，返程平均耗时 192 天。茶叶并不是这些船只运载的唯一商品，在 700 吨载重量的船上大部分是欧洲人梦寐以求的中国瓷器。

鸦片贸易利润丰厚。所有公司都与除中国外的其他亚洲国家开展鸦片贸易，之所以不同中国开展这类贸易是因为欧洲公司无法承受失去茶叶贸易的风险。而从孟加拉来的私商却通过非法的鸦片贸易在中国获利。鸦片贸易使购买茶叶所需的白银迅速回流。澳门和孟加拉的部分高级官员直接参与到鸦片贸易之中。18 世纪 70 年代，鸦片已成为澳门的常规进口商品。英国公司禁止其货船运载鸦片，却鼓励私商从印度公司购买鸦片并走私至中国。自 1773 年至 1841 年殖民统治香港前，英国公司获准在澳门经营一处大宅，商人们在淡季时被迫到此消遣，由此澳门的社会生活也更为丰富。

19 世纪 30 年代，东印度公司中止了在广州的业务，私人贸易商成为该地区的主导力量。在这一时期，蒸汽船的出现清除了珠江地区商人过去面临的阻碍。在新技术面前，广州贸易体系的行政机制分崩瓦解。如导论所述，随着鸦片战争的爆发，不平等条约时代即将来临。英据时期的香港在广东沿海新商业中拥有重要地位，而澳门甚至广州则逐渐式微。

## 总结

荷兰和英国沿袭葡萄牙和西班牙的传统，建立防御堡垒和贸易站点，他们致力于消灭欧洲对手，但在寡不敌众或武器不足之时，如面临中国、日本等官僚帝国和越南、暹罗之时，他们则选择逢迎讨好亚洲东道国。马六甲、平户、长崎、巴达维亚、加勒和热兰遮城等地是连接东南亚与印度、中国和日本以及世界贸易网络的重要节点。其中许多前哨据点都是后来殖民地的雏形。荷属巴达维亚、马德拉斯、槟城和英属新加坡等殖民地成为帝国的领地，或多或少符合韦伯提出的法理组织类型。而果阿、澳门、长崎等地则是位于亚洲强大官僚国家内的欧洲飞地，用韦伯的话说，在这些地方，传统型或魅力型统治模式依然根深蒂固。

在"第一次全球化"时代，这些融合了欧亚元素的欧洲据点成为不同文化间激烈交流的场所。而这些基督教传教士和商人也是知识的传播者，不仅将欧洲的科学和技术成果带到亚洲，还通过浩如烟海的作品与出版物向欧洲介绍亚洲。其内容不仅包括东方的宗教和统治形式，还有迄今为止仍不知名甚的食物、植物物种以及其他奇珍异宝。在美洲被纳入新的世界贸易体系之后，欧洲人将从新食物到药物等一系列贸易产品输入亚洲，其中持续时间最长的无疑是烟草。尽管一些据点仍与当地保持着种族上的分隔，但由民族和思想交融所产生的新克里奥尔化的语言和人口几乎影响了所有据点。

# 第八章
CHAPTER 8

# 日本人町：东南亚的日本侨民社区

# 第八章
日本人町：东南亚的日本侨民社区

在17世纪东南亚的亚洲移民群体中，日本社区相对而言更具异国情调，许多宫廷城市、亚洲贸易港口和欧洲人设防的城市都有日本町或日本城街。在很大程度上，这些社区是日本参与朱印贸易的产物。在朱印贸易中，日本官方向特定的商人群体，尤其是长崎和博多等日本西部港口的商人团体发放官方通行证件。我们不能将这一群体与自14世纪起活跃于朝鲜和中国沿海的中日海盗商团混淆。但由于德川家光（1623—1651年在位）于1633—1636年颁布"海禁"政策，即限制日本人参与海上贸易，身处海外的日本人无法回国，而非日本人也不得入境。这一政策通常被称为"闭关锁国"。在流亡在外的日本人被当地完全同化之前，他们在遥远的澳门、马尼拉、巴达维亚、阿瑜陀耶、金边和越南会安等城市和港口建立起小型社区。这些社区时而遭遇袭击，见证了一段多彩但充满悲剧的历史。日本的以银易丝贸易也正是在其中的一些港口开展。东南亚港口日本町的形成不过只经历了一两代人，而日本与东亚、东南亚的接触交往（特别是早期日本和琉球王国的威信财贸易）却历史悠久。

独立的琉球王国是连接东南亚与东北亚贸易的重要枢纽。日本和朝鲜都通过琉球开展贸易。在历史上，日本与中国保持着朝贡关系，但在1592年和1598年入侵朝鲜后，日本打破了这一传统。弗朗索瓦·吉普鲁指出，日本开始图谋取代或反抗中国霸权，企图将琉球和朝鲜纳入其版图。本章将对一系列问题进行阐释，例如，日本商人和冒险家对东南亚本土社会产生了怎样的政治和商业影响？日本在东南亚的贸易传统的历史有多久？这些海外联系对日本国内经济和政治有何影响？

## 日本早期的威信财贸易

在历史上，日本加入了中国朝贡贸易体系。自607年出使隋朝至9世纪末，日本出于文化和贸易目的常遣使来华。唐朝时期，在630年至837年，有12次日本使团来访的记录。桑瑟姆（Sansom）写道，这些使团按照中国礼制携带大量随从，"规模十分庞大"。对于日本的朝圣者和使团而言，中国是其学习的典范也是汲取灵感的源泉，因此民间的私人交流也持续不断，其中大部分通过中国船东进行。1274年11月，忽必烈率领蒙古军队入侵日本，中日关系跌入谷底，直到室町时期（1392—1573年），幕府于1401年遣使来访，双方才正式恢复贸易关系。明朝时期，朝廷向日本朝贡船只发放特殊的许可证，即勘合。部分勘合如今被收藏于京都妙法院。桑瑟姆指出，这一时期中日关系的一大特点是贸易与宗教关联，尤其是货物的收发都由禅师负责。

九州岛、朝鲜半岛与中国的海上联系十分密切，在中国的制度、佛教通过朝鲜渗透入日本的漫长时期更是如此。巴顿在其有关威信财贸易的著作中表示，奈良时代（710—784年），日本已成为泛亚贸易网络的一部分。在奈良时期，日本从中国进口铜镜，从朝鲜进口铁锭。平安时代（794—1185年）众多中东和东南亚商品经由陆上和海上丝绸之路到达日本。2009年7月，考古学家在奈良古都平城京发掘出源自8世纪末伊斯兰阿拔斯王朝的陶瓷碎片。自9世纪起，中国陶瓷传入日本，在12世纪至16世纪，日本进口中国陶瓷的数量急速增长。与此同时，日本还出口铜、硫黄、扇子、漆器和倍受欢迎的武士刀，其中仅1483年就出口武士刀37 000把。

巴顿认为，平安时代后，与中国的（私人）商业往来填补了官方贸易的空白并逐渐取而代之。9世纪初，朝鲜和中国的船只常驶向九州海域。最初，外国商人只能居住于博多湾（今福冈）西部的官方客栈鸿胪馆，在那里，华人社区逐渐兴起。考古发掘证实，鸿胪馆是一座规模庞大的石制建筑，当时的中国陶瓷也在此出土。博多是从禅宗佛教到茶等众多中国和朝鲜文化传入日本的门户。在平安时代末期，中国钱币在日本出现。尽管在 10 世纪左右日本对外贸受到限制，但贸易仍呈上升趋势，尤其是不受监管的私人贸易。巴顿认为，私人贸易的繁荣与日本对国外威信财（优质私人贸易进口商品）日益增长的需求有关，而威信财又无法通过外交渠道获得。此类商品的主要消费者是地方精英、京都贵族以及佛寺。

在后来的镰仓（1192—1333 年）和室町（1336—1573 年）时期，对外贸易规模不断扩大，各种考古遗址出土的钱币和陶瓷证实了这一说法。外国船只在本州日本海沿岸寻找新的停泊地并于 12 世纪末起进入日本内海。吉普鲁强调，14 世纪后半叶，大阪湾堺市港成为名副其实的"小威尼斯"。堺市相对独立，由商业行会统治，是联系奈良与外部世界的纽带，博多等其他港町或港口城市也扮演着相同角色。虽然在镰仓时代日本曾试图进一步规范博多–内海贸易，但 16 世纪时日本沿海各处仍有外国船只的身影。巴顿认为，海上活动普遍增加的原因有以下两点：第一，随着中央的管制放松，国内商业市场逐渐扩大；第二，在室町时代，日本船只开始进入朝鲜贸易等国外贸易之中。到战国时代（15 世纪中叶至 17 世纪初），日本船只的活动范围进一步扩大至东南亚等地，但相关研究尚有欠缺。私人贸易和官方贸易之间始终存在微妙的界限，但在 16 世纪官方贸易逐渐成为主流。随着德川幕府出台闭关锁国的政策后，官方贸易更是处于主导地位。

1496 年后，由于互相敌对的家族在东海沿岸的宁波港口"争贡"，违反了礼制，所以朝贡使团中的日本商人数量减少。1523 年后，在朝贡体系之下，日本甚少与中国开展贸易，尤其是在随后的几十年里，朝贡体系下的贸易分崩瓦解。更雪上加霜的是，1592 年丰臣秀吉（1535—1598年）入侵朝鲜后，坚持与明朝平起平坐，甚至凌驾于其上，破坏了与中国的朝贡关系。在此次入侵中，丰臣秀吉的军队一直向北攻至平壤。中国随即增援朝鲜，这在东亚史上是绝无仅有之举，既可被视作对李朝（1392—1910年）的义务保护，也是一种面对强敌的自我保护。斯沃普（Swope）阐释道，日本试图瓦解朝贡体系，最终中日双方和谈失败，但这也标志着"中国在东亚世界的领导地位首次遭到了严峻挑战"。值得注意的是，丰臣秀吉宣称与明朝平起平坐，这体现的是一个建立于势均力敌平衡基础之上的（东亚）国际体系，与周边国家名义上依附于中国的世界秩序相对。丰臣秀吉死后，德川统治者（1603—1868年）于17世纪初恢复了与朝鲜的关系，继而征服琉球王国，将二者视为外交的重心。

在萧婷（Schottenhammer）看来，尽管中日期望继续开展贸易的原因不同，中国需要日本的银和铜，而日本十分渴求中国的药物、知识和器物，但在明朝时期，长久以来的主从关系正在逆转。简言之，自德川家康（1603—1605年在位）起，德川统治者致力于制定本国的贸易法规，以在中国面前显示其独立性与权威性。日本当局为外国船只发放信牌（贸易许可证），希望借由更加严格的监管措施垄断对华贸易。17世纪初，日本（尤其是长崎）的中国居民所受的管控日益严格。

## 朱印贸易

率先接触中国沿海的是所谓的倭寇或日本海盗船队。在葡萄牙人抵达中国沿海之时，倭寇活动也十分猖獗。葡萄牙人击败、驯服来犯者，中国当局对其心怀感激。在足利幕府时期（1336—1573年），倭寇（又称"八幡"）的活动最为频繁，他们在日本官方监管之外从事半盗半合法的贸易。丰臣秀吉（1585—1598年）统一帝国后，这一情况开始发生转变。此后，日本的对外贸易均在政府监管的朱印船（持有印盖朱印的官方许可证的船只）制度下进行，史称朱印船贸易。这一通行证既能证明持有者的身份又能为其提供保护，将其与倭寇区分开来，因此人人都梦寐以求。然而，正如17世纪20年代在平户的英国商人所见，当时台湾沿海和华东沿海地区的倭寇十分猖獗，扰乱了中国海上活动的秩序。

朱印船贸易制度于1592年由丰臣秀吉建立，一直延续至1636年。仅1624年，日本就授权朱印船开展了176次贸易航行，其中前往暹罗35次、越南26次、文莱2次、菲律宾30次、柬埔寨23次、马六甲1次。从1604年到1635年，共有356艘船只到东南亚港口及澳门开展贸易。并非所有商业活动都源自长崎。其附近的茂木也是著名的朱印船港口。但在后来，相关证据表明朱印船主要聚焦与越南开展的丝绸贸易。

我们对相关船只的类型了解甚少，但谟区查声称朱印船是欧式的，而且还搭载葡萄牙舵手。正如荷兰船长奥利维多·范诺尔特（Oliver van Noort）于1601年1月在婆罗洲所遇的"日本帆船"：船长为伊曼纽尔·波伊斯（Emanuel Powis），"是一位住在日本长崎的葡萄牙人，舵手是一位华人，此外船上还有日本船员"。范诺尔特还罕见地描述了一个月前在马尼拉附近俘获的一艘重达50吨的"日本船"："（船）形状很奇怪，前部像烟囱，芦苇制成的船舷是弯曲的，有二个木制的锚，缆绳由稻草制成。"

长崎建立后，数个实力强大的商业集团随之出现，它们不仅参与朱印贸易，还在其中与葡萄牙、荷兰和英国人合作。商业集团中有位商人名为荒木宗太郎（Araki Sotaro，生于1588年），他曾率领船只前往越南阮主。当时的木版画显示，他倒挂着荷兰东印度公司的旗帜以彰显其持有荷兰（当时驻守平户）所授予的贸易许可。另一位居住于长崎的商人是末次兴善（Suetsugu Kozen），也是长崎的地方官员、博多传统朱印贸易富商家族的后裔，其贸易范围遍及吕宋、暹罗、中国台湾、越南北部和中南部。到 1634 年，16 个长崎的商业家族投资了末次兴善的贸易活动。

日本水手常受雇于外国船只（尤其是荷兰和英国），这些船只停泊于长崎和平户，驶向众多东南亚港口。一些水手则受雇于在望加锡、安汶岛的荷兰人，协助围攻澳门或对抗台湾的荷兰人。还有一些日本人成为葡萄牙的雇佣兵，在 1614—1615 年驻守马六甲，于 1619 年跟随葡萄牙远征索洛岛，于 1606—1615 年驻守马鲁古。16 世纪 90 年代，20 位日本雇佣兵加入西班牙军队，大肆攻击柬埔寨的勒韦王国。1616 年，约里斯·范·斯皮尔贝尔亨（Joris van Spielbergen）在马尼拉用日本俘虏交换其他囚犯。一位日本船员搭乘布埃纳·埃斯佩兰萨号于 1587 年 10 月 18 日从澳门直抵墨西哥，他也可能是首位到访美洲的日本人。1587 年，英国航海家托马斯·卡文迪许在加利福尼亚沿海袭击并劫掠了圣安娜号马尼拉大帆船，俘虏了两名"会读写日语"的日本人，即 20 岁的克里斯托瓦尔和 17 岁的科斯梅。日本流亡者、被困水手以及渔民也进入了葡属澳门的外交网络之中以重新参与日本贸易，但有时也会因此丧命。虽然日本流亡者得以回国，但葡萄牙人依然无法进入日本。

## 日本、朝鲜与东南亚的联系

尽管朝鲜如一个"隐遁的王国"，但其与东南亚贸易息息相关。据高丽王国（918—1392 年）官方历史记载，1391 年一艘船只从名为暹罗的地方经日本抵达朝鲜。朝鲜王朝（1392—1910 年）编年史记载，1394 年一艘来自暹罗的船只装载着苏木和沉香来到朝鲜。虽然被冠以暹罗王室的名义，但其实际是华人开展的私人贸易。驻爪哇的华人使节于 1395 年和 1408 年到访朝鲜。

1394 至 1396 年，朝鲜王朝多次遣使暹罗，但使团都遭到了倭寇的袭击。赵兴国（Cho Hung-Guk）认为，上述接触都是"偶发的意外"，在海岛的影响下，这些活动被迫中止，到前现代时期仍未恢复。即便如此，朝鲜王朝早期通过朝贡使团与琉球王国建立联系并借其开拓了东南亚贸易。琉球王国的首都甚至成了朝鲜与暹罗、爪哇贸易的小型飞地。

在文字历史出现的早期，朝鲜就有建造航海船只的传统。8 至 9 世纪新罗王国时期（57—935 年）是朝鲜海上贸易最繁盛的时代。朝鲜船队在东北亚贸易中居于主导地位，它们沿中国沿海南下至长江和大运河交汇之处的扬州。虽然很少有新罗的船只再向南航行，但朝鲜的银器在中国沿海的阿拉伯商人中享有盛誉。1300 年左右，朝鲜改进了船只设计，配有火炮的船只成功抵御了倭寇船队的掠夺侵袭。但是，除 1419 年派船前往对马岛（朝鲜语为 Taema-do，今属日本长崎）镇压倭寇外，朝鲜船队还是以防御为主。

除少数来自暹罗和爪哇的贸易航行外，琉球人、福建人和日本人都与朝鲜开展海上贸易。虽然朝鲜从未与东南亚开展过直接的官方贸易，但一些朝鲜船只驶过日本远航至西属马尼拉，个别商人也曾前往东南亚国家。东南亚也出现于朝鲜绘制的世界地图之上，如 17 世纪末的《世界地图》（《天下》），该地图是在 16 世纪末地图的基础之上绘制而成。

朝鲜、日本、中国和琉球王国共同维持着松散的流浪者遣送制度。尽管海上边界模糊不清，但遣送过程中仍需遵循一定的礼制。抵达日本的朝鲜人在长崎经受检查，确定未被基督教"玷污"后，方可登上朝鲜船只，依照严格规定经对马岛遣送回国。李薰记录了从 1599 年至 1888 年上千件遣送回国的案例。鉴于闭关锁国政策，目前尚不确定幕府是否会竭尽全力营救流浪在外的日本民众。更为可能的是，由于不允许回国，在暹罗、柬埔寨等中国沿海地区，这些流落在外的日本人或逃亡者融入当地社会，或成为倭寇、地痞中的一员。

## 东南亚贸易中的琉球

琉球（今称冲绳）借鉴了中国元素并将之融入本土传统之中，是一个汉化的王国，它独立于广泛的东亚传统之外。尽管如此，防御工事、定居点等遗址中出土的宋元时期来自闽南泉州的中国贸易陶瓷证明，琉球很早就与中国建立了联系。皮尔森（Pearson）等人认为，这些进口陶瓷与本土生产的陶器都为平民所用。在琉球的考古发掘中还发现了中国的钱币。这些钱币出自唐朝，北宋时期数量最多，13世纪后期才逐渐消失。这一商业活动或许与琉球著名的自然资源有关。随着火药的发展，中国对琉球的硫黄产生了新的需求。

约1373年起，至葡萄牙人到来之前，琉球国王与众多东南亚贸易港口保持着密切的贸易往来，琉球的最后一次贸易航行是在1570年。王室垄断是琉球贸易的重要特点。琉球与明代中国之间的联系在礼仪和商业方面均符合朝贡贸易的典型模式，比如在特定时间、通过特定船只向中国港口运输规定数量的货物。

自1389年起，琉球开始向朝鲜进贡硫黄和马匹以及从暹罗进口的檀木和胡椒。但并非所有的朝贡贸易都是直接进行的，大部分是由博多和堺市的商人从琉球进口，再由日本大名、九州大家族的族长、商人等用船只运往朝鲜。1590年，琉球的贡品经由北京抵达朝鲜，日本的船只常搭载琉球的使节，因为他们知道借此能更好地买卖私人贸易货物。

中国为琉球的远洋贸易提供资金等方面的支持。韦杰夫发现《明实录》中记载，明朝派遣的使节于1372年首次抵达琉球。《明实录》中首次提及琉球时指的是三个国家，即三山、中山和北山。三国各由一位君主统治，纷争不断，而且还都利用与明朝的关系为各自谋利。在 1428 年琉球统一之前，这三个相互竞争的国家各自向明朝的首都南京多次派遣使团。三山和北山最后一次遣使明朝的时间分别为 1416 年和 1429 年，这也说明中山在 15 世纪初才崛起成为实力强大的国家。就相互遣使的频率和性质而言，琉球是明朝朝贡贸易体系中"享有特权"的政体。

有关琉球贸易的史料主要出自记录长达 444 年历史的《历代宝案》以及为琉球统治者编纂的中文朝贡贸易文书（1414—1867 年）。小幡（Kobata）和松田（Matsuda）将《历代宝案》中的部分内容译成英文，其中共有 458 份涉及 1425—1509 年航行的文件，航行的目的地有吕宋、暹罗、爪哇（巽他）、马六甲、巨港、苏门答腊岛的苏木都剌国、北大年、安南（越南阮主）、中国以及朝鲜。香料（包括胡椒）、檀木、糖和丝绸都是贸易的组成部分。琉球贸易将从瓷器到铸币等中国商品以及日本的金粉、银、剑带到了东南亚。除开往爪哇的船只外，其他船只的船长基本都是琉球本地人，而船只本身、船员以及领航员都是华人。这些船只都体积较大。1513 年一艘驶往巽他格拉巴（日后的雅加达）的船只载有 226 名船员。

对琉球而言，暹罗是其在东南亚最重要的目的地。琉球与暹罗的贸易起步早且持续时间长。小幡和松田认为，琉球与暹罗的交往始于 14 世纪 80 年代。起初，暹罗的华人是两国沟通交流的中介，但在 15 世纪上半叶，随着中国影响的减退，琉球商人掌握了主动权。《历代宝案》记载，除 1479 年有暹罗船来琉球外，其他时候都是琉球船只前往暹罗。丝缎、织金缎和瓷器都是常规的贸易品，在东南亚国家中，琉球只向暹罗出口硫黄。

自 1463 年起，琉球开始与马六甲的诸位王国、君主开展贸易。琉球与马六甲的最后一次接触是在 1511 年 9 月，即苏丹国被葡萄牙人征服的前夕。而这一形势的变化导致琉球与北大年的贸易增长。

琉球人与爪哇满者伯夷王国的交往始于 1430 年，现有六份史料记载了 1430 年至 1442 年的相关历史。此外，还有两份史料涉及 1513 年和 1518 年前往巽他格拉巴的航行。1509 年，琉球试图与越南阮主开展贸易，但并未取得成功。琉球还与苏门答腊岛的巨港保持贸易往来，当时巨港是满者伯夷的属国。琉球与巨港之间的通信中曾提及丞相而非君主。韦杰夫认为，这一词语表示在当时旧巨港是由"抚督"统辖的中国殖民地。小幡和松田证实，正是爪哇和苏门答腊的华人和流亡者推动了与琉球之间的贸易。

随着葡萄牙人的到来，海盗逐渐猖獗。在明朝衰落之际，中国商人从事非法贸易与琉球贸易相竞争，琉球与东南亚贸易的黄金时代戛然而止，转而服务于日益增长的中日贸易。韦杰夫指出，明朝自 1567 年起向中国商人发放许可证以准许其同外国港口直接开展贸易，这些变化对官方贸易的消亡产生了重要的影响。中国沿海地区倭寇活动的减少也是中国贸易复苏的前提之一。滨下武志指出了在朝贡贸易网络中琉球"贸易网络"的两大显著特点。首先，在 15 世纪早期到 16 世纪中期，琉球与暹罗和其他东南亚国家的贸易非常活跃。其次，随着与东南亚国家贸易的减少，琉球和朝鲜与日本的贸易也逐渐增加。琉球王国的商业状况如何？滨下武志解释道，在 1570 年官方贸易终止后，蓬勃发展的中国私人贸易取代了原有的官方贸易，琉球也借此从东南亚获得香料和檀木。例如，1666 年，尚质王（1648—1668 年在位）下令从贡品清单中删除传统贡品——胡椒，这可能是为了满足本土需求以及与朝鲜和日本展开贸易的需要。琉球与华商联手或直接采购暹罗大米，而暹罗大米贸易也成为中国沿海与东南亚开展的新贸易。

德川幕府想将琉球纳入其版图，但又不得不与之保持一定距离，以免影响琉球在清朝朝贡贸易体系中的重要地位。1609 年，萨摩藩的岛津氏代幕府袭击琉球，将其纳为藩属国。后来琉球首都（首里城)遭遇袭击,尚泰王被迫迁至幕府所在地,琉球也从与之平等的国家沦为其附属国。

尽管琉球仍继续向江户遣使朝贡,但1879年日本废除琉球王国的独立地位,将其纳入不断扩张的日本疆域版图之中。1945年首里城在美国入侵时被严重破坏,但其仍是琉球灿烂文明的见证。1972年美国将冲绳的主权交还日本,其政治命运也就此定格。我们不难想象如今人们时而以"冲突性",时而以"对话性"来定义琉球的历史与身份,但"他异性"这一概念必会触动琉球统治者及其臣民的内心。史密茨写道,18世纪初琉球国王自诩为儒家国王,引来了岛津氏、日本以及来自更广阔东亚-东南亚世界的外来"他者"。

## 阿瑜陀耶如履薄冰的日本人

随着时间的推移,日本与暹罗之间直接的朝贡贸易关系不断发展,对琉球-暹罗贸易带来了挑战。在琉球贸易衰落之时,平户大名试图打入这一贸易之中。1557年,早在葡萄牙船队首次到达平户港之前,松浦镇信在写给暹罗国王的信中就提及了平户与东南亚的贸易联系。若要研究暹罗与日本之间的关系发展,必须将其与国家内政事务相结合。德川幕府为日本开创了一个统一、稳定和繁荣的新时代,同样在暹罗,纳黎萱国王(1590—1605年在位)在战胜缅甸后重新巩固了阿瑜陀耶王国的统治。但正如第六章所述,首先邀请外国商人来暹罗贸易的是厄伽陀沙律王(1605—1608年在位)和颂昙王(1610—1682年在位)。据说,在17世纪初,约有800名日本人在阿瑜陀耶定居。

其中有些日本人在暹罗政治中具有巨大的影响力。例如,山田长政(Yamada Nagamasu)在颂昙王统治初期成为日本士兵的首领,负责守卫国王。长崎的久左卫门(Kiya Kyuzaemon)也因在面临缅甸的威胁时为阿瑜陀耶建言献策而被授予特别行政官职。还有一位日本商人津田又左卫门（Tsuda Matazaemon）因抗击缅甸有功，国王将公主赐予其为妻。泰国学者吉安·泰拉维（Khien Theeravit）认为，日本人威胁颂昙国王这一说法是错误的，无论如何也没有在官方信件中找到相关证据。然而，1628年颂昙国王去世后，山田长政在王朝斗争中选边站，导致其去世前，世人对其站边的评价充满了争议。

1604年，德川家康应肥前有马大名的请求，向暹罗的日本商人发放了三本通行证以便其开展帆船贸易。萨摩的大名也获得了一本。英国日本学开拓者萨道义（Satow）认为，日本前往暹罗所用的帆船装备由葡萄牙人首创，后来英国在平户的工厂也开始仿制。有趣的是，欧洲商人也融入了朱印船贸易之中。基督教神父托马斯（Thomas，1609年）、葡萄牙或西班牙人马诺埃尔（Manoel，1613年）、威尔·亚当（Will Adams，1614年），以及葡萄牙或西班牙人雅各布（1615年）均为朱印状的著名受益者。1615—1616年，理查·考克斯（Richard Cocks）不止一次派"海上冒险者"号帆船前往暹罗。亚当可能就是在其中的某一次航行时获得了通行证。在1613年的一封信件中，亚当间接提到，"北大年的船只"带来了生丝、锦缎、塔夫绸、丝绒、绸缎和染料等中国商品。自1606年10月幕府将军德川家康致信请求暹罗提供火枪和香木起，至1629年终，德川家康写给厄伽陀沙律王的众多信件勾勒出长崎与暹罗贸易的大致情况。1612年一支暹罗的非官方使团乘帆船抵达长崎并觐见了幕府将军，而首支王室官方派遣的暹罗使团于1616年才抵达日本。1623年、1626年和1629年，三个暹罗使团相继到访，向幕府将军通报了新国王继位的消息，但在使臣觐见之时，国王已被处决。泰拉维写道，在关系破裂前，尽管彼此间不甚了解，双方仍互赠礼物以示友好。

伍德认为，正是在山田长政的建议下，暹罗国王才与幕府家康建立了友好关系，德川家康十分渴望能从暹罗获取枪支、弹药和火药。除山田长政这样的忠诚守卫者外，还有些日本自由民在暹罗惹是生非。1623 年 9 月，幕府将军在信中通过外交辞令表示希望贸易平稳发展，并在信中告诉颂昙王："商人贪图利益，万不可使此类可恶之人免受惩罚"，其所指便是支持柬埔寨国王入侵暹罗的日本自由民。

1630 年，巴萨通国王（1629—1656 年在位）统治时期，阿瑜陀耶的日本侨民因被疑叛变而遭到屠杀或被驱逐出境。泰拉维解释道，经此一事，日本贸易落入协助国王管理海上事务和商业的荷兰人或中国人之手。虽然暹罗人改变了对日本殖民地的看法，但 1635 年与日本恢复关系的努力仍旧以失败告终。可能是由于锁国令，但荷兰人认为也可能是因为日本不满巴萨通篡夺王位，长崎的统治者并未接见暹罗使节。从阿瑜陀耶荷兰商人头领范·弗利特（Van Vliet）的记载中可以清楚地看出，荷兰人对暹日关系破裂喜闻乐见，他们或许为了自身商业利益甚至从中挑拨。

在 1688 年革命后，对外国人不甚热情的统治者取代那莱王（1656—1688 年在位）登上王位。在谈及革命的影响之时，迪拉瓦·纳·庞贝加（Dhiravat na Pomberja）指出，暹罗的新秩序规定绝非是为了反对外国贸易。他认为，中国–暹罗–日本三角贸易的兴起致使阿瑜陀耶的华人和荷兰人与暹罗王室争夺檀木、锡、鹿皮等商品对日本的出口贸易。例如，1697 年，帕碧罗阁国王（1688—1703 年在位）派遣了两艘帆船前往日本，并从荷兰东印度公司购买 10 000 张兽皮以作货物。1699 年，国王与素拉沙王子（后于 1703 年继位）各向日本派出一艘帆船。从日本返程的暹罗船只常停泊于中国港口，售卖铜及其他货物，再装载新的货物运往阿瑜陀耶。在日本和荷兰东印度公司的资料中，对暹罗王室于 1689—1703 年前往长崎的航运范围也有记录。

## 马尼拉的日本人：良好的生活与未知的命运

我们应将日本人在马尼拉的定居置于这座城市的殖民地建设以及与阿卡普尔科相连的马尼拉-澳门-日本三角贸易的背景之下。此外，德川幕府的驱逐政策也迫使大量日本人流亡菲律宾。正如西班牙官员、舰队船长及历史学家安东尼奥·德·莫伽（Antonio de Morga）于1609年所述，日本人在马尼拉已站稳脚跟：

> 每年3月底和10月底，一些日本和葡萄牙商船会乘北风从日本的长崎港驶来。他们进入马尼拉并停泊于此。船上装载的货物主要是马尼拉所需的上等面粉以及珍贵的咸肉。他们还带来了颜色各异的上好丝织品，美丽精致的油彩和镀金屏风，各式各样的餐具，制造精良的盔甲、长矛、大刀等武器，图案奇特的文具匣、箱子、木盒。此外，还有上好的鲜梨、成桶油脂的金枪鱼、一笼笼名为"fimbaros"嗓音甜美的云雀等一些花里胡哨的玩意儿。

莫伽对日本流亡者的描述也令人印象深刻，他们可能是来自长崎，约有500人：

> 他们充满活力、性格善良且勇敢无畏。
> 他们穿着色彩多样的丝制和棉制和服。和服垂直膝处，前面敞开，袖子又短又宽，半长筒皮靴贴身合体，鞋子形似凉鞋，鞋底由稻草编成。他们将前面的头发剃至头顶处，后脑勺的长头发优雅地盘于头顶。其腰带挂着大大小小的武士刀。他们胡须稀疏，举止高贵。日本人有许多仪式和礼节，十分重视荣誉和社会地位。他们在必要或危机的情

况下，行事果决。

最初，这些人可以自由返回日本，但随着时间的推移，他们只能永久流亡在外。在戈麦斯·佩德罗·达斯玛里诺（Gomez Pedro Dasmarino）总督统治时期，自1590年起，马尼拉与日本的关系开始恶化。一方面，西班牙人开始对日本人施加限制。另一方面，原田喜右卫门等人向丰臣秀吉施压，要求其出兵马尼拉。最终，丰臣秀吉和西班牙互派使节，互通信息。1600年12月14日，安东尼奥·德·莫伽在科雷希多岛附近摧毁了两艘荷兰船只，两个欧洲大国在东方的冲突就此拉开帷幕。

丰臣秀吉去世后，马尼拉受到袭击的风险也随之降低。但是从大量日本人移居马尼拉可以推断出，从长崎来访的商船络绎不绝，许多日本人留在了此地。事实上，正是在日本人的协助下，1603年马尼拉华人起义才得以平息，当时约有800名日本人居住在马尼拉。1606年，日本人趁总督不在之时发动叛乱，西班牙人面临严重的威胁。叛乱于次年被血腥镇压，日本人的居住区也被夷为平地。

1614年，约300名日本基督徒从长崎抵达马尼拉，著名的基督徒大名高山右近也在其中，1585年前他一直控制着大阪的城堡。虽然这些及其他日本基督教徒定居于城外，他们仍然受到了热烈的欢迎。1622年，马尼拉建立了一所慈善机构和学校以满足日本和华人基督徒的需求。然而，1624年，日本当局禁止与马尼拉开展商业往来。同年，一位西班牙使节前往萨摩，携带着丰厚的礼品敬献给王室却惨遭毒手。虽然日本与西班牙在台湾等问题上相互猜忌、互为商业对手，但长崎与马尼拉之间的贸易仍在继续。巴色-史密斯（Pakse-Smith）在其作品中提到，曾有两艘船抵达马尼拉，一艘由长崎奉行①派遣，另一艘驶自萨摩，它们都带着军事任务而来，而非仅仅为了商业贸易。但是，1631年两艘抵达马尼拉的长崎商船却给当地带来了厄运。船上载有一批被驱逐出境的麻风病人。后来，又有船只于1632年和1635年相继抵达菲律宾，将逃难的妇女儿童，甚至还有家境富裕的日本皈依者带至此处。包括麻风病人在内的所有人均被热情接纳。

日本人在马尼拉建立了日本人町。赛义德（Zaide）曾言，首个日本人町——迪劳，位于巴石河南岸，紧邻东北城墙，位于华人居住的涧内和拉古纳之间，迪劳（黄色）之名来自一种用于提取黄色染料的灌木，这种灌木在该地区广泛生长。与华人社区涧内一样，迪劳也处于城墙上西班牙炮火的射程范围之内。弗莱昂·伊格纳西奥·穆尼奥斯（Fray Ignascio Muñoz）将其绘制于1671年版的马尼拉地图上。第二个日本人町建于圣米格尔街区，是1614年高山右近及其追随者流亡后建立的。它坐落于巴石河南岸，临近迪劳。但与商业城镇迪劳不同，圣米格尔是纯粹的基督徒居住区，但两个社区内都有教堂。1656年后，再无迪劳的蛛丝马迹，而圣米格尔也在1768年的一场大火中灰飞烟灭。

## 柬埔寨："不敢回国的土匪"

由于在王朝斗争中追随国王，17世纪初，日本人成为王国中享有特权的群体。克斯滕（Kersten）指出，这些日本人主要是流亡海外的基督徒，他们在促进柬埔寨与日本人、葡萄牙人和荷兰人的贸易中发挥了关键作用。高棉语资料记载，1605年左右，柬埔寨国王向江户的幕府抱怨日本海盗帆船常在柬埔寨沿海活动。众所周知，

---

① 奉行：地方长官，一种平安时代至江户时代的日本官职或军职。

德川幕府第三代将军德川家光在 1625 年至 1636 年派遣了一位名为岛野贤谅（Shimano Kenryo）的长崎翻译前往吴哥朝圣。

1637 年到访的荷兰东印度公司大使亨利·哈根纳尔（Henry Hagenaar）描述道，金边的日本社区有 70~80 户人家，他们与葡萄牙人、马来人及其他商人居住在一起，但每个社区都是独立的。他称这些人为"不敢回国的土匪"，这显然指的是德川幕府时期禁止海外日本人回国的闭关锁国政策。此外，这一群体受到了国王的优待，因为在宗亲叛乱之时，日本人曾英勇抵抗。但即便如此，日本人在贸易中并未享受特殊优待，他们甚至不得不将商品运往越南中南部的广南，在那里借由中国帆船贸易将商品转运至日本。17 世纪 60 年代，同越南一样，柬埔寨与日本（长崎）建立了直接联系，但仅限于通过中国帆船贸易。

2004 年，日本文化财研究所在柬埔寨开展实地考古研究，寻找日本人当时的实际定居点。2008 年年初，研究人员发现其定居地位于金边以北 25 千米处的博涅勒，如今属于干丹省。陶瓷碎片和窑址也相继出土。该项目的首席研究员杉山博（Sugiyama Hiroshi）估计，当时约有 100 名日本人居住于此，其中大多数人从事宗教和贸易活动，而他们的武艺无疑也一直倍受人们喜爱。

## 长崎与越南之间的贸易

16 世纪末，明朝诏令禁止中国人和日本商人开展直接贸易，因此他们开始纷纷前往阮主的费福（会安）、交趾（河内）以及郑主的庸宪等越南港口，用中国的生丝和丝织品换取日本的白银。但在德川幕府下令排外后，在海外的日本人只能四处漂泊，荷兰人和长崎的华商开始涉足利润丰厚的以丝易银继而易铜的越南贸易。政治分歧致使沿海主要贸易港口中所有外国商业群体之间的政治和商业关系都愈加复杂。生于意大利的耶稣会传教士亚历山德罗在1627年到访会安时写道："日本人留在那里并开展贸易，其商业活动十分活跃。"他在1641年到达占婆王国时见到了日本人、中国人和葡萄牙商人。芒更发现，当时，采自占婆山林的伽南香（沉香木）在日本供不应求，常被用于制作香料。在1627年郑阮纷争爆发前，日本签发了42本朱印状，用于开展从日本至越南阮主之间的贸易。

外国商人向往的另一贸易中心是位于红河东岸升龙（河内）东南50千米处的庯宪（兴安）。1604年至1616年，日本发放11本朱印状用前往于越南郑主的贸易，1634年增至35本，这表明该港口在日本以丝易银贸易中的重要性日益增加。1626年至1660年，澳门耶稣会士每年都会乘船前往北越开展贸易。其中，白银是主要的进口商品，而越南（东京）的生丝和丝织品则是主要的出口商品，此外还载有销往日本市场的中国丝绸。葡萄牙人还从越南向长崎出口丝绸。令人瞩目的是，1637年威尔·亚当将数量众多、种类繁多的丝绸运至日本。平户的英国人通过威尔·亚当航行开拓了贸易。17世纪30年代末，荷兰东印度公司已介入这一贸易，而德川幕府的诏令则使日本商人流浪在外。数十年间，在港口地区，华人和日本人的社区规模不断扩大，各自形成了独立的领地。

从日本与越南诸国的官方贸易可见日本的东南亚贸易被纳入朝贡贸易的过程。近世儒学家、外贸专员及特使藤原惺窝在写给"安南王子"的信件中也记录了上述过程。在信中，藤原以一位京都商人的身份提出贸易关系应建立在"诚信"的基础之上，早前的贸易航行中有些船员行为不端，或者至少未能遵守儒家社会的文明准则。他从儒家思想出发，直言不讳地提出纯粹的谋利应让位于平等互利。

葡萄牙人在越南中部占主导地位，而荷兰在越南北部的地位举足轻重，特别是1637年后，郑主请荷兰人在庯宪开设转口港，吸引了日本、中国和暹罗商人。但是随着越南北部与中部之间内战的蔓延，荷兰人卷入了扶郑抗阮的战争之中。

一位名为乌拉善（Ura-san）的日本妇女协助荷兰人处理其与郑主间纷繁复杂的事务。早前在顺化（或许是会安），一位名为关斗（Guando）的日本翻译也为荷兰人提供了帮助。用荷兰人的话说，乌拉善"主动与国王一起帮助我们免受葡萄牙人的诋毁诽谤"。乌拉善不仅在荷兰人觐见郑主国王时担任翻译，还在复杂的宫廷礼仪中为他们实时指点。荷兰人必须通过受雇于宫廷的日本中间人进行贸易谈判，而且无法直接与当地丝绸生产商交易，因为这是日本人的特权。

到1642年，耶稣会士和荷兰人越来越多地向郑主供应其梦寐以求的铜币（带有特殊方孔的硬币）。铜币最初由日本商人引入，后来成为农村地区最受欢迎的交易媒介，而在港口城市人们仍偏好用金银币交易。1688年前，葡萄牙人在澳门用进口的日本铜铸造铜币，获得了丰厚的利润。

日本人社区在会安及越南郑主的其他沿海贸易中心萌芽扎根，其形成一方面与长崎的丝绸贸易有关，而随着排外法令的颁布，这些社区也永久存在于此。

## 澳门的日本人：毁誉参半

近一个世纪的贸易联系和基督教传教活动将澳门与日本相连，因此，当澳门（和果阿）出现了一个由基督徒、商人和奴隶等组成的小型日本人社区也不足为奇。众所周知，四位皈依基督教的日本人和前往罗马的使节与朝圣者于1582年启程，在往返欧洲的长途航行期间曾在澳门短暂停留。据传言，日本石匠还参与了澳门标志性建筑——圣保禄教堂——的建造和设计。

特别是在安德烈·佩索阿（Andre Pessoa）在任期间（1607—

1609年),在澳门横行不法的日本水手损害了葡萄牙与德川幕府的关系。1609年8月24日,在长崎商人有马晴信的帆船船员引发浩劫后,德川幕府发布诏令:"鉴于随船前往澳门的日本人对当地造成破坏,日后将严禁这一行为。日本人如若需要前往澳门,则必须遵从当地的法律法规。"

至少在禁止日本人海外贸易或旅居的法令出台前,澳门一直是日本基督徒和异族通婚者常来往之地。清朝时期,除临近大陆与澳门边境的拱北外,日本人主要集中于大三巴围和茨林围。文德泉(Teixeira)确认了于1648年至1688年葬于圣保禄教堂的25位日本基督徒的身份。此外,日本商船和渔船时不时被风暴吹至中国沿海地区,而中国地方官员常将这些船员移送至澳门。在1685年、1795年、1798年、1813年葡萄牙人多次试图将这些不幸的船员遣送回国,1832年还通过中间人郭实腊(Charles Gutzlaff)遣送船员,但无论是遣送船员还是对日本当局逢迎讨好均无果而终。

## 安汶岛上的日本雇佣军

荷兰东印度公司在安汶岛对英国人的屠杀(又称"安汶大屠杀")不仅致使两大欧洲国家相互责难,而且多年以来被载入许多英国文献之中,博蒙特的《忘恩负义的代表:荷兰总督和议会在东印度群岛安汶岛对英国人不公、残忍且野蛮行动的真实记载》(*The Emblem of Ingratitude: a true relation of the unjust, cruel, and barbarous proceedings against the English at Amboyna in the East Indies, by the Netherlands governor and council there*)便是其中之一。虽然此类作品的核心内容是讲述英国人的命运,控诉荷兰人背信弃义,但其中还涉及对日本雇佣兵生活及服役时间的罕见描述。

克拉洛(Clulow)写道,荷兰东印度公司将约300名日本雇佣兵从平户运往东南亚。1613 年，平户贸易站用"福尔图耶号"（Fortuije）帆船运输了一支由 68 人组成的雇佣兵小队，此后，又至少派出了三船雇佣兵，每人都签订了三年的合约。载有 100 人的"中国号"轮船在海上失踪，无人幸免。雅加达的荷兰总督扬·彼得生·库恩大力支持从平户招募日本雇佣兵。1613—1623 年，日本人参与了大部分荷兰东印度公司的战争，其中较为著名的是 1613 年远征蒂多蕾岛、1619 年围攻雅加达以及 1621 年征服班达的最后一战，在征服班达的战役中，有 87 名雇佣兵立下汗马功劳。虽然库恩游说招募更多的雇佣兵，但 1621 年德川幕府禁止人口输出，雇佣兵招募也随之终止。

在安汶岛，荷兰人压制着英国公司。为了加强驻军，安汶的荷兰人不得不招募日本雇佣兵。后来，英国人和日本人卷入了一场谋杀荷兰人并夺取控制权的阴谋，形势随即变得十分危急。荷兰人处决了有作案嫌疑的英国人以及 11 名日本雇佣兵中的至少 9 人。在一系列问题上，荷兰东印度公司常与其招募的日本雇佣兵发生冲突，如发动叛变等，"福尔图耶号"事件亦是如此。克拉洛从被处决者名单中发现，这些雇佣兵大多是年轻人，而非战斗经验丰富的老手。名单上最年轻的是出生于肥田的赞楚（Zanchoo），年仅 22 岁；最年长的托梅·科雷阿（Thome Corea）已有 50 岁，他来自长崎，显然是一位基督徒。他们主要来自长崎和平户等九州各地，还有人来自肥前、筑后及唐津等地。来自平户、年仅 26 岁的索西莫（Sousimo）和 40 岁的萨库巴（Sacouba）可能幸免于难。参与"福尔图耶号"叛变的日本船长久野木伊右卫门（Kusnoky Itsiemon）也得以幸存。

## 巴达维亚（雅加达）的日本人

过去那些因闭关锁国政策而滞留巴达维亚的日本人，他们勾起了当下日本大众关于那片殖民地的浮想。早在 1609 年 4 月，荷兰海军将领范赫文（Verhoeven）将日本雇佣兵派往班达。第一批前往爪哇的日本人也是乘坐荷兰船只从平户启程。1613年2月，荷兰的文件显示，亨德里克·布劳威尔（Hendrik Brouwer）于当年将68名日本人送往巴达维亚，其中有木匠、铁匠和泥水匠。当时荷兰人正在雅加达老城的基础上建设巴达维亚，这些日本人正符合荷兰所需。1615年，又有59名日本人从平户前往雅加达工作。1620年，在日本禁止非法贩卖臣民的前一年，有71名日本人在雅加达当兵。在1621年远征班达时，库恩带了80~100名日本雇佣兵作战。在1639年将与荷兰人、英国人结婚的日本女子及其后代正式驱逐至巴达维亚前，该殖民地规模的扩大主要是由于人口自然增长。1639年10月，布雷达号船只将其余的混合家庭和混血儿带至此地。卡隆（Caron）是唯一的例外，他获得了特别许可，其日本妻子和五个子女得以留下，直至1641年2月才离开。1641年从平户经台湾运往巴达维亚的人受到了当局的优待。由于禁止日本人与外国人通婚，如何使其与荷兰人的私生子合法化这一问题也随之产生。

尽管官方禁止流亡者与在日本的亲属联络，但他们能够想方设法与卡隆取得联系。通过卡隆、印度事务委员会和长崎总督，这些流亡者得以与身在日本的亲属通信并互赠礼物。村上（Murakami）称，这些信件现存的只有四封，均写于1663—1671年。一些爪哇妇女聪明伶俐，将写给日本亲人的信件伪装成拼接织物并取名为"雅加达来信"。这些书信写于20厘米见方的爪哇印度棉布之上，日本人也将其称为印花布（sarasa）。有关一位名叫阿春的女性的和歌便是例证之一。她出生于平户，其父是意大利水手，母亲是日本人，她被长崎筑后町的一名官员收养。1639年，15岁的混血儿阿春被送往巴达维亚。虽然她拥有基督教背景，但如今却在长崎的佛教寺庙圣福寺中受众人祭奠，流行歌曲《长崎物语》也纪念了这位一生充满悲剧的女性。

并非所有在巴达维亚的流亡者都处境艰难。20世纪30年代，村上的研究证实，许多流亡者都生活体面，至少符合小资产阶级的特征。细究1619—1655年的70条荷兰教堂的婚姻和遗嘱记录，村上确定了部分人的身份。例如，安东尼·雅庞（Anthony Japon）是马尔迪吉基尔士官、混血士兵、奴隶贩子和放债人，米歇尔·博赛蒙（Michiel Boesaimon）是日本居民首领，等等。他还发现迈克尔·特索贝（Michael T'sobe），即迈克尔·迪亚斯（Michael Dias），可能是一位葡裔混血放债人。特索贝的墓碑于1889年被"发现"。古荷兰语碑文记载，他生于1605年8月15日，卒于1663年4月19日。和许多流亡者一样，他出生于长崎，被誉为"受人尊敬的日本基督徒"。

还有一些人在荷兰殖民社会中甚至拥有更高的地位。从阿姆斯特丹荷兰国立博物馆展出的一幅油画中可见，科奈利斯·范·尼恩罗德（Cornelia van Neijienroode）便是其中之一。她由1623—1632年荷兰平户贸易站站长与平户富商的女儿所生，后来嫁给了一位荷兰人，从而在荷兰殖民地社会中拥有一席之地。1667年，她在平户瑞云寺建造了一座五层宝塔以供奉父母的灵魂。弗朗索瓦·卡龙（François Caron）和江户平民之女江口珠泽茂（Eguchi Juzayemo）的六个子女也是爪哇的流亡者。但人脉对他们家至关重要，其中两个儿子后来前往莱顿求学，其中一个成为传教士学者后，又回到了安汶。

## 总结

日本人对阿瑜陀耶宫廷无疑产生了巨大影响。但是，这一问题仍待研究。16世纪和17世纪游荡于中国海域的日本武装力量，无论是倭寇、葡萄牙或荷兰雇佣兵，还是山田长政等魅力型领袖的追随者、愤懑不平的水手，抑或台湾的纳茨事件等官方为惩治对手而派出的人员都对各种历史事件产生了不容忽视的宏观影响。海外日本人的共同特点是都拥有精湛的武艺，尽管这一特点常被其他活动所掩盖，特别是在移民定居地的社区中。有些流落海外的日本人在葡萄牙人、荷兰人和英国人与当地社会的沟通交流中出色地扮演了文化中间人的角色。1613 年在平户成立英国工厂时，约翰·萨里斯从万丹带来的日语–马来语翻译、帮助荷兰人与郑主打交道的乌拉善、流亡澳门的日本基督徒以及暹罗的山田长政都扮演了这一角色。此外，巴达维亚和马尼拉的日本基督徒分别在荷兰和西班牙当局同日本的交流中发挥中介作用，而排外政策出台后，这些群体在日本销声匿迹，无法再扮演中间人的角色。

与华侨相比，日本"贸易侨民"人数更少，且不像华侨一样有新移民源源不断地补充进来。因此，其影响力也有限。历史并未善待日本人在东南亚留下的物质遗产。目前，雅加达存有 19 世纪 80 年代日本基督徒的墓碑，澳门圣保禄教堂的巴洛克式外墙据信是日本基督徒所建，会安还有一座"日本桥"。而"雅加达来信"的凭证则更为稀缺，但也引发了人们的无限遐想。在柬埔寨发掘日本人町遗址等考古研究，重新激发了日本人对这段历史的兴趣。

朱印船贸易对日本社会产生了巨大的影响，对日本西部而言更是如此。它不仅吸引了肥前有马等本地著名商人参与其中，而且显著地促进了当地市场经济的发展。染料等原始工业产品在当地纺织业中物尽其用，而从越南购入的丝绸等威信财则到达贵族等大城市的客户手中。我们将在另一章中讨论日本铜出口在东南亚贸易中的调节作用，但这一贸易得益于日益成熟的金融或信贷制度的支持，而且与博多、大阪等地强大的商业集团紧密相关。

日本人当然会重返东南亚，但那是在明治维新之后。在太平洋战争爆发前的数十年，英国殖民地新加坡出现了大量日本社区，在英属北婆罗洲的斗湖，许多日本人从事农业生产，当时处于美国控制下的菲律宾达沃情况也是如此。新加坡的日本社区中住着众多专业能手和商业人士，东南亚也成为唐行小姐或妓女的目的地。她们大多来自贫困的五岛列岛（今属长崎县）。但我们在此处谈论的是殖民边界，与倭寇、朱印船和日本基督徒航行的公海相去甚远。

# 第九章

CHAPTER 9

# 亚洲内部贵金属贸易经济网络

# 第九章
## 亚洲内部贵金属贸易经济网络

在了解伊比利亚和荷兰在东亚-东南亚地区贸易体系的功能及其政治和意识形态后,我们现在来探索推动这一贸易的交易方式和条件。亚当·斯密指出,白银贸易具有全球性的特征。他写道:"新大陆的白银看来就是以这种方式成为旧大陆两端通商的主要商品之一,把世界相隔遥远的地区联络起来。"其观点得到了现代经济史学家的赞同。弗林与吉拉尔德兹指出,自16世纪70年代起,白银开启了"重要且持久的全球贸易"。这同样适用于日本白银的生产,在其巅峰时期,日本白银产量约占世界白银供应量的三分之一。贡德·弗兰克(Gunder Frank)等学者则强调东亚在白银贸易中的优越条件,因为东亚人"从一开始就比欧洲人更勤劳且生产效率更高"。东南亚的区域间白银和货物转运尤为兴旺。自16世纪以来,尽管受到供应中断的影响,但东亚贵金属贸易推动了整个区域的商业发展。

关注东亚地区,我们能够研究金属货币在动态互动与角逐风云的朝贡贸易体系间的使用与贸易情况,即我所说的白银贸易经济网络。它不仅横跨东亚和东南亚,还是在互联互通的全球贸易中连接各半球的纽带。在16世纪,日本进口黄金以满足激增的需求,而在17世纪的大部分时间里,日本主要出口白银,在17世纪末,黄金、铜和白银共同成为主要的出口商品。虽然日本的铜一般不算作贵金属,但它作为贸易商品和越南阮主等国家所需的钱币原材料进入了区域性乃至全球性的贸易网络之中。与陶瓷生产一样,日本的采矿业也可被视为近代早期原始工业发展的象征。日本参与的白银贸易在17世纪期间促进了区域经济的繁荣发展,但这一繁盛之景最终因矿产资源枯竭、为防止贵金属流失而实施的钱币贬值政策以及严重的财政失衡而告终。

本章旨在探讨为何黄金未能成为东亚的永久性本位币。中国的复本位制对该区域，特别是对区域内部白银和铜的新需求产生了怎样的宏观影响？白银如何以及为何在17世纪和18世纪成为亚洲新本位货币，与其在欧洲和美洲的重要性不相上下？钱币外流对18世纪初的日本经济产生了何种影响？日本又采取了哪些补救措施来阻止其外流？最后，我们将探讨进口金属的流入如何促进东南亚国内的交易和商业，对包括铜在内的区域和全球贵金属贸易又产生了哪些更为深远的影响。

## 日本的金矿和银矿

正如亚当·斯密与小幡所言，研究新大陆贵金属生产的历史影响对于理解欧洲资本主义的发展至关重要。日本矿场的发展历程及其对广阔东亚地区的影响值得深入研究。1541—1640年，秘鲁波托西和墨西哥矿区的白银年均产量为30 000~394 000千克，而据小幡粗略估计，日本兵库县生野银山、岛根县石见银山和佐渡岛矿山的产量在17世纪初达到了每年200 000千克。17世纪30年代后，白银出口量下降，进入东亚-东南亚贵金属贸易的日本白银出口量实际上超过了马尼拉大帆船带来的白银量。然而，这一估算必须以西班牙出口贵金属（流入这一贵金属贸易）的最佳估量来理解。

小幡解释道，在德川幕府的统治下，战国大名的临时制度被取消，金银开采不仅成为国家垄断行业，还成为国家重要的金融基础。在国内，金币和银币取代了旧的铜币体系。金银产量的突增与明代中国对外贸易的发展密切相关，特别是在中国允准葡萄牙从事将中国丝绸售往日本的贸易后，白银的需求随之增长。

本州岛南部的岩见银山自1526年开始开采，16世纪和17世纪日本约有一半的白银产自此处。在日本国内，石见银山出产的白银进入了战国大名的储备库，同时也为丰臣秀吉和德川家康提供了统一幕府体系所需的重要资源。16 世纪上半叶，石见银山在日本开创了借鉴使用朝鲜冶炼法的先河。1571 年，石见银山还采用了伊比利亚的汞齐法，后又将其推广至佐渡岛矿山和生野银山（位于今本州中南部的兵库县），从而提高了产量。它也为葡萄牙人和来访的耶稣会士所熟知，并出现在早期欧洲的日本地图上。在这里，成千上万的囚犯等人在简陋的环境下工作并于此死去。

## 长崎-澳门与以丝易银贸易

日本对高品质丝绸源源不断的需求在很大程度上推动了连接长崎、葡属澳门和中国的白银贸易。拉尔费·菲奇于 1588 年到访马六甲，他记录道："葡萄牙人从澳门前往日本时会携带大量白丝、黄金、麝香和瓷器，但他们从那里带回的只有白银。"前人已从供给的角度对丝绸和纺织品贸易展开研究，在本章中，我们将聚焦以白银为代表的交易方式，而白银也是东亚用于大宗交易结算的新本位币。然而，日本生产和出口的白银数量仍尚存争议（见表 9.1）。

表 9.1　1546—1637 年葡萄牙和日本红朱印船贸易的白银出口量

| 年份 | 白银出口量（百万两） | 数据来源 |
| --- | --- | --- |
| 1546—1570 | 12.4~15.5 | 索萨 |
| 1580—1597 | 7.5~8.9 | 索萨 |
| 1546—1638 | 36.6~41.5 | 索萨 |
| 1615—1625 | 11.0 | 岩生成一 |
| 1636 | 2.3 | 肯普费 |
| 1637 | 2.1 | 肯普费 |
| 年均出口量 | 1.3 | 卡龙 |

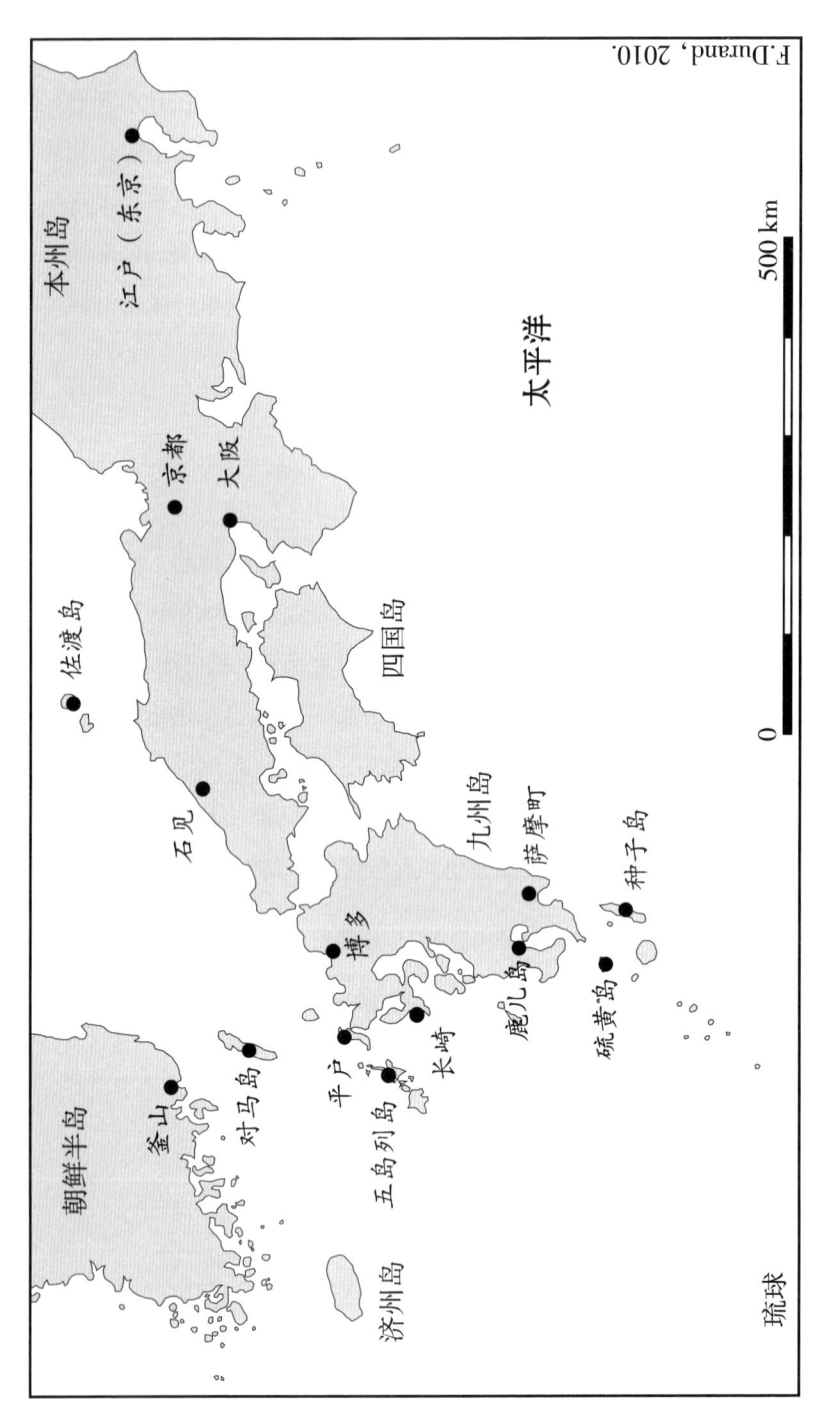

地图9.1 16至18世纪的日本银矿及贸易港口

小幡指出，1635 年共三艘船出口了 1500 箱白银，1636 年共四艘船出口 2350 箱白银，1637 年共六艘船出口 2600 箱白银，1638 年出口了 1250 箱白银（每箱 1000 两）。乔治·索萨认为，若要估计葡萄牙人出口白银的价值，首先必须确定他们来往日本的频率，其次再根据估算和观察确定每年的商业交易价值。理想情况下，还应考虑到海上银的可变利率，海上银是一个虚拟的担保制度，可为货物借贷。索萨在其研究中断定，从 1546 年到 1579 年，葡萄牙从日本获得并出口了 1240 万~1550 万两白银（相关航行共 65 次，年均出口白银为 40 万~50 万两）。自 1580 年至 1597 年，年均出口量在 30 万~60 万两之间波动，即在这 17 年间出口总量为 750 万~890 万两。在索萨的研究中，在最后 41 年，葡萄牙从日本获得并出口白银的数据更为精确，约为 1670 万两。此外，1546—1638 年，葡萄牙商人总共进口 3660 万~4110 万两白银。

这些数字中尚未包含朱印船出口的贵金属。岩生成一估算，1615—1625 年，朱印船每年出口的贵金属多达 100 万两。但是，德川幕府限制日本直接参与对外贸易并于 1635—1636 年颁布禁令，贸易活动中朱印船和葡萄牙船只的比例也随之发生了变化。与马尼拉大帆船贸易一样，这些数字也未包含沉船、劫掠等造成的损失。在最后数年，面对新大陆白银流向马尼拉的流动性危机、日本信贷紧缩以及荷兰袭击造成的航运经济损失，葡萄牙人大幅扩大其贸易活动。虽然长崎的贵金属贸易无疑为葡萄牙人创造了丰厚的利润，但是如何获取具有重要意义的会计信息却成了一个问题，尤其是因为当时商业机密被严密保护，利润也成了商业情报内容之一。然而，正如下文在谈及英国东印度公司贸易时所述，当代和现代经济史学家都十分关注这一问题。

## 日本贵金属贸易中的荷兰人、华人和朝鲜人

在 1641 年葡萄牙人被逐出日本后，荷兰和中国的贵金属出口量剧增。在 1668—1672 年日本宣布禁止白银出口前，白银出口量一直保持稳定。与此同时，朝鲜开放成为日本白银的一大市场。但由于有华人走私白银，荷兰转而将目光投向日本的椭圆状金币——小判。

### 荷兰东印度公司的黄金贸易

小幡认为，到 1640 年，东亚黄金和白银的价值达到了新的平衡点，而在日本，黄金相对白银而言并无价值优势，这为日本恢复黄金出口打开了一扇机会之窗，早前葡萄牙人就被对日本的黄金出口贸易吸引至此。荷兰人抓住机遇开始出口黄金。很久之前，荷兰就开始关注日本的黄金贸易，如荷兰东印度公司 1617 年 9 月的一份记录显示，阿瑜陀耶有名的荷兰商人马丁·豪特（Maerten Houtman）汇报称，对日黄金贸易可获得 35%~40% 的利润。约 10 年前，暹罗的英国商人称黄金与白银的兑换率为 1∶3。巴克尼尔（Bucknill）称，自 1690 年 6 月起，印有荷兰狮子图像的小判和较小的矩形一分银与其他欧洲货币一起在巴达维亚并存。

新加坡的建立者莱佛士（Raffles）在关于荷兰与日本贸易的研究中写道，1640 年荷兰人签订并完成了价值 1000 万 ~1200 万弗罗林的"最佳"订单，相当于 100~150 箱金币。荷兰东印度公司官员古斯塔夫·威廉·范·英霍夫（Gustaaf Willem von Imhoff）表示，在贸易最景气的时期，金币交易量多达 200 箱，白银交易量高达 100~150 箱。这相当于每年贸易额高达 50 万 ~100 万英镑。据克劳福（Crawfurd）统计，1641 年荷兰出口黄金 80 吨，约合 70 万英镑，但白银仅出口 14 箱，约合 4666 英镑。而在印度，黄金销售利润为 28%，而白银的

利润仅为 4%。此后，白银出口逐渐减少。克劳福认为，日本矿山开采难度的增加以及官方禁令的限制极大地影响了白银的供应。

荷兰对日本黄金重燃兴趣的另一原因是他们于 1662 年丧失了台湾据点。在此之前，荷兰黄金的主要来源一直是中国。格拉曼（Glamann）指出，17 世纪 60 年代末，日本发现了丰富的黄金资源。荷兰东印度公司日志记载，荷兰人对在日本各地发现的新金矿特别感兴趣，其中包括 1733 年在长崎湾发现的一个小金矿，但该金矿最终只开采出了少量金块。

莱佛士表示，黄金在被铸造成货币后仍是利润丰厚的贸易品，可以 6 两 8 钱或 6 两 7 钱的价格购买。在亚齐和望加锡，名为 Mas 的金币[①]也在广泛流通。1669—1671 年的记录显示，这些年"国家的大人物或商人"购买黄金的价格低至 5 两 6 钱、5 两 8 钱。其中有两年购得了超 100 000 小判，获利高达 100 万弗罗林。格拉曼指出，大部分黄金经由马六甲被运往印度科罗曼德尔海岸。弗兰克强调，这一事实值得关注，在对于贵金属的需求的驱动下，印度和中国成为全球黄金目的地。然而，印度无法同全球昂贵白银的集中地——中国——相提并论，因为它也要向东方再出口部分白银。

## 荷兰东印度公司的白银贸易

如莱佛士所述，日本出口的白银有两种，分别是纯银和粗银，即银条，也分别称为轻钱和重钱。1635 年以前，银条的固定价格为每两 62.5 斯泰佛，1635 年后调整为每两 57 斯泰佛。荷兰人认为印度市场的白银汇率过高，因此将目光转向黄金。格拉曼发现，自 1666 年起，荷兰东印度公司以 70 斯泰佛轻钱为一两，而荷兰所使

---

① 源自马来语，意为黄金。

用的重钱价值则比轻钱高 25%。毋庸置疑，货币价值的差异加之荷兰东印度公司忽略运费的简化簿记，使人们很难准确地计算贸易净收益。

《延宝长崎记》等日本的相关记载有助于我们了解荷兰从日本获得并出口的白银总量以及数额更大的中国白银出口量。1648—1655 年，荷兰和中国的白银出口量近乎相等，而在 1656—1672 年，中国与荷兰出口白银量之比翻了一番。此外，在 1672—1684 年，中国的白银出口有相关记录，而荷兰的白银出口却没有。但这一时期走私活动猖獗，有关中国出口情况的记载已无法找到。因此，1648—1718 年这 71 年间，中国的白银出口总量为 259 374 贯，而荷兰的白银出口总量为 104 079 贯。

小幡指出，此后，荷兰人继续大量出口白银，直至 1668 年（或 1672 年）日本禁止其出口后才停止。但到了 1685 年，银的主要地位被铜取代。因此，小幡认为荷兰在 18 世纪大量出口白银这一观点难以成立。值得注意的是，1700 年至 1740 年荷兰出岛的日志中，除了有关中国的记载，几乎没有提及白银。如下文所述，在白银因贬值而不适用于对外交易前，荷兰人选择继续以小判的形式出口白银。

荷兰西印度公司官员罗格韦（Roggewain）于 18 世纪初写道，包括黄金贸易和非黄金贸易在内的所有出岛贸易每年能带来约 500 万荷兰盾或 50 万英镑的收入，"其中还未包括从日本销往印度群岛各地的货物所带来的巨额收益，这些带给我们的或许要更多"。

## 朝鲜白银贸易

在某一时期，日本与朝鲜的白银贸易甚至超过了与荷兰东印度公司的贸易。1662 年在荷兰人被逐出台湾后，日本无法进口优质的中国白色生丝，于是便将目光投向朝鲜，将其作为另一进口地。朝鲜朝廷自 14 世纪 80 年代起就开始遣使日本，但 15 世纪中叶以后，朝鲜将外交和贸易活动集中在对马岛——位于朝鲜西南部和九州之间的海峡，贸易由宗氏从中斡旋。根据 1609 年的协定，贸易共有三种形式：官方的朝贡贸易——朝鲜可在其中购买铜和锡以及苏木等舶来品，还有私人贸易和市场贸易。

郑成一（Chung Sungil）认为，与受中央政府严密监管的荷兰东印度公司相比，对马岛的宗氏通过向幕府呈递伪造的文书有效规避了诸多限制。然而，1695 年后，贸易的繁荣之势有所衰退，此番贸易的衰落与幕府规定贸易上限无关，而是与 17 世纪 90 年代日本银币贬值同时发生。尽管如此，朝鲜还是通过其派往江户的"朝贡"使团积极寻求贸易机会，正如 1712 年 2 月，荷兰人见证了朝鲜使团的返程。日本白银不仅有助于朝鲜继续向中国缴纳贡赋，而且白银贸易还将日本与亚洲大陆的人参和毛皮贸易联系在一起。

## 日本与全球铜贸易

据格拉曼研究，自 17 世纪第四季度起，银币和金币被第三种金属钱币——铜币取代。早在此前，亚当·斯密就指出："日本的铜成为欧洲的贸易商品。"他认为，金属市场不会只局限于矿场附近，而是遍及全世界。此外，他还发现，日本的铜价影响着欧洲的铜价，就如秘鲁的银价影响着中国的银价一样。20 世纪 30 年代，瑞典经济史学家分析，在某一时段，通过荷兰在长崎的铜贸易流入欧洲市场的铜总量与 17 世纪欧洲主要的产铜国瑞典所生产的铜总量不相上下，甚至比后者更多。

阿尔伯特·奥尔森（Albert Olsen）认为瑞典铜产量的锐减与荷兰东印度公司经由阿姆斯特丹进口日本的铜直接相关。银币在欧洲的货币本位中一直处于主导地位，但在 1624 年，瑞典国王古斯塔夫·阿道夫（Gustavus Aldolphus，1611—1632年在位）在银本位制的基础上确立了瑞典的铜本位制。

在德川幕府时代前，日本从中国进口铜币，在当时铜币是日常市场交易中最常见的货币。从16世纪开始，葡萄牙人将铜作为贸易品，当时安特卫普的商人购买铜以用于东亚贸易。在日本–澳门贸易的最后几年，铜才成为重要的贸易品，主要被博卡罗（Bocarro）在澳门著名的枪支铸造厂所用。谟区查解释道，火炮制造对澳门而言十分重要，1647年，时运不济的葡萄牙驻日本大使馆主要目标之一就是重新设法获得日本的铜。日本铸造厂生产的铜在国内物尽其用，被用于制造大炮、钟和铸造巨型佛像。虽然葡萄牙人从日本进口铜，到17世纪30年代，他们还向越南郑主大量出口铜。然而，在1645年幕府解除对铜出口的禁令后，长崎的铜出口才开始在中国和荷兰东印度公司的支持下急剧增长。

## 日本铜矿

日本经济史学家岛田竜登（Shimada Ryuto）称，截至1703年，日本有243个正在运行的铜矿，平均年产量约为5300吨。矿区主要集中在东北部的本州（陆奥、出羽），另一矿区的集中地位于四国（别子）。其中许多矿山最初是金矿或银矿，但在金银采尽后转而开采铜矿。在中央政府的许可下，别子矿山自1691年起由住友家族经营，其有关记载最为详尽。铜在当地冶炼后，在住友家族位于大阪精炼厂中被精炼成纯铜，在加工成铜条后，由长崎的荷兰东印度公司出口，而其他的铜锭则供国内消费。

在日本铜采购和出口中荷兰人和华人展开了激烈的竞争。大阪的地下铜商组织，即铜座，加剧了竞争的复杂性，但是荷兰人对这一组织却不甚了解。住友家族经营着大型精炼厂，在其控制下，"铜座"负责将铜运输至长崎的交易所或是幕府的贸易所。铜锭或铜条由驳船经由沿海路线运往长崎,由于出口的铜与国内的铜存在差价,因此运输过程需要较高的安全保障。铜座成立于 1701 年,1712 年幕府废除了铜座的垄断权,并敦促当地大名寻找新的铜矿。铜座于 1738—1746 年重新设立,但其垄断权直至 1766—1868 年才得以恢复。正如荷兰人于 1705 年 5 月所见,大阪精炼厂产量较高。

自 18 世纪初起,约有 70% 的铜专门用于出口,在 18 世纪 70 年代,这一比例降至 54%,而运往国内市场的比例也随之上升。虽然排水技术和采矿技术有了一定的创新,劳动密集型活动的趋势也不断凸显,但 18 世纪日本全国铜产量却降了约 50%。

## 荷兰东印度公司的铜贸易

黄金为荷兰人创造的利润最为丰厚,而与此同时,欧洲和印度对铜的需求却十分低迷。岛田竜登写道,17 世纪,由于铜供应充足,荷兰开始在日本大力开展铜贸易。铜也成为影响 17 世纪荷兰东印度公司亚洲内部三角贸易的重要因素,长崎产出的铜或由荷兰东印度公司的船只经巴达维亚运往欧洲,或经荷属马六甲运往阿瑜陀耶、越南郑主等其他东南亚地区;此后,等船只再携带着各种各样的贸易货物回到长崎后,三角贸易才结束。到了 18 世纪,巴达维亚已经取代马六甲成为主要的转运中心。

肯普费指出,荷兰以每担 12.55 两或 18.5 西班牙元的价格购铜,而在新加坡的克劳福认为这比从英国采购铜要便宜许多。在某一时期,荷兰每年出口 700~1200 吨铜,大多数运往印度,获利高达 90%~95%。克劳福认为,荷兰人以远低于其内在价值的价格获得了日本的铜既是一种"恩惠",也可视作对铜供应商的征税。

## 亚洲内部铜贸易

莱佛士于 1644 年记录道，荷兰向万丹提供了 4000 担铜，向苏拉特供应了 2000 担，向印度的科罗曼德尔海岸提供了 1000 担。1655 年，日本的铜价从 36 弗罗林/英担涨至 42 弗罗林/英担。同年，荷兰购得 20 000 担，获得了丰厚的利润。他进一步解释道，日本的铜既有铜片也有铜条，其中铜片的价格为 200 两/担，比欧洲的便宜 20%。格拉曼仔细研究了 1646—1734 年的荷兰出口日本铜的相关数据，数据证实大部分日本铜在亚洲内部贸易中流通，小部分到达欧洲。他还发现，在 18 世纪，几乎所有从日本出口的铜都曾途经巴达维亚，而在 1666 年以前的上个世纪，大部分铜都先被运往台湾和马六甲，然后再分销至印度市场等其他地方。1701—1724 年，在铜出口中，孟加拉占 27.03%，科罗曼德尔占 24.57%，苏拉特占 23.99%，斯里兰卡占 11.59%，马拉巴尔海岸占 8.37%，摩卡占 3.46%；波斯占 0.99%。虽然目前缺乏 17 世纪的数据，但格拉曼认为，科罗曼德海岸在这一时期的占比可能更高，而孟加拉的占比则更少。

## 日本铜的欧洲市场

欧洲研究人员表示，在 1672—1675 年，日本出口至欧洲的铜总量相当于欧洲传统产铜国瑞典出口铜与黄铜的一半。格拉曼发现，这一时期恰逢北欧战乱。然而，18 世纪后，日本铜条在荷兰东印度公司的欧洲贸易中已退居次要地位。除将日本铜条用作船只压舱物外，决定贸易的主要因素无疑是日本和荷兰市场之间的价格差异，特别是瑞典和挪威铜条与日本铜条之间的差价。不论如何，贸易数据表明，17 世纪和 18 世纪日本铜的市场具有多样性，印证了我们有关亚洲贵金属贸易经济网络的观点，即它并非一个孤立的半球，而是一个新兴的全球性市场，受全球价值观念的支配。

在荷兰对铜需求的推动下，铜价上涨。17世纪60年代中期，由于日本国内对铜币的需求增长，铜价急剧上涨。即便如此，日本的铜产量仍足以满足荷兰东印度公司和中国对铜的巨大需求。格拉曼解释道，华商主要将铜运往中国，但也会将一部分运往巴达维亚及更远的亚洲地区。1656年华商人将17 000~18 000担铜运往巴达维亚（和万丹），将其卖给私营商人，然后这些铜由荷兰东印度公司的船只运往科罗曼德尔海岸、苏拉特和波斯。17世纪70年代中期，中国与荷兰的铜采购量近乎相等。1679年荷兰东印度公司出口铜条23 500担，而中国出口了18 477担。这些铜条流入了暹罗的英国和丹麦商人之手，后来又被运往印度。由于无法控制此类流动，1684年荷兰东印度公司准许巴达维亚和万丹的华商与日本开展贸易。17世纪80年代末，中国铜出口量为34 000~57 000担，1691年增长至90 000担，而同年荷兰的出口量为16 500担。

1673—1684年，英国在台湾设立了贸易站。而拦截中国与长崎的帆船贸易是英国人的最终目标。两大北欧王国的竞争日趋激烈，巴达维亚要求出岛的荷兰商人买断长崎所有的铜以防其流入华人之手，或间接为英国所获。

## 云南在中华帝国货币体系中的特殊角色

明朝末年，云南省白银产量总计250万千克，占中国总产量的75%，与通过新大陆贸易流入中国白银量相当。但清朝则采用复本位制，即银币和铜币并存。银币用于大宗交易，铜币用于日常交易。清朝对银矿开采并无限制，但对铜矿开采以及铜币的铸造、流通管理严格。为了满足日常交易对铜币的巨大需求，清朝既进口日本铜币，又从云南等国内地区采购铜。

17世纪，清朝通过以铜币取代贝币实现了对云南经济的整合。但在日本控制对中国出口铜后，清朝开始进一步开发云南周边地区的铜矿。18世纪，云南是清朝铸币工程的唯一主要铜产地，当时清朝每年从云南山区开采5000吨铜并经由长江和京杭大运河将其运往北京。缅甸国内缺乏主要的贵金属资源，也从云南开采铜和白银，贵金属才得以源源不断地流入低地。流入缅甸的云南铜进一步刺激了荷兰东印度公司及其他商业机构在孟加拉湾地区的贸易和商业活动。18世纪末，为满足该地区对贵金属的需求，数以万计的中国矿工从云南进入缅甸北部和越南北部开矿。

杨斌强调："云南的铜产业不仅是清朝货币体系及经济不可或缺的一部分，还对当地社会产生了深远的影响。"采矿业雇用了成千上万名工人，其中甚至还有部分刁民。采矿对生态环境造成了巨大影响，如森林面积减少等。但是，云南的铜矿繁荣注定会走向崩溃瓦解和衰败枯竭。新世界和日本白银进入中国，成为新的全球本位货币，与此同时，白银供应也逐渐被欧洲人垄断。

## 不断减少的日本铜储量及应对措施

到17世纪末，日本已知的铜储量正在减少。荷兰人于1701年得知，京都附近有一座巨大的铜矿被储备起来，只有在紧急情况下才能开采。同年，大阪商人们集中资源寻找新的铜山。数年间，荷兰人听闻，在四国、萨摩等其他地方发现了新的铜矿。1703年，荷兰请求增加铜币的出口数，但并未成功。爪哇对这种中间带有小孔的硬币需求量巨大。

出岛荷兰东印度公司的日志摘录简要总结了日本铜出口的主要发展历程。1711年7月，没有任何铜被运往长崎。不过，新引进的冶炼技术减少了铜的损耗。1721年5月，荷兰人第一次收到了铜条而非铜锭。至少自 1730 年起，长崎已经开始炼铜，但也并非没有问题：1734 年，一个熔炉爆炸致使两名工人丧生。1732 年 4 月，荷兰人发现现有矿井的开采深度不断增加。1736 年 12 月，他们收到通知称支付给在地下更深处工作的矿工的额外工资将由荷兰东印度公司承担。荷兰人十分在意铜的质量。例如，1715 年 10 月，荷兰人就铜质量提起投诉，长崎奉行承诺会整改。

1715 年英国在广州获得了贸易的机会，但格拉曼认为，荷兰人对英国人的恐惧并不是其坚守出岛的最主要原因。1731 年在英国东印度公司将英国的铜运往东亚市场之时，荷兰的日本铜贸易就毁于一旦了。不过，在英国统治的空窗期，仍有大量的日本纯铜进入爪哇泗水的官方铸币厂，并被铸成在东印度群岛流通的低面值荷兰铜币。

## 限制与贬值

对于长崎贸易的研究而言，贵金属供应问题十分重要。克劳福认同肯普费的观点，即在他所处的时代，佐渡岛富饶的金矿正在迅速枯竭。国家对采矿业的征税、地方税都促使日本的黄金和白银价格不断上涨。1700 年，日本对本位金币的价值进行了一次重要的调整，小判贬值 37%。此番贬值与德川幕府自 17 世纪 60 年代起限制贸易支付中银币外流的宏观政策一致。

莱佛士发现，1662 年荷兰被逐出台湾致使其在日本的形象受到冲击，自此荷兰人不断遭遇各种偏见和刁难。1671 年，日本将小判定为 68 钱。进口货物规模有限，而对其任意估价影响了荷兰自古以来自由且不受限制的贸易。莱佛士引用了英霍夫的报告，其中写道，自 1685 年起，"我们的贸易额被限制在 30 万两以内，其中三分之二是件货和需称重的物品，三分之一是丝绸"。他接着说："这一点在 1689 年得到了证实，我们只被准许出口 25 000 担铜，而以前铜出口量则根据我们的要求制定。"1689 年，日本又对货物征税。1696 年，新小判问世，其价值比旧小判降低了三分之一，但荷兰人却以和之前同样的价格收购。1701 年 9 月资深商人 A. 道格拉斯（A. Douglas）在其日记中写道：

> 至于我们 9 月 4 日的请求，我们获悉，贸易情况将与去年相同，件货和大宗货物限额 20 万两，丝绸限额 10 万两，均以拍卖的方式出售。小判的价值为 68 钱，我们获准以货物从城中换取不超过 80 000 两铜。

在与科罗曼德尔海岸开展铜贸易时，荷兰人蒙受亏损。据记载，1710 年小判再度贬值，其重量减少了一半，而荷兰人又被迫以原先的汇率购入。荷兰东印度公司记载，新的小判价值约为 68 钱，其中 60% 是铜，上面覆盖了一层水银。然而，对金币出口的限制不仅仅针对荷兰人和华人，还包括九州的岛津氏。1686 年荷兰人发现，岛津氏与琉球和济州岛的贸易额分别被限制在每年 7000 和 15 000 小判。

各种限制接踵而来。出岛的一位船长范·霍恩（Van Hoorn）于 1715 年写道，一系列新规定出台：第一，每年只允许两艘船进行贸易；第二，贸易限额 300 000 两；第三，小判的交易汇率为 6.8 两；第四，每年铜限量 15 000 箱；第五，粮食、瓷器和樟脑限额 12 000 两；第六，小判的最低存储额度为 14 000 枚。剩余的小判可运往巴达维亚。1720 年，在荷兰人的强烈抗议下，日本恢复了之前的汇率。1730 年，日本又推出了新小判，但不到一年，贸易量就开始下降。莱佛士发现，导致贸易量下降的因素众多，其中影响最大的是自 1721 年起对铜出口施行 10 000 箱的限额。

## 莱佛士的解释

尽管航运安全保障不断完善，但损失却仍在增加，主要是由于私营商人船只经常超载。1743年，出岛贸易站实际上已处于亏损的状态。实际上，荷兰人每年仅有一艘船获准贸易，而且只能装载一半的货物。他们曾认真考虑过放弃。回顾过去，莱佛士总结道，一个多世纪以来，荷兰的贸易仅限于每年从巴达维亚而来的两艘船，其货物价值几乎从未超过30万美元，且贸易品仅限于铜和少量樟脑。莱佛士认为这一贸易"微不足道"。此外，特别是鉴于日本的经济基础，贬值政策更像是一种出于对荷兰人的怀疑而出台的政治策略。但莱佛士也承认，日本有充分的理由阻止贵金属外流。

然而，现代学者并不确定荷兰东印度公司在日本处于整体亏损的状态，在重新调查过其会计方法后更是如此。卡弗费曼（Camfferman）和库克（Cooke）认为，在分析记录时应考虑三个主要的会计问题：转让定价、货币折算和超支分配。虽然这些在文献中均有提及，但由于"会计问题的复杂性"，并未将其放在一起进行综合考量。两者最终的结论是，如果对会计数据做出相应的调整，那么从商业角度而言，继续维持出岛贸易基地是一项正确的决定。

莱佛士参考了亚当·斯密《国富论》中的内容，他指出美洲矿山的发现使17世纪欧洲黄金和白银的价值骤降为原来的三分之一，西班牙和葡萄牙每年约进口六百万英镑的贵金属。他疑惑道："日本贵金属的枯竭不应该产生与之相反的效应吗？尤其是日本作为一个（独立）国家，而不是大陆体系（中的一员）。"莱佛士在此暗指，日本与西班牙不同，更能对生产和出口施以控制和限制。最终莱佛士得出结论：鉴于荷兰人贪得无厌，日本重新对贵金属定价也不足为奇。

换言之，与欧洲大肆掠夺印加黄金相比，日本在贵金属贸易中的表现符合供求经济规律。17世纪60年代，日本统一了金币铸造，到17世纪初，德川幕府垄断铸币，直接管控主要的金矿，数十年后，又控制了银矿。

## 18世纪初日本面临的危机

18世纪初，德川幕府经济财政混乱不堪，货币贬值，杂乱无章的预算和会计制度阻碍了经济的发展。荻原重秀（Ogiwara Shigehide）从佐渡县令升任幕府勘定奉行，在他的建议下，德川幕府下令货币贬值，从而增加了流通货币。如莱佛士所言，四次货币贬值造成了社会秩序混乱，也使得荷兰人迷惑不已。一位分析人士称，货币贬值的影响也并非全是负面的，而且当时确实除货币贬值外别无选择，但荻原重秀和铸币厂官员却从贬值中非法获利并最终被罢官。

德川家宣（1709—1712年在位）与德川家继（1713—1716年在位）时期政策的主要制定者新井白石（Arai Hakuseki, 1657—1725年）负责解决这一问题。新井白石在任期间（1709—1715年）进行改革，1715年颁布《正德新例》限制长崎贸易，其改革的核心目的是阻止其所谓的不平等贸易造成的黄金和白银流失。他非但未接受重商主义原则，反而致力于加强贸易垄断，对走私施以更严格的管控。事实上，他采取了双管齐下的策略，即既减少白银出口又进口白银。

新井白石是一位儒学家，其儒学作品具有广阔的历史视野。其著作是长崎贸易经济史的缩影。在他找寻长崎黄金、白银和铜的出口额时发现，港务室缺少1601年至1647年的记录。不过据记载，1648—1708年，239.76万壹两[①]黄金和374 229贯[②]白银从长崎流出。

---

① 1壹两 = 半盎司。——译者注
② 1贯 = 8.25磅。——译者注

其中尚未包含从对马岛出口至朝鲜，或经由九州南部的萨摩出口至琉球等地的数据。将这些数据与截至 1707 年日本铸造的金币和银币数量相比后，新井白石推测，四分之一的黄金和四分之三的白银已经流失，但现代历史学家对此表示质疑。他预言，照这样的速度，黄金储备再过一百年就会耗尽，而白银则更快。至于铜，其供应也无法满足外贸和国内市场的需求。他继续说道："因此，我国生产的具有永久价值的珍宝正被用以换取远方风靡一时的古玩。"如果日本想要繁荣发展、保护国家财富，先进的记账法、贵金属生产的全国性库存清单以及严格的贵金属出口限制势在必行。

## 日本金银本位主义

日本铜产量的下降，加之金银资源的枯竭，致使日本经济出现了岛田竜登所谓的"金银本位主义"转向。从 16 世纪至 18 世纪，日本一直是贵金属的净出口国，而现在却奉行积极的贵金属进口政策。这难道不是日本正在向第五章所述的东亚新标准看齐，用白银与中国和印度这两大"集中地"开展全球贸易吗？我们也可将日本前现代历史中的"金银本位主义"转向视为 18 世纪初日本危机降临的征兆。

尽管采矿业的劳动密集型程度不断提高，但岛田竜登还是倾向于将这些事件置于资源不断减少的背景之下研究。部分经济学家认为，18 世纪的日本正在经历"工业革命"，但与瑞典以及更典型的英国相比，其动力源并未发生根本性转变，距离工业突破还相距甚远。日本确实完成了部分进口替代活动，例如开展蔗糖种植、寻找苏木的染料替代品以及在国内建立丝绸和棉花产业等，但其成效到下个世纪才真正显现。

## 贵金属贸易对东南亚国家的影响

在第五章中，我们介绍了东南亚流通的各种货币及其汇率，它们大部分出现于具有全球性的白银贸易（15世纪后）之前。但我们并未探讨"前现代"东南亚国家货币化的程度，尤其是在铜本位和银本位制的背景下。弗兰克指出，贵金属贸易提升了中国和东南亚市场的商品化和商业化程度。但是贵金属贸易对东南亚各国的具体影响是什么呢？明显波及当地经济的货币贬值又有何影响？岛田竜登试图解释日本铜产量下降和出口限制对东亚经济的影响。由于缺乏铸币所需要的铜，东南亚本土经济体因投资短缺而选择大量囤货。除非采取适当的措施，否则地方经济可能会衰退。而各个国家应对危机的方式也有所不同。波斯和中国选择寻找新的铜矿，东南亚海岛国家则引入了铅制货币和锡制货币，而朝鲜则采取以物易物的方式。缅北则融入了云南贵金属贸易网络之中。即便如此，利伯曼表示，前殖民时期的缅甸并不是一个完善的货币化经济体，缺乏信贷机构。然而，进口贵金属则促进了国内和远途贸易的商品生产。19世纪，白银成为缅甸的本位货币。同样，阿瑜陀耶末期，1730年前，该王国通过一边引进中国现金等外国钱币，一边促进当地银币铸造，在欧洲和中国保持着有利的平衡。在李伯曼看来，与16世纪前相比，阿瑜陀耶"受到海洋经济的影响尤为显著"。

与缅甸不同，越南虽然存在本土采矿业，但越南郑主仍靠海上贸易满足其对贵金属的需求，日本的白银和铜是荷兰东印度公司三角贸易的重要组成部分。李伯曼指出，18世纪，货币化已成为一种普遍现象，越南郑主和暹罗开始用现金支付劳务费用和缴税。当时中国也从越南获得贵金属，南海地区贵金属争夺愈演愈烈。上述贵金属流通的中断和钱币短缺对（越南）国内造成了一定影响，不仅导致18世纪30年代和40年代越南郑主出现叛乱，其商业活动也受到干扰。为应对贵金属价格上涨，郑主实施钱币贬值政策，同时推广银币和铜币，对假币置若罔闻并准许华人经营的矿场在北部边界大规模扩张。

越南阮主的出口经济以丝绸和舶来品为主，吸引了大量的外国贵金属流入国内。如第七章所述，日本与越南的丝绸贸易也是一种铜币贸易。铜币不仅可用作货币，还可在熔化后用以制造火炮。目前普遍认为，货币短缺刺激了对日贸易。1688 年，内区（南越）统治者阮福溱（1687—1691 年在位）向幕府和长崎官员致信四封，请求代其在日本铸币，但未能如愿。1710 年，日本开始限制铜出口，因此到 1725 年，阮主不得不自行铸币。1695—1750 年，越南的日本铜价格翻了一番。18 世纪中叶，阮主开始铸造铜币，但因其被视为劣币，从而造成了经济的全面衰退。

与老挝和柬埔寨等广阔的内陆地区相比，越南等以贸易为导向的国家显然更紧密地融入了贵金属贸易网络之中。在老挝和柬埔，20 世纪初以前，非货币化经济甚至导致法国殖民者以现金征税的方法难以为继。李伯曼表示，在整个大陆地区，自给性农业与蓬勃发展的市场商品生产并存，阿瑜陀耶等低地沿海地区是海上贸易的主要受益者，而内陆地区则不然。

虽然菲律宾群岛在地理上与中国南海地区相连，但在马尼拉大帆船贸易所带来的国际商业中，其农村地区收益甚微。长期以来，马尼拉大帆船贸易既被国家垄断，由王室官员管理，但个体商人也能参与其中。虽然他们从贸易中获利，但当地人仅仅是作为水手或造船工人参与其中。由于大帆船贸易获利颇丰，菲律宾当地的西班牙商人忽视了对东亚-东南亚贸易中香料、经济作物等主要商品的开发利用，而荷兰人和英国人后来则在各自的殖民地中开拓发展了此类商品。贵金属经济贸易网络中的关键枢纽马尼拉与传统生产模式主导的国内经济相互对立。这并非意味着所有国内贸易均停滞不前，但是在西班牙统治时期，菲律宾内部经济普遍处于尚未货币化的阶段。瑞德认为，17世纪日本、中国和欧洲的铜"大量涌入"东南亚市场的另一影响是大部分小型和地方的铜矿荒废了。但是青铜加工业却不断发展，例如东南亚的王都常用青铜铸造铜锣、火炮和巨型佛像等物品。除此之外，日本的铜供应中断还造成了其他影响。

## 总结

自古以来，东亚核心国家就拥有铸币的共同传统。虽然王朝更迭和内部斗争风起云涌，但该地区货币体系的大致模式仍然具有惊人的一致性。值得注意的是，这些国家以源自中国的铜币为本位币。中央集权制国家也推行这一本位标准。所有相关国家都采矿、对铜矿施以管制并参与铜贸易。这些国家都拥有锻造铜币的技术，圆形铜币中间带有方孔，方便串成一串。在日常交易中，十分常见。不论是在中国还是日本，铜的区域性供求情况受到多种因素的影响，如市场因素、贸易禁令、国内需求、铜矿的枯竭与新铜矿的发现等。

虽然黄金长期以来一直是重要的贸易品，而且其产地遍及东亚-东南亚，但它从不是这一地区唯一的本位货币，作为亚洲贵金属贸易网络的一部分，黄金被用于长崎以丝易银贸易等大宗贸易的结算。因其具有稀有性且在工艺品和宗教图腾中具有美学特质，黄金在印度化世界和日本备受推崇。东南亚许多国家都因黄金的内在价值而对其推崇备至，但在云南及其边境地区以外，在我们所探讨的时间框架内，黄金、白银和铜的开采并未形成高度组织化的活动。尽管首批抵达的欧洲人是追随黄金的传说而来，但从黄金半岛到菲律宾和更遥远的帝汶岛，他们并未开采这一资源而是选择进入亚洲黄金的主产国——中国和日本。

从世界历史的角度而言，中国向白银和铜复本位制的转变具有划时代的意义。在需求的驱动下，明末的中国与新世界白银主产地联系在一起，持续的白银供应也成了连接它们与日本的纽带。在我们研究的时间框架内，三角贸易源源不断地满足整个东南亚地区对铜的持续需求，但显然，新兴的全球本位为白银。白银、黄金和铜的开采和冶金术在铸币中的应用无疑是早期原始工业活动的标志，在中国、日本和越南的商业中心，这些活动受到严格的控制。

越南尤为依赖日本的铜币。与此相同，1685年荷属爪哇被纳入东亚货币体系之中，对日本小判的依赖程度逐渐提升。日本白银流入荷兰东印度公司的贸易网络之中，可能会致使群岛地区当地的采矿业陷入困境。岛田龙登指出，越南等国过度依赖日本进口，若供应存在问题，则极易受到影响。

日本在德川幕府后期的情况表明，在货币贬值和资源减少的形势下，货币政策需要国家干预。但是日本在世界贸易体系中的参与方式也是独一无二的，它将对外交易严格控制于少数地点，其中最重要的贸易地就是长崎。与之相反，清朝对贸易条件的管控逐渐放松，广州贸易体系加速白银从中国外流，以换取鸦片和其他西方进口商品。

总体而言，对采矿业、贵金属流动以及货币本位变换的研究表明，不但中国、朝鲜、日本和越南等涉及采矿、精炼、铸币的主要经济体，而且东南亚所有以出口或贸易为导向的国家都具有高度的相关性。所有本土和外来的主要贸易者都清楚地认识到货币在价值方面的竞争。我们可以大胆断言，在欧洲的银行及信贷组织发行自己的白银或铜制货币前，东亚国家通过签署有关汇率和货币价值的协定真正建立起一个统一的区域性货币体系，而贵金属则是其中用于交易的媒介。

这并非表示彼时的东南亚像当今发达的资本主义经济体一样已普遍实现了货币化，但在东南亚大陆和海岛地区，贸易所在之处，货币化的深入总与商业化相伴。我们猜测，虽然流动性危机、货币贬值与供应中断时有发生，但在 16~19 世纪，贵金属贸易和商业的货币化程度稳步增长，延长了东南亚经济体在刚萌芽的世界经济中存续的时间，缓和了西方帝国主义全球化对数百万人的生活的冲击。

# 第十章
CHAPTER 10

## 全球陶瓷贸易网络中的东亚－东南亚

# 第十章
全球陶瓷贸易网络中的东亚－东南亚

没有什么比陶瓷贸易网络更能体现东亚、东南亚的国家和政体与由生产者和消费者组成的区域性综合体之间的联系。陶器（包括陶瓷）的生产及其质量是文明的标志，而中国瓷器无论是美学价值还是工艺质量均超类绝伦。时至今日，高温釉陶和瓷器复杂的制造流程对欧洲人而言仍是个谜。1350—1750 年，景德镇是世界上最大的瓷器产地。在规模庞大的生产基地，数万名工人参与瓷器的生产、销售，以及向本地、区域市场和远途市场的运输。虽然它还未达到资本主义革命的程度，但需要密集的原始工业活动和高度组织化。除中国的陶瓷生产基地外，占婆、大越（越南）、暹罗、缅甸以及本州岛的肥前–有田等也都纷纷效仿，沿商机探索区域市场和远途市场。与纺织品等其他贸易品不同，可长久保存的陶瓷可供研究，对于早已消失或鲜有记载的交易网络而言，它是名副其实的"时间胶囊"。范围不断拓展的海洋考古学有助于我们从起源、地球化学等方面了解这些交流的性质。对特定陶瓷生产遗址的分析，可为"政治、社会和经济变化提供灵敏的指标"。

英文研究普遍关注贸易中的陶瓷、特定的地区、荷兰东印度公司陶瓷贸易、窑炉技术，以及日本、中国和越南复杂生产周期之间的相关性。本章则聚焦东亚-东南亚陶瓷的全球贸易，探究并确定作为艺术品乃至圣物的珍品所到达的一级、二级、三级目的地。我们试图在确定原始资本主义工业活动这一宏大目标下，揭示东亚-东南亚陶瓷生产、消费的动态交流。此外，我们还证实，欧洲的入侵造成了 17 世纪的生产周期危机。

## 中国陶瓷生产

　　南宋（1127—1279 年）积极促进中国陶瓷的出口，以弥补在长途印度贸易中高价进口商品而造成的白银流失。景德镇位于今江西省，地处距沿海地区约 400 千米处的内陆，但通过长江及其他水道与海岸相连，数个世纪以来一直是全球主要的陶瓷生产和出口中心。景德镇的历史可追溯到公元 6 世纪，在宋朝时期，其生产中心的地位进一步提升。到了明代（1368—1644 年），景德镇优质的瓷器产量激增，不仅成了皇家采购陶瓷的中心，同时也满足了出口市场的蓬勃需求。1506—1521 年，由于当地动乱，景德镇被迫停产，1567—1572 年因政令推行失败，又再次停产。此外，1650—1680 年明清交替之际，景德镇也曾一度停产。清朝时期（1644—1911 年），在皇帝和高级官员的密切关注下，景德镇窑炉重新恢复生产并成了"御窑"。对荷兰人而言，这里还是瓷器出口的主产地。

　　1569 年到访中国的多明我会修士加斯帕德·达·克鲁兹（Gaspar da Cruz）和 1586 年到访的西班牙传教士胡安·德·门多萨（Juan de Mendoza）等欧洲旅行者撰写的作品激发了欧洲人对中国陶瓷的兴趣。其中，最轰动一时的作品是殷弘绪（François Xavier d'Entrecolles）于 1712—1722 年从景德镇寄往欧洲的"耶稣会士书信"，信中详细记录了瓷器的生产过程，当时欧洲人对此还一无所知。杜赫德（Jean-Baptiste du Halde）于 1735 年出版的有关中国的著作等许多文献中都有相关记载。欧洲人开始致力于独立研发瓷器制造工艺，萨克森选帝侯（1694—1733 年）、波兰国王（1697—1706 年在位）奥古斯汀二世聘请的化学家约翰·弗里德里希·博特格（Johann Friedrich Böttger）发挥了重要作用。1710 年，奥古斯汀二世建立迈森瓷器制造厂，很快便开始生产仿制的中国和日本瓷器。

　　殷弘绪发现，在康熙（1661—1722 年在位）统治的末期，虽然中国有众多瓷器生产中心,但"(景德镇)是唯一一个向世界各地供应瓷器的中心,甚至日本人也来中国购买"。乔治·斯当东(George Staunton)是1793—1794年马戛尔尼访华使团中的一员,对他来说,夜空中数百家工厂熊熊喷薄的火焰令他感到无比惊叹。据他所知,约有上百万名男性劳工在窑炉中工作。从寻找原料到熔炉烧制,仅生产一个茶杯就需要50个人,仅是绘制图案就需要六七个人。在帝国的管控下,最为精美的瓷器价值连城。

中国陶瓷生产涉及物流运输、"外包"以及一系列复杂的工业和工艺流程,即使不是"资本主义的萌芽",也是中国人勤劳品质的象征。景德镇拥有高岭土等其他资源,战略地位重要,与大运河相连。随着以海上贸易为主的福建(闽南)地区不断发展以及宋朝远途贸易的兴起,其他的生产基地也不断涌现。与朝廷管控严格的景德镇窑厂不同,一些分析人士认为,福建陶瓷工业与这一外向型沿海地区的城市化、商业化和繁荣发展密不可分。

何翠媚(Ho Chuimei)通过福建文物工作组等中国研究人员自20世纪50年代起收集的考古数据探究宋元时期闽南地区陶瓷生产基地的分布与发展情况。在这一时期,青瓷生产主要集中于福建沿海、同安、南安、泉州以及其他更靠北部的生产中心。有些瓷器专供东南亚市场,如德化、安溪和慈溪制作的"军持"①。那时,约有10万人(占闽南人口的10%)从事陶瓷业。

明清时期,国内市场不断扩大,在安溪以及以生产珍贵瓷器著称的德化和晋江等黏土产地周边的内陆山区,陶瓷产量也随之急剧增长,而临近泉州的东门窑停产。何翠媚分析了陶瓷生产从沿海转移至内陆的过程,认为可能是蒙古人灭宋造成的。此外,税收增长、物流运输、高岭土供应乃至与其他产业对争夺木材等资源等经济因

---

① 水瓶、净瓶,是佛教中的一种法器。——译者注

素也可能造成这一转变。陶瓷釉料、器皿类型和烧制技术的变化都是陶瓷生产向内地转移的标志。

## 海洋考古证据

历史悠久的陶瓷贸易领域中一些最令人兴奋的进展源于海洋考古研究的进步。毋庸置疑，开展探险活动充满了经济和法律风险，对国家和个人投资者与资金接受者来说，赌注的风险均很高。罗克珊娜·M. 布朗（Roxana M. Brown）等研究人员率先解释了常常看似互相矛盾的证据。

中国陶瓷作为贸易品进入古代丝绸之路。阿布–卢戈德（Abu-Lughod）表示，在印度洋沿海地区发现了中国陶瓷碎片。东南亚海洋和内陆地区也有相同的发现。但是，首批经长途贸易到达东南亚的陶瓷无疑是在公元 1~5 世纪"印度人迁移"过程中在印度南部生产的。抵达中国沿海的穆斯林商人将这一传统不断传播。

中国从阿拔斯王朝进口生产青花瓷的关键原料氧化钴，因此，西亚的技术可能对中国陶器生产有着重要的影响。钴原产于波斯沿海地区，而经海上运输到中国的钴又被称为苏麻离青，可用于制作色泽鲜亮的深蓝色颜料。最初，苏麻离青于 1426 年、1430 年、1433 年和 1434 年由苏门答腊（室利佛逝）的使节以及郑和下西洋归来的船队运达明朝。最近有关明宣德（1426—1435 年）末期景德镇官窑瓷器中使用的钴蓝颜料的研究证实，不同类型的钴矿石来源地不同。

20 世纪 90 年代发现的勿里洞沉船具有重要意义，这艘单桅帆船满载着南唐（937—975 年）时期生产的长沙陶瓷。长沙陶瓷因其与众不同的褐色和草色釉料而闻名。2004—2005 年在爪哇岛北部沿海的井里汶附近发掘的一艘沉船中出土了大量越窑陶瓷（橄榄色或青褐色的青瓷），上面带有明显的佛教图案。其中，还有一些刻有阿拉伯文和伊斯兰教铭文的玻璃制品及其他物品，这些可能来自叙利亚或波斯，此外还有两把刻有阿拉伯逊尼派铭文的镀金匕首。船上既有阿拉伯货物也有中国货物，其来源尚待考证，但它很有可能曾在室利佛逝的港口中转。它既非中国船只，可能也不是阿拉伯或印度的船只。相反，其绳链捆扎式的舷梯结构说明了它极有可能属于南岛民族。

自8世纪起直至中国第一艘大型远洋船只出现之前，海上贸易由外国航运主导。元朝（1271—1368年）建造了大型海军船只，专用于在东南亚海域航行，例如，这些船队于1281年驶入日本、1283—1288年前往大越和占婆并于1292年被派往爪哇。

值得注意的是，8~12世纪没有任何关于中国船只的海上考古证据。1987年在距广州西南240千米处的阳江海域发现了"南海一号"沉船，2007年"南海一号"被打捞上岸，为了解中国远洋贸易的背景提供了新的依据。沉船年代为南宋（1127—1279年）初期，据说，船上载有福建和浙江的民窑制造的八万件瓷器。此外，"南海一号"可能还载有销往中东市场的瓷器。相比之下，1973年在泉州湾河口发现的泉州沉船年代约为1275年，其运载的货物为胡椒和芳香木，这说明它是返自东南亚。

朝鲜和日本在东亚贸易网络中的早期作用也值得关注。1976年发现于朝鲜西南沿海的新安沉船为研究中国、朝鲜及日本的陶瓷、中国钱币贸易规模与组织模式提供了珍贵的证据。在1223年沉船之时，它可能正从中国返程前往九州北部的博多，船上载有12万件陶瓷珍品。博多当时是华商的聚集地。斯塔加特（Stargardt）认为，这些货物的主要经营者为京都的东山寺。

在东南亚海域最早发现的中国帆船残骸中，有1400年左右沉没于新加坡海峡的图里昂沉船、15世纪初沉没于卡里马塔海峡[①]西部

---

① 卡里马塔海峡将婆罗洲与苏门答腊岛分隔。——译者注

的马热尼号沉船、1608年沉没于越南南部的平顺沉船。平顺沉船上载有漳州瓷器和铸铁,这些漳州瓷器必定是要销往东南亚市场。

在13世纪位于爪哇东部的满者伯夷都城特洛武兰遗址开展的考古发掘活动丰富了我们对陶瓷贸易的了解。此处出土的最为古老的瓷器源自9世纪,当时满者伯夷还尚未建立。这些瓷器中有产自浙江越窑的陶瓷(橄榄绿色),来自吴越国(907—978年),在前往波斯湾长途贸易中较为常见。在与亚洲陶瓷出口有关的欧洲船只中发现的考古证据为探究这一主题提供了另一种视角,例如,1600年在吕宋岛附近沉没的西班牙船只圣地亚哥号以及1639年在塞班岛沉没的圣母无原罪号上载有来自中国南方和泰国的货物,为研究提供了史料记载之外的其他证据。

在西班牙船只出现后,景德镇瓷器开始专门向欧洲市场供应。2001年在莫桑比克岛附近发现的"福圣塞瓦斯蒂安沉船"引人关注。经确认,这艘沉船是葡萄牙的埃斯帕达特号卡瑞克帆船,于1558年在从印度返航途中沉没,沉船中出土了大量明朝嘉靖年间(1522—1566年)的青花瓷。令人惊讶的是,1609年沉没于西非沿海的荷兰船只毛里求斯号以及1630年在好望角沉没的圣贡萨洛号中载有暹罗和缅甸的马达班罐。

接下来,东南亚海域有史料记载的沉船是葡式中国帆船——头顿号。它于1690年左右沉没于越南南部的昆仑群岛,其上装载着运往巴达维亚和欧洲的景德镇青花瓷。

自17世纪初至19世纪中叶,据史料记载,除几艘欧洲船只外,东南亚海域载有陶瓷的沉船都是中国船只,这表明中国帆船贸易正在复苏。铁制品在这些沉船中较为常见,其中既有精铁也有铸铁,还有各种各样的平锅和大锅,陶瓷通常放置于这些铁制品之上。这些沉船中的陶瓷大多具有实际用途而非仅供奢侈消费。弗莱克(Flecker)指出,今菲律宾巴拉望岛西南部发现的布雷克浅滩沉船所装载的陶瓷用于殡葬或作为陪葬品。这些瓷器的目的地是婆罗洲或苏拉威西岛，但目前还不清楚它们的使用者。

布朗表示，这些沉船揭示了明朝初期中国陶瓷短缺的情况。汤姆·哈里森提出的"明朝（陶瓷）空白期"指的就是 1380—1487 年这段时间。相关证据显示，自 9 世纪至 14 世纪初，中国在陶瓷贸易中几乎处于垄断地位。但是，约从 1368 年至 1424—1430 年，中国陶瓷只占贸易货物总数的 30%~40%，到 15 世纪中叶这一比例骤降至 5%。弘治时期（1488—1505 年）明朝出现经济泡沫，直到 1527 年明朝解除海外通行禁令之前，陶瓷一直处于短缺状态。16 世纪的陶瓷短缺虽不如上个世纪严重，但也不足以吸引缅甸和越南生产商重返市场。1510—1580 年，在中国重新垄断市场之前，暹罗窑厂与中国窑厂一直在相互竞争。

布朗解释道，沉船文物中的暹罗和越南陶瓷对中国而言是一种损失，但对东南亚出口商来说则象征着一个"黄金时代"。在中国垄断陶瓷贸易后至其他国家的货物出现前，海洋考古的相关领域中出现了长达一个世纪的空白。但是，外国的货物一经出现，在此后的两个世纪里中国的垄断地位就不复存在了。中国出口的骤降恰恰出现在郑和最后一次下西洋（1405—1424 年，1433 年）后。"明朝空白期"是指在 1368—1487 这 135 年，青花瓷处于匮乏的状态。布朗认为，这是因为蒙元的军事行动致使景德镇窑炉停产。在东南亚出口的瓷器中，暹罗瓷器，特别是青瓷，在长达 200 年中一直处于主导地位，而越南北部和中部也是重要的出口地。

## 暹罗和缅甸陶瓷贸易

二十世纪六七十年代至今，在泰国东北部班清的考古研究为探索史前暹罗陶瓷的起源以及与陶瓷相关的区域间联系、影响和文化习俗提供了独到的视角。近期海洋考古的研究进展进一步加深了我们对暹罗窑具的认识。弗莱克断言，东南亚市场中国陶瓷供应稀缺的直接结果就是暹罗陶瓷出口商相继涌入。10 至 11 世纪，北部的素可泰和宋加洛窑厂已在生产上釉的粗陶瓷，随着窑炉技术的进步和生产活动组织的集中化，其陶瓷生产水平不断提升。在孟族传统的粗瓷基础上，宋加洛窑厂生产出具有独特绿色釉面的青瓷。素可泰北部约 50 千米处的西萨差那莱是主要的生产基地，大规模生产大型马达班罐、佛像及其他物品，其中许多用于出口。这些窑厂的产品深受中国影响，但尚不确定是出自当地还是中国陶工之手。海因（Hein）称，自 10 世纪起，这些窑厂靠本土的技术生产，或至少鲜少采用外国的技术。

在阿瑜陀耶开始生产出口的瓷器后，为服务贸易的需要，造船业也加快了步伐。船只按照中国的方式建造，采用了典型的舱壁和轴向舵，以柚木为材料，按照在东南亚的传统，他们还用榫连接。沉船中出土了大量的暹罗陶瓷，而且由于船只所用的柚木具有防虫的功效，这些沉船保存完好。事实上，14 至 16 世纪的暹罗沉船数量较多，与中国沉船数不相上下。图里昂沉船就是一个典型的例子，其中出土了一批素可泰和越南黑色釉下瓷，但未发现青花瓷。到 15 世纪末，中国青花重返国际市场后，暹罗窑厂几乎停止了出口生产。

缅甸的马达班罐贸易非常重要。自 11 世纪起，下缅甸马达班海湾附近的孟族人就影响着蒲甘的陶器生产，海湾附近的港口也成为连接印度和中国瓷器贸易的纽带，并服务于宋加洛及其他暹罗瓷器的出口。帕特里夏·古特曼（Patricia Gutman）指出，阿拉伯、中国和欧洲的资料记录了 14 至 18 世纪的缅甸马达班贸易，18 世纪时，这一贸易开始走向衰落。在东吁王朝（1486—1752 年）时期，东南亚大陆的生产中心从暹罗王国转移到缅甸。格拉夫（Grave）等学者推测，16 世纪末 17 世纪初，缅甸的马达班地区的生产和出口与荷兰商人有着直接的联系。鉴于目前缅甸海域的海洋考古条件尚不充分，未来或许会有更多的发现。

## 越南与占婆的陶瓷贸易

在中国统治大越期间（公元前 111 年—公元 939 年），越南北部成为主要的陶瓷产地。主要的生产中心分布于红河沿岸，从升龙（河内）到海阳省，一直延伸至海防三角洲以及下龙湾北部历史悠久的岛屿港口云屯。海阳省的朱豆窑是高温烧制陶瓷的主要产地，在盖伊看来，它是名副其实的越南"景德镇"。在李朝（1009—1225 年）的强力支持下，朱豆窑在东南亚市场上与中国瓷器展开了竞争。

8 世纪，布尔贝克发现，越南北部已成为东南亚最大的陶瓷产地，其出口的石罐与中国南方的风格大同小异。15 世纪初，元朝在其统治末期曾短暂地占领越南，因此带有元朝风格图案的青花瓷、佛像等其他器皿流行于越南。越南还生产青花瓷砖，爪哇特洛武兰和满者伯夷的其他遗址中都出土了越南的青花瓷砖。迪普瓦扎（Dupoizat）指出，这些瓷器明显受到了中东，尤其是波斯瓷器的影响。越南受命生产的墙砖被用以装饰爪哇北部沿海淡目、古突士新建的清真寺以及井里汶和哲拉帕的建筑。

作为一个海洋贸易导向型的国家，占婆拥有陶瓷生产技术并出口陶瓷。盖伊曾言，占婆能够生产贸易所需的高温烧制釉面陶瓷的窑厂位于今越南平定省的归仁附近。日本、菲律宾和爪哇的遗址都出土了占婆的陶瓷。我们应将占婆陶瓷生产的出现置于当时的社会背景之下来进行研究，在 1471 年大越入侵并吞并毗阇耶前，崛起的大越与占婆王国一直在争夺世界海洋贸易的机会。11 世纪李朝崛起并在升龙建都后，越南国王致力于将经济与对外贸易紧密结合。在与占族人的竞争中，造船业规模不断扩大。然而，在毗阇耶被攻占后，占族船只仍继续在东南亚海域活动。马六甲和琉球都与占婆保持着贸易往来。盖伊认为，1571年后，明朝解除海禁，面对中国的竞争，占婆的陶瓷出口逐渐衰落。李朝却试图将东南亚贸易整合为朝贡贸易，除占婆外，还将老挝、暹罗、爪哇和马六甲纳入其中。

盖伊认为，15世纪与16世纪初，釉面陶瓷的出口量是大越在国际贸易中参与情况的重要"晴雨表"。20世纪90年代中期在古老的港口城市会安发现的会安沉船中有15 000件完好的瓷器，另有100 000件已破损。盖伊说："这为研究这一时期越南出口陶瓷的情况提供了迄今为止最完善的概览。"他指出，越南瓷器的装饰补足了技术层面的欠缺，那些色彩斑斓的彩绘瓷"与中国的完全不同"。会安沉船为数最多的陶瓷是釉下青花瓷，其中一些在质量上可与中国的青花瓷相媲美，越南国家历史博物馆中还保存了沉船中出土的其他物品，如酒器、军持、盘子和瓮，其青色的釉底上绘有龙和麒麟等精美图案。

会安沉船是中式船只，但其柚木材质及其上装载的产自信武里的储物罐表明它是在东南亚建造而成的，极有可能是在阿瑜陀耶。盖伊推测，会安的这艘暹罗王家帆船在云屯等官方指定的港口装载货物后正要返回阿瑜陀耶或爪哇。菲律宾南部、日本等东南亚海洋地区的遗址中均发现了越南的陶瓷。红海、阿拉伯统治下埃及的首个首都福斯塔特，以及阿拉伯、波斯湾、霍尔木兹地区的考古遗址证实，越南的瓷器也被运往中东国家。有些还被伊朗和奥斯曼王室收藏，其中一个著名的瓷瓶现藏于托普卡帕宫博物馆，于1430年产于朱豆窑。盖伊总结道，会安沉船中发现的大量货物表明红河流域的陶瓷生产中心具有高度组织性。这说明当时存在一个组织严密的生产、营销与分销体系，这显然离不开强大的资本运作和大量的人力物力投入。而委托其制造陶瓷的商人显然也十分了解市场情况。

## 欧洲陶瓷贸易

很久以前，中国瓷器就成了欧洲人的收藏品。威尼斯与中国的古代丝绸之路相连，其总督是一位收藏家，诺曼底公爵亦然。但中国首批专为欧洲客户打造的出口瓷器是受一位马六甲的葡萄牙商人佩罗·德·法里亚（Pero da Faria）委托制造的。托普卡帕宫博物馆、那不勒斯马丁那公爵博物馆、葡萄牙贝雅的赖尼亚多纳莱昂诺尔博物馆均收藏有瓷器。特别定制的"耶稣会瓷器"上绘有标志性的浑天仪、曼努埃尔一世国王（1495—1521年在位）像、葡萄牙国徽和钴蓝色耶稣会会徽。玛尔克斯德阿布兰特什宫的瓷器展厅中至今仍存有正德年间（1505—1521年）的瓷器。

1554年在南非东海岸沉没的圣班多沉船提供了更早有关葡萄牙参与中国陶瓷贸易的证据。结合1558年莫桑比克岛的埃斯帕达特沉船，我们清楚地发现，葡萄牙人在中国建立永久的贸易基地前就已参与到瓷器贸易之中。1557年澳门据点建立后，葡萄牙人更便于参与中国瓷器贸易，而且当时广州是中国南方主要的海上贸易和出口中心，对葡萄牙人更为有利。在此期间，无论是在中国帆船贸易还是葡萄牙黑船贸易中，日本都是中国瓷器的市场之一。

威尼斯长期以来是欧洲的中国商品贸易中心，但后来里斯本取代了其历史地位。首批传入葡萄牙的瓷器激发了贵族对东方艺术品的兴趣，继而引发了中国热。葡萄牙人最先定制中国瓷器。葡萄牙陶工自古以来就长期生产彩陶（釉陶），葡萄牙也是首个复刻中国瓷器的欧洲国家。已知最早的葡萄牙仿制瓷器可追溯至1623年，但在前一世纪的最后25年，葡萄牙才开始仿制。在17世纪初的里斯本，约有17名商人专门进口中国瓷器。荷兰商人也发现了荷兰富裕阶层对东方陶瓷的需求。当时，北欧国家还尚未掌握瓷器制造技术，进口瓷器在美学价值和实际功能方面均可取代本土产品。众所周知，荷兰于 1602 年和 1604 年从两艘葡萄牙船只上截获了中国瓷器并将其拍卖，青花瓷的知名度也因此提升。

此后，瓷器成为荷兰东印度公司的常运货物。这些瓷器通常会在荷兰东印度公司的鹿特丹、阿姆斯特丹和代夫特等分部拍卖。最初，荷兰人购买的是中国克拉克瓷，这是一种以钴蓝色为釉底、绘有山水、植物、动物图案的薄胎瓷器。1624 年荷兰人在台湾设立基地后，瓷器贸易逐渐完善。在 1662 年被逐出台湾之前，荷兰人一直与中国大陆商人保持着间接联系，1634 年后，荷兰人开始根据西方审美定制瓷器。这一时期正处于明清之交的动荡时代，因此这一时代的瓷器也称"过渡瓷"。据沃尔克研究，1604—1637 年，有 300 万件瓷器流入欧洲，其中大部分来自中国。1650—1680 年，景德镇暂时停产，为日本陶器出口提供了契机。

## 郑氏家族的陶瓷贸易

1662 年 1 月明郑政权将荷兰人逐出台湾，随着郑氏家族与荷兰人在瓷器出口贸易中竞争加剧，瓷器的生产及贸易周期发生了重大变化。何翠媚指出，尽管清朝有所干预，但郑氏商业网络仍继续利用景德镇的生产基地。此外，郑氏家族还能获得距离福建厦门约 30 千米的德化-安溪窑等地生产的低质陶瓷。在日本大举进入陶瓷生产市场后，郑氏家族试图进口专供奢侈品市场的高档茶壶等产品，以利用这一新兴的生产中心。事实上，早在 1658 年，郑氏家族就先于荷兰东印度公司开始销售利润丰厚的日本瓷器。何翠媚称，郑氏以这种方式将家族企业转变为一个在财政资源、军事力量和商业战略上都能与荷兰东印度公司相抗衡的势力。最重要的是，郑氏家族拥有对区域内航运的控制权以及进入陶瓷生产基地的特权。17 世纪 80 年代，郑氏家族与英国东印度公司联手，以应对来自荷兰和清朝的激烈竞争。

郑氏商业帝国的崛起引发了政治环境的变化，继而对陶瓷产地产生了影响。何翠媚解释道，1662—1682年，随着郑氏家族时运的变化，中国陶瓷贸易的重心在广州-澳门和福建之间来回转移。1676年和1680年，郑氏在厦门重新站稳脚跟后，他们才恢复向东南亚运送福建货物。相比之下，饶平作为仅次于景德镇和福建的中国第三大陶瓷生产中心，其窑厂生产的青花瓷可与福建瓷器媲美。16世纪和17世纪漳州或汕头瓷器的出口是陶瓷贸易的另一组成部分，菲律宾考古遗址中就曾出土此类瓷器。

## 广州陶瓷出口贸易

随着广州贸易体系的建立和广州口岸的开放，陶瓷生产和出口模式进一步发生了转变。葡萄牙人、居住于澳门的中国人、英国人、荷兰商人、暹罗商人以及广东人等越来越多来自世界各地的商人进入广州市场。从万丹到马六甲等东南亚港口也再次成了帆船贸易和欧洲贸易的主要市场。荷兰人现在不得不充当中间人的角色，而非从产地购入陶瓷的采购商。在这一时期，郑氏家族的垄断地位早已不复存在。

广州贸易体系促进了中国瓷器向欧洲乃至美洲的直接出口，在其驱动下，茶叶贸易也持续发展，仅产于中国的茶叶满足了欧洲不断增长的需求。在船舱中，瓷器位于最底层，既作为压舱物又能保护更易受损的茶叶。茶叶贸易还促进了从茶壶到茶杯等陶瓷新品的出现。自17世纪下半叶起，产自宜兴[①]的茶壶等粗瓷器首次成为荷兰东印度公司的出口商品。其中既有绘制花卉图案的"红茶壶"，也

---

[①] 宜兴，位于上海以北120千米处的一座城市。

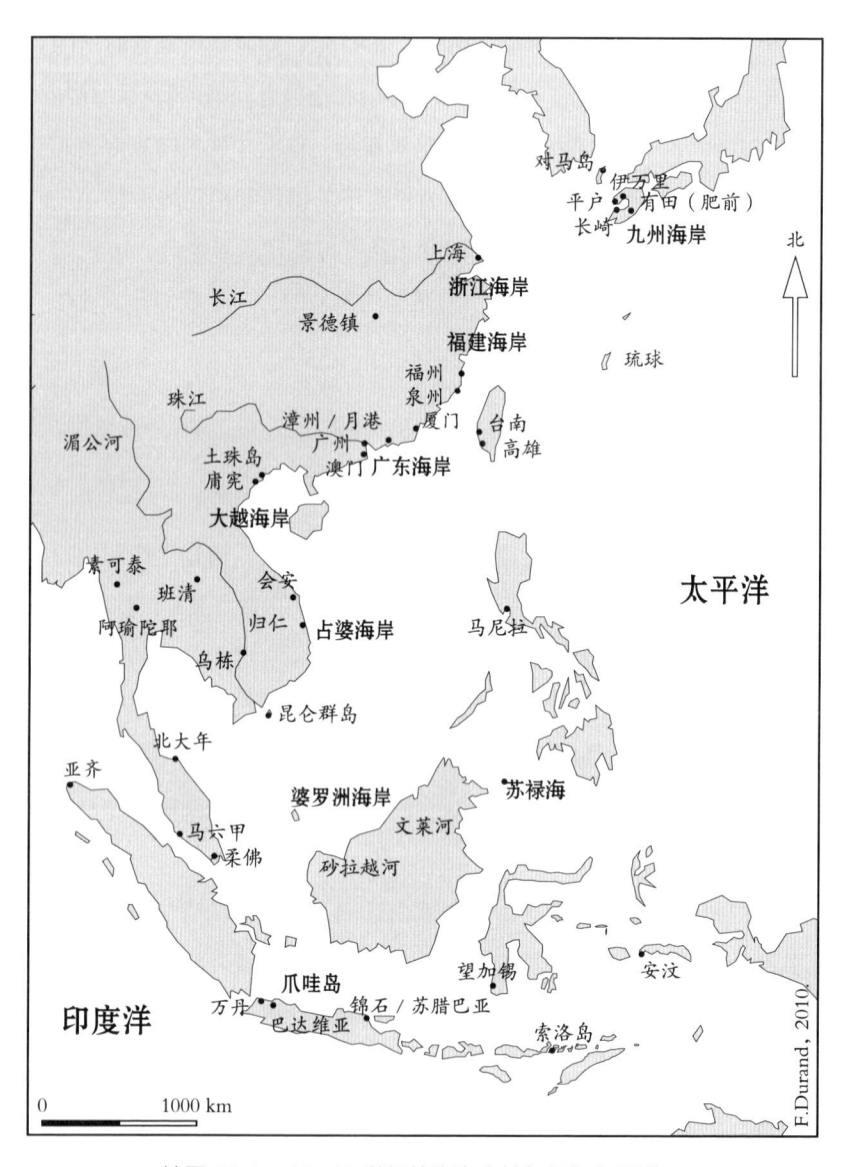

地图 10.1　16~19 世纪的陶瓷产地与帆船贸易港口

有葡萄牙出口商早前从澳门运来的商品。宜兴茶壶在欧洲备受欢迎,因而常有人仿制。1672 年,荷兰陶艺家兰伯特斯·克莱夫斯(Lambertus Cleffius)首次制造出宜兴茶壶,后来英国和萨克森的陶工也相继仿制成功。宜兴茶壶对欧洲的陶瓷艺术乃至欧洲茶壶的普遍形状产生了深远影响。

## 日本陶瓷贸易网络

日本在 17 世纪的陶瓷贸易中扮演着多重角色,既是陶瓷技术的引进者、革新者也是出口商。在欧洲势力扩张之际,日本通过海上丝绸之路(或许称为瓷器之路更合适)加入全球瓷器出口贸易之中。中国一直以来都在陶瓷生产和出口中独占鳌头,但 17 世纪中叶,其地位受到了日本的挑战。虽然日本陶瓷业的历史不在本章的讨论范围之内,但自 4 世纪起,中国、朝鲜乃至越南都对日本的陶瓷生产技术和设计产生过影响。

景德镇满足了全世界对陶瓷的大部分需求。然而,1650—1680 年明清交替之际,景德镇窑厂暂时关闭,肥前-有田(今佐贺县)等九州的陶瓷生产商因此获得了向荷兰出口的新契机。研究日本出口瓷器的权威人士称,九州陶瓷业的繁荣期相对较短,从 1652 年持续至 1680 年,但据荷兰史料记载,陶瓷贸易一直持续到 18 世纪早期,甚至延续至 1757 年后。

有田瓷器出口产业的衰落与景德镇的复兴以及荷兰人重返中国成为主要的瓷器出口商有关。此外,代夫特和迈森的窑厂以较低的成本仿制东方陶瓷也是肥前-有田衰落的一大原因。荷兰史料中又称有田瓷器为伊万里烧,因为这些仿制中国陶瓷烧制的本土瓷器最初是在伊万里港运出后进入全球市场的。

在日本,德川幕府和当地大名都热衷于收藏风格各异的进口和本土陶瓷，他们也是陶瓷行家。与此同时，有田等地的国内制陶业在日本的原始工业化进程中也发挥了一定作用。对高雅陶瓷的需求与全国城镇居民日益增长的消费需求同步增长。内山（Uchiyama）强调，德川幕府末期，四处奔波的伊万里烧商人满足了城市（对瓷器的）需求。数据更能体现伊万里烧的生产和市场规模：1835年，江户共消费60 000包采用传统稻草包装的瓷器，占全国消费量的18.74%；关八州的消费情况也与此类似；大阪共消费36 000包，占全国消费量的11.25%，而日本国内市场的总产量为320 100包。

## 长崎的荷兰陶瓷贸易

1609年荷兰与日本正式建立贸易关系，同年9月，在松浦大名的斡旋下，荷兰东印度公司的首个贸易站在今长崎县平户岛成立。对荷兰人而言，平户幕府统治时期是贸易发展的重要时间段。这一时期，众多从东南亚进口的商品与日本商品进行交换。加藤英一（Kato Eichii）指出，在这一时期，荷兰的出口产品中还没有陶瓷。沃尔克也证实了这一点，他记载道，荷兰人发现中国瓷器频繁出口日本，台湾的瓷器出口尤为活跃，主要由中国船只负责运输。在长崎出岛的新基地，荷兰人与松浦大名保持着密切的通信联系，并紧密关注着平户制陶业的兴起。

在无法从景德镇进口后，荷兰转而从有田窑进口克拉克瓷。17世纪50年代末，有田窑厂开始为荷兰人生产其最熟悉的中式青瓷。在近似的仿制品生产出来后，很快又出现了纯日式或两者混合的产品。

后来肥前-有田窑生产并出口釉上彩装饰的瓷器，其名为"柿右卫门"，取自一座专业工坊之名。柿右卫门瓷器以其独特鲜亮的色彩和引人注目的图案而闻名，在欧洲风靡一时。它通常以奶白色为底，绘有对称的图案，如盛放的梅花、龙凤等。柿右卫门釉下彩一般为蓝色、红色和金色，辅以绿色点缀，绘有山水和动物图案，近似于西方的巴洛克风格。值得注意的是，在从当地找到替代品前，有田一直从中国进口颜料。有田按照定制的要求生产了众多产品，如盘子、药罐、黄油碟、供欧洲王室使用的更具艺术性的浑天仪以及喝咖啡这一欧洲新潮流所需的咖啡用具。许多欧洲的瓷器生产商都纷纷仿制柿右卫门瓷。

就出口量而言，自古以来荷兰从长崎主要出口白银和铜。但到17世纪，陶瓷、樟脑和漆器也成为日本的出口产品。荷兰的报告中经常提及漆器和瓷器。我们从出岛的荷兰东印度公司日志中了解到，有田的瓷器生产商曾前往出岛拜访荷兰人，而不是荷兰人去访问生产商。荷兰人常因交付瓷器的价格和质量而改变主意，1690年11月，就有一份订单因样品质量低劣而被拒收。

## 荷兰东印度公司的主要贸易网络

珍贵的瓷器在有田按照荷兰的要求生产出来以后，会从伊万里港运往长崎。日本出口陶瓷是特制的产品，在经区域内部贸易网络转运前，先在台湾、马六甲或巴达维亚由荷兰东印度公司运输。巴达维亚是经由南印度洋返航途中第一个主要的停靠港。开普敦在1652年建成后也成为贸易网络中的一环，其中有一部分货物运至公司官员处以供其交付当地的订单。除官方贸易外，长崎荷兰东印度公司员工还从事买卖贵重陶瓷等利润丰厚的非法私人贸易。

据沃尔克研究，从台湾到巴达维亚贸易船只的载货单显示，每批货物的数量为10万到25万件。台湾帆船源源不断地向长崎供应中国瓷器，因此在荷兰人被逐出台湾以及明清之交中国发生动荡后，荷兰人加大了在出岛的采购量以弥补亏损，肥前–有田的瓷器制造商也随之重获新生。

## 欧洲的需求以及代夫特的兴起

在奥古斯都二世的支持下,欧洲首次开始生产瓷器。除中国陶瓷外,德雷斯顿的迈森窑厂还仿制了柿右卫门风格的日本瓷器。1723年,数以百计的日本清酒壶、茶壶、花瓶和碗被原样仿制以供王室收藏。奥古斯都不仅热衷于展示其工匠高超精湛的技术与工艺,还将这些供不应求的产品销往欧洲宫廷。1745年,迈森的工匠认为自身技艺高超,因此不再模仿东方的图案,转而采用欧洲的设计。

荷兰拥有生产彩陶或锡釉陶器的悠久传统,但自17世纪初以后的100年间,对荷兰陶器影响最大的是中国图案。自16世纪70年代哈姆勒开始生产彩陶至17世纪20年代,代夫特的陶工发现制作精良且价格便宜的中国陶瓷仿制品拥有良好的市场。对资产阶级人士而言,新颖时尚的日本陶瓷也在市场中拥有一席之地,因此代夫特迅速开始仿制。著名的代夫特陶瓷应运而生。自1639年起,彩陶艺家兰伯特斯·克莱夫也成了仿制东方陶瓷的一员。当地陶工历经多年不断试验最终制成的薄胎陶瓷——代夫特蓝瓷——成为荷兰资产阶级革命的标志之一。在其他地方,色彩斑斓的陶瓷备受人们喜爱,巨型伊万里花瓶及装饰品、大型的盘子以及一系列小物件装点着宫殿和乡间别墅,这些在欧洲随处可见。

法国的情况亦是如此。17世纪最后的十年,瓷器生产技术传入法国,而且仅王室成员和贵族才能拥有瓷器。波旁公爵路易·亨利(Louis Henri)位于尚蒂伊的私人瓷厂生产的瓷器深受日本瓷器的影响。古兰特(Gullard)认为,柿右卫门瓷是17世纪初进口至欧洲的第一批有田瓷器,"几乎德雷斯顿等德国瓷厂以及圣克卢、切尔西、伍斯特等地的所有瓷厂都在仿制日本早期的瓷器。"1662—1682年这段时间的末期,由于代夫特瓷盛行,荷兰东印度公司被迫限制有田青花瓷的出口。在欧洲的中国热盛行之处,人们对东方物件的喜爱程度也逐渐消减。

## 日本-荷兰陶瓷贸易网络的周期

我们或许可以根据当代世界的发展历程，特别是明清之交的事件来确定日本陶瓷出口的阶段或周期。在后文的内容中，我们以何翠媚对沃尔克著作的解读为主线，又增添了对1683年后清朝竞争力增加而肥前-有田出口量减少的思考。

- 阶段一（1602—1644年）：这一时期是荷兰东印度公司与中国陶瓷贸易的开端，是向荷兰大规模出口的开始，欧洲对东方瓷器的需求也自此产生。在此期间，日本还是中国陶瓷的净进口国，荷兰东印度公司曾短暂尝试向日本出口荷兰陶器。这一时期终结于明清交替之际。
- 阶段二（1645—1661年）：这一时期，日本对中国陶瓷的进口量减少了五分之一，同时成为主要的出口国。1661年荷兰人被逐出台湾，荷兰东印度公司转而寻找其他的陶瓷供应源。在第二阶段末，代夫特瓷器开始出口到亚洲。

然而沃尔克指出，首批在日本定制的瓷器于1653年由白鹰号运往巴达维亚。该船经越南郑主到巴达维亚，载有2200件瓷制药罐，"以供巴达维亚的药店使用"。其他资料记载，这艘船还于1750年将"粗瓷"运往越南。在1654年、1657年、1658年荷兰又下了同样的订单，"用于巴达维亚外科医生的店铺"。1656年，运往台湾的瓷器也是同样的用途。阿什莫林博物馆收藏的一件青花瓷"药罐"就是肥前-有田的下白川窑烧制的。

正如沃尔克所言，这些零星的货运记录并不能说明当时存在大规模的出口产业。一箱被运往孟加拉的日本瓷器也并未引起他的注意。然而，1659 年巴达维亚发出了明确的指令，要求出岛订购 56 700 件瓷器并将其出口至摩卡，如果可能的话"在下次偏北季风到来之时，将其经福尔摩沙运至马六甲，再从那运到摩卡……"，或默认运至巴达维亚。沃尔克表示："第一份发往海外的指令说明，青花瓷在阿拉伯地区备受欢迎。"摩卡当时是咖啡贸易中心，获利可高达 500%。除摩卡外，这些瓷器还被运往苏拉特、科罗曼德尔海岸和孟加拉。沃尔克借鉴了孟塔努（Montanus）的观点，认为中国对日本出口瓷器的需求有所增加。1659—1660 年，茶杯等日本瓷器首次被运往荷兰。双方还针对伊斯兰市场的情况就设计展开探讨，在伊斯兰市场中，人物、动物等图案并不受欢迎。1661 年，四艘船只运载着 57 730 件瓷器从出岛驶向马六甲及更远的地方。一艘荷兰东印度公司租用的帆船驶往暹罗。

- 阶段三（1662—1682 年）：这一时期，随着清朝统治的巩固和台湾郑氏政权的终结，大部分货物都被运往巴达维亚、暹罗、归仁（阮主）以及郑主控制的越南北部，以供东南亚市场消费。1664 年后，斯里兰卡从中退出。其间，约有 21 艘船将陶瓷运往荷兰，但与东南亚贸易相比，货物数量仍然较少。

- 阶段四（1683—1720 年）：自 1683 年起，在康熙皇帝（1661—1722 年在位）的统治下，清朝政治稳定、经济繁荣，瓷器出口也得以恢复。1662 年，在明清交替之际，在皇帝的支持下，著名的景德镇窑厂经历了大规模调整。

日本瓷器的订购量仍然很大，平均每年 50 000~80 000 件，在 18 世纪初订单量有所下降，此后的 10 年间，平均每年 10 000 件。但自

1712年起，有些年份根本没有瓷器运往海外。1732年左右，有田的定制生产系统显然已经崩溃。1732年11月的一份荷兰记录证实了这一点，其中记载道，在为巴达维亚的药剂师购买瓷器时，"在货摊购买要比订购便宜得多"。或许，荷兰人的相关记忆已淡化。出岛的一位荷兰官员于1736年写道，质量最好的瓷器产自肥前，因此，他会从那里要来样品。1740年，公司官员订购了普通的黄油罐和腌菜罐。1754年，巴达维亚向三家到访的瓷器制造商订购了盘子和碟子，但没有进行冗长的谈判协商。然而，荷兰人与来访的瓷器制造商常无法在质量和价格方面达成一致，因此对质量上乘的伊万里瓷的需求在迅速减少。山胁悌次郎（Yamawaki Teijiro）分析了有田方面的文件，他指出最后一次从长崎运送瓷器是在1757年。

● 阶段五（1729—1757年）：17世纪末，广州贸易体系的出现吸引了所有欧洲贸易公司，其中也包括1729年到此的荷兰东印度公司。虽然茶叶是主要的贸易商品，但丝绸和瓷器也十分抢手。荷兰东印度公司请中国船只帮忙将瓷器及其他货物直接运往巴达维亚。我们可以通过一组数据来了解对华贸易的规模和价值，1751年荷兰东印度公司船只海尔德马尔森号在从南京前往巴达维亚的途中，于新加坡海峡附近的宾坦岛沉没，直至1985年才被再次发现，船上载有200 000件瓷器。

## 二级目的地：区域内贸易

并非所有的贸易物都留在了亚洲的主要港口，它们还作为区域内陶瓷贸易网络的一部分被荷兰东印度公司或当地的船只运往其他地区港口。沃尔克将贸易物运往二级目的地的过程被称为"岛际贸易"。肥前-有田瓷器等大量的陶瓷运往内陆地区，成为当地的随葬品、圣物或是传家宝。在印尼，区域内贸易一直延续至近代，欧式和亚洲式等各式各样的当地船只都参与其中。

在日本对海洋历史重燃兴趣后，考古工作也在不断推进，有关贸易货物的许多信息都源自考古发掘。遗址的数量也在不断增长，现在发现的遗址分布于长崎的出岛等地、马尼拉王城区、雅加达鱼市、日本人从前在柬埔寨的定居地乌栋、阿瑜陀耶、万象古城、澳门大炮台、马六甲、会安、荷兰人过去在台湾的定居地台南以及古新加坡（淡马锡）。野上（Nogami）通过 31 座遗址揭示了肥前陶瓷在东亚-东南亚的广泛分布。东南亚发现的规模最大的陶瓷碎片出土于万丹，这说明日本和爪哇之间的贸易往来虽然是间接的，但是却十分密切。1993—1997 年，印尼-日本联合研究人员从老万丹和帝尔塔亚萨附近的王宫遗址中发掘出大量的肥前陶瓷碎片。

总而言之，在最后 23 年中，仅有 190 000 件日本陶瓷被运至荷兰，与中国瓷器相比，这一数量并不算多。而利润、质量以及与英国即将开战等导致这一情况的原因我们在此也不再赘述。即便如此，在最后一段时期，荷兰东印度公司向印度尼西亚群岛以外的亚洲市场出口了 57 万件日本瓷器。在阅读有田方面的文件后，山胁悌次郎认为日本总共出口了多达 1 233 418 件瓷器，这或许能够说明当时瓷器大规模外流进入中国帆船贸易之中。

## 中国陶瓷帆船贸易

中国帆船贸易应当属于亚洲内部贸易，除澳门的中国商人外，这一贸易很少跨越孟加拉湾到达印度。1654 年日本瓷器开始运往厦门，日本最终打破了中国长期以来的垄断，成为瓷器出口国。沃尔克推测，这些瓷器将再次出口至东南亚市场而非为了供应中国市场。

## 第十章
### 全球陶瓷贸易网络中的东亚－东南亚

最初，在郑氏家族统治下，中国商人从台湾将日本引入这一贸易之中，当时中国出口的瓷器减少，荷兰东印度公司大力支持日本加入贸易之中。研究表明，从长崎发起的帆船贸易种类多样。除常见单独的福建帆船贸易网络外，荷兰东印度公司还雇用长崎、马尼拉和巴达维亚福建人的船只协助巴达维亚的贸易。当然，与马尼拉的贸易处于荷兰人直接关注的范围之外。野上对在马尼拉王城发现的肥前瓷器进行了研究，他认为这些瓷器只能是通过中国帆船贸易到达西班牙统治的这座城市。但是目前尚不清楚老万丹的日本陶瓷是经荷兰东印度公司运输的还是通过帆船贸易运抵的。

沃尔克粗略估计，中日之间的贸易额是荷兰的两倍，由此可以推断，尽管中国人喜爱粗瓷和细瓷，但中国运送的陶瓷量是荷兰的两倍。然而，1668年日本禁止中国船只在长崎将瓷器卸货，这些抵达的船只被勒令返航。1686年荷兰东印度公司的记录中多次提及在长崎港口打捞出的瓷器，这说明尽管走私会受到严厉的惩罚，但仍有华人从事非法瓷器贸易。

在第四阶段（1683—1720年）末期，荷兰东印度公司转而经营中国陶瓷，日本瓷器贸易则由荷兰私营商人经营。然而不久后，众多中国帆船抵达巴达维亚，为当地市场带来了各式各样的瓷器，因此荷兰东印度公司只能放弃中国瓷器贸易。这就为私营商人提供了购买瓷器的机会，他们之间相互竞争，几年后，这一私人贸易已十分普遍。1694年，由于利润下降，荷兰东印度公司董事决议全面停止为荷兰进口瓷器，瓷器供应完全交予他国。辛西娅·维亚勒（Cynthia Viallé）在有关私人贸易的详细研究中写道："他们扰乱了市场"，自1603年起，荷兰东印度公司发布禁令禁止私人进口（后来到1685年日本才允许私人进口）。此后，参与中国帆船贸易的商人在广州将日本瓷器卖给英国、丹麦、瑞典及其他欧洲国家的商人。

## 总结

　　陶瓷的主要产地位于缅甸、暹罗、越南、占婆、中国和日本。陶瓷贸易不仅促进了由供应商、生产者和消费者错综交织而成的东亚-东南亚贸易体系的形成，还是早期工业活动的标志。换言之，从未有其他商品如区域贸易中的陶瓷一样，将这一地区紧密相连。它早于贵金属贸易，在某方面又晚于贵金属贸易。陶瓷贸易既涉及从中国、朝鲜向日本、越南或暹罗的技术转移，又涉及本国与他国的外购，如明朝时期中国从中东和苏门答腊进口钴，日本从国外进口颜料等。它是区域内帆船贸易的活力之源，将众多分离的商品链连接到一起。数以百万的陶罐、陶盘和陶碗进入贸易之中，满足了奢侈品贸易和大众的需求。

　　陶瓷贸易网络触及东海、南海、爪哇海、孟加拉湾以及印度沿海等区域贸易体系的各个部分，为各地的贸易和市场注入了活力。

　　这一贸易历史悠久，自古就步入了丝绸之路，中东商品传入东方，中国商品向西而行。但是在西方人进入亚洲海域后，亚洲陶瓷打开了欧洲和美洲市场，陶瓷贸易走向世界。虽然欧洲在仿制中国和日本瓷器，但来自欧洲的竞争未能动摇景德镇世界陶瓷生产中心的地位。明朝中期景德镇的衰落导致中国沦落至全球-区域间陶瓷出口的边缘，即便如此，经济转型在过渡时期就已完成，彼时欧洲市场尚未成为驱动对外贸易的主要因素。换言之，古老亚洲陶瓷生产体系的崩溃更多是由于如明清交替以及中国沿海郑氏家族网络的建立等内部事件而非外部因素。最终，在广州贸易体系的驱动下，中国陶瓷出口逐渐复苏，这关系到数十万工人和手艺人的生计，更不用说对运输工人和货主的影响了。没有证据表明，中国对欧洲涉及陶瓷的需求的谨慎回应导致其最终被边缘化，因为这显然还与其他因素有关。

同样，日本瓷业的兴起建立于历史悠久的陶瓷生产基础之上，完全归功于地方代理机构、创新力与企业经营。日本制造商迅速回应因明清之交社会动荡而在区域及全球范围内引发的弹性需求。尽管日本陶瓷业是由荷兰人推动发展的典型行业，但在德川治世时代，日本城市人口快速增长，经济繁荣，国内市场也蓬勃发展。肥前-有田的陶业仅是日本工业革命的冰山一角。

在东南亚，占婆陶瓷生产在前现代以前就已达到巅峰，而暹罗陶瓷生产中心在衰退瓦解之时，欧洲人对其还并不感兴趣。作为一种出口产品，越南陶瓷按照亚洲需求定制而成，欧洲人并未过多插手。缅甸的马达班贸易在荷兰东印度公司的经营下获得新生，但在缅甸将首都从蒲甘迁至阿瓦后，它也未能幸免于难。虽然欧洲人逐渐掌控了孟加拉湾以外的亚洲陶瓷远途贸易，但区域内部贸易以详尽的商业信息为基础，以错综复杂的供应网络为支撑，连接了中国沿海、日本和东南亚，从未完全被欧洲人取而代之。

贵金属扮演着贸易物和货币的双重角色，瓷器也有其与众不同的美学价值，在不同文明和文化中各展风采。值得注意的是，欧洲人对日本瓷器的疯狂追寻源自他们对中国热的向往。荷兰东印度公司对日本瓷器的追寻并非完全出于其美学价值，因为利润始终是其贸易的底线。当时，中国热在欧洲盛行，欧洲人钟爱薄如蝉翼且绚丽多彩的有田瓷器，对更为常见的中国瓷器也十分喜爱，在此驱动下，对瓷器的需求持续增长，瓷器供应产业也在不断发展。但是，我们在研究中强调，欧洲仅是肥前-有田瓷器的主要目的地之一，大部分瓷器被运往爪哇、印度或波斯沿海地区，在那里流入当地市场或进入二级贸易网络之中。

# 第十一章
CHAPTER 11

## 知识转移：一个区域性技术的综合体？

## 第十一章
知识转移：一个区域性技术的综合体？

欧洲，尤其是北欧，率先经历了工业革命。在文艺复兴基础上发展起来的启蒙运动推动了科学技术的进步，欧洲的优势也随之增加，以势不可当的态势，领先世界其他地区近五百年。随着日本和大中华区工业综合体的崛起，"西方与其他地区"之间的差距也开始缩小，但亚洲之所以停滞不前与其在欧洲主导的贵金属贸易网络中处于从属地位有着密切的关系。那么，为什么在首批欧洲到访者看来，亚洲虽然在其他领域遥遥领先，却在某些技术成果方面较为落后呢？首批欧洲到访者究竟接触了东亚-东南亚的何种技术文明？东亚-东南亚的"本土"知识在何种程度上是新旧文明交流的产物？在本章中，我们将探究一些选定国家在工艺（手工艺除外）、制造和科技方面的技能水平，以确定东方-东方之间的（知识）转移、进步、排斥与停滞都出现在何处。东方-东方转移是指来自广阔欧亚地区的知识交流，它引发了人们对各种特征起源的探索，也导致世界各地或单独或同步的发展。公元 1000—1800 年，西方知识对东南亚产生了影响，但本章的主要目的并不是追溯亚洲对科学的接受过程。

佩西（Pacey）在其有关世界不同文明间技术交流的研究中，将南印度与东南亚视为"区域技术综合体"的一部分，除斯里兰卡和吴哥外，其他国家在水稻灌溉、林木作物种植等方面具有共同特征，即仅采用了少量抽水装置和小规模灌溉技术。白馥兰（Francesca Bray）认为，在佩西看来，中国南方也与之相同，但北方却不同，北方修建有大型的运河和防洪工程，水车及其他机械设备的使用也十分广泛。这一"区域技术综合体"是一种高度的"技术对话"与"发明交流"。佩西所谓大部分都处于同一时代的"亚洲技术综合体"

与古普塔提出的"农业、冶金和海洋知识结合体"形成了鲜明对比。随着新技术的借鉴与应用，技术–知识复合体随时间推移而分层，进而影响着区域和世界。

## 托勒密、阿拉伯、印度以及中国的知识交流

在其他作品中，我试图说明全球化是双向的，并不一定意味着西方化。欧洲从阿拉伯获取了数学、天文学方面的知识以及罗盘和星盘等重要的导航设备。这也是托勒密王朝知识转移的结果：早在公元前第一个千年的后半叶，埃及宇宙学家在巴比伦人理解的基础上进一步完善了球面天文学。托勒密几何学认为，天围绕着静止不动的球状地球转动。在哥白尼、开普勒和牛顿之前，这一学说不仅在欧洲被奉为圭臬，也是希腊科学的内容之一，随着罗马帝国传入印度，成为梵文世界传统的一部分，继而传到伊斯兰世界、中国和东南亚。伊斯兰教的扩张不仅使得希腊的数学和天文学得以继续传播，而且，随着数理天文学沿着贸易路线向东传入印度、中亚、中国和东南亚，最终促进了现代物理科学的发展。在 1673 年，耶稣会士带来更为先进的天文知识之前，位于北京的明朝宫廷接管了一座蒙古天文台，这座天文台建于 1274 年，是中国与伊斯兰世界接触交流的产物。

在本章中，我们将重点梳理中国、印度和伊斯兰文明世界与东南亚社会在接触中发生的（知识）交流与转移。声称对许多科学和技术发展进程拥有特定"所有权"的说法是错误的。通常，发现于非洲–欧亚广阔大陆上的技术也难以找寻其本土的起源。数学和天文学方面的例子已印证了这一点。

首批对古迹展开研究的东方学家十分赞同"印度或中国文明只是移植到了东南亚"这一观点，然而"文化传播论"的方法却为后

来的人类学家所批判，更不必说持自主历史观点的学者了。我们不应该忽视印度和中国的遗留物，但现代人类学的学术主流则是对本土"天才"，或在不同社会，尤其是人类学语境下"局部社会"中的适应性进行解释。时至今日，我们（文化相对主义者）仍对织布、陶器、金属制品、乐器制作、设计创造等东南亚本土手工艺或"工业"传统充满敬佩。事实证明，狩猎、捕鱼等许多当地习俗都具有非凡的生命力，但猎（取人）头传统却遭到了殖民者和传教士的抵制。房屋和船只建造等其他习俗，既契合生态环境又具有较高的审美价值。前人只看到了砍伐热带森林带来的利润，而现代世界中人们则发现苏门答腊、婆罗洲、新几内亚和云南等生物多样性丰富的地区特有的且为当地人熟知的潜在药物。局部社会中的成员对外来者十分警惕，信奉万物有灵论，他们通常将地方知识视作圣物，仅能由长者将其传授给新来的人。一般来说，尤其是在交通不便的地区，这些技能和习俗都是口口相传，不受其他趋势潮流的影响。

相比之下，在中国、韩国、越南、日本和印度等拥有复杂官僚机构和文字传统的文明中，一系列抽象概念和实用技术的接受与发展体现出某种目的论的进步。然而由于缺乏重要的文献资料，回溯东南亚的技术创新则较为困难。诚如李伯曼所言，东南亚本土技术创新相关的研究并不充分，甚至还没有相关的著作。

## 印度的转移

印度文明向东南亚转移的内容不仅有神圣王权的组织形式，还包括哲学、盛行的宗教习俗、音乐、戏剧以及从雕塑到建筑形式等方面的造型艺术。在印度文明王权组织形式的影响下，湿婆派和佛教概念中所谓的尼加拉国家或宪章王国在东南亚建立。印度文化也传到了中国，进而传入朝鲜和日本。许多被视为源自东南亚本土的技术和习俗实际上都起源于印度。

慕克吉（Mookerji）颂扬了古印度在化学领域的三大发现，这些发现在当时也助其占领了世界市场。第一，用明矾及其他化学品处理天然染料，制成可用于纺织品的耐晒染料。第二，通过"近似于现代化学方法"的工艺从蓝草中提取靛蓝的原理。第三，即钢的回火，"中世纪时期的大马士革刀就是经这一工艺制成"。

在印度，棉织品的生产可追溯至公元前 2000 年。传入东南亚的不仅有棉织品，还有峇迪蜡染、拼织所用工艺、扎染等其他印度纺织技术。棉花在东南亚历史悠久。据中国史料记载，棉花于 7 世纪从越南传入中国南方。自 13 世纪起，中国商人从越南、爪哇和吕宋岛进口棉花，缅甸、柬埔寨、苏门答腊西部沿海以及巴厘岛都是棉花产地。

在爪哇，铜壶笔①约于 16 世纪时传入，峇迪蜡染技术也随之不断发展。爪哇的现代峇迪蜡染业在 19 世纪时才达到现在的精湛水平。明朝的史料证实，峇迪蜡染传入了暹罗、越南等地，并在各地衍生出各种各样的技术和图案。虽然拼织（ikat）是一个马来语词汇，但据信这一工具起源于印度的奥里萨邦和古吉拉特邦。拼织在东南亚大部分地区都较为常见。老挝的拼织图案与群岛文化中的拼织图案有许多相同特点，但老挝的拼织图案或许有一部分源自越南东山文化等北方文明。公元后第一个千年，佛教传入泰族和老族王国，织工的织品中也开始出现那迦等佛教相关的图案或标志。老族宫廷还借鉴模仿印度和波斯进口织锦上的图案。

纺织品的奇妙功能及影响至今仍清晰可见。它不仅存在于宫廷之中，如佛教宫廷甚至文莱苏丹国都好使用黄布，也在民间随处可见。例如，当今巴厘岛印度教圣像用黑白格纹布装饰，泰国、缅甸、

---

① 用于将蜡绘于布料上的小型金属绘笔。——译者注

老挝的菩提树、土地神屋和佛塔也都悬挂着黄布。

塞代斯在研究东南亚对印度科学的接受时发现,在这些新传入的印度科学与印度文明转移至东南亚前,本土古老的技术就与之并存。例如,在高棉的铭文中,当提及日期时会用到印度的十进制以及九个阿拉伯数字和零,而在对物体进行计数或测量时,则会用到本土的方法。更古老的印度铭文记载了数字在印度十进制体系中的使用。除有关柬埔寨子午线的部分数据外,古印度支那所用的天文学知识全部源自印度。所有印度化国家都采用了印度历法。在巴厘岛,印度历法虽然不是官方历法,但仍沿用至今。虽然梵语和巴利语充实了本土的词汇,也促进了本土思想的传播,但梵语从未取代地方方言,尽管其有助于记录方言。

印度文明转移最明显的影响就是大型建筑与水利工程的建设,其中许多都成为东南亚宪章国家的标志性象征。尽管人们对此赞叹不已,却对那个时代建筑、工程、水利技术的转移过程所知甚少。在寺庙建筑的黄金时代结束后,鲜有遗迹得到了传承或进一步发展。目前尚未有合理的说法解释这一停滞不前的情况,但是寺庙建设显然不会比奴隶制或强制劳动的做法更长久。然而,另有观点认为,恰如巴厘岛至今仍盛行的苏巴克体系一样,小型复杂水利工程的管理和组织中存在着高度的自愿参与。

钱德勒在研究印度文明向柬埔寨转移的过程中发现,直到19世纪,柬埔寨人才有了印度人的特征,如头缠头巾,身着裙袍而非像越南人那样穿长裤。此外,柬埔寨的乐器、珠宝及手稿文本都具有印度的风格。但印度种姓制度却并未传入。14世纪后,柬埔寨未再从印度引入新事物,也未像越南反抗中国一样反抗印度。重要的是,柬埔寨很早就从印度引进了畜牧业技术,但东南亚其他地区却几乎对此一无所知。印度技术转移还涉及农产品的引进与农业实践的借鉴。蔗糖的种植与加工虽在中国得到了进一步发展,却是印度技术转移的一部分。航海技术或许也源自印度。

## 伊斯兰的转移

早期的伊斯兰教中含有许多希腊思想和理性概念，但并无特殊证据表明，传入东南亚的训诫典籍中，（真主）启示的重要性有所降低。就目前的情况而言，中华文化传统中存在从桥梁建设到医药和水利技术等各个方面的实用典籍，而伊斯兰传统则无法与之相较。虽然伊斯兰教是与典籍相关的宗教，但《古兰经》的传入并未引发印刷革命。在马来世界，手抄的传统一直延续至现代，而《古兰经》的知识从过去到现在一直都是通过口耳相传，正如苏菲派穆斯林所言这是一种"用心感悟的知识"。尽管如此，从中东到伊斯兰周边地区还是发生了技术转移，其中亚齐是最早接受技术转移的地方。

## 中国技术在东亚－东南亚的传播

中国的科学技术不仅在历史上遥遥领先于欧洲，而且李约瑟（Joseph Needham）还证实，中国运用自如的众多技术是欧洲长达千年都无法掌握的。阿布-卢戈德认为，宋元时期，中国几乎具备了促进国家和私人资本主义发展的各项元素，如生产与分配、纸币与信贷以及对海上贸易的管控。但在明朝时期，中国的经济走向崩溃。在阿布-卢戈德看来，明朝的困境很大程度上是由其周边旧世界体系的崩溃造成的，特别是中亚腹地的沦丧以及郑和下西洋并未获得切实的经济成果。而欧洲亦没有止步不前，文艺复兴促进了科学的进步，欧洲利用新发现带来的财富，与其他地区拉开了巨大的差距。

中国显然也十分乐于接纳经由海上和陆上丝绸之路传入的知识和技能，包括水稻新品种、宗教传说、伊斯兰知识、新世界作物和军事技术等各种外来事物和技术。但是，人们很少意识到，前现代中国本身就是东亚和东南亚地区强有力的技术传播者。

以下的叙述较为简短，但儒家文学、哲学、治理方式、风水、制图学、医学、陶瓷、冶金、城市规划等中国向越南、朝鲜和日本的文明转移是一个庞大的主题。千年来，这些儒家社会一直在借鉴学习中国知识，在除朝贡贸易使团外无法与中国直接接触的情况下，当地精英通过学习汉字获取并应用这些知识。

## 稻作文化

中国对人类社会最重要的贡献就是发明了将水稻秧苗移栽至灌溉地的技术。从公元前7000年长江下游地区和公元前5500年的东南亚中部大陆地区（泰国）来看，在很长一段时期内，"被驯化"的水稻文化沿着亚洲潮湿的季风区向南传播，水稻种植取代了大部分的芋头种植。如今新几内亚、婆罗洲部分地区和帝汶岛还存在着芋头种植。

并非所有水稻都适合水田农业，如今，非商业性农业地区、高地以及帝汶岛等相对孤立的地区，仍存在着各种"本土原生"水稻类型。众所周知，中国水稻文化向南传播的一个例外是"占婆转移"，即在10世纪末或11世纪初，早熟且抗旱的水稻品种从占婆传入福建地区。1202年，人口迅速增长，农业规模也随之扩大，宋朝下令将占城稻调拨至发生旱灾的长江下游地区。如今，如何保护水稻及其他植物的"传世"品种是许多丧失生物多样性的东南亚社会面临的一大问题。

我们无法想象吴哥、阿瑜陀耶、蒲甘以及爪哇中部和东部的印度教–佛教文明如果没有灌溉水稻种植会是什么样子。已知最早的一部八世纪巴厘语文本中提及了灌溉隧洞的修建者。巴厘岛的部分梯田已持续种植了千年有余。在巴厘岛，灌溉依赖于季节性河流流量而非水箱或蓄水坝。因此，在水稻种植历史最为悠久的地区，形成了包括隧道、运河、渡槽在内的复杂系统，着实令人惊叹。兰辛（Lansing）指出，通过苏巴克或用水者集体进行水利管理，这在印度教巴厘岛不仅仅是一项社会活动，还在仪式层面与水神庙体系融为一体。不知何时起，爪哇和巴厘岛的农民发明了抽水装置，即用一根可旋转的竹管，在装满水时会倾斜，进而将水倒入运河中。

或许在广阔的东亚-东南亚地区，最重要的工程就是山地水稻梯田。诸如吕宋岛中央山脉梯田等梯田已持续耕种了两千年有余。山地水稻梯田分布广泛，从中国到朝鲜、日本、菲律宾，以及包括苏门答腊岛、爪哇岛、苏拉威西岛和巴厘岛在内的印度尼西亚都可见到。云南西南部的哈尼族、桂林的壮族等中国的民族都拥有古老的水稻梯田。与其他梯田遗址相比，吕宋的巴拿威梯田海拔更高且坡度更陡，联合国教科文组织称其为"一项工程杰作"，涉及土筑和石筑的堤坝建设、病虫害防治、分区规划、水土保持以及可持续农业等方面。灌溉系统的水源来自伊富高山上的溪流，伊富高地区的仪式与信仰体系以及传统组织和工程技术都对其提供了支持。

阅读完上述内容，我们难免会对区域性文化-技术综合体的出现感到疑惑。这一古老的技术是中国以外"南岛民族"的（技术）转移吗？抑或这些壮观的水利工程是本土天才和本土自身适应性的产物？人们对这一转移所知甚少，因此对文化与技术的文明互鉴存在诸多疑问。

## 印刷文化

自古以来，中国在造纸与印刷技术方面均强于欧洲。据信，早在公元后第一个千年，中国的造纸术已趋于完善。雕版印刷术出现于700年左右，11世纪中叶，活字印刷术产生，但它并未影响雕版印刷术的重要地位。此时，阿拉伯人也已掌握此项技术；12世纪时，第一家造纸厂在西班牙成立。越南、日本和朝鲜均借鉴了中国的造纸术，朝鲜进一步发展了金属活字印刷术。

  清朝时期随着铜活字的改进和多彩套印技术的应用，印刷术不断发展，知识转移伴随着书籍的出口，其中许多还带有插图，因此这一过程也有迹可循。自16世纪末起，日本、朝鲜、越南进口了大量中国书籍。直至明治初期，长崎一直源源不断地进口了上千本与哲学、光学、医学和欧洲学问相关的中国文献。在越南，阮式政权的皇帝积极寻求中国的道德和律法典籍，以确立其儒家正统思想。麦哲伦航行中的抄写员皮加费塔于1515年在文莱逗留期间发现了从中国进口的纸张，这表明在中华世界之外，纸张价格也便宜且常见。越南很早就采用了中国的印刷技术。马尼拉教会出版的第一批书籍就是由华人印刷的，马来半岛和爪哇的华人移民社区的文稿印刷也是如此。

  格拉斯（Glass）写道，东亚和中亚佛教印刷技术，正如8世纪寺庙印章的发展，是南亚和东南亚无法比拟的，至少在16世纪欧洲人到来之前，南亚和东南亚对印刷术几乎一无所知。

## 物质文化

  从砖砌建筑到华人社区随处可见的中国寺庙都能反映中国对东南亚建筑的影响。在顺化建都之时，越南皇帝便效仿了典型的中国古典建筑。自17世纪初起，福建、广东和南京等地的中国寺庙与复杂且精美的中式石桥出现于以贸易为主的长崎。爪哇岛的柏希尔海岸也有众多中国寺庙和建筑，其历史可追溯至其与中国接触的早期。20世纪60年代和70年代在泰国、柬埔寨和越南南部的考古研究证实，东南亚村庄中青铜加工的开始时间早于印度与中国。然而，海厄姆认为，铜加工或青铜加工技术是法老时代从中东传播而来的，它穿越大草原到达中国的甘肃和黄河流域，继而传入东南亚。他还指出，铁器铸造技术最有可能是通过中国人与东山民族的直接接触传至北坡的。东山文化与汉帝国（公元前202年至公元220年）的扩张处于同一时期。无论如何，东南亚青铜时代的标志性大铜鼓仅在越南北部东山一带的小范围内制造而成，然后随着贸易到达其他地方。此后，大越逐渐掌握了炼银等其他冶金工艺，到了郑氏和阮氏政权时期，已能够铸造大炮。

自11世纪以来，越南或许是中国冶金工艺的受益者，而中国技术向东南亚其他地区转移的证据却受到质疑。布朗森（Bronson）以泰族国家为例，其冶金业的发展与南亚和中东更为一致。中国盛行的冶铁技术中有两步工艺，而东南亚却仅有一步直接的工艺。铁在东南亚的出现比当地制造的青铜和铜晚了一千年。东南亚（或许除越南外）的考古证据表明，锻铁是在后院的小型"炼铁炉"中生产的，而且产量较低。此外，也并未发现在中国大型熔炉炼铁过程中会出现的熔渣——这一工艺主要用于从熔融金属中生产铸铁，后来在朝鲜和日本也得到应用。

17世纪和18世纪，暹罗确实经历了技术转型，但并非受到欧洲的影响，而是由于华人移民至暹罗带来了新的技术。虽然直接冶铁法在东南亚孤立的海岛地区依然存在，但暹罗摒弃了这一古老的方法，在冶金领域完成了小型的"工业革命"。布朗森推测，泰国国王鼓励支持这一技术层面的转型，因为铸铁炮比传统且昂贵的青铜炮更受欢迎。

海洋考古证据表明，中国对东南亚造船业产生了重要影响，从宋朝起，兼具中国与当地特色风格的船只在爪哇海就已十分常见。随着新影响的出现，首批葡萄牙到访者见到的这种帆船在16世纪下半叶逐渐消失。早期印度和阿拉伯的三角帆船等对东南亚的影响不可忽视。根据贸易路线的远近及其他因素,东南亚船只出现了船体和风帆类型的杂合。中国船只的特点是拥有水密舱壁、舱中货物分隔成区,还使用了印度和东南亚船舶中没有的船钉。中国船只在东南亚久负盛名,例如,航行于中国沿海地区兼具中葡风格的船只(葡萄牙语称其为 lorcha)就在当时闻名遐迩。日本和朝鲜的造船业虽与中国存在联系,但在一定程度上独立发展。中国商业传统还为东南亚带来了度量衡,如担(约为 60 千克)、斤(百分之一担)等计重单位。

如第十章所述,早在欧洲人仿制并掌握中国的瓷器制造技术前,越南、朝鲜、日本已将这一技术不断完善。1350—1750 年,世界瓷器生产的中心位于中国(现江西)东北部的景德镇。景德镇严防欧洲人窃取技术。在海外贸易活跃、国内市场蓬勃发展的背景下,陶瓷生产与生产基地数量的增长已成为原始资本主义发展的标志。总而言之,中国历史上的陶瓷业反映出一系列实用科学技术的早熟。虽然桑树和蚕也部分是东南亚地区的本土物种,但在树木嫁接和蚕的饲养方面,中国遥遥领先于东南亚。丝绸在缅甸的历史可追溯至 11 世纪,13 世纪时柬埔寨也有相关记载,而瑞德推测,只有越南的丝绸生产和染色技术能与中国和日本媲美,越南的生丝在德川幕府时代备受欢迎。但丝绸生产向"工厂"生产转变并非易事。阿布卢霍德认为,与其他社会中的纺织业和羊毛产业不同,丝绸生产是劳动导向型活动,难以节省劳动力,因此几乎没有技术创新。但这并不是由于缺乏创造力,而是由产品性质决定的。

## 福建的技术转移?

16 世纪末,福建人在西属马尼拉最早建立了东南亚世代同堂的固定华人社区。他们不仅借鉴了许多实用技术,还较好地融入了当地社会。中国手艺人在东南亚以造船工、铁匠、石匠、市场园丁、动物饲养员、艺术家等为业。

穆素洁(Mazumdar)认为,自公元前 3 世纪,制糖技术就从印度传入中国。但在漫长的时间里,通过本土创新改进和有选择地借鉴外来技术,中国的制糖技术不断发展变化。中国糖的榨取与精炼技术,与该技术在美洲的发展同步,"或许其中的某些变化甚至是中国发起的"。但是,三辊装置是在美洲发展起来的,而中国垂直的双辊装置显然也一直在独立发展。双辊榨汁机的设计在明朝时期更为标准,东南亚糖产区的中国移民将这一新设备引入其所在地区。

在荷兰东印度公司统治的爪哇,就生产力而言,中国的技术转移对其新建立的制糖业具有"革命性"影响。例如,榨汁机通过牛或水牛带动齿轮转动榨取甘蔗汁,齿轮上连接着一根 4.5 米长的轴,甘蔗插入轴中会被压榨两次,以尽可能多地榨取出甘蔗汁。荷兰人安德烈·范·布拉姆(Andre van Braum)曾于 1794—1795 年随荷兰东印度公司使团前往中国宫廷,他在考察一家南方的制糖厂时发现,其采用的方法和设备与爪哇的糖厂完全相同,因此他得出结论:是中国人将榨糖的方法传入了爪哇。

17 世纪,荷兰人还在爪哇发现了中式的犁和簸谷用具。100 年后,瑞典人和荷兰人都试用了中国的铁犁和打谷工具,他们认为中国的这些工具,尤其是在金属部件使用方面优于欧洲同类产品。历史上,中国人研发了许多专用农具,如镰刀、锄头和犁,以及用于谷物去皮和研磨的簸谷和碾磨用具。我们猜测,自 17 世纪起,越来越多的中国移民开始将他们的方法引入爪哇、菲律宾及其他地区,不仅大大改进了手工舂谷的方法,还提高了生产率。

除桃子、龙眼、八角和各种柑橘外,中国人还将大豆等蔬菜引入了东南亚。爪哇所有大豆制品都有其中文名(其实是福建名),如

tauge（豆芽）、tahu（豆腐）、tauco（豆豉）。东南亚其他语言中也有类似的现象，如他加禄语中的 tahuri（豆腐）、tokwa（豆干）、taho（粥）和 taoxi（豆豉）。爪哇人在天贝发明方面更胜一筹，研制出的品种多种多样。《塞拉特真提尼》(Serat Centini)一书于 1815 年左右在泗水创作而成，是一部记录大众日常生活的编年史，其中就有关于天贝的记载，但天贝的起源一定早于此。华人改进了爪哇的鱼塘养殖以及贻贝及贝类的采集方法。总之，来自福建和其他地方的华人对东南亚的饮食和烹饪习惯、食物保存方法（盐渍、晒干和发酵）以及日常烹饪技术产生了重大影响，无论这些现在看起来有多本土化。

## 军事技术转移

### 中国火药革命

众所周知，火药的历史可追溯至唐朝（618—907 年），而中国人是如何将其应用于武器而非烟火表演的，这一问题的答案就不那么明确了。但他们的确曾将其用作炸弹及炮击的推进剂。蒙古人在与宋朝的战争以及 1281 年侵入日本时都曾使用这类武器。1209—1260 年，虽然蒙古人并未在陆上入侵中使用这些武器，但阿拉伯人却在这段时间内掌握了火药和武器相关的知识。

源自拜占庭帝国的一项阿拉伯创新是"希腊火"的使用，希腊火即由地下渗出的石油制成的可燃武器。显然，马六甲海峡地区的阿拉伯商人借鉴了这一技术，由于苏门答腊地区油苗遍布，这一技术很快便得到了应用。到 917 年，中国人已掌握该技术。佩西将之作为亚洲不同地区之间"技术对话"或"发明交流"的例子。

1216 年罗杰·培根（Roger Bacon）在其作品中提及了火药，这也是火药在欧洲著作中首次出现。由此观之，在公元 13 世纪和 14 世纪，蒙古人、阿拉伯人、莫卧儿人、奥斯曼人和中世纪晚期的欧洲人都利用火药知识制造了各种武器。即便如此，龙沛（Lorge）表示，"火药和火枪都是中国发明的"。

大炮到达东南亚大陆的时间则相对较晚。1296—1297年到访吴哥的元朝使节周达观写道："（柬埔寨人）别无所谓弓箭、砲石、甲胄之属……往往亦别无智略谋划。"孙来臣（Sun Laichen）指出，明朝将火药技术传播至东南亚大陆北部，如云南南部、印度东北部、缅甸北部和越南等地。虽然中国的火器早在1390年就已传入大越，但就军事技术转移而言，1406—1427年明朝对越南的进攻与统治对其影响最为重大，由于明朝熟练掌握火器技术，其对越南的军事征服也更加容易。

越南军队用手枪和火炮击溃了占族军队。1390年占婆国王制蓬峩（Che Bong Nga）被手枪击毙，这一事件也成为大越与占族斗争的转折点。占族人并未采用这一新技术。竹矛和密集的军队曾将大越逼至绝境，但占族军队和海军船队却无法与火箭弹和火药助推的飞弹匹敌。尽管越南人早在1390年就已掌握火药技术并使用火器，但其武器在数量和质量上都不及明朝。例如，16世纪中叶，明朝军营中有霹雳弹、盏口炮、连珠炮、手炮、手榴弹和子弹等，武器重约29.4吨。然而，在黎利的带领下，越南军队不断缴获明朝的武器，明军的优势也逐渐丧失，最终越军在1426—1427年围攻了明朝的主要阵地。这些战斗造成了数万人伤亡，也展现出火器的致命性。

李伯曼写道，1466年，大越仿照明军的模式组织起军队。通过在占领期间缴获并仿制明朝的武器，以及从云南走私铜，大越开始生产改良的大炮和手枪。1515年，大越训练了无数火枪手且拥有众多仿照中国模型制成的臼炮。大越从云南进口铜一直延续至17世纪，虽然后续的规模有所减小。

火药技术从大越向西传播到老挝北部的普安地区。根据孙来臣

## 第十一章
知识转移：一个区域性技术的综合体？

的研究，1479 年孟潘被越南吞并，成为越南的镇宁府。孟潘不仅融入了越南文化，还接受了越南的军事技术，因此孟潘人能够制造自己的手枪、火箭等武器。1443 年在北方的泰族国家清迈入侵难地（Nan）之时，就是越南的军师协助清迈围攻该王国。更广泛而言，大越开始向泰族十二州的泰族人施压，哀牢也成为其朝贡国。

李伯曼在谈及转移至缅甸的武器制造技术时指出，自 1397 年起，云南的各种叛乱分子就跨越边境将原始的手枪、大炮和火箭弹等武器带入掸族统治的缅甸地区。掸人仿制了这些武器，增强了自身对抗阿瓦和明朝的实力。而在 16 世纪，掸人又作为中间人，将中国军事技术传至阿瓦宫廷。15 世纪初，缅甸沿海地区既使用穆斯林大炮又使用中国的火炮。

虽然 14 世纪末，中国率先制造出轻型火炮，但在铸造大型火炮所需的冶金技术方面却落后于欧洲。从澳门的葡萄牙人以及明清宫廷的耶稣会专家处获得的新知识填补了这一空白。在壬辰之战中，葡萄牙军事专家协助明朝在朝鲜及其周边海域抵挡了丰臣秀吉的入侵。几乎所有东南亚大陆王国都曾向葡萄牙或欧洲传教士寻求军事方帮助。

李伯曼称，越南曾使用火炮和手枪对抗国内的敌手。在西山叛乱（1771—1802 年）之时，欧式火器开始取代中式火器。17 世纪初，克里托夫罗·波里（Christoforo Borri）在越南阮主发现，一些国家缴获或从沉船中打捞到欧洲的武器，可谓意外之收获。阮主拥有了新武器，而这对于其在北方的郑主统治之外保持独立自治至关重要。此外，他们还成了新武器管理和使用的行家，"他们甚至超过了我们欧洲人"。孙来臣指出，17 世纪，欧洲的军事技术并非凭空进入越南，而是建立在早期中华–越南军事技术转移的基础之上。

军事装备和方法的掌握程度印证了大陆国家走向统一的趋势。但是，如果我们相信 19 世纪葡萄牙人的记载，那么荷兰东印度公司在群岛地区的大炮和火绳枪贸易或许引发了政治分裂，如18世纪中期，独立的欧亚混血群体出现，他们在帝汶岛与葡萄牙人和荷兰人抗衡；此外，布吉/望加锡商业帝国和移民社区开始出现，从苏拉威西向西延伸至婆罗洲沿海和马六甲海峡南部，向南至松巴哇岛乃至澳大利亚北部。

## 奥斯曼帝国的军事转移

卡萨莱（Casale）指出，1562年，亚齐使团抵达伊斯坦布尔，寻求炮火、战争物资以及奥斯曼炮手和铸造火炮的工匠，双方经协商决定，本土统治者与奥斯曼苏丹之间建立正式的朝贡关系。1567年，一支舰队前往亚齐协助其防御外敌，但抵达后却用大炮、弹药、炮手和士兵换回了胡椒和其他香料。16世纪80年代中期，马六甲主教发现，亚齐拥有100多门青铜炮及比之更多的铁制火炮，还有筒状弓、大炮、火药。如卡萨莱所言，"实际上，奥斯曼人是技术的出口者，技术是比硬通货更重要的交易媒介"。他指出，在16世纪"火炮在含有先进技术的劳动密集型产品中出类拔萃"。这一技术的出口不仅能够弥补从奥斯曼本土市场到印度洋地区的贵金属流失，还能对其最亲密的贸易伙伴和朝贡国产生良好的政治影响。

但是，16世纪初，随着葡萄牙人抵达印度，除从奥斯曼借鉴的先进火炮技术外，莫卧儿帝国还获得了新的冶金技术。显然，这一技术的传播并不均衡，如果考虑到铸造大型火炮的成本则更是如此。但是，在莫卧儿帝国，火绳枪无处不在，因此轻型武装力量大规模集结。虽然这一技术有利于国家和帝国巩固中央集权，但叛乱分子和土匪也更易获得火绳枪，进而对中央政权带来了挑战。16世纪末，帆船等船只开始使用轻型火炮，武装海岛也随之出现于中国沿海、孟加拉湾附近及婆罗洲沿海等地。

## 东亚-东南亚军事/科学/技术平衡

什么是东亚-东南亚军事技术平衡？这些引进的技术如何改变了我们所谓的国家间"力量平衡"？

大炮及其他武器的获取无疑是促进国家权力巩固的主要因素。李伯曼称，16世纪中叶，东吁王国通过获取外国武器和组建专业军队巩固了政权。17世纪初，淡目、望加锡、亚齐和阿瑜陀耶也以同样的方式成为强大的中央集权国家。在外国武器的帮助下，阮主加强了对越南中部地区的统治。葡萄牙雇佣兵、叛教者和顾问在筑建防御工事等军事技术中的传播中发挥了关键作用。自首次与传教士接触以来，越南一直热衷于引进葡萄牙的军事技术。在越南阮主，通过布列塔尼传教士让-巴蒂斯特·沙依诺（Jean Baptiste Chaigneau）的鼎力相助，嘉隆皇帝建造出沃邦式的城堡和防御工事，同时还引进了欧洲军事技术。

马六甲苏丹国是另一个从印度进口大炮的伊斯兰王国。它还拥有一个大炮铸造厂。虽然阿尔布开克称马六甲有数千门大炮，但仍不足以抵抗能够快速射击的葡萄牙船只。在文莱，皮加费塔还在苏丹的王宫中见到了大量的火炮，但我们对这些武器的使用情况了解甚少。

瑞德指出，亚齐和望加锡铸造的巨型火炮主要用于展示或用作法术目的。嘉隆皇帝也用从西山叛军处缴获的铜器铸造了巨型火炮。九门火炮于1803年1月开始铸造，以季节和五行命名，作为顺化的守护者，但它们仅拥有宇宙学上的观赏功能。其中有几门重达10000千克，现陈列于河内的越南军事历史博物馆。

早在与西方人接触的一个世纪前，枪支在东南亚大陆北部就已十分常见，但在东南亚海洋地区，枪支并未被广泛使用，也未产生较大的影响。龙沛解释道，这是因为东南亚海洋地区与明军的接触有限，而且难以获得（枪支制造）必需的资源。18 世纪，东南亚人开始放弃使用先进的枪支铸造系统，转而进口更好的武器和火药。因此，东南亚在枪支制造方面不仅落后于西方，也不及亚洲其他地区。但是东南亚放弃枪支及火药制造并非是一蹴而就的，而是经众多权力中心数十年衡量而做出的决定。

## 新兴的东南亚物质文化-技术综合体？

安东尼·瑞德在有关前现代东南亚物质文化为数不多的综合性研究中指出，某些元素在房屋设计中不可或缺。通常，房屋都是由木材建造，架于柱子上，屋顶坡度较大，而恢宏的宗教建筑则不同，东南亚人用砖和石头建造了许多令人惊叹的遗迹。瑞德发现，16 世纪时，随着欧洲人，特别是中国人将砖块这一材料推广普及，以砖筑屋成了当时的潮流。在北大年清真寺等建筑建造中，华人常作为建筑工人。此外，瓷砖受到了会安等地的富商家庭的青睐，也被用于伊斯兰教、基督教、佛教等宗教建筑中。

瑞德将金属制品称为战争和工业中"权力的关键"。他发现，所有主要大国专门从事金属加工的村庄都是在王室的支持下发展起来的。瑞德并未研究是否存在时间更早的技术转移，但他认为，尽管东南亚的采矿、勘探、精炼和冶炼技术均不如中国和欧洲，它们确实源自本土。他还指出，焙烧木炭冶炼矿石的技术在这一地区十分普遍，宋朝时期从中国进口的廉价矿石才最终将其淘汰。但高地居民是个例外。沙捞越河、卡里马塔岛（加里曼丹岛南部）和苏门答腊岛等矿区都出产可出口的矿石，爪哇岛波形刀生产等对矿石的需求量较大。"最具东南亚独特特征的设备"就是所谓的马来风箱，即用于集中气流的竹筒。各式各样的马来风箱遍布这一地区，而在马达加斯加发现的风箱其历史可追溯至数千年前。瑞德并未忽略马来

## 第十一章
### 知识转移：一个区域性技术的综合体？ 325

人和泰人的锡矿开采技术。在苏门答腊岛、爪哇岛西部、中越边界以及老挝南部，小型铜矿开采蓬勃发展，这与我们关于东亚–东南亚世界区域真正实现一体化的理论相符。17世纪日本的铜出口达到顶峰，在日本铜出口的影响下，小型铜矿开采逐渐衰落。

法国船长博留在提及亚齐时写道："他们有些人是出色的技工，尤善帆桨战船建造，和其他地方的人一样，他们也会制造各种铁器，但不如欧洲人那般熟练灵巧。他们也擅长铜和木材的加工制造，有些人还掌握较高的熔铸和武器制造技艺。"他在谈及手工艺品时也同样兴致勃勃。他说："（亚齐王子）对宝石和金器有着浓厚的兴趣，日常有300多名金匠为其效力……"这或许是在夸耀其财富而非工艺，但是，从吴哥到苏丹国乃至如今的河内（古代的升龙），在东南亚所有主要的宫廷中心，广阔的手工业区都与专门从事生产的村庄相连。

在东南亚大陆和海岛地区，锡与其他金属的本土开采都拥有悠久的历史，但是直至18世纪初华人移民来到邦加和婆罗洲后，传统的砂矿开采方式才得到了彻底的改变。华人移民不仅引进了新的手工工具和采矿技术，还带来了修筑运河和堤坝等新的水资源控制方法，进一步促进了砂矿开采的发展。马来半岛雪兰莪的华人矿工还引进了水车相连、由流水驱动的链泵。他们还修筑了水道，将其与低处的水车相连。应当地马来苏丹的邀请，客家矿工于18世纪40年代来到婆罗洲西部的三发河流域，他们合伙组建了管理组织——公司（kongsi），这些公司常为掠夺金矿而陷入激烈的竞争，"他们建造了水闸、水库和运河，赋予当地景观独特的中国风貌"。

如果没有集中管理和对社会的各类管控，这种大型工程将无法开展。在马来半岛，华人秘密团体组织并参与了社会管理。由于投资具有长期性，因此还涉及各种类型的信贷。东南亚边缘地区这种开创性工程的实施不仅得益于华人先进的技术知识，还源于有关资本和信贷积累的中式组织方式，其中有部分与如今的商业公司类似。

制盐是由中国人发展起来的另一产业，其中四川盆地尤为著名。但我们不应忽视东南亚本土智慧的结晶，如老挝的班波盐坑用竹制活塞装置抽取盐水。

## 总结

我们不知是否能够概括如此多文化、国家和文明的技术发展水平，以下是一些总括性的结论。

中国向东南亚技术转移的相关研究尚不充分，但即使是在越南以外的地区，它也具有重要意义，人们或许会认为在那里技术转移必定伴随着文明转移。我们对史前技术转移所知甚少，本土起源论与引进技术传播论的争议仍在继续。但是目前已形成一些共识，即在铁器时代早期，东南亚大陆基本的冶金工艺以及高温陶瓷的生产技术主要来自中国。东山时代已成为这种新兴文化的象征。我们特别强调，插秧和水力控制等中国方法传入东南亚众多社会之中，这体现了佩西所述的"技术综合体"的典型特征。有关山地水稻梯田的论述说明，在东南亚-云南相对孤立的地区，同样起源于东山时代的"南岛人"灌溉模式比后来南印度-斯里兰卡的水槽和运河灌溉模式更为盛行。东亚-东南亚"技术综合体"从未像中国北方一样借用或生产机械设备，也未曾如中国北方那样大规模修筑运河治理洪水。

东亚-东南亚"技术综合体"中一个具有持久性乃至基础性的元素是源自印度的交流，其历史可追溯至亚历山大时代和希腊思想东传的时期。早在"中国世纪"前，波斯、印度等国的商人纷纷来到亚洲海域寻找香料和财富。朝圣者、神父等将印度教和佛教传播至印度和斯里兰卡以外的地方。直至14世纪，标志性建筑、城市规划、农业组织模式、水利工程，包括拼织等纺织技术在内的造型艺术以及广泛的文化梵化等从印度传入的重要元素，都深深扎根于东南亚

## 第十一章
知识转移：一个区域性技术的综合体？

海洋和大陆地区。

伊斯兰教的到来预示着新"技术综合体"的发展演变，这一变化在群岛地区尤为显著，但也触及了中国大陆地区。对于皮加费塔等首批到达群岛东部的欧洲人而言，与其日后的穆斯林对手的整体海上军事霸权相比，后者展现出的劲头更令人震撼。但所有来到东南亚海洋地区的人都会因帆船种类之繁多而震惊，而帆船的种类也反映出其受到了本土、中国、印度和阿拉伯的影响。博留等前往群岛西部的人对亚齐的海军实力、金属加工技术和船只评价较高，这些在一定程度上也是我们所谓的奥斯曼技术转移的成果。如前所述，奥斯曼技术转移关乎火炮的使用及相关重要技术的创新，或许也是印度莫卧儿帝国技术转移的一部分。尽管人们普遍认为来到东南亚海岛的阿拉伯人、古吉拉特人和其他穆斯林商人除引进了标志性的清真寺建筑外，还带来了与天文学、航海、制图、识字、算术及其他商业技能相关的新知识。

中国向越南的文明转移长达一千余年，这还尚未包括自13世纪起的军事和武器转移。但我们不应将这种转移与中国沿海省份乘船前往东南亚的旅居者所带去的技术和习俗混为一谈。在这一时代，福建海上网络在技术转移中发挥了关键作用。同样，中国沿海省份也最早接受了经海路而来的新事物。事实上，通过福建海上网络，中国沿海地区与马尼拉、爪哇沿海、马六甲海峡地区、曼谷和越南沿海等地得以协同发展，这种双向的转移印证了佩西所谓的亚洲不同地区之间的"技术对话"或"创新交流"，也是"近代早期"不断变化的区域"技术综合体"的例证。

很少有研读过李约瑟著作的人质疑中国宋代的科技成就。杜赫德强烈怀疑17世纪中国与欧洲在科技方面不相上下。但这一说法目前尚存争议。他并未发现中国已掌握科学怀疑主义这一启蒙运动的成果。毋庸置疑，在欧洲帝国主义时代到来之际，清朝新儒学的发展受到了阻碍。我们不是在研究中国的"资本主义萌芽",而是指出,在明末清初中国将许多实用技术带入了东南亚,这些技术对当地经济和社会产生了革命性影响。

  首批到访日本的欧洲人被当地的工艺品和众多巧夺天工的技艺所震撼。在他们看来,日本的采矿业和冶金技术比东南亚的更为先进。东西方之间的技术转移并非本章的主题,但是从葡萄牙的火器到新冶金工艺,从荷兰医学知识到欧洲的各项学问,日本都处于东西方技术交流的前沿。由于日本人善于学习军事技能和其他科学,我们并不能称日本在 17 世纪和 18 世纪是停滞不前的。日本逃脱了欧洲的直接殖民并向进口替代转型,显然促进了较为自主的"技术综合体"的出现,而这一"技术综合体"以主要借鉴了东亚模式的既有"技术综合体"为基础。

# 结 语
CONCLUSION

以中国为核心的东亚-东南亚如今与印度一起成为新世纪推动全球经济发展的重要力量。这一在"第一次全球化"中出现的世界区域在当今全球化的世界中烙下独特的印记。而它在取得重大经济硕果的同时也付出了一定代价，例如，收入差距日益增大、区域发展不平衡、生态环境严重破坏以及自然资源枯竭。这一地区也会受到世界经济的影响，1997—1998年亚洲金融危机就对全球经济体中最脆弱的泰国和印度尼西亚造成重创。区域中全球化程度最高的地区也未能在2008—2009年华尔街风暴的全方位冲击中幸免于难。皮埃斯特（Pieterse）曾告诫人们警惕肤浅的"（回溯性）中国中心主义或印度中心主义"——渲染或回溯被帝国主义中止的辉煌历史。不过他也承认，中国和印度的崛起离不开"全球融合"，历史学追寻生活中的事实，动摇了"以西方为中心的全球化观点"。

## 大东亚区域

本书在何种程度上证明了超东亚-东南亚区域或共同体的存在？不论是当时还是现在，虽然我们很难确定存在一个统一的共同体，但我们认同存在数量众多且不断变化的共同体，它们通常有层级划分并处于更大的共同体之中。其中一些共同体由王室、国家的贸易或朝贡使团构成，有时亦会因王朝更迭、战争或入侵而重组。尽管中国编年史以外的史料并未对其进行详细记载，但许多王室中心都与中央王国在贸易等方面保持着密切的联系；港口城市是连接大国与小国的枢纽。除记载较多的官方贸易外，许多区域间的互动都是自发的，由商人冒险家甚至侨民私人发起。这些群体通常无关乎某一国家或政体。

虽然部分地区已经印度化、伊斯兰化、汉化或完全保持本土的特征，抑或受到欧洲商人或传教士的影响，但从历史整体的角度而言，一个连贯且人口、民族、信仰众多的东亚共同体已经产生。在这一共同体中有许多交融的元素，对国家和种族等本质主义的概念带来了挑战。这些共同体几乎包含了印度文明、伊斯兰文明、中华文明等所有主要的亚洲文明。然而，在朝贡贸易、贵金属贸易以及与欧洲公司相关的活动中，还出现了其他在东亚地区广泛分布的群体，即菲利普·柯丁所谓的"贸易侨民"。

在东南亚群岛地区并没有一个罗马式的帝国统一各海岸，然而，贵金属贸易等以货币交换所需货物的商业交易将贸易港口和农业城市连成一张跨时空的贸易网络。此观点认为，黄海、东海、南海、暹罗湾、爪哇海、孟加拉湾以及至关重要的马六甲海峡是统一的整体而非分裂的碎片。除白银外，日本和中国的铜币几乎成了东亚地区的通用货币。这些铜币不仅在中国、朝鲜、日本和越南交易流通，在文莱、爪哇等东南亚海洋地区以及荷兰东印度公司的主要贸易地也被大量兑换。

与佩西所谓固定且有时间限制的区域性"技术综合体"稍有不同，一系列"技术综合体"的分支在文明及区域性和全球性的重要影响下不断演变，长期共存。时至今日，尽管全球化带来了同质化的影响，但人类学和考古学等方面的证据表明，这些前现代的"技术综合体"依然存续着。虽然不同地区对知识和技术转移的接受度各有差异，但其中一些转移在相应地区已根深蒂固。这对东亚这一独一无二世界区域的形成发挥了重要作用。

印度在东南亚世界区域中留下了重要的文明足迹，波拉克将这一区域称为"梵文世界"。在早期，印度南部、斯里兰卡，苏门答腊的室利佛逝、爪哇的巴查查兰、婆罗洲的文莱等以贸易为主的东南亚海洋国家以及东南亚大陆的吴哥、泰族王国、勃固、蒲甘、占婆都在本土文化的基础上借鉴了印度的宗教、治国方式、书写系统、造型艺术和标志性建筑。它们并非孤立的政体,而我们鲜少研究其中的联系。当然,它们都参与了威信财、人力和思想转移与接受的过程。这些印度化政体通过朝贡贸易与中国相连。我们从中国的编年史料中了解到这些国家,首批到此的葡萄牙人也记录了他们的感受和印象,甚至还与某些东方宫廷建立了外交关系。

自 7 世纪起,伊斯兰教在欧亚大陆的传播带来了政治和商业影响。穆斯林贸易网络为古老的丝绸之路注入了新的生机,沿途新兴的强大伊斯兰政体,乃至东南亚大陆较为庞大的农业政体都高度印度化。东南亚并未出现中东那样的哈里发国家,但在我们所研究的时间框架内,伊斯兰教吸纳了众多皈依者,这些人成为如今印度尼西亚、马来西亚、文莱达鲁萨兰国的主要群体以及菲律宾和中国等大陆国家的重要少数民族。即使在今天,中国和东南亚的穆斯林有时会将宗教置于国家之上,不过至少在东南亚的苏丹国,这种矛盾并不存在,因为当地统治者也是宗教领袖。

## 朝贡贸易体系的衰落

尽管历经朝代盛衰更迭及诸进贡国的兴衰变更,但中国朝贡贸易体系既是一个象征性的体系,也具有实际功能。由于明清之交等朝代变换和东南亚国家各国政治形势的变化,进贡国对华朝贡常无法进行。日本选择退出以中国为中心的朝贡贸易体系,而越南则发展自己的朝贡贸易体系。1511 年,葡萄牙占领马六甲苏丹国,明朝对此大为震惊,尽管葡萄牙人曾居住于澳门,通过纳租纳贡的新方式进入中国。

明朝完善了朝贡贸易制度，但为何又将其废除？李约瑟解释道，明朝早期曾远征爪哇、马六甲和非洲沿海。迪亚士、达·伽玛和阿尔布开克等人开创的"葡萄牙世纪"其实从船只制造、海上探险和贸易外交等方面看也可谓"中国世纪"。约1420年，明朝海军在全盛时期不仅在亚洲国家中遥遥领先，也远超欧洲国家及国家间联合海军的实力。航海家亨利的后辈不断在航海领域推动重要的技术创新，虽然中国的海航技术一度领先，但在15世纪后却再也没有取得革命性的突破。在白银外流、内陆水上交通新发展等复杂经济、技术和政治因素的影响下，明朝海军走向衰落。1474年，明朝仅剩140艘战船，造船厂也年久失修。到1500年，凡建造两桅以上帆船皆属死罪。1551年，多桅帆船贸易也被禁止。

明清根据形势情况对东南亚、西北亚、中亚和东北亚的朝贡国进行分级和调整。韩国、越南、暹罗、占婆、爪哇、马六甲、文莱和吴哥等朝贡国定期遣使携带贡品前往中国，巩固外交关系，促进本国和中央王国之间的贸易，以示臣服于天子的皇权与权威。文化借鉴、贸易联系和侨民群体也传播着中华文化元素。

1592年日本入侵朝鲜，冲击了以明朝为中心的朝贡体系。日本退出了历史悠久的中国朝贡体系，而朝鲜使团以及随团而至的葡萄牙人和荷兰人多次前往江户幕府，这说明日本企图成为另一朝贡中心。不过，尽管贸易范围有限，日本仍通过长崎与中国、通过对马岛与朝鲜开展非官方贸易。

越南显然是一个特例，它于1406年遭遇明朝军队的攻击，又于1426—1427年展开反击。越南通过恢复与中国的朝贡关系、重新确立儒家思想的地位来抵御外来文化，在与泰族等其他少数民族部落的交往中，仿照中国建立自己的朝贡体系。在灭亡前，占婆一直是在当地征贡的霸主，挑战着明朝和越南。在阮主的统治下，顺化宫廷巧妙地将邻国（老挝和柬埔寨）视为朝贡国，朝贡使团除贸易使命外还具有政治性质。

斯图尔特·福克斯认为,清朝即使已在没落,还是努力在表面上维持着朝贡体系。除因地理原因与中国保持着特殊关系的俄国人外,葡萄牙使团(1670年、1678年、1727年、1753年)、荷兰使团(1656年、1663年、1667年、1686年)以及英国使团,都严格遵守朝贡礼制。王赓武认为,欧洲的介入最终致使朝贡贸易体系衰败。18世纪末,只有越南、暹罗以及掸族和老族的部分国家还定期纳贡。1793年马戛尔尼勋爵事件①体现出朝贡礼制与蓬勃发展的海上贸易格格不入。1816年来访的阿美士德使团证实,"空壳"式的朝贡体系又延续了50年,但各国对外交新形式的需求已经出现。当时,中国面对的是世界上最强大的英国海军,英国发动了鸦片战争,并通过通商口岸制度获利颇丰。

## 世界经济中的东亚-东南亚:退出还是依附?

东亚-东南亚贸易的范围、发展和活跃程度以及"近代早期"亚洲世界经济的性质都因众多事件而发生了巨大的变化,例如,明朝时从流通货币体系过渡至以白银为基础的货币体系;几乎与此同时,葡萄牙人进入中国沿海贸易网络并于1557年在澳门永久定居,而且以长崎为中心的贵金属贸易体系兴起,在此体系之下葡萄牙人以及后来的荷兰人和中国人以中国丝绸交换日本的银和铜。蚕的采集以及丝绸的生产和出口是推动贵金属贸易的动力。影响近代早期东亚世界经济的另一事件是1564年西属菲律宾的建立,太平洋大帆船贸易启动并在以银易丝和以银易瓷贸易中,将马尼拉与中国、阿卡普尔科和新大陆等地联系起来。

---

① 英国派往清朝的使团拒绝叩头。——译者注

在整个东亚-东南亚地区，印度纺织品无论是作为奢侈品还是日常用品，人们对它的需求从未间断。欧洲人加入历史悠久的陶瓷贸易中，为中国和日本的生产中心注入了活力，却将泰国和越南等早期兴盛一时的陶瓷生产国推向了边缘。最终，广州贸易体系的兴起终结了长达300年的贵金属贸易体系。广州贸易体系不仅涉及广州的帆船贸易，吸引了大量东南亚商人，还包含欧洲人发起的以茶叶易鸦片贸易，这一贸易彻底扭转了白银流入中国的趋势。那时，只有清朝周边偏远且分散的小国王公才遵守朝贡贸易制度。

本人的观点与范·勒尔一致，认为东亚-东南亚区域一直持续参与世界经济，并未从中撤退。但与范·勒尔的观点相比，我更认为东南亚本土经济最终从属于欧洲资本。在瑞德看来，18世纪时，东南亚国家显然没有效仿欧洲的模式。他认为，与前一个世纪相比，世界范围内的手工业专业化、私人资本的集中度以及科学探索的重要性均在降低，这说明，东南亚国家同技术及与其相伴而成的思维方式渐行渐远。因此，东南亚国家在官僚统治、民族凝聚力和技术层面均有所欠缺，难以应对下个世纪西方带来的冲击。

众多文化因素阻碍了东南亚商人银行家阶层的兴起，中国和日本的商人银行家不仅为帆船航行提供资金和担保，还促进了采矿、冶金、陶瓷生产与销售等复杂的原始产业活动。东亚-东南亚君主对西方科学的好奇心并未转化为亚洲的文艺复兴。伊斯兰教的传入也没有带来具有科学突破性的实质性实用技术，而伊斯兰教在"黄金时代"后也未曾引发学问方面的文艺复兴。无论怎样，先进的欧洲与落后的亚洲之间的差距之所以不断增大，是因为欧洲控制了重要的海上贸易，扼杀了印度纺织业等本土产业。

即便如此，直至19世纪，区域性的东亚-东南亚贸易网络仍生机勃勃。日本白银贸易吸引了中国帆船贸易和更为正规的荷兰东印度公司贸易。18世纪初，日本城市需求不断增长，爪哇和台湾的蔗糖经济也蓬勃发展。同样，区域性的日本铜贸易，尤其是对越南的贸易，也促进了当地商业和丝绸业的发展。欧洲人刺激了中国和日本陶瓷业的发展，亚洲的生产基地和商人都从中获益。辛勤劳作在当地消费和劳动模式中发挥的积极效应不容忽视，劳动中的性别分工也值得注意，许多东南亚女性均参与到纺织业之中。

如瑞德所述，17世纪东南亚通过向中国靠拢而缓解了"危机"。华侨及其贸易网络拯救了东南亚，使之免于与近代早期的世界经济完全脱节。从越南到曼谷、爪哇的柏希尔海岸以及望加锡，福建与东南亚港口间繁忙的双向帆船贸易均由华人船长和沙赫班达尔负责。华人、阿拉伯人、印度人和当地商人提供资金和担保，推动了岛际贸易。华人既是高档瓷器等名品以及实用陶瓷产品和铁器等日常用品的供应商，还提供化工产品等众多原始工业产品，并实际经营着遍布整个区域的商铺。即使是在明朝的"空窗期"，琉球、泰国和越南的商人也是乘坐中国的船只进入东南亚市场贸易。帆船贸易复苏后，中国替代遥远的印度和欧洲，成为胡椒、檀香、海参及其他自然产品和种植产品的另一市场。相比于常借武力或诡计获取所需之物的欧洲公司，华人，特别是移民群体，是东南亚王公贵族和精英阶层更为长久的合作伙伴。荷兰人被逐出台湾其实有利于东南亚帆船贸易，澳门的葡萄牙人也只能通过在望加锡、帝汶、越南南部及印度沿海的贸易中与华人贸易伙伴建立关系才能生存发展。

大概在1740—1780年，东南亚开始沦为边缘地区，但是在大都市垄断资本的冲击下，那一时期世界上所有边缘地区的命运皆是如此。虽然东南亚避免了印度莫卧儿帝国、美洲中部和南部大部分地区、加勒比海和太平洋海岛的命运，但在中国被鸦片战争和不平等条约击垮之前，东南亚与中国通过最为重要的帆船贸易而形成的普遍联系仅为东亚地区提供了短暂的支持。

直至19世纪，若以纺织品生产衡量东南亚的本土商业发展和勤劳程度，从越南到泰国、爪哇、苏拉威西岛南部等地传统的丝绸和棉花生产依然具有惊人的连贯性，尽管印度棉花以及后来荷兰和英国的相关产品大量涌入。爪哇的峇迪蜡染和文化传统在这一时期复苏。唯一的一项改变是以从印度和荷兰进口的纯白色纺织品为原材料。在中国的支持下，东南亚纺织业得到了进一步发展并从爪哇宫廷转移至北部沿海的港口。在新的世界力量与代理人的冲击下，"创新与变革"成为许多东南亚"传统"产业成功的生存策略。在这一时代，依附并不一定意味着这些产业的崩溃。

## 回顾当今的地区主义

东南亚历史文本与编年史中的"民族"叙事并未引发地区认同，人们很少能够从中获取有关更广阔外部世界的认知——至少对印度教、佛教、伊斯兰教等宗教影响范围之外的世界不甚了解。即使有伊本·赫勒敦（Ibn Khalud，1328—1406年）这样诞生于土耳且博学多才的历史学家为代表，但这一传统显然也并未吸引众多东南亚追随者，但毋庸置疑的是，伊斯兰教观念触动了所有信徒。相比之下，明朝的年鉴可谓是重要的历史记录，至少较好地记载各朝贡使团、统治者及国家名称。跨越444年的《历代宝案》是用中文记载的琉球外交文件，再现了由相互联系的港口城市和王国组成的广阔世界。在中国人的世界观中，无论是出于已知还是想象，南洋都是一个连贯的整体。基于本土和西方知识的新版地图表明有关这一不断扩大的区域的共同认识传入了德川幕府和朝鲜宫廷。

今日，考古学、人类学、语言学、碑铭学和制图学都在为现代东亚-东南亚国家服务，以赋予无秩序之处以秩序，加强人为划定的边界，颂扬国家与种族的概念（泰国、马来西亚），强化"多样统一"（印度尼西亚），服务于国家建设战略（菲律宾、东帝汶），构建归属感（新加坡），划分差异（柬埔寨），压制历史宿敌等对手（缅甸、老挝、越南）或兼具以上所有目的。大多数时间里，大多数殖民时代与后殖民时代的东亚-东南亚国家都施行一党制或以一党为主的体制，在强大的官僚机构、受国家控制的媒体以及教育课程的影响下，强有力的民族历史话语或历史叙事就此诞生。作为一种骄傲，这些阐释在国家博物馆、教科书、游行和立体布景中都有出现，在国庆节和英雄授勋时也会被大肆宣扬。

韩国与朝鲜对历史的书写天差地别。越南社会主义共和国与其从前的对手越南共和国也都站在不同的立场对史料进行取舍。但当今中越有关南海争端的声明表明，从前东亚的儒家国家在某种程度上控制着历史。从各国教育部的具体做法中即可看出，不仅中国和朝鲜是这样，日本亦是如此。日本与韩国、日本与中国的教科书之争就是例证，2007年冲绳民众发起的反对东京修改战争史的大规模抗议活动也很能说明问题。但是，日本与中国在帝国史方面也存在分歧，韩国和中国也是如此，因此引发了国际学术和信息革命时代的历史"所有权"问题。

## 通往现代性的不同道路

东南亚的显著特征是它能够吸收、适应、融合、创造新的知识和实用技术。追溯至东山文化时期，这一过程是积极创造区域技术的环节之一，带有印度教、穆斯林和中华世界的文明印记。在技术交流方面，我们也不能忽视欧洲对东亚-东南亚世界地区的影响。

再以爪哇岛的峇迪制作为例，古代艺术中的蜡染技术不断发展、改善，而铜帽或印章技术的发展也使得该产业从欧洲的竞争中脱困。关本照雄（Sekimoto）指出，我们不应将爪哇早期的峇蜡染视为"现代资本主义的对立面"。证明东南亚本土创造力的例子数不胜数，例如，源于中国、伊斯兰世界和欧洲的新技术在18世纪和19世纪成为宫廷内外作坊中的当地工匠和手艺人技艺的一部分。然而，东南亚各地区走向现代化的道路却各不相同。

尽管受到新儒学的影响，民族凝聚力和官僚力量阻止了外来事物的入侵，但在德川幕府末期，在科学实验思维的发展方面，日本表现出众。不过，却鲜有地区效仿日本的模式。与此同时，欧洲在科技发展方面也未停下脚步。或许这听起来像是欧洲例外论，但启蒙运动中的怀疑主义推动了科学革命，使欧洲联同美洲一起成为全球的中心。

不论东南亚意愿如何，现代性还是在殖民资本主义的支持下到达了东南亚。彼时英国吞并了印度、缅甸、马来亚以及包括文莱苏丹国在内的婆罗洲；荷兰巩固并整合了在东印度群岛的行政统治；法国控制了越南、老挝和柬埔寨；美国结束了西班牙在菲律宾的殖民统治。泰国保持了政治上的独立，但也效仿明治时期的日本（1868—1912）和欧洲建立了现代化的君主制。欧洲殖民主义将其军事和官僚机制植入东南亚殖民地，继而转为对资源的科学开发、建设基础设施以及对当地行政官员进行基础教育。殖民资本主义提倡目的论式的进步发展，科学的普适性也融入了本土技术之中或将其击溃。而蒸汽动力的出现便是这一发展的前兆。

东南亚的后殖民国家继承延续了固定边界和海洋主权，这曾是地图帝国主义的目标之一。但是，新兴的民族国家在国际社会中拥有平等地位，就亚齐、北大年、巴布亚、伊班人（达雅克人）、克伦人、赫蒙人和摩洛人等而言，种族和宗教的不同使得合法性问题备受争议。换言之，东南亚大陆的后宪章政体只是表面上承认无国家归属的少数民族。从婆罗洲到巴布亚，群岛地区"小众文化"向现代文化以及人为创造的中央集权式官僚文化的过渡则更不尽如人意。

随着时间的推移，东亚二级港口城市出现，它们既是殖民资本主义发展的结果，也是帝国商业网络中的关键枢纽。吉普鲁以泗水、海防、新加坡、香港、上海、天津、汉口、横滨、神户、釜山和仁川等为例，其中一些城市如今已成为真正的全球性城市。东亚与东南亚地区的后殖民国家走上了不同的政治道路，如列宁主义（中国、越南、老挝）、军队主导政治（泰国、印度尼西亚、缅甸）、多党民主制（菲律宾）、新传统主义（马来西亚），甚至是绝对的君主制（文莱），但它们都接受了现代性、科学主义、发展主义、消费主义甚至还在一定程度上接受了自由发展主义。随着收入增长、发展的持续、主权财富积累以及中产阶级和超级富豪的出现，东南亚热带雨林、海洋和自然资源的生态已遭到不可逆转的破坏，区域中大片土地甚至人类的栖息地都面临着环境的威胁。

东南亚国家联盟（ASEAN）以及1997年成立的"东盟+3"[①]等区域性组织表明，在探讨（前现代的）区域共同货币等共同面临的经济金融问题时，作为一个世界区域，东亚-东南亚如今至少在纸面上展现出更强的协调一致性。在此期间，中国和日本都提出了有关东亚共同体的构想。2009年11月，日本前首相鸠山由纪夫在新加坡举行的一次论坛上谈及马六甲海峡的重要性，提出建设"'友爱'之海"的倡议，并指出"大多数地区贸易都依赖于海上航线"。与阿布-卢霍德一样，我们也为曾经连接另一时代的辛巴达航线的马六甲、巨港、亚齐、占婆、惠安、泉州等以前的"世界性城市"，众多"胡椒海岸"，以丝易银市场以及陶瓷生产基地的没落而愧惜，但在这一叙事中，了解并认识我们所处于何处至关重要。

---

① 东盟与中国、日本、韩国。——译者注

# 参考文献

REFERENCES

Abu-Lughod, Janet L. *Before European Hegemony: The World System A.D 1250–1350*. New York and Oxford: Oxford University Press, 1989.

Abu Talib Ahmad and Tan Liok Lee, eds. *New Terrains in Southeast Asian History*. Ohio University Press Monograph Series No. 107. Athens: Ohio University Press, 2003.

Adams, Ronald Lynn. "The Megalithic Tradition of West Sumba, Indonesia: An Ethnoanthropological Investigation of Megalith Construction." Ph.D. disser- tation, Department of Archaeology, Simon Fraser University, 2007.

Andaya, Barbara Watson. "Political Development in Southeast Asia between the Sixteenth and Seventeenth Centuries." In Tarling, *Cambridge History of Southeast Asia*, 402–59 (1992 ed.) and 58–115 (1999 ed.).

——. "Review Article: Southeast Asia, Historical Periodization and Area Studies." *Journal of the Economic and Social History of the Orient* 45, no. 2 (2002): 268–87.

——. "Oceans Unbounded: Transversing Asia across Area Studies." *Journal of Asian Studies* 65, no. 4 (2006a): 669–90.

——. *The Flaming Womb: Repositioning Women in Early Modern Southeast Asia*. Honolulu: University of Hawaii Press, 2006b.

Andaya, Leonard Y. *The Kingdom of Johor, 1641–1728*. Kuala Lumpur: Oxford University Press, 1975.

——. *The Heritage of Arung Palakka: A History of Southwest Sulawesi (Celebes) in the Seventeenth Century*. The Hague: Martinus Nijhoff, 1981.

——. *The World of Maluku: Eastern Indonesia in the Early Modern Period*. Honolulu: University of Hawaii Press, 1993.

——. "The Bugis-Makassar Diasporas." *Journal of the Malaysian Branch of the Royal Asiatic Society* 68, no. 1 (1995): 119–138.

——. "Aceh's Contribution to Standards of Malayness." *Archipel* 61 (2001): 29–98.

Anderson, Benedict. *The Specter of Comparisons: Nationalism, Southeast Asia and the World*. London: Verso, 1998.

Anderson, James A. *The Rebel Den of Nung Tri Cao: Loyalty and Identity along the Sino-Vietnamese Frontier*. Seattle: University of Washington Press, 2007. Anderson, John. *English Intercourse with Siam in the Seventeenth Century*. London: Kegan Paul, Trench, Trubner, and Co., 1890.

Andrade, Tonio. "Pirates, Pelts, and Promises: The Sino-Dutch Colony of Seventeenth-Century Taiwan and the Aboriginal Village of Favorolang." *Journal of Asian Studies* 2 (May 2005): 295–321.

——. *How Taiwan became Chinese: Dutch, Spanish, and Han Colonization in the Seventeenth Century*. New York: Columbia University Press, 2008.

Antony, Robert J., ed. *Elusive Pirates, Pervasive Smugglers: Violence and Clandestine*

*Trade in the Greater China Seas*. Hong Kong: Hong Kong University Press, 2010.
——. "Introduction: The Shadowy World of the Greater China Seas." In Antony, *Elusive Pirates, Pervasive Smugglers*, 1–14.
——. "Piracy and the Shadow Economy in the South China Sea, 1789–1810." In Antony, *Elusive Pirates, Pervasive Smugglers*, 99–114.
Aoyagi Oji. "Vietnamese Ceramics discovered on Southeast Asian Islands." In National Committee for the International Symposium on the Ancient Town of Hoi An, *Ancient Town of Hoi An*, 72–76.
Archaimbault, Charles. *Structures Religieuses Lao: Rites et Mythe*. Vientiane: Vithagna, 1973.
Ardika I. and Peter Bellwood. "Sembiran: The Beginnings of Indian Contact with Bali." *Antiquity* 65 (1991): 221–32.
Arrighi, Giovanni. *Adam Smith in Beijing: Lineages of the Twenty-First Century*. London: Verso, 2007.
Arrighi, Giovanni, Takeshi Hamashita, and Mark Selden, eds. *The Resurgence of East Asia: 500, 150 and 50 year perspectives*. London: Routledge, 2003.
Arrighi, Giovanni, Po-keung Hui, Ho-fung Hung, and Mark Selden. "Historical Capitalism, East and West." In Arrighi, *Resurgence of East Asia*, 259–333.
*Asahi Shimbun*. "8th Century Islamic Vase Found," July 6, 2009.
Asao Naohiro. "The Sixteenth Century Unification." In Hall, *Cambridge History of Japan*, 40–79.
Ashmolean Museum. "Japanese Export Ware." Description of jar. Museum accession no. EA2002.22. http://potweb.ashmolean.org/jep/EA2002.22.html.
Asian Research Institute of Underwater Archaeology. Official web site. http:// www.ariua.org/ english/about_en/ (accessed May 20, 2009).
Auber, Peter. *China, an Outline of its Government, Laws, and Policy and of the Foreign Embassies To and Intercourse with that Empire*. London: Parbury, Allen, and Co., 1834.
Aung-Thwin, Michael. *Pagan: The Origins of Modern Burma*. Honolulu: University of Hawaii Press, 1985.
Auret, C. and T. Maggs. "The Great Ship São Bento: Remains from a Mid-Sixteenth Century Portuguese Wreck on the Pondoland Coast." *Annals of the Natal Museum* 25 (1982): 1–220.
Aymonier, Étienne-François. *Le Cambodge. Les provinces siamoises*. Paris: E. Leroux, 1900–1904.
Backus, Charles. *The Nan-chao Kingdom and T'ang China's Southwestern Frontier*. Cambridge: Cambridge University Press, 1981.
Baker, Christopher. "Ayutthaya Rising: From Land or Sea?" *Journal of Southeast Asian Studies* 34, no.1 (2003): 41–62.
Barendse, Rene J. "Traders and Port-Cities in the Western Indian Ocean in the Sixteenth and Seventeenth Centuries." *Revista de Cultura* 13–14 (January–June, 1991):105–28.
——. *The Arabian Seas: The Indian Ocean World of the Seventeenth Century*. Armonk, NY: M.E. Sharpe, 2002.
Barnes, Ruth, ed. *Textiles in Indian Ocean Societies*. London: Routledge, 2005.

Barreto, Luis Filipe. *Cartography of the East-West Encounter*. Macau: Macau Territorial Commission for the Commemoration of the Portuguese Discoveries/Fundação Oriente, n.d.

Barrkman, Joanna. "Indian Patola and Trade Cloth Influences on the Textiles of the Atoin Meto People of West Timor." *Archipel* 77 (2009): 155–82.

Batten, Bruce L. *To the Ends of Japan's Premodern Frontiers, Boundaries and Interactions*. Honolulu: University of Hawaii Press, 2002.

[Beaulieu, Augustine de]. "The Expedition of Commodore Beaulieu to the East Indies." In Harris, *Navigantium Atque Itinerantium Bibliotheca*. Vol. 1.

Beaumont, John. *The Emblem of Ingratitude: a true relation of the unjust, cruel, and barbarous proceedings against the English at Amboyna in the East Indies, by the Netherlands governor and council there....* London: William Hope, 1672.

Beawes, Wyndham. *Lex Mercatoria Rediviva, or the Merchant's Directory: Being a Compleat Guide to all Men in Business....* London: John Moore, 1772.

Bellwood, Peter. *Man's Conquest of the Pacific: The Prehistory of Southeast Asia and Oceania*. New York: Oxford University Press, 1979.

———. "The Origin and Dispersal of Agricultural Communities in Southeast Asia." In Glover and Bellwood, *Southeast Asia: From Prehistory to History,* 21–40.

Berlie, Jean. *Sinicisation*. Paris: Guy Trédaniel Editions, 1998.

Bernal, Rafael. "The Chinese Colony in Manila, 1570–1770." In *The Chinese in the Philippines 1570–1770,* Vol.1, edited by Alfonso Felix, Jr., 40–66. Manila: Solidaridad Publishing House, 1966.

Bernard, Henri. "Angkor, la Capitale réligieuse du Cambodge, et sa découvert par les japonais aux XVI-XVII siècles." *Monumenta Nipponica* 3, no. 2 (1940): 637–42.

Bernard, P.H. "Expansion dans les mers du Sud." In "Infiltrations Occidentales au Japon avant la Réouvertüre du dix-neuviéme siècle." *Bulletin de la Maison Franco-Japonais*, nos.1–4 (1939): 48–63.

Bin Yang. "Horses, Silver and Cowries: Yunnan in Global Perspective." *Journal of World History* 15, no. 3 (2004): 281–322.

———. *Between Winds and Clouds: The Making of Yunnan (Second Century BCE to Twentieth Century CE)*. New York: Columbia University Press, 2008.

Blench, Roger. "Reconstructing the Southeast Asian Past: Archaeology, Language, Genetics and Material Culture." Prepared for the conference "Dynamics of Human Diversity in Southeast Asia." Ecole Française de Extrême-Orient, Siem Reap, Cambodia, January 7–10, 2009. <http://nickenfield.org/files/ blench_200_pg_ms.pdf> (accessed 17 March 2009).

Blussé, Leonard. *Strange Company: Chinese Settlers, Mestizo Women and the Dutch in VOC Batavia*. Dordrecht: Foris, 1986.

———. "Chinese Century: The Eighteenth Century in the China Sea Region." *Archipel* 58, no. 3 (1999):109–29.

———. *Visible Cities: Canton, Nagasaki, and Batavia and the Coming of the Americans*. Cambridge, MA: Harvard University Press, 2008.

Blussé, Leonard, and Chen Menghong. *The Archives of the Kong Koan of Batavia*. Sinica Leidensia Series, Vol. 59. Leiden: Brill, 2003.

Blussé, Leonard, and Femme Gaastra, eds. *On the Eighteenth Century as a Category of Asian History: Van Leur in Retrospect*. Brookfield, VT: Ashgate, 1998.

Blussé, Leonard, and Wu Fengbin. *The Chinese Community of Batavia at the End of the Eighteenth Century*. Xiamen: Xiamen University Press, 2001.

Blussé, Leonard, and Zhuang Guotu. "Fuchienese Commercial Expansion into the Nanyang as Mirrored in the Tung Hzi Yang K'ao." *Revista de Cultura* 13–14 (January–June 1991): 140–49.

Blust, Robert. "The Austronesian Homeland: A Linguistic Perspective." *Asian Perspectives* 20 (1985): 48–67.

——. "Subgrouping, Circularity, and Extinction: Some Issues in Austronesian Comparative Linguistics." In *Selected Papers from the 8th International Conference on Austronesian Linguistics,* edited by Elizabeth Zeitoun and Paul Jen Kuei Li, 31–94. Symposium Series of the Institute of Linguistics no.1. Taipei: Academia Sinica, 1999.

Boomgaard, Peter. *Southeast Asia: An Environmental History*. Santa Barbara, CA: ABC/Clio Press, 2006.

Borao, José Eugenio Mateo. *The Spanish Experience in Taiwan 1626–1642: The Baroque Ending of a Renaissance Endeavour*. Hong Kong: Hong Kong University Press, 2009.

——. "The Fortress of Quelang (Jilong, Taiwan): Past, Present and Future." *Revista de Cultura* (International Edition) 27 (2008): 60–77.

Borri, Christoforo. *CochinChina: Containing many admirable Rarities and Singularities of that Country....* London: Robert Raworth for Richard Clutterbuck, 1633.

Borschberg, Peter. "The Seizure of the Sta. Catarina Revisited: The Portuguese Empire in Asia, VOC Politics and the Origins of the Dutch-Johor Alliance (1602-ca. 1616)." *Journal of Southeast Asian Studies* 33 (2002): 31–62.

——. "The Euro-Asian Trade and Medicinal Usage of Radix Chinae in the Early Modern Period (ca. 1535–1800)." *Review of Culture* 20 (2006): 103–15.

Bose, Sugata. *A Hundred Horizons: The Indian Ocean in the Age of Global Commerce*. Cambridge, MA: Harvard University Press, 2006.

Bouchon, Geneviève. "Calicut at the Turn of the Sixteenth Century." *Review of Culture* 13–14 (January–June 1991): 39–47.

Bougas, Wayne A. "Patani in the Beginning of the XVIIth Century." *Archipel* 39 (1990): 113–38.

——. "Surau Aur: Patani's Oldest Mosque?" *Archipel* 43 (1992): 89–112. Bourne, E.G.. "Historical Introduction." In *The Philippine Islands 1493–1803*, Vol. 1., edited by E.H. Blair and J.A. Robertson. Cleveland: Arthur H. Clark, 1903.

Boxer, Charles Ralph. "Notes on Early European Military Influences in Japan 1543–1853." *Transactions of the Asiatic Society.* 8 (1931): 67–93.

——. *Jan Compagnie in Japan, 1600–1817*. The Hague: Martinus Nijhoff, 1936.

——. *Macau na Epoca da Restauração* [Macao three hundred years ago]. Macau: Imprensa Nacional, 1942.

——. *The Christian Century in Japan, 1549–1650*. Berkeley and Los Angeles: University of California Press, 1951b.

——. *The Great Ship from Amacon: Annals of Macao and the Old Japan Trade, 1555–1640*,

Lisbon: Centro de Estudos Historicos Ultramarinos, 1963.
——. *Francisco Vieira de Figureido: A Portuguese Merchant-Adventurer in South-East Asia, 1624–1667.* The Hague, 1967.
——. "A Note on Portuguese Reactions to the Revival of the Red Sea Spice Trade and the Rise of Atjeh, 1540–1600." *Journal of Southeast Asian History* 10, no. 3 (1969): 415–26.
Braudel, Fernand. *The Mediterranean and the Mediterranean World in the Age of Philip II.* London: Fontana/Collins, 1975.
Bray, Francesca. *The Rice Economies: Technology and Development in Asian Societies.* New York: Oxford University Press, 1985.
——. *Technology and Gender: Fabrics of Power in Late Imperial China.*
Berkeley: University of California Press, 1997.
Breazeale, Kennon. "The Lao-Tai Son Alliance, 1792 and 1793." In *Breaking New Ground in Lao History: Essays on the Seventh to Twentieth Centuries*, edited by Mayouri Ngaosrivathn and Kennon Breazeale, 261–80. Chiang Mai: Silkworm Books, 2002.
Briggs, Lawrence Palmer. "Dvaravati, the Most Ancient Kingdom of Siam." *Journal of the American Oriental Society* 65, no. 2 (1945): 98–107.
——. *The Ancient Khmer Kingdom.* Transactions of the American Philosophical Society, New Series, Vol. 41. Philadelphia: The American Philosophical Society, 1951.
Bronson, Bennet. "Notes on the History of Iron in Thailand." *Journal of Siam Society* 73, parts 1 and 2 (1985): 205–25.
——. "Export Porcelain in European Perspective: The Asian Ceramic Trade in the 17th Century." In Ho, *Ancient Ceramic Kiln Technology in Asia,* 126–50. Brown, D.E. *Brunei: The Structure and History of a Bornean Malay Sultanate.* Monograph of the Brunei Museum Journal, no. 2. Bandar Seri Begawan:
Brunei Museum, 1970.
Brown, Roxana M. *The Ceramics of Southeast Asia, Their Dating and Identification.* 2nd ed. Chicago: Art Media Resources, 2000.
——. "Ming Ban-Ming Gap: Southeast Asian Shipwreck Evidence for Shortages of Chinese Trade Ceramics." In Cheng, *Chinese Export Ceramics and Maritime Trade,* 78–104.
——. *The Ming Gap and Shipwreck Ceramics in Southeast Asia: Towards a Chronology of Thai Trade Ware.* Bangkok: River Books, 2009.
Brozius, John R. "Siamese King Sent Diplomats to 'King' Maurits at The Hague: VOC Manned Country's Only Foreign Trading Post." http://www.godutch.com/newspaper. index.php?id=264 (accessed 1 October 2009).
Brummett, Patricia. "Visions of the Mediterranean: A Clarification." *Journal of Medieval and Early Modern Studies* 17, no. 1 (2007): 9–55.
Buckley, Brendan M. et al."Climate as a Contributing Factor in the Demise of Angkor, Cambodia." *Proceedings of the National Academy of Sciences* 107, no. 15 (2010): 6748–52. http://www.pnas.org/content/107/15/6748.
Bucknill, John. *The Coins of Dutch East Indies.* London: Spink and Sons, 1931. Bulbeck, David. "Metal Age Cultures in Southeast Asia." In Ooi, *Southeast Asia: A Historical Encyclopedia,* 874–79.
——. "Pepper." In Ooi, *Southeast Asia: A Historical Encyclopedia,* 1055–56. Bui Van

Vuong. *Bronze Casting in Viet Nam*. Hanoi: The Gioi, 2008.
Buschman, Rainer F. *Oceans in World History*. New York: McGraw-Hill, 2007.
Cabaton, Antoine. "L'Espagne en Indochine: à la fin du XVI Siècle." *Revue de l'Historie des Colonies* (1913): 73–116.
——. *Bréve et Veridique Relations des Evénéments du Cambodge par Gabriel Quiroga de San Antonio (1604)*. Paris: Ernest Leroux, 1914.
Caetano. Maria Paula. Introduction. Manuel de Abreu Mousinho, Breve discurso em que se conta a conquista do Reino do Pegú na India Oriental. Lisbon: Publicações Europa-América, 1990.
Camfferman, K. and T.E. Cooke. "The Profits of the Dutch East India Company's Japan Trade." *Abacus* 40, no. 1 (2004): 49–75.
Cañizares-Esguerra, Jorge and Erik R. Seeman, eds. *The Atlantic in Global History, 1500–2000*. Upper Saddle River, NJ: Prentice Hall, 2007.
Campbell, W.M. *Formosa under the Dutch*. London: Kegan Hall, Trench, and Trubner, 1903.
Campos, J.J.A. *History of the Portuguese in Bengal*. Calcutta and London: Butterworth & Co., 1919.
Caron, François, and Joost Schouten. *A True description of the mighty kingdoms of Japan and Siam. Written originally in Dutch by Francis Caron and Joost Schotten and translated into English by Captain Roger Manley*. London: R. Boulter, 1671. Reprinted from the English edition of 1663 and edited with an introduction by C.R. Boxer. London: Argonaut Press, 1935.
Casale, Giancarlo. "The Ottoman Administration of the Spice Trade in the Sixteenth Century: Red Sea and Persian Gulf." *Journal of Economic and Social History of the Orient* 49, no. 2 (2006): 170–98.
[Cavendish, Sir Thomas]. "Voyage Around the World." In Harris, *Navigantium Atque Itinerantium Bibliotheca*, Vol. 1.
Chaffee, John. "Diasporic Identities in the Historical Development of the Maritime Muslim Communities of Song-Yuan China." *Journal of the Social and Economic History of the Orient* 49, no. 4 (2006): 395–420.
Chagneau, Jean-Baptiste. "*Le Memoire sur la Cochinchine*." 1820. In *Bulletin des Amis du Vieux Hué* 2, Avril-Juin, 1923.
Chaiklin, Martha. *Cultural Commerce and Dutch Commercial Cultures: The Influence of European Material Culture on Japan, 1700–1850*. Leiden: Leiden Research School, 2003.
Chambert-Loir, Henri, and Hasan Muarif Ambary, eds. *Panggung Sejarah: Persembahan kepada Prof. Dr. Denys Lombard*. Jakarta: Ecole Française de l'Extrême Orient/Pusat Penelitian Nasional Yayasan Ober Indonesia, 1999.
Chandler, David. *History of Cambodia*. 4th ed. Boulder, CO: Westview Press, 2007.
——. *Facing the Cambodian Past*. Chiang Mai: Silkworm Books, 1996. Reprinted 1998.
Chang T'ien-Tse. *Sino-Portuguese Trade from 1514 to 1644: A Synthesis of Portuguese and Chinese Sources*. Leiden: E.J. Brill, 1934.
Charnvit Kasetsiri. *The Rise of Ayudhya: A History of Siam in the Fourteenth and Fifteenth Centuries*. Kuala Lumpur: Oxford University Press, 1976.

———. "Ayutthaya (Ayuthaya) Ayudhya, Ayuthia (1351–1767), Kingdom of." In Ooi, *Southeast Asia: A Historical Encyclopedia*, 192–94.

Chau Ju-Kua. *Chau Ju-Kua: His Work on the Chinese and Arab Trade in the Twelfth and Thirteenth Centuries, entitled Chu-Fan-Chi*. Translated and annotated by Friedrich Hirth, and W.W. Rockhill. St. Petersburg: Printing Office of the Imperial Office of the Academy for Science, 1911. Reprinted 1966.

Chaudhuri, Kirti. *The Trading World of Asia and the English East India Company 1660–1780*. Cambridge: Cambridge University Press, 1978.

———. *Asia before Europe: Economy and Civilization of the Indian Ocean from the Rise of Islam to 1750*. Cambridge: Cambridge University Press, 1990.

Cheeseman, Patricia. *Lao Textiles: Ancient Symbols, Living Art*. Bangkok: White Lotus Press, 1988.

Ch'en Ching-Ho. *The Chinese Community in the Sixteenth Century Philippines*. East Asia Cultural Studies Series, no.12. Tokyo: The Center for East Asia Cultural Studies, 1968.

Cheng, Pei-Kai, ed. *Proceedings of the International Conference: Chinese Export Ceramics and Maritime Trade, 12th-15th Centuries*. Hong Kong: Chung Hwa Books, 2005.

Chin Kong, James. "Merchants and Other Sojourners: The Hokkiens Overseas, 1570–1780." Ph.D. dissertation, University of Hong Kong, 1998.

———. "The Junk Trade between South China and Nguyen Vietnam in the Late Eighteenth and Early Nineteenth Centuries." In Cooke and Li, *Water Frontier*, 53–70.

———."Envoys, Brokers and Pirates: Chinese Maritime Merchants Revisited." In Makino, Fujita, and Matsumoto, *Dynamic Rimlands and Open Heartlands*, 133–52.

———. "Merchants, Smugglers, and Pirates: Multinational Clandestine Trade on the South China Coast, 1520–50." In Antony, *Elusive Pirates, Pervasive Smugglers*, 43–57.

Chiu Hsin-hui. *The Colonial 'Civilizing Process' in Dutch Formosa, 1624–1662*. Leiden: Brill, 2007.

Cho Hung-guk. "Early Contacts between Korea and Thailand." *Korea Journal* 35, no. 1 (1995): 106–18.

———. "The Trade between China, Japan, Korea and Southeast Asia in the 14th Century through the 17th Century Period." *International Area Review* 3, no. 2 (2002): 67–107.

———. "Siamese-Korean Relations in the Late Fourteenth Century." *Journal of the Siam Society* 94 (2006): 9–25.

Ch'oe Sang su. "Korean-Indonesian Relations: Visit of a Java Envoy in the 15th Century." *Korea Journal* 23, no. 4 (1983): 71–72.

Choi Byung Wook. *Southern Vietnam under the Reign of Minh Ma. ng (1820–1841): Central Policies and Local Response*. Cornell University Southeast Asia Program Series, Issue 20. Cornell, NY: SEAP Publications, 2004.

Christian, David. *Maps of Time: An Introduction to Big History*. Berkeley: University of California Press, 2002.

Christie, Jan Wisseman. "Negara, Mandala and Despotic State: Images of Early Java." In Marr and Milner, *Southeast Asia in the 9th to 14th Centuries*, 65–93.

———. "Trade and State Formation in the Malay Peninsula, 300 B.C.–A.D. 700." In Kathirithamby-Wells and Villiers, *The Southeast Asian Port and Polity*, 39–60.

Chun, Allen. *Towards a Political Economy of the Sojourning Experience: The Chinese in 19th Century Malaya*. Working Paper no. 93, Department of Sociology, National University of Singapore, 1988.

Chung Sungil. "The Volume of Early Modern Korea-Japan Trade: A Comparison with the Japan-Holland Trade." *Acta Koreana* 7, no. 1 (2004): 69–85.

Clark, Hugh R. *Community, Trade, and Networks, Southern Fujian Province from the Third to Thirteenth Century*. New York: Cambridge University Press, 1991.

———. "Maritime Diasporas in Asia Before Da Gama: An Introductory Commentary." *Journal of the Social and Economic History of Asia* 49, no. 4 (2006): 385–93.

Cleary, Mark. "Historical Geography of Insular Southeast Asia/Historical Geography of Mainland Southeast Asia." In Ooi, *Southeast Asia: A Historical Encyclopedia*, 591–96.

Clulow, Adam. "Unjust, Cruel and Barbarous Proceedings: Japanese Mercenaries and the Amboyna Incident of 1629." *Itinerario* 1 (2007): 15–34.

Coedès, Georges. "Le Royaume de Çrivijaya." *Bulletin de Ecole Française de Extrême-Orient* 18, no. 6 (1918): 1–36.

———. *Indianized States of Southeast Asia*. Honolulu: University of Hawaii Press, 1968. Originally published as *Les Etats hindouisés d'Indochine at de l'Indonésie*. Paris, 1944.

———. *The Making of Southeast Asia*. London: Routledge and Kegan Paul, 1966. Originally published as *Les Peuple de la Péninsule Indochinoise*. Paris: Dunod, 1962.

———. *Angkor: An Introduction*. Oxford: Oxford University Press, 1968. Condominas, Georges. *L'Espace Social à Propos de l'Asie du Sud-est*. Paris: Flammarion, 1980.

Colani, Madeleine. *Mégalithes du Haut-Laos (Hua Phan, Tran Ninh)*. Paris: EFEO, 1935.

Cooke, Nola and Tana Li, eds. *Water Frontier: Commerce and the Chinese in the Lower Mekong Region, 1750–1880*. Lanham, MD: Rowman & Littlefield, 2005.

Coomaraswamy, Ananda K. *Introduction to Indian Art*. 2nd ed. Delhi: Munshiram Manoharlal, 1969.

Cooper, Michael. "The Mechanics of the Macao-Nagasaki Silk Trade." *Monumenta Nipponica* 27, no. 4 (1972): 423–33.

Corpuz, Onofre D. *The Philippines*. Englewood Cliffs, NJ: Prentice-Hall, 1976. Cortesão, Armando. *The Suma Oriental of Tomé Pires*. London: Hakluyt, 1944. Crawfurd, John. *History of the Indian Archipelago*. Vol. 3. Edinburgh, 1820.

Cummings, William. *Making Blood White: Historical Transformations in Early Modern Makassar*. Honolulu: University of Hawaii Press, 2002.

Curley, Melissa G., and Hong Liu. *China and Southeast Asia: Changing Socio-Cultural Interactions*. Hong Kong: Hong Kong University Press, 2002.

Curtin, Philip D. *Cross-Cultural Trade in World History*. Cambridge: Cambridge University Press, 1984.

Cushman, Jennifer. *Fields from the Sea: The Chinese Junk Trade with Siam during the Late Eighteenth and Early Nineteenth Centuries*. Ithaca, NY: Cornell University Southeast Asia Program (SEAP), 1993.

Dampier, William. *A New Voyage Round the World*. London, 1697. Reprinted by the Argonaut Press, 1927.

Das Gupta, Ashin. *The World of the Indian Ocean Merchant 1500–1900: Collected Essays of Ashin Das Gupta*. Oxford, Oxford University Press, 2000.
Davidson, J.A."Brunei Coinage." *Brunei Museum Journal* 4, no. 1 (1977): 48–81.
Dewar, Robert E. "Of Nets and Trees: Untangling Reticulate and Dendritic in Madagascar's Prehistory." *World Archaeology* 26, no. 3 (1995): 301–8.
Dhida, Saraya. *Sri Dvaravati: The Initial Phase of Siam's History*. Bangkok: Muang Boran, 1999.
Dhiravat na Pombejra. "Ayutthaya at the End of the Seventeenth Century: Was there a shift to isolation?" In *Southeast Asia in the Early Modern Era: Trade, Power and Belief*, edited by Anthony Reid, 250–72. Ithaca, NY, and London: Cornell University Press, 1993.
Diamond, Jared M. "Taiwan's Gift to the World." *Nature* 403 (17 February 2000): 709–10.
Dijk, Wil O. *Seventeenth-Century Burma and the Dutch East India Company 1634–1689*. Singapore: NIAS Press/Singapore University Press, 2006.
Dixon, Chris J. *South East Asia in the World-Economy: A Regional Geography*. Cambridge: Cambridge University Press, 1991.
Dixon, J.M. "Voyage of the Dutch Ship 'Grol' from Hirado to Tongking." *Transactions of Asiatic Society of Japan* 11, part 1 (1883): 180–215.
Dos Santos Alves, Jorge M. and Pierre-Yves Manguin. *O Roteiro das Causas do Achem de D. João Ribeiro Gaio: Um olhar portugues sobre o Norte de Samatra en finais do século XVI*. Lisbon: Comissão Nacional Para as Comemorações dos Descobrimentos Portugueses, 1997.
Dos Santos Alves, Jorge M. and Nader Nasiri-Moghaddam. "Une lettre en persan de 1519 sur la situation à Malacca." *Archipel* 75 (2008): 145–66.
Draw, Olga, and K.W. Taylor. *Views of Seventeenth-Century Vietnam: Cristofori Borri on Cochinchina and Samuel Baron on Tonkin*. Ithaca, NY: Cornell University Southeast Asia Program, 2006.
Du Feng and Su Bao Ru. "Further Studies of the Sources of the Imported Cobaltblue Pigment Used on Jingdezhen Porcelain from Late 13 to early 15 centuries." *Science in China Series E: Technological Sciences* 51, no. 3 (2005): 249–59.
Dupoizat, Marie-France. "Majapahit et la couleur: le cas des carreaux de revêtement mural." *Archipel* 66 (2003): 47–61.
Dupoizat, Marie-France, and Naniek Harkantiningsih. "Les plus anciennes céramiques chinoises du site de Trowulan." *Archipel* 67 (2004): 11–15.
Dutton, George. *The Tay So'n Uprising: Society and Rebellion in Eighteenth Century Vietnam*. Honolulu: University of Hawaii Press, 2006.
East India Company. *Letters Received by the East India Company from its Servants in the East*, Vol.1, 1602–1613. London: Sampson Low, Maiston & Co., 1896.
EFEO-Vientiane.Officialwebsite.http://laos.efeo.fr/spip.php?rubrique5&lang=en Elvin, Mark. *The Pattern of the Chinese Past*. Stanford, CA: Stanford University Press, 1973.
Emerson, Donald K. "Southeast Asia: What's in a Name?" *Journal of Southeast Asian Studies* 15, no. 1 (1984): 1–21.
Encyclopedia Britannica Online. "Jingdezhen." http://www.britannica.com/ EBchecked/

topic/112982/Jingdezhen.

Eredia, Manuel Godhino de. *Malaca, l'Inde méridionale et le Cathay: Facsimilé du manuscrit autographe de la Bibliothèque Royale de Belgique*. Edited by L. Janssen. Brussels, 1881–82.

Farrington, Anthony. *Trading Places: The East India Company and Asia 1600–1834*. London: British Library, 2002.

Felix, Alfonso, Jr., ed. *The Chinese in the Philippines 1570–1770*. Vol. 1. Manila: Solidaridad, 1966.

Fell, R.T. *Early Maps of Southeast Asia*. Singapore: Oxford University Press, 1988.

Flecker. Michael."A 9th century Arab or Indian Shipwreck in Indonesian Waters." *International Journal of Nautical Archaeology* 29, no. 2 (2000): 119–227.

——. "A 9th century AD Arab or Indian Shipwreck in Indonesia: First Evidence of Direct Trade with China." *World Archaeology* 32, no. 3 (2001): 335–54.

——. "The Advent of Chinese Sea-Going Shipping: A Look at the Shipwreck Evidence." In Cheng, *Chinese Export Ceramics and Maritime Trade,* 143–58. Flynn, Dennis O., and A. Giráldez. "Silk for Silver: Manila-Macao Trade in the 17th Century." *Philippine Studies* 44, no. 1 (1996): 52–68.

——. "China and the Manila Galleons." In Latham and Kawakatsu, *Japanese Industrialization and the Asian Economy,* 71–90.

——. "Born Again: Globalization's Sixteenth Century Origins: Asian/Global versus European Dynamics." *Pacific Economic Review* 13, no. 3 (2008): 359–87.

Fok Cheong Kai. "The Macau Formula: A Study of Chinese Management of Westerners from the Mid-Sixteenth Century to the Opium War Period." Ph.D. dissertation, University of Hawaii, 1978.

——. "The Ming Debate on How to Accommodate the Portuguese and the Emergence of the Macao Formula: The Portuguese Settlement and Early Chinese Reactions." *Revista de Cultura* 13–14 (1991): 324–83.

Foster, William, ed. *Early Travels in India: 1583–1619*. London: Oxford University Press, 1921.

Fox, James. "Current Developments in Comparative Austronesian Studies." Paper prepared for the symposium "Austronesia Pascasarjana Linguistik dan Kajian Budaya," Universitas Udayana, Bali, August 19–20, 2004. <http:// dspace.anu.edu.au/ bitstream/1885/43158/1/Comparative_Austronesian_ Studies.PDF>.

Frank, André Gunder. "World System History." Paper presented at the annual meeting of the New England Historical Association, Bentley College, Waltham, MA, April 23, 1994.

——. *ReOrient: Global Economy in the Asian Age*. Berkeley: University of California Press, 1998.

Franke, Wolfgang, et al. *Chinese Epigraphic Materials in Indonesia*. Vol. 3. Singapore: South Seas Society, 1997.

Fryke, Christopher, and Christopher Schweitzer. *A Relation of Two Several Voyages Made into the East Indies.* 1700. Reprinted with an introduction by C. Ernest Fayle). New Delhi and Madras: Asia Educational Services, 1997.

Fujita Kayoko. "A World of Difference: The VOC and Japan's Economic Policy." *IISA*

*Newsletter* no. 22 (June 2000): 9.

Gaastra, Femme S. "Opening lecture: Corruption and the VOC," Department of History, Faculty of Arts, Universiteit Leiden, n.d., pp.10–17.

———. *The Dutch East India Company: Expansion and Decline,* Zutphen: Walberg Pers, 2003.

———. "Batavia as an Administrative Centre." http://www.tanap.net/content/ voc/ organization/organization_batavia.htm.

Galvão, Antonio. *A Treatise on the Moluccas (c. 1544).* Edited and translated by Hubertus F. Jacobs. Rome, 1971.

Garcia de los Arcos, Maria Fernanda. "Philippine Historical Studies in Mexico." *Asian Research Trends* 1 (1998): 1–23.

Geertz, Clifford. *Negara: The Theater State in 19th Century Bali.* Princeton, NJ: Princeton University Press, 1981.

Gerritsen, Anne. "Fragments of the Global Past: Ceramics Manufacture in Song-Yuan-Ming Jingdezhen." *Journal of the Economic and Social History of the Orient* 52 (2009): 117–52.

Gervaise, Nicolas. *Déscription Historique du Royaume de Maçassar.* Paris: Hilaire Foucault, 1688.

Gibson, Thomas. *And the Sun Pursued the Moon: Symbolic Knowledge and Traditional Authority among the Makassans.* Honolulu: University of Hawaii Press, 2003.

Giddens, Anthony. *Runaway World: How Globalization Is Reshaping our Lives.* New York: Routledge, 2000.

Giersch, C. Patterson. *Asian Borderlands: The Transformation of Qing China's Yunnan Frontier.* Cambridge, MA: Harvard University Press, 2006.

Gilbert, Erik, and Jonathan T. Reynolds. *Trading Tastes: Commodity and Cultural Exchanges to 1750.* New York: Prentice Hall, 2005.

———. *Africa in World History.* 2nd ed. New York: Prentice Hall, 2007.

Gipouloux, François. *La Méditerranée asiatique: Villes portuaires et réseaux marchands en Chine, au Japon et en Asie du Sud-Est, XVIe-XXIe siècle.* Paris: CNRM, 2009.

Glamann, Kristoff. "The Dutch East India Company's Trade in Japanese Copper, 1645–1736." *Scandinavian Economic History Review* 6 (1953): 40–79.

Glass, Andrew. "Early Adopters: Debunking Stereotypes of Buddhist Attitudes Towards Technology." *IIAS Newsletter* 49 (Autumn 2008): 20–21.

Glover, Ian. *Early Trade Between India and Southeast Asia: A Link in the Development of a World Trading System.* Kingston-upon-Hull: University of Hull Centre for Southeast Asian Studies, 1989.

Glover, Ian, and Peter Bellwood, eds. *Southeast Asia: From Pre-history to History.* London: RoutledgeCurzon, 2004.

Grave, Peter, Michael Macceroni, and Leanne Lisle. "The Transition to the Early Modern Economy in East and Southeast Asia, 1400–1750 AD: Production and Exchange of Stoneware Jars." In Cheng, *Chinese Export Ceramics and Maritime Trade,* 163–86.

Greater Angkor Project (GAP). Official web site. http://acl.arts.usyd.edu.au/ angkor/gap/. June 24, 2005. Updated by Martin King, March 31, 2010.

Green, Gillian. "Indic Impetus? Innovations in Textile Usage in Angkorian Period

Cambodia." *Journal of the Economic and Social History of the Orient* 43, no. 3 (2000): 277–313.

———. "Angkor Vogue: Sculpted Evidence of Imported Luxury Textiles in the Courts of Kings and Temples." *Journal of the Economic and Social History of the Orient* 50 (2007): 424–51.

Groslier, Bernard Philippe. *Angkor et Cambodge au XVI siècle d'après les sources portugaises et espagnols.* Paris: Presses Universitaires de France, 1958.

Guerin, Nicol, and Dick van Oenen. *Thai Ceramic Art: The Three Religions.* Singapore: Suntree, 2005.

Guillot, Claude. *The Sultanate of Banten.* Jakarta: Gramedia, 1990.

———. "Les Portugais et Banten, 1511–1682." *Revista de Cultura* 13–14 (1991): 80–95.

Guillot, Claude, and Ludvik Kalus. *Les monuments funeriaries et l'histoire de Sultanante de Pasai à Sumatra (XIIIe–XVIe siècle).* Paris: Cahiers d'Archipel 77, 2008.

Gullard, W.G. *Chinese Porcelain.* Vol. 2. 4th ed. London: Chapman and Hull, 1908.

Gunn, Geoffrey C. *Rebellion in Laos: Peasant and Politics in a Colonial Backwater.* Boulder, CO: Westview Press, 1990.

———. *Encountering Macau: A Chinese City-state on the Periphery of China, 1557–1999.* Boulder, CO: Westview Press, 1996.

———. *Language, Power and Ideology in Brunei Darussalam.* Athens: Ohio University Press, 1997.

———. *Nagasaki in the Asian Bullion Trade Network.* Monograph no. 32, Research Center of Southeast Asia, Faculty of Economics, Nagasaki University, 1999.

———. *Timor Loro Sai: 500 years.* Macau: Livros do Oriente, 1999.

———. *First Globalization: The Eurasian Exchange 1500–1800.* Lanham, MD: Rowman & Littlefield, 2003.

———. "Luang Prabang." In Ooi, *Southeast Asia; A Historical Encyclopedia,* 795–97.

———. "The 17th century Japan-Eurasian Porcelain Trade Networks." *Journal of the Kakiemon-Style Ceramic Art Research Center* (Kyushu Sangyo University) 3 (March 2007): 153–71.

Gupta, Sunil. "Early Indian Ocean in the Context of Indian Relationships with Southeast Asia." In Pande, *India's Interaction with Southeast Asia,* 111–42.

Gutman, Pamela. "The Martaban Trade: An Examination of the Literature from the Seventh Century until the Eighteenth Century." *Asian Perspectives* 40, no. 1 (2001): 108–18.

Guy, John. *Oriental Trade Ceramics in Southeast Asia: Ninth to Sixteenth Centuries.* Singapore: Oxford University Press, 1986.

———."Sarasa and Patola: Indian Textiles in Indonesia." *Orientations* 20, no. 1 (1989): 48–60.

———. *Woven Cargoes: Indian Textiles in the East.* London: Thames and Hudson, 1996.

———. "Vietnamese Ceramics in International Contexts." In *Vietnamese Ceramics: A Separate Tradition,* edited by John Stevenson, John Guy, Louise Allison Cort, 46–62. Chicago: Media Resources with Avery Press, 1997.

———. "Tamil Medieval Guilds and the Guangzhou Trade." In Schottenhammer, *The Emporium of the World,* 283–308.

———. "The Hoi An (Cu Lao Cham) Shipwreck Cargo and Asian Ceramic Trade." In Cheng,

*Chinese Export Ceramics and Maritime Trade,* 105–25.
[Hagenaar, Heinrik]. "Voyage de Henry Hagenaar aux Indes Orientales." In Renneville, *Recueil des Voyages qui ont servi à L'éstablissement et au Progrez de la Compagnie des Indes Orientales,* Book 9.
Halde, Jean-Baptiste. *The General History of China containing a geographical, historical, chronological and physical description of the Empire of China, the Chinese Tartary, Corea and Tibet....* 4 vols. The Hague, 1735. London: John Watts, 1736 and 1741.
Hall, John Whitney, et al., eds. *The Cambridge History of Japan.* Vol. 4, *Early Modern Japan.* Cambridge: Cambridge University Press, 1991.
Hall, Kenneth R. *Maritime Trade and State Development in Early Southeast Asia.* Honolulu: University of Hawaii Press, 1985.
———. "Multi-dimensional Networking: Fifteenth-century Indian Ocean Maritime Diaspora in Southeast Asian Perspective." *Journal of the Social and Economic History of the Orient* 49, no. 4 (2006): 454–81.
Hamashita, Takeshi. "The Tribute Trade System and Modern Asia." *Toyo Bunka, Memoirs of the Research Department of Tokyo University* 46 (1988): 7–24.
———. "Tribute and Emigration: Japan and the Chinese Administration of Foreign Affairs." *Senri Ethnological Studies* 25 (1989): 69–86.
———."The Tribute Trade System and Modern Asia." In Latham and Kawakatsu, *Japanese Industrialization and the Asian Economy,* 91–107.
———. "The Future of Northeast Asia—Southeast Asia." In *Rediscovering Russia in Asia: Siberia and the Russian Far East,* edited by Stephen Kotkin and David Wolf, 312–22. New York: M.E. Sharpe, 1995.
———. "Competing Political Spaces and Recreating Cultural Boundaries in Modern East Asia: Regional Dynamism and the Maritime Identity of Asia." In Curley and Liu, *China and Southeast Asia: Changing Socio-Cultural Interactions*, 27–37.
———. "Tribute and Treaties: Maritime Asia and Treaty Port Networks in the Era of Negotiation, 1800–1900." In Arrighi, Hamashita, and Selden, *The Resurgence of East Asia*, 2003a: 17–50.
———. "Hamashita Takeshi on Ryukyu Networks in Maritime Asia: An Introduction to the Rekidai Hoan." *Kyoto Review*, March 2003b. http://kyo-toreview.cseas.kyoto-u.ac.jp/issue/issue2/article_230.html.
Hamilton, Alexander. *A New Account of the East Indies*. Vol. 2. 1727. London: Argonaut Press, 1930.
Han Wai Toon. "Notes on Bornean Camphor Imported into China." *Brunei Museum Journal* 6, no. 1 (1985): 1–31.
Hanna, Willard A. *Indonesia Banda: Colonialism and its Aftermath in the Nutmeg Islands*. Banda Naira, Malukus: Yayasan Warisan dan Budaya Banda Naira, 1991.
Hanna, Willard A., and Des Alwi. *Turbulent Times Past in Ternate and Tidore*. Banda Naira, Malukus: Yayasan Warisan dan Budaya Banda Naira, 1990.
Hardy, Andrew, Mauro Cucarzi, and Patrizia Zolese, eds. *Champa and the Archaeology of My So'n (Vietnam)*. Singapore: National University of Singapore Press, 2008.
Harris, John. comp. *Navigantium Atque Itinerantium Bibliotheca or a Complete Collection of Voyages and Travels consisting of above six hundred of the most Authentic Writers*.

2 vols. London, 1705. 2nd ed., 1744–1748.

Harrisson, Barbara. *Later Ceramics in Southeast Asia: Sixteenth to Twentieth Centuries.* Oxford in Asia Series in Ceramics. Singapore: Oxford University Press, 1996.

——. "The Ceramic Trade across the South China Sea, c. AD. 1350–1650." *Journal of the Malaysian Branch, Royal Asiatic Society* 76, no. 1 (2003): 99–114.

Harrisson, Tom. "The Great Cave of Niah: A Preliminary Report on Borneo Prehistory." *Man* 57 (1957): 161–66.

——. "The 'Ming Gap' and Kota Batu, Brunei (with an Appeal for Help)." *Sarawak Museum Journal*, n.s., 8, no. 11 (1958): 273–77.

——. *Prehistoric Wood from Brunei, Borneo (Especially as Excavated at Kota Batu).* Monograph of the Brunei Museum Journal, no. 2. Bandar Seri Begawan: Brunei Museum, 1974.

Hasebe, Gakuji. "Historical Relations between Japan and Vietnam in the Area of Trade Ceramics." In The National Committee for the International Symposium on the Ancient Town of Hoi An, *Ancient Town of Hoi An*, 51–54.

Hein, Donald. "Savankhalok Export Kilns: Evolution and Development." In Ho, *Ancient Ceramic Kiln Technology in Asia*, 205–28.

Heng Thiam Soon, Derek. "Temasik as an International and Regional Trading Port in the Thirteenth and Fourteenth Centuries: A Reconstruction Based on Recent Archaeological Data." *Journal of the Malaysian Branch of the Royal Asiatic Society* 72, no. 1 (1999): 113–24.

——. "Export Commodity and Regional Currency: The Role of Chinese Copper Coins in the Melaka Straits, Tenth to Fourteenth Centuries." *Journal of Southeast Asian Studies* 37, no. 2 (2006): 179–203.

Heuken, Adolf, SJ. *The Earliest Portuguese Sources for the History of Jakarta: Including All Other Historical Documents from the 5th to the 16th Centuries.* Jakarta: Yayasan Cipta Loka Caraka, 2002.

Higham, Charles. *The Archaeology of Mainland Southeast Asia.* Cambridge: Cambridge University Press, 1989.

——. *Early Cultures of Mainland Southeast Asia.* Bangkok: River Books, 2002a.

——. *The Civilization of Angkor.* Berkeley: University of California Press, 2002b.

Hino, Iwao and S. Durai Raja Singam. *Stray Notes on Nippon-Malaisian Historical Connections.* Kuala Lumpur: Kuala Lumpur Museum, 1941.

Ho Chuimei. *Ancient Ceramic Kiln Technology in Asia.* Hong Kong: Centre of Southeast Asian Studies, University of Hong Kong, 1990.

——. "The Ceramic Trade in Asia, 1602–82." In Latham and Kawakatsu, *Japanese Industrialization and the Asian Economy*, 35–70.

——. "The Ceramic Boom in Minnan During Song and Yuan Times." In Schottenhammer, *The Emporium of the World*, 237–82.

Hobson, John M. *The Eastern Origins of Western Civilization.* Cambridge: Cambridge University Press, 2004.

Hobson, R.L. *Porcelain, Oriental, Continental and British: A Book of Handy Reference for Collectors.* London: Archibald Constable, 1908. Reprinted by Barman Press, 2008.

——. *The Wares of the Ming Dynasty.* London: Ben Brothers, 1923. Reprinted Tokyo:

Tuttle, 1963.

Honda, Hiromu, and Noriko Shimazu. *Vietnamese and Chinese Ceramics: Used in the Japanese Tea Ceremony*. Singapore: Oxford University Press, 1993.

Horridge, Adrian. *Sailing Craft of Indonesia*. Singapore: Oxford University Press, 1986.

Horton, A.V.M. "Brunei (Sixteenth to Nineteenth Centuries)." In Ooi, *Southeast Asia: A Historical Encyclopedia*, 270–71.

Hourani, George. *Arab Seafaring in the Indian Ocean in Ancient and Medieval Times*. Princeton, NJ: Princeton University Press, 1951. Revised and expanded by John Carswell, 1996.

Huàng Anh Tuân. *'Silk for Silver': Dutch-Vietnamese Relations, 1637–1700*. Leiden: Brill, 2007.

Hull, Geoffrey. "The Basic Lexical Affinities of Timor's Austronesian Languages: A Preliminary Investigation." *Studies in Languages and Cultures of East Timor* 1 (1988): 97–198.

Hurles, M.E., B.C. Sykes, M.A. Jobling, and O. Forster. "The Dual Origin of the Malagasy in Island Southeast Asia and East Africa: Evidence from Maternal and Paternal Lineages." *American Journal of Human Genetics* 76 (2005): 894–901.

Igawa Kenji. "At the Crossroads: Limahon and Wakō in Sixteenth Century Philippines." In Antony, *Elusive Pirates, Pervasive Smugglers*, 73–84.

Iik Arifin Mansurnoor. "Islamic Reform in Brunei 1912–1915: Introductory Remarks." In *Essays in Modern Brunei History*, edited by Tan Pek Leng, Geoffrey C. Gunn, B.A. Husseinmiya, Iik Arifin Mansurnoor, 53–99. Bandar Seri Begawan: Universiti Brunei Darussalam, 1992.

———. "Revivalism and Radicalism in Southeast Asian Islam: A Pattern or an Anomaly?" *New Zealand Journal of Asian Studies* 2, no. 1 (2009): 222–62. Ikeda Satoshi. "The History of the Capitalist World-System vs. the History of East-Southeast Asia." *Review* 19, no. 1 (1996): 49–77.

Impey, Oliver. *The Early Porcelain Kilns of Japan: Arita in the First Half of the Seventeenth Century*. New York: Oxford University Press, 1996.

———. *Japanese Export Porcelain: Catalogue of the Collection of the Ashmolean Museum*. Amsterdam: Hotei, 2002.

Iioka, Naoko. "Introducing We Zhiyan (Gi Shien): Networks of a Seventeenth Century Merchant and their Implications." In Makino, Fujita, and Matsumoto, *Dynamic Rimlands and Open Heartlands*, 115–32.

Ishii Yoneo. "Seventeenth Century Japanese Documents about Siam." *Journal of the Siam Society* 59, no. 2 (1971): 161–74.

———. "Thai-Japanese Relations in the Pre-Modern Period: A Bibliographical Essay with Special Reference to Japanese Sources." In, *Thai Japanese Relations in Historical Perspective*, edited by Chaiwat Khamchoo and E. Bruce Reynolds, 1–16. Bangkok: Institute of Asian Studies, Chulalongkorn University, 1988.

———, ed. *The Junk Trade from Southeast Asia: Translations from the Tôsen Fusetsu-gaki, 1674–1723*. Singapore: Institute of Southeast Asian Studies, 1998.

Iwamuto, Yoshiteru. "Yamada Nagamasu and His Relations with Japan." *Journal of Siam Society* 95 (2007): 73–84.

Iwao Seiichi. "Japanese Emigrants in Batavia during the 17th century." *Acta Asiatica* 18 (1970): 1–25.

——. "The Japanese-Dutch Trade in the Formative Period of the Seclusion Policy Particularly in Raw Silk Trade by the Dutch Factory at Hirado." *Acta Asiatica* 30 (1976): 34–84.

——. *Nanyo Nihon-machi no kenkyu* [A study of Japanese settlements]. 2 vols. Tokyo: Iwanami Shoten, 1993 and 1996.

Jacq-Hergoualc'h, Michel. *The Malay Peninsula: Crossroads of the Maritime Silk Road (100 BC–1300AD)*. Leiden: Brill, 2002.

Jacobs, Els M. *The Trade of the Dutch East India Company during the Eighteenth Century*. Leiden: CNWS Publications, 2008.

Jacobs, Hubert, SJ, ed. *The Jesuit Makassar Documents (1615–1682)*. Monumenta Historica Societatis Iesu, Vol. 134. Rome: Jesuit Historical Institute, 1988.

James, Helen. "Mon" and "Pegu." In Ooi, *Southeast Asia: A Historical Encyclopedia*, 1044–45.

*Japan Times Online*. "Hatoyama outlines East Asia bloc." November 16, 2009. http://search.japantimes.co.jp/cgi-bin/nn20091116a2.html.

Jin Guo Ping and Wu Zhiliang. "Liampó nas Relações Sino-Portuguesas entre 1524 e 1541 e a Escudela de Pêro de Faria." *Revista de Cultura* (International Edition) 24, (2007): 7–19.

Johns, A.H. "Sufism as a Factor in Indonesian Literature and History." *Journal of Southeast Asian History* 2, no. 2 (1961): 10–23.

Jorg, Christiaan. *Porcelain and the Dutch Chinese Trade*. The Hague: Martinus Nijhoff, 1982.

——. *Interaction in Ceramics Oriental and Delftware*. Hong Kong: Hong Kong Urban Council, 1984.

——. "East Meets West: Chinese Export Art for Europe." In *Treasures from Imperial China: The Forbidden City and the Royal Danish Court*. Exhibition catalogue, Royal Silver Vault, Christiansborg Palace, 346–53. Copenhagen, 2006.

Kaempfer, Engelbert. *The History of Japan*. Vol. 1. London, 1727.

——. *A Description of the Kingdom of Siam*. Translated by John Scheuchzer with an introduction by H.K. Kuløy. Bangkok: White Orchid Press, 1987.

Kalus, Ludvik and Claude Guillot. "Réinterprétation des plus anciennes stèles funéaires islamiques nousantariennes II. La Stèle de Levan (Java) datée de 457/1082 et les stèles associées." *Archipel* 67 (2004): 17–36.

Kathirithamby-Wells, J. "The Age of Transition: The Mid-eighteenth to the Early Nineteenth Centuries." In Tarling, *Cambridge History of Southeast Asia*, I: 572–612.

Kathirithamby-Wells, J., and J. Villiers, eds. *The Southeast Asian Port and Polity: Rise and Demise*. Singapore: Singapore University Press, 1990.

Kato Eichii. "The Japanese-Dutch Trade in the Formative Period of the Seclusion Policy, Particularly on the Raw Silk Trade by the Dutch Factory at Hirado, 1626–1640." *Acta Asiatica* 30 (1976): 30–84.

Kearney, Milo. *The Indian Ocean in World History*. New York: Routledge, 2004. Keay, John. *The Honourable Company: A History of the English East India Company*.

London: HarperCollins, 1991.
Keliher, Macabe. *A History of 17th Century Taiwan, or Yu Yonghe's Tales of Taiwan*. Taipei: SMC Publishing, 2003.
Kern, Hendrik. "Inscriptie van Kota Kapur (eiland Bangka: 608 Çaka)." *Bidjragen van het Koninklijd Instituut voor Taal-, Landen Volkenkunde* 67 (1913): 393–400.
Kersten, Carool, trans. and ed. *Strange Events in the Kingdoms of Cambodia and Laos (1635–1644)*. Bangkok: White Lotus, 2003.
——. "Cambodia's Muslim King: Khmer and Dutch Sources on the Conversion of Reameathipadei, 1642–1658." *Journal of Southeast Asian Studies* 37, no. 1 (2006): 1–22.
Keyes, Charles. *The Golden Peninsula: Culture and Adaptation in Mainland Southeast Asia*. New York: Macmillan, 1977. Reprinted Honolulu: University of Hawaii Press 1995.
Khan, Iqtidar Alam. *Gunpowder and Firearms: Warfare in Medieval India*. New Delhi: Oxford University Press, 2004.
Khoo, Dionysius. "Dionysius Khoo, a native of China." In Harris, *Navigantium Atque Itinerantium Bibliotheca*, Vol. 3, 960–70.
Kiel, Luis. *Porcelanas Chinesas de Século XVI com Inscrições em Português*. Lisbon, 1942.
Kim Chun-gil. *The History of Korea*. Westport, CT: Greenwood, 2005.
King, A.F. "A Gravestone in Batavia to the Memory of a Japanese Christian of the Seventeenth Century." *Asiatic Society of Japan Transactions* 17 (1889): 97–101.
King, Victor. "Ethnolinguistic Groups of Southeast Asia." In Ooi, *Southeast Asia: A Historical Encyclopedia*, 492–98.
Kleinen, John, and Manon Osseweijer, eds. *Pirates, Ports, and Coasts in Asia: Historical and Contemporary Perspectives*. Singapore: Institute of Southeast Asian Studies, 2010.
Knaap, Gerrit, and Heather Sutherland. *Monsoon Traders: Ships, Skippers and Commodities in Eighteenth Century Makassar*. Leiden: KITLV Press, 2004. Kobata, Atsushi. "The Production and Uses of Gold and Silver in Sixteenth- and Seventeenth-Century Japan." *The Economic History Review*, 2nd series, 17, no. 2 (1965): 245–66.
Kobata, Atsushi, and Matsuda Mitsugu. *Ryukyuan Relations with Korea and South Sea Countries: An Annotated Translation of Documents in the Rekidai Hoan*. Kyoto, 1969.
Kobkua Suwannathat-Pian. "Dialogue of Two Pasts: 'Historical Facts' in Traditional Thai and Malay Historiography." In Abu and Tan, *New Terrains in Southeast Asian History*, 199–218.
Kratoska, Paul, Henk Schulte Nordholdt, and Remco Raben, eds. *Locating Southeast Asia: Geographies of Knowledge and Politics of Space*. Ohio University Southeast Asia Monograph Series No. 111. Athens: Ohio University Press, 2005.
Kratz, Ernst Ulrich. "*Yang tersurat dan yang tersirit*: Historicity and Historical Truth." *Archipel* 60 (2000): 25–44.
Krishna, Bal. *Commercial Relations between India and England (1601 to 1757)*. London: George Routledge and Sons, 1924.
Kuløy, H.K. "Introduction to the 1987 Edition." In Kaempfer, *A Description of the Kingdom*

of Siam, viii-x.

Kulke, Hermann. *The Devaraja Cult*. Data Paper no. 108. Southeast Asia Program, Department of Asian Studies, Cornell University, 1978.

——. "The Early and the Imperial Kingdom in Southeast Asian History." In Marr and Milner, *Southeast Asia in the 9th to 14th Centuries*, 1–22.

Kulke, Hermann, K. Kesavapany, and Vijay Sakhuja, eds. *Nagapattinam to Suvarnadwipa: Reflections on the Chola Naval Expeditions to Southeast Asia*. Singapore: Institute of Southeast Asian Studies, 2009.

Labbe, Armand J. *Prehistoric Thai Ceramics, Ban Chiang in Regional Cultural Perspective*. Bangkok: White Lotus, 2002.

Lach, Donald F. *Asia in the Making of Europe*. Vol. 1, Books 1 and 2. Chicago: University of Chicago Press, 1965.

Laffan, M.F. "Iskandar Muda, Sultan (Mahkota Alam) r.1607–1636." In Ooi, *Southeast Asia: A Historical Encyclopedia*, 667–68.

Lamont-Doherty Earth Observatory. Tree Ring Research Laboratory home page. http://www.ldeo.columbia.edu/tree-ring-laboratory.

Lansing, J. Stephen. *Priests and Programmers: Technologies of Power in the Engineered Landscape of Bali*. Princeton, NJ: Princeton University Press, 1991.

Lape, Peter V. "Chronology of Fortified Settlements in East Timor." *Journal of Island & Coastal Archaeology* 1 (2006): 285–97.

Lape, Peter V., and Chao Chin-Yung. "Fortification as a Human Response to the Holocene Climate Change in East Timor." *Archaeology in Oceania* 43 (2008): 11–21.

Lape, Peter V., and Sue O'Connor. "Rock Art: A Potential Source of Information about Past Maritime Technology in the South-East Asia-Pacific Region." *The International Journal of Nautical Archaeology* 36, no. 2 (2007): 238–53.

Latham, A.J.H., and Heita Kawakatsu, eds. *Japanese Industrialization and the Asian Economy, 1640–1715*. London and New York: Routledge, 1994.

Le Blanc, Marcel. *The History of Siam in 1688*. Translated by Michael Smithies. Chiang Mai: Silkworm Books, 2007.

Lee, Hoon. "The Repatriation of Korean Castaways in Choson Korean Japan- Relations, 1599–1888." *Korean Studies* 30 (2006): 67–90.

Lee, James. "The Legacy of Immigration in Southwest China, 1250–1850." *Annales de demographie historique* (1982): 279–304.

Leirissa, Richard Z. "St. Francis and the Jesuits in Ambon (1546–1580)." *Review of Culture* 19 (2006): 53–63.

Leitão, Humberto. *Os Portuguese em Solor e Timor, de 1515 a 1702*. Lisbon: LCGG, 1948.

Lemos, Jorge de. *Historia dos Cercos que Achens, & Iaos Puserão a Malaca*. First published 1585. Reprinted with introduction and notes by João C. Reis. Lisbon: Colecção Cultura Portuguesa do Mar, 1991.

Leur, J.C. van. "On Early Asian Trade." Translated by J.S. Holmes and A. van Merle. In van Leur, *Indonesian Trade and Society*, 1–144. The Hague: W. van Hoeve, 1955.

Lewis, Martin and Karen E. Wigen. *The Myth of Continents*. Berkeley: University of California Press, 1997.

Li Minghuan. "From Sons of the Yellow Emperor to Children of Indonesian Soil: Studying

Peranakan Chinese Based on the Batavian Kong Koan Archives." *Journal of Southeast Asian History* 34, no. 3 (2003): 215–30.

Li Tana. *Nguyen Cochinchina: Southern Vietnam in the Seventeenth and Eighteenth Centuries*. Ithaca, NY: Cornell University Southeast Asia Program, 1998.

———. "The Water Frontier: An Introduction." In Cooke and Li, *Water Frontier*, 1–20.

———. "The Late-Eighteenth and Early-Nineteenth-Century Mekong Delta in the Regional Trade System." In Cooke and Li, *Water Frontier*, 71–84.

———. "The Eighteenth Century Mekong Delta and the World of Water Frontier." In *Viet Nam: Borderless History*, edited by Nhung Tuyet Tran and Anthony J.S. Reid, 147–64. Madison: University of Wisconsin Press, 2006.

Lieberman, Victor. *Burmese Administrative Cycles: Anarchy and Conquest, 1580–1760*. Princeton, NJ: Princeton University Press, 1984.

———. "Wallerstein's System and the International Context of Early Modern South-east Asian History." *Journal of Asian History* 24, no. 1 (1990): 70–90.

———. "An Age of Commerce in Southeast Asia? Problems of Regional Coherence—A Review Article." *Journal of Asian Studies* 54, no. 3 (1995): 796–807.

———, ed. *Beyond Binary Histories: Re-imagining Eurasia, to c.1830*. Ann Arbor: University of Michigan Press, 1999.

———. *Strange Parallels*. Vol.1, *Integration on the Mainland: Southeast Asia in Global Context, c. 800–1830*. Cambridge: Cambridge University Press, 2003.

———. *Strange Parallels*. Vol.2, *Mainland Mirrors: Europe, Japan, China, Southeast Asia, and the Islands: Southeast Asia in Global Context c. 800–1830*. Cambridge: Cambridge University Press, 2009.

[Linschoten, John Huighen van]. "John Huighen van Linschoten, His Voyage to Goa and Observation of the East Indies (Abbreviated)." 1583. In Purchas, *Hakluytus Posthumus*, Vol. 10.

Lo, K.S. "Historical Relations between Yixing and Macau." In *O Cha Pavilhao do Jardim Lou Lim Ieok*, Macau, 7 April 1990.

Lockard, Craig. *Southeast Asia in World History*. New York: Oxford University Press, 2009.

Lodewycksz, Willem."D'eerste Boeck: Histoire van Indien vaer inne verhaelt is de avontueren die de Hollandtsche schepen bejeghent zijn." 1558. In *De eerste schipvaart der Nederlanders naar Oost-Indië onder Cornelis de Houtman 1595–1597*, edited by G.P. Rouffaer and J.W. Ijzerman. 3 vols. The Hague: Martinus Nijhoff, 1915–29.

Logan, William. *Malabar*. 2 vols. 1887. New Delhi: Asian Education Services, 1989.

Lombard, Denys, and C. Salmon-Lombard. *Les Chinois de Jakarta, temples et vie collective*. Paris: Maison de Homme, 1960.

———. *Le Sultanat Atjéh au temps Iskander Muda (1607–1636)*. Paris: Ecole Française de Extrême-Orient, 1967.

———. *Le carrefour javanais, Essais d'historie globale*. 3 vols. Paris: Ecole Française de Extrême-Orient, 1990.

———, ed. *Mémoires d'un voyage aux Indes Orientales 1619–1622 Augustin de Beaulieu: Un marchand normand à Sumatra*. Paris: Ecole Française de Extrême-Orient, 1996.

———. "Comment on Sakurai's Paper." In *Proceedings of the International Symposium Southeast Asia: Global Studies for the 21st Century*, 125–27. Kyoto: Kyoto University

Center of Southeast Asian Studies, 1997.
Lombard-Jourdain, Anne and Claudine Salmon."Les Chinois de Kupang (Timor) aux alentours de 1800." *Archipel* 56, no. 1 (1998): 393–428.
Lorge, Peter A. *The Asian Military Revolution: From Gunpowder to the Book.* Cambridge: Cambridge University Press, 2008.
Loubère, Simon de la. *Du Royaume de Siam.* 2 vols. Paris: Coignard, 1691. Reprinted in Singapore, 1986.
Lunet de Lajonquière, Etienne E. *Inventaire descriptif des monuments du Cambodge,* Paris: E. Leroux, 1902.
[Ma Huan]. *Ying-yai Sheng-lan* [The overall survey of the ocean's shores]. 1433. Translated and annotated by J.V.G. Mills. London: Hakluyt, 1979. Reprinted by Bangkok:White Lotus Press, 1997.
McCune, George, M. "The Exchange of Envoys between Korea and Japan during the Tokugawa Period." *The Eastern Quarterly* 5, no. 3 (1946): 308–25.
McNeil, J.R.. and William H. McNeil. *The Human Web: A Bird's Eye View of World History.* New York: W.W. Norton, 2003.
McPherson, Kenneth. *The Indian Ocean: A History of People and the Sea.* New Delhi and New York: Oxford University Press, 1993.
Majul, Cesar Adib. "Chinese Relationship with the Sultanate of Sulu." In Felix, *The Chinese in the Philippines 1570–1770*, 143–59.
———. *Muslims in the Philippines.* Manila: St.Mary's Publishing, 1973.
Majumdar, R.C. *Champa History & Culture of an Indian Colonial Kingdom in the Far East, 2nd-13th Century AD.* Delhi: Gian Publishing House, 1985.
Makino, N., K. Fujita, and M. Matsumoto, eds. *Dynamic Rimlands and Open Heartlands: Maritime Asia as a Site of Interactions.* Osaka: Osaka University Press. "The Malays of Siam." Public Record Office (PRO), London, Colonial Office (CO) series. CO717, vol.156, 1949.
Malinee Dilochwanich. "A Study of Samkok: The First Thai Translation of a Chinese Novel." *Journal of Siam Society* 73, nos. 1–2 (1985): 77–109.
Manguin, Pierre-Yves. *Les Portugais sur les Côtes du Viet Nam et du Campa.* Paris: Ecole Française de Extrême Orient, 1972.
———. "Palembang and Srivijaya: An Early Malay-Harbour City Rediscovered." *Journal of the Malaysian Branch of the Royal Asiatic Society* 66, no. 1 (1993): 23–46.
———. "Demografi dan Tata Perkataan di Aceh pada abad 16: Data baru menurut sebuah buku pedoman Portugis Tahun 1584." In Chambert-Loir and Ambary, *Panggung Sejarah: Persembahan kepada Prof. Dr. Denys Lombard*, 226–44.
———. "Shipbuilding." In Ooi, *Southeast Asia: A Historical Encyclopedia*, 2004a: 1194–95.
———."Śrivijaya (Śriwijaya)." In Ooi, *Southeast Asia: A Historical Encyclopedia*, 2004b: 1245–48.
———. "'Welcome to Bumi Sriwijaya' or the Building of a Provincial Identity in Contemporary Indonesia." Working Paper Series 102, Asia Research Institute, National University of Singapore, 2008.
Manning, Patrick. *Slavery, Colonialism and Economic Growth in Dahomey, 1640–1960.* Cambridge: Cambridge University Press, 1982.

———. *Navigating World History: Historians Create a Global Past.* New York: Palgrave Macmillan, 2003.
Mantienne, Frédéric. "The Transfer of Western Military Technology to Vietnam in the Late Eighteenth and Early Nineteenth Centuries: The Case of the Nguyen." *Journal of Southeast Asian Studies* 34 (2003): 519–34.
Marini, Giovanni Filippo. *A New and Interesting Description of the Lao Kingdom (1642–1648).* 1663. Bangkok: White Lotus, 1996.
Maritime Asia. Official web site. http:maritimeasia.ws/.
Maritime Lanka. "The Ceramic Finds from the *Avondster*." http://cf.hum.uva.nl/ galle/ avondster/ ceramics.html.
Markovits, Claude. "Structure and Agency in the World of Asian Commerce During the Era of European Colonial Domination (c. 1750–1950)." *Journal of the Social and Economic History of the Orient* 50, nos. 2–3 (2007): 106–25.
Marr, David G.. and A.C. Milner, eds. *Southeast Asia in the 9th to 14th Centuries.* Canberra and Singapore: Australian National University/ISEAS, 1986.
Maruyama, Makoto. "Hansatsu: Local Currencies in Pre-industrial Japan." In *From Political Economy to Anthropology,* edited by Colin A.M. Duncan and David W. Tandy, 122–32. Montreal: Black Rose Books, 1993.
Maspero, Georges. *Royaume de Champa.* Paris: Ecole Française de Extrême- Orient, 1928. Reprinted 1988.
Maspero, Georges, and Walter, E.J.T. *The Champa Kingdom: The History of an Extinct Vietnamese Culture.* Bangkok: White Lotus Press, 2002.
Mateo, José Eugenio Borao. *The Spanish Experience in Taiwan 1626–1642: The Baroque Ending of a Renaissance Endeavour.* Hong Kong: Hong Kong University Press, 2009.
Matheson, Virginia. *A Short History of Malaysia: Linking East and West.* Sydney: Allen & Unwin, 2003.
Matsura, Akira. *Hirado: Historical Notes and Chronology.* Hirado: Matsura Historical Museum, 1990.Matsutake, Hideo. *Boken Shinshaku 'nagegane' no shiteki: kai ho teki kenkyu: Macau, Zerandia, Kochin, Siam nado yono kan ro kai un boeki kinyu.* Nagasaki Daigaku Tonanasia kenkyu-jo, no. 25, Nagasaki, 1988.
Matussin Omar. *Archaeological Excavations in Protohistoric Brunei.* Bandar Seri Begawan: Muzium Brunei, 1981.
Maura, Rinaldi. *Kraak Porcelain. A Moment in the History of Trade.* London: Bamboo Publishing, 1989.
Mayoury Ngaosrivathana and Kennon Breazeale, eds. *Breaking New Ground in Laos History: Essays on the Seventh to Twentieth Centuries.* Chiang Mai: Silkworm Books, 2002.
Mazumdar, Sucheta. *Sugar and Society in China: Peasants, Technology and the World Market.* Cambridge, MA: Harvard University Press, 1998.
Mazzeo, Donatella, and Chiara Silvi Antonini. *Monuments of Civilization: Ancient Cambodia.* New York: Grosset & Dunlap, 1978.
Melink-Roelofsz, M.A.P. *Asian Trade and European Influence in the Indonesian Archipelago between 1500 and about 1630.* The Hague: Martinus Nijhoff, 1962.

Miksic, John. "Mataram, A Javanese Empire." In Ooi, *Southeast Asia: A Historical Encyclopedia*, 865–66.

Mills, J.V. *Eredia's Description of Malacca, Meridional India and Cathay.* 1930. Reprinted by the Malaysian Branch of the Royal Asiatic Society, 1997.

Monteiro, João Pedro. "Oriental Influences in 17th century Portuguese Ceramics." In Pinto de Matos and Monteiro, *A Influencia Oriental na Ceramica Portuguesa*.

Mookerji, Radhakumud. *A History of the Sea-borne Trade and Maritime Activity of the Indians from the Earliest Times*. Bombay: Longmans Green & Co., 1912.

Morga, Antonio de. *History of the Philippine Islands: From their Discovery by Magellan in 1521 to the Beginning of the XVII Century.* 1609. Cleveland, OH: Arthur H. Clark Co., 1907.

Morse, Hosea Ballou, *Chronicles of the East India Company Trading to China, 1635–1834.* 5 vols. Cambridge, MA: Harvard University Press, 1926. Reprinted by Ch'eng-wen Publishing Company, 1966.

Mousinho, Manuel de Abreu. *Breve Discurso em que se conta a Conquista do Reino do Pegu na Índia Oriental...no ano 1600.* Introduction by Maria Paula Caetano. Lisbon: Publicações Europa-America, 1990.

Murakami, N. *Diary of Richard Cocks: Cape Merchant in the English Factory in Japan 1615–1622*. Vol. 2. Tokyo: Sankosha, 1899.

———. *The English Factory at Hirado, 1613–1624.* Tokyo: Miyasaki, c.1920.

———."The Japanese at Batavia in the XVIIth Century." *Monumenta Nipponica* 2, no. 2 (1939): 24–41.

Murdoch, James. *A History of Japan: During the Century of Early Foreign Intercourse.* London: Kegan Paul, 1903. Reprinted 1910 and 1925.

Naenna, Patricia. *Costume and Culture: Vanishing Textiles of Some of the Tai Groups in Lao P.D.R.* Chiang Mai: Studio Naenna, 1990.

Nagamatsu Manoru. "History and Archeology of Nagasaki." In *Unearthed Cities: Edo, Nagasaki, Amsterdam, London, New York,* 195–200. Tokyo: Tokyo Metropolitan Edo-Tokyo Museum, 1997.

Nakai Nobuhiko and James L. McClain. "Commercial Change and Urban Growth in Early Modern Japan." In Hall, *The Cambridge History of Japan*. Vol.4, *Early Modern Japan,* 519–95.

Narayana Moorthy Murugiah. *KaalaChakra: Exhibition Companion*. Singapore: Lee Kong Chian Reference Library, National Library Board, 2008.

National Committee for the International Symposium on the Ancient Town of Hoi An. *Ancient Town of Hoi An.* Hanoi: The Gioi Publishers, 1993.

Needham, Joseph. *Clerks and Craftsmen in China and the West: Lectures and Addresses on the History of Science and Technology*. Cambridge: Cambridge University Press, 1970.

———. *Science and Civilisation in China*. Vol. 4: 3, "Civil Engineering and Nautics." Cambridge: Cambridge University Press, 1971.

———. *The Shorter Science and Civilization in China: An Abridgement of Joseph Needham's Original Text*. Cambridge: Cambridge University Press, 1986.

Ng Chin-Keong. *Trade and Society: The Amoy Network on the China Coast, 1685–1735.*

Singapore: Singapore University Press, 1983.

Ngo Van Doanh. *Champa Ancient Towers: Reality & Legend.* Hanoi: The Gioi, 2006.

Nguyen Chi Trung and Tran Anh. "Collecting Sea-Swallows Nests in Thanh Chau." In National Committee for the International Symposium on the Ancient Town of Hoi An, *Ancient Town of Hoi An,* 190–93.

Nguyen Dinh Dao, "The Birth and the Historic Evolution of Hoi An." In National Committee for the International Symposium on the Ancient Town of Hoi An, *Ancient Town of Hoi An,* 117–27.

Nguyen-Long, Kerry. "Vietnamese Ceramic Trade to the Philippines in the Seventeenth Century." *Journal of Southeast Asian Studies* 30 (1999): 1–21.

Nguyen Vinh Phuc, et al. *Hanoi: Streets of the Old Quarter and Around Hoan Kiem Lake.* Hanoi: The Gioi, 2006.

Nhung Tuyet Tran and Anthony J.S. Reid, eds. *Viet Nam: Borderless Histories.* Madison: University of Wisconsin Press, 2006.

Nicholl, Robert. *European Sources for the History of the Sultanate of Brunei in the Sixteenth Century.* Bandar Seri Begawan: Muzium Brunei, 1975.

———. "Brunei and Camphor." *Brunei Museum Journal* 4, no. 3 (1979): 52–74.

———. "A Note on the Verlade Map." *Brunei Museum Journal* 6, no. 2 (1986): 72–76.

———. "Some Problems of Brunei Chronology." *Journal of Southeast Asian Studies* 20, no. 2 (1989): 175–95.

Nieuhoff, John. "Voyages and Travels into Brazil and the East Indies (1703)." In *A Collection of Voyages and Travels,* Vol. 2, edited by John Churchill. London, 1704.

———. *L'Ambassade de la Compagnie orientale vers l'empereur de la Chine.* Leiden: J. de Meurs, 1665.

———. *An Embassy from the East India Company to the United Provinces.* London, 1699.

Nishikawa Joken. *Zoho Kai tsusho ko* [Commerce and trading between China and uncivilized countries: the enlarged edition]. 1708. Nihon Keizai taiten, Vol. 4. Tokyo: Shishi Shuppansha, 1928.

Nogami Takenori. "On Hizen Porcelain and the Manila-Acapulco Galleon Trade." *Indo-Pacific Prehistory Association Bulletin* 26 (2006): 124–30.

———. "Worldwide Exportation of Arita Ware." [In Japanese.] *Journal of the Kakiemon-Style Ceramic Art Center* 5 (2009): 339–54.

Nordin Hussin. *Trade and Society in the Straits of Melaka: Dutch Melaka and English Penang, 1780–1830.* Copenhagen: NIAS Press, 2007.

———. "Pendagang Bugis dan Kuasa Europa di Selat Melaka, 1500–1800." *Sari* (ATMA) 25 (2008): 199–211.

O'Connor, Sue, Mathew Spriggs, and Peter Veth. "Excavation at Lene Hara Cave Establishes Occupation in East Timor at least 30,000–35,000 Years Ago," *Antiquity* 76 (2002): 45–50.

O'Connor, Sue, and Peter Veth. "Early Holocene Shell Fish Hooks from Lene Hara Cave, East Timor Establish Complex Fishing Technology Was in Use in Island Southeast Asia Five Thousand Years before Austronesian Settlement." *Antiquity* 79 (2005): 249–56.

Oliveira, Nuno Vasco. "Subsistence Archaeobotany: Food Production and the Agricultural

Transition in East Timor." Ph.D. dissertation, Australian National University, 2008.
Ong Tai-Hae. *The Chinaman Abroad or a Desultory Account of the Malayan Archipelago, particularly of Java.* Shanghai: Mission Press, 1849.
Ooi Keat Gin, ed. *Southeast Asia: A Historical Encyclopedia from Angkor Wat to East Timor.* 3 vols. Santa Barbara, CA, and Oxford: ABC/CLIO, 2004.
Orta, Garcia da. *Colloquies on the Simples & Drugs of India.* Translated by C. Markham. London: Henry Southern & Co., 1913. Reprinted in Lisbon, 1985.
Osumi, Tamezo. *Printed Cottons of Asia: The Romance of Trade Textiles.* Rutland, VT: Tuttle, 1963.
Pacey, Arnold. *Technology in World Civilization: A Thousand Year History.* Cambridge, MA: MIT Press, 1990.
Pakse-Smith, M.T. "The Japanese Trade and Residence in the Philippines: Before and During the Spanish Occupation." *Transactions of the Asiatic Society of Japan* 22, no. 2 (1914): 685–710.
——. *Western Barbarians in Japan and Formosa in Tokugawa Days 1603- 1868.* Kobe: Thomson and Co., 1930.
Pande, G.C. ed. *India's Interaction with Southeast Asia: History of Science, Philosophy and Culture in Indian Civilization.* Vol. 1: 3. Delhi: Centre for Studies in Civilization, 2006.
Parmentier, Henri. *Inventaire descriptif des monuments Cams de l'Annam.* Paris: Leroux, 1909–18.
Pearson, Michael. *The Indian Ocean.* London and New York: Routledge, 2003.
——. *The World of the Indian Ocean, 1500–1800, studies in economic, social and cultural history*, Ashgate, Burlington, 2005.
Pearson, Richard J. *Archaeology of the Ryukyu Islands.* Honolulu: University of Hawaii Press, 1969.
Pearson, Richard J., Li Min, and Li Guo. "Port City and Hinterlands, Archaeological Perspectives on Quanzhou and its Overseas Trade." In Schottenhammer, *Emporium of the World*, 177–236.
Péri, N."Essai sur les relations du Japon et de l'Indochine au XVI et XVII siècles." *Bulletin de l'Ecole Française de l'Extrême Orient* 23 (1923): 1–104.
Perret, Daniel. "Kota Raja Dalam Kesusasteraan Melayu Lama." In Chambert- Loir and Ambary, *Panggung Sejarah: Persembahan kepada Prof. Dr. Denys Lombard*, 248–59.
Persoon, Gerard. "Agarwood: The Life of a Wounded Tree." *IIAS Newsletter* 45 (Autumn 2007): 24–25.
Pham Quoc Quan and Nguyen Dinh Chien. *Gom Hoa Nau Viet Na: Vietnamese Brown Patterned Ceramics.* Hanoi: National Museum of Vietnamese History, 2005.
Pieterse, Jan Nederveen. "Oriental Globalization." *Theory, Culture and Society* 23, nos. 2–3 (2006): 411–13.
Pietsch, Ulrich. "Kakiemon Porcelain as Models for Meissen and Other European Porcelain Manufactories." In *The Universal Nature of Kakiemon, International Symposium*, 2–14. Fukuoka: Kakiemon-style Ceramic Art Research Center, 2007.
[Pigafetta, Antonio]. *The Voyage of Magellan, The Journal of Antonio Pigafetta.* Facsimile of *Le voyage et navigation fait par les espignolz es isles Mollucques.* Paris 1525.

Englewood Cliffs, NJ: Prentice Hall, 1969.
Pinto de Matos, Maria Antónia, and João Pedro Monteiro. *A Influência Oriental na Cerâmica Portuguesa do Século XVII* [Oriental influence on 17th century Portuguese ceramics]. Lisbon: Museu Nacional do Azulejo, 1994.
Pires, Benjamin Vieira. *A Viagem de Comércio Macau-Manila nos Séculos XVI a XIX*. Macau: Museu Maritima de Macau, 1994.
Pires, Tomé. *The Suma Oriental of Tomé Pires*. 1515. Translated by A. Cortesão. London: Hakluyt Society, 1944.
Plofker, Kim. "Empires and Exact Sciences in Pre-modern Eurasia." *IIAS Newsletter* 43 (Spring 2007): 14.
Plutschow, Herbert E. *Historical Nagasaki*. Tokyo: Japan Times, 1983.
Polo, Marco. *The most nobel and famous travels of Marcus Paulus, one of the nobilitie of the state of Venice into the east partes of the world....* London: Ralph Newbery, 1579.
Pollack, Sheldon. *The Language of Gods in the World of Men: Sanskrit, Culture and Power in Premodern India*. Berkeley: University of California Press, 2006.
Pomerantz, Kenneth. *The Great Divergence: China, Europe and the Making of the Modern World Economy*. Princeton, NJ: Princeton University Press, 2001.
Pomerantz, Kenneth, and Steven Topik. *The World That Trade Created; Society, Culture and the World Economy, 1400 to the Present*. Armonk, NY: M.E. Sharpe, 1999. 2nd ed., 2006.
Prakash, Om. *The Dutch East India Company and the Economy of Bengal, 1630–1720*. Princeton, NJ: Princeton University Press, 1985.
——. "European and Asian Merchants in Asian Maritime Trade, 1500–1800: Some Issues of Methodology and Evidence." *Review of Culture*, nos. 13–14 (1991): 131–39.
——. *Precious Metals and Commerce: The Dutch East India Company in the Indian Ocean Trade*. Norfolk: Variorum, 1994.
Ptak, Roderich. "The Transportation of Sandalwood from Timor to Macau and China during the Ming Dynasty." *Review of Culture*, no. 1 (1987): 36–45.
——. "China and the Trade in Tortoise-Shell (Sung to Ming Periods)." In *Emporia, Commodities and Entrepreneurs in Asian Maritime Trade, c. 1400–1750*, edited by Roderich Ptak and Dietmar Rothermund, 195–229. Stuttgart: Steiner Verlag, 1991.
——. "China and the Trade in Cloves, Circa 960–1435." *Journal of the American Oriental Society* 113, no. 1 (1993): 1–13.
——. "Sino-Japanese Maritime Trade, circa 1550: Merchants, Ports and Networks." In *O Século Cristão do Japão, Actas do Colóquio Internacional Comemorativo dos 500 Anos de Amizade Portugal-Japão (1543–1993)*, edited by Roberto Carneiro and A. Teodoro de Matos, 281–311. Lisbon, 1994.
——. *China and the Asian Seas*. London: Variorum, 1998.
——. *China's Seaboard Trade within South and Southeast Asia (1200–1750)*. London: Variorum, 1999.
——. "Quanzhou: At the North Edge of a Southeast Asian 'Mediterranean.'" In Schottenhammer, *Emporium of the World*, 395–428.
——. "The Ryukyu Network in the Fifteenth and Early Sixteenth Centuries." *Review of Culture* 6 (2003): 7–33.

———. *China, the Portuguese and the Nanyang*. London: Variorum, 2004.

———. Review of Li Qingxin, *Mingdai haiwai…*[The Overseas Trade System of the Ming Dynasty, Beijing, 2004]. *Archipel* 76 (2008): 309–13.

Purchas, Samuel. *Hakluytus Posthumus or Purchas His Pilgrims*. Vol. 9. 1625. Glasgow: Glasgow University Press, 1905.

Quiason, Serafin D. "The Sampan Trade, 1570–1770." In Felix, *The Chinese in the Philippines 1570–1770*: 160–74.

Raffles, Thomas Stamford. *Report on Japan to the Secret Committee of the English East India Company*. Preface by M. Paske-Smith. Kobe: J.L. Thompson and Company, 1929.

Raignal, Guillaume-Thomas Abbé. *Philosophical and Political History of the Settlements and Trade of the Europeans in the East and West Indies*. Vol. 1. Translated from French by J. Justamond. Dublin, 1776 (1780).

Raman, K.V. "Indian Influence on the Place Names of Southeast Asia." In Pande, *India's Interaction with Southeast Asia,* 57–70.

Rantoandro, Gabriel. "Kiyai Ngabehi Kaytsu di Banten: Syahbandar dan Perantara." In Chambert-Loir and Ambary, *Panggung Sejarah: Persembahan kepada Prof. Dr. Denys Lombard*, 262–84.

Rasmussen, Peter Ravn. "Tranquebar: The Danish East India Company, 1616- 1666: A Brief Essay in Narrative Form." 23 September 1996. Revised version of term paper. University of Copenhagen, spring 1996. <http://www. scholiast.org/history/tra-narr.html>.

Reid, Anthony. "Sixteenth Century Turkish Influences in Western Indonesia." *Journal of Southeast Asian History* 10, no. 3 (1969): 395–414.

———. *Southeast Asia in the Age of Commerce 1450–1680*. Vol. 1, *The Lands below the Winds*. New Haven, CT: Yale University Press, 1988.

———. *Southeast Asia in the Age of Commerce 1450–1680*. Vol. 2, *Expansion and Crisis*. London and New Haven, CT: Yale University Press, 1993.

———. "Political 'Tradition' in Indonesia: The One and the Many." *Asian Studies Review* 22, no. 1 (1998): 23–38.

———. "Economic and Social Change, c. 1400–1800." In Tarling, *Cambridge History of Southeast Asia*. Vol. 1: 2, 116–63.

———. *Charting the Shape of Early Modern Southeast Asia*. Singapore: Institute of Southeast Asian Studies, 2000.

———. *An Indonesian Frontier, Acehnese & Other Histories of Sumatra*. Singapore: National University of Singapore Press, 2005.

———, ed. *The Chinese Diaspora in the Pacific*. London: Ashgate, 2008.

———. "Southeast Asian Consumption of Indian and British Cotton Cloth, 1600–1850." In Riello and Roy, *How India Clothed the World*. 29–52.

———. "Violence at Sea: Unpacking 'Piracy' in the Claims of States over Asian Seas." In Antony, *Elusive Pirates, Pervasive Smugglers,* 15–26.

Renaudot, Eusebius. *Ancient Accounts of India and China by Two Mohammedan Travels*. London: Sam Harding, 1733.

Renneville, R.A. de Constantin. *Recueil des Voyages Qui Ont Servi à l'Etablissment et aux*

*Progrès de la Compagnie des Indes Orientales*. 5 vols. Rouen: Cailloue, 1725.
Reynolds, Craig J. *Seditious Histories: Contesting Thai and Southeast Asian Pasts*. Seattle: University of Washington Press, 2006.
Rhodes, Alexandre de. *Histoire du royaume de Tunquin*. Lyons: Devenet, 1651.
———. *Voyages et Missions du Pere Alexandre de Rhodes de la Compagnie de Jesus en la Chine et autres Royaumes de l'Orient*. Paris: Julien, Lanier &c., 1854.
Ricklefs, Merle C. *A History of Modern Indonesia*. London: Macmillan, 1981. 4th ed., 2008.
———. *Mystic Synthesis in Java: A History of Islamicization from the Fourteenth to the Early Nineteenth Centuries*. Norwalk, CT: Signature Books/EastBridge Books, 2006.
Riddell, Peter. *Islam and the Malay-Indonesian World*. Singapore: Horizon Books, 2001.
Riello, Giorgio, and Tirthanker Roy. *How India Clothed the World: The World of South Asia, 1500–1850*. Leiden: Brill, 2009.
Roberts, Luke. "What Are East Asian Cash Coins?" Faculty home page. September 26, 2001. Updated October 24, 2003. http://www.history.ucsb.edu/faculty/roberts/coins/index.html.
Robinson, Kenneth R. "Choson Korea in the Ryukoku Kangnido: Dating the Oldest Extant Korean Map of the World (15th Century)." *Imago Mundi: The International Journal for the History of Cartography* 59, no. 2 (2007): 177–92.
Roever, Arend de. "The Partition of Timor: An Historical Background," in Maria Johanna Schouten. ed. *A Ásia do Sudeste: História, Cultura e Desenvolvimento*. Lisbon: Vega, 1998:45–55.
[Roggewain, Jacob]. "An Account of Commodore Roggewain's Expedition, with three ships for the Discovery of southern lands, under the direction of the Dutch West India Company from an original manuscript." In Harris, *Navigantium Atque Itinerantium Bibliotheca*, 1: 281–305.
Rohayah Md. Lani, et al., eds. *Aksara: The Passage of Malay Scripts: Select Bibliography*. Singapore: National Library Board, 2006.
Rolett, B.V., Tianlong J., Gongwu L. "Early Seafaring in the Taiwan Strait and the Search for Austronesian Origins." *Journal of East Asian Archeology* 4 (2002): 307–19.
Ruppé, Carol V., and Jan Barstad, eds. *International Handbook of Underwater Archaeology*. New York: Kluwer, 2002.
Russell-Wood, A.J.R. *The Portuguese Empire, 1415–1808: A World on the Move*. Baltimore: John Hopkins University Press, 1992. Reprinted 1998.
Sadan, Mandy. "Mons." In Ooi, *Southeast Asia: A Historical Encyclopedia*, 907–8.
Sadler, A.L. *The Making of Modern Japan: The Life of Tokugawa Ieyasu*. London: Allen & Unwin, 1937.
Sagart, Laurence, Roger Blench, and Alicia Sanchez-Mazas. *The Peopling of East Asia: Putting Together Archaeology, Linguistics and Genetics*. London: Routledge, 2005.
Sakai Takashi. "Junana-juhaseiki no Asia toji boeki—Banten do no boeki wo chosin ni." [Asian ceramic trade in the 17th and 18th centuries—The trade at Banten.] [In Japanese, with an English summary.] *Toyo Toji* (Oriental Ceramics) 30 (2000–2001): 81–104.
Sakamaki Shunzo. "Ryukyu and Southeast Asia." *Journal of Asian Studies* 23, no. 3 (1964):

383–89.

Sakuraba Miki and Cynthia Viallé, eds. *Japanese Porcelain in the Trade Records of the Dutch East India Company.* Fukuoka: The Kakiemon-style Ceramic Art Research Center, Kyushu Sangyo University, 2009.

Sakurai Yumio. "Eighteenth Century Chinese Pioneers on the Water Frontier of Indochina." In Cooke and Li, *Water Frontier*, 35–53.

Salmon, Claudine. "Récontes études épigraphiques chinois en Asie du Sud-est." *Archipel* 8 (1974): 213–23.

——. "Les sucriers chinois de Kelapadua, Banten, XVIIes. Textes et vestiges." *Archipel* 39 (1990): 139–58.

——. *Chinese Epigraphic Materials in Indonesia.* Vol. 2, *Java.* In collaboration with W. Franke and A. Siu. Singapore: South Seas Society, 1997.

——. "Srivijaya, la Chine et les marchands Chines (Xe-XIIs). Quelques réflex- ions sur la société de l'empire sumatranais." *Archipel* 63 (2002): 52–78.

——. "Réfugiés Ming dans les Mers du sud vus à travers diverses inscrip- tions (ca.1650-ca1730). *Bulletin de l'Ecole Française de Extrême-Orient* 82 (2003–2004): 177–237.

——. "Women's Social Status as Reflected in Chinese Epigraphs from Insulinde (16th-20th Centuries)." *Archipel* 72 (2006): 157–94.

——. "Cultural Links between Insulindien Chinese and Fujian as Reflected in Two Late 17th Century Epigraphs." *Archipel* 75 (2007): 167–94.

——. "Le goût chinois pour les nids de salanganes et ses répercussions économiques en Indonesie (XV/XVI-XXI). *Archipel* 76 (2008): 251–90.

Sansom, G.B. *Japan: A Short Cultural History.* 1931. Revised edition. Tokyo: Tuttle, 1977.

Sarasin Viraphol. *Tribute and Profit: Sino-Siamese Trade, 1652–1853.* Cambridge, MA: Harvard University Press, 1977.

Sarkar, H.B. *Trade and Commercial Activities of Southern India in the Malayo- Indonesian World, up to AD 1511.* Calcutta: Firma KLM, 1986.

Satow, Ernest M. "Notes on the Intercourse between Japan and Siam in the Seventeenth Century." *Transactions of the Asiatic Society* (London) 3 (1885): 139–89.

Sayavongkhamdy, Thongsa, and Peter Bellwood. "Recent Archaeological Research in Laos." *Indo-Pacific Prehistory Association Bulletin* 19 (2000): 101–10.

Scale, Giovanni. *Delle fortificationi. Nuovamente ristampate con agiunte d'diverse plante e fortezze, Gioseppe de Rossi.* Rome, 1596. Reprinted 1603, 1627.

Schottenhammer, Angela, "The Role of Metals and the Impact of the Introduction of Huizi Paper Notes in Quanzhou on the Development of Maritime Trade in the Song Period." In Schottenhammer, *The Emporium of the World,* 95–167.

Schottenhammer, Angela, ed. *The Emporium of the World: Maritime Quanzhou, 1000–1400.* Sinica Leidensia. Leiden: Brill, 2001.

——. "Japan-The Tiny Dwarf? Sino-Japanese Relations from the Kangxi to the Early Qianlong Reigns." Working Paper Series 106, Asia Research Institute, National University of Singapore, 2008.

Schutte, Joseph Franz. *Monumenta Historica Japoniae I.* Rome, 1975.

Scott, James C. *The Art of Not Being Governed: An Anarchist History of Upland Southeast Asia.* New Haven, CT: Yale University Press, 2009.

参考文献 373

Seabra, Leonor de. *The Embassy of Pero Vaz de Siqueira to Siam (1684–1686)*. Macau: University of Macau, 2005.

Sekimoto, Teruo. "Batik as a Commodity and a Cultural Object." In *Globalization in Southeast Asia: Local, National and Transnational Perspectives*, edited by Shinji Yamashita and Jeremy Seymour Eades, 126–44. Oxford: Berghahn Books, 2003.

Selden, Mark, and Takeshi Hamashita, eds. *The Resurgence of East Asia: 500, 150 and 50 year perspectives*. London and New York: Routledge, 2003.

———. "East Asia Regionalism and its Enemies in Three Epochs: Political Economy and Geopolitics, 16th to 21st Centuries." *Asia-Pacific Journal: Japan Focus* Vol. 9-4–09, February 25, 2009. http://www.japanfocus.org/-Mark-Selden/3061.

Sen, S.P. "The Role of Indian Textiles in Southeast Asian Trade in the Sixteenth Century." *Journal of Southeast Asian History* 3, no. 2 (1962): 92–110.

Sen Tansen. *Buddhism, Diplomacy, and Travel: The Realignment of Sino-Indian Relations, 600–1400*. Honolulu: University of Hawaii Press, 2003.

———. "The Formation of Chinese Maritime Networks to Southern Asia 1200–1450." *Journal of the Economic and Social History of the Orient* 49, no. 4 (2006): 421–53.

Seth, Michael J. *A Concise History of Korea: From the Neolithic Period through the Nineteenth Century*. Lanham, MD: Rowman & Littlefield, 2007.

Shimada, Ryuto. *The Intra-Asian Trade in Japanese Copper by the Dutch East India Company During the Eighteenth Century*. Leiden: Brill, 2006.

Silva, Chandra Richard da. "Political and Diplomatic Relations of the Portuguese with the Kingdom of Kotte during the First Half of the Sixteenth Century." *Revista de Cultura* 13/14 (1991): 220–32.

Sjostrand, Sten, and Claire Barnes. "The Turiang: A Fourteenth-century Chinese Shipwreck Upsetting Southeast Asian Ceramic History." *Journal of the Malaysian Branch of the Royal Asiatic Society* 74, no. 1 (2001): 71–109.

Smith, Adam. *An Inquiry into the Nature and Causes of the Wealth of Nations*. 1776. New York: Modern Library, 1937.

Smith, George Vinal. *The Dutch in Seventeenth-Century Thailand*. De Kalb, IL: Northern Illinois University, 1977.

Smithies, Michael. *Yogyakarta: Cultural Heart of Indonesia*. Singapore: Oxford University Press, 1986.

Smits, Gregory. *Visions of Ryukyu: Identity and Ideology in Early-Modern Thought and Politics*. Honolulu: University of Hawaii Press, 1999.

So, Alvin. *The South China Silk District: Local Historical Transformations and World System Theory*. New York: State University of New York Press, 1986.

So, Billy K.L. *Prosperity, Region, and Institutions in Maritime China: The South Fukien Pattern, 946–1368*. Cambridge, MA: Harvard University Press, 2000. Southworth, William A. "Champa." In Ooi, *Southeast Asia: A Historical Encyclopedia*, 2004a, 1: 321–32.

———. "Dvarawati." In Ooi, *Southeast Asia: A Historical Encyclopedia*, 2004b, 1: 442–43.

Souto, Luis, Leonor Gusmão, Antonio Amorim, Francisco Corte-Real and Duarte N. Vieira. "Y-STR Haplotype Diversity in Distinct Linguistic Groups From East Timor." *American Journal of Human Biology* 18 (2006): 691–701.

Souza, George Bryan. *The Survival of Empire: Portuguese Trade and Society in China and the South China Sea, 1630–1754*. Cambridge: Cambridge University Press, 1986. Reprinted 2004.

———. "Country Trade and Chinese Alum: Raw Material Supply and Demand in Asia's Textile Production in the 17th and 18th Centuries." *Review of Culture* 11 (2004): 136–53.

———. "Gifts and Gift-giving in Portuguese-Indonesia Diplomatic Relations." *Review of Culture* 24 (2007): 20–32.

———. "Opium and the Company: Maritime Trade and Imperial Finances on Java, 1684–1796." *Modern Asian Studies* 43, no. 1 (2009a): 113–33.

———. "Commerce and Consumption: Merchants and Opium at Batavia over the 18th Century." Lecture at the Cultural Affairs Bureau of the Macau SAR Government, March 19, 2009b.

Speelman, Cornelis. *Journal of kort verhael van't begin voortgangh en einde des oorloghs tusschen den konigh en verdere regeeringe van Maccassar en de Nederlandtsche geoctroyeede Oost-Indische Compagnie in der Jaron 1666/1667/1668 en 1669 voorgeuellen...* Amsterdam: Marcus Doornick, 1669.

Stargardt, Janice. "'Behind the Shadows': Archaeological Data on Two-way Sea-trade between Satingpra, South Thailand, 10th–14th Century." In Schottenhammer, *Emporium of the World*, 309–93.

Staunton, George Thomas. *A Complete View of the Chinese Empire: Account of Earl McCartney's Embassy*. London, 1798.

Steensgaard, Niels. *The Asian Trade Revolution of the Seventeenth Century: The East India Companies and the Decline of the Caravan Trade*. Chicago: University of Chicago Press, IL, 1975.

Steinberg, David Joel, ed. *In Search of Southeast Asia: A Modern History*. Revised ed. Honolulu: University of Hawaii Press, 1987.

Stuart-Fox, Martin. *A History of Laos*. Cambridge: Cambridge University Press, 1997.

———. *The Lao Kingdom of Lan Xang: Rise and Decline*. Bangkok: White Lotus, 1998.

———. *A Short History of China and Southeast Asia: Tribute, Trade and Influence*. Sydney: Allen & Unwin, 2003.

Suárez, Thomas. *Early Mapping of Southeast Asia*. Hong Kong: Periplus, 1999.

Subrahmanyam, Sanjay. "Notes on the Sixteenth Century Bengal Trade." *Indian Economic and Social History Review* 24, no. 3 (1987): 265–89.

———. "Commerce and Conflict: Two Views of Portuguese Melaka in the 1620s." *Journal of Southeast Asian Studies* 19, no. 1 (1988): 62–79.

———. "The Corromandel Trade of the Dutch East India Company, 1618-1649." *Scandinavian Economic History Review* 38, no. 1 (1989): 41–56.

———. *The Portuguese Empire in Asia, 1500–1700: A Political and Economic History*. London: Longman, 1993.

———. "On World Historians in the Sixteenth Century." *Representations* 91 (2005): 26–57.

Sugihara Kaoru, ed. *Japan and China and the Growth of the Asian-International Economy, 1850–1949*. Oxford: Oxford University Press, 2005.

Sun Laichen. "Chinese Military Technology and Dai Viet: c.1390–1487." Working Paper

Series no. 11, Asia Research Institute, Singapore, September 2003. http://www.ari.nus.edu.sg/ pub/wps.htm.

———. "Chinese Gunpowder Technology and Dai Viet, ca.1390–1497." In Nhung Tran and Reid, *Viet Nam: Borderless History*, 72–130.

———. "Chinese-style Gunpowder Weapons in Dai Viet (Vietnam): The Archaeological Evidence." *Revista de Cultura* (International Edition) 27 (2008): 42–49.

Sunait Chutintaranond. "'Mandala,' 'Segmentary State,' and Politics of Centralization in Medieval Ayudhya." *Journal of Siam Society* 78, no. 1 (1990): 89–100.

Sunait Chutintaranond and Christopher John Baker, eds. *Recalling Local Pasts: Autonomous History in Southeast Asia*. Seattle: University of Washington Press, 2002.

Suryadinata, Leo. "Zheng He, Semarang and the Islamization of Java: Between History and Legend." In Suryadinata, *Admiral Zheng He and Southeast Asia*, 72–93.

———, ed. *Admiral Zheng He and Southeast Asia*. Singapore: Institute of Southeast Asian Studies, 2005.

Sutherland, Heather. "Southeast Asian History and the Mediterranean Analogy." *Journal of Southeast Asian Studies* 34, no. 1 (2003): 1–20.

Sweeney, Amin. *A Full Hearing: Orality and Literacy in the Malay World*. Berkeley: University of California Press, 1987.

Swope, Kenneth M. "Deceit, Disguise, and Dependence: China, Japan, and the Future of the Tributary System, 1592–159." *International History Review* 24, no. 4 (2002): 757–82.

Tagliacozzo, Eric. "Hydrography, Technology, Coercion: Mapping the Sea in Southeast Asian Imperialism, 1880–1900." *Archipel* 65 (2003): 89–107.

———. "A Necklace of Fins: Marine Goods Trading in Maritime Southeast Asia, 1780–1860." *International Journal of Asian Studies* 1 (2004): 23–48.

Tambiah, Stanley J. *World Conqueror and World Renouncer: A Study of Buddhism and Polity in Thailand against a Historical Background*. Cambridge: Cambridge University Press, 1976.

Tan, Rita C. *Zhangzhou Ware Found in the Philippines: "Swatow" Export Ceramics from Fujian 16th-17th Century*. Philippines: ArtPostAsia, 2007.

Tan, Yvonne. "Cirebon Cargo of Yue Ceramics Vessels." *Asian Art Newsletter*, May 2007. http://www.seaceramics.org.sg/articlesceribon_cargo.html(accessed October 13, 2007).

Tanaka, Yuko. "A Comparative Study of Textile Production and Trading from the Beginning of the 16th Century to the End of the 19th Century." *Hosei University Bulletin*, February 1995. http://www.lian.com/TANAKA/english- papers/context.html (accessed May 15, 2007).

Tarling, Nicholas. *Sulu and Sabah: A Study of British Policy towards the Philippines and North Borneo from the Late Eighteenth Century*. Kuala Lumpur: Oxford University Press, 1978.

———, ed. *The Cambridge History of Southeast Asia*. 2 vols. Cambridge: Cambridge University Press, 1992 and 1999.

Tashiro, Kazui. "Tsushima han's Korean Trade, 1684–1710," *Acta Asiatica* 30 (1976): 85–105.

Tavares, João de Vellez Guerreiro. *Journada que Antonio de Albuquerque Coelho, Governador e Capitaõ General da cidade do Nome de Deos de Macao na China, Fez de Goa ate chegar a dita Cidade no anno de 1718*. Lisbon: Officina da Musica, 1732.
Taylor, Keith Weller. *The Birth of Vietnam*. Berkeley: University of California Press, 1991.
——. "The Early Kingdoms." In Tarling, *Cambridge History of Southeast Asia,*1: 2.
Taylor, Philip. *Cham Muslims of the Mekong Delta: Place and Mobility in the Cosmopolitan Periphery.* Singapore: Singapore University Press, 2007.
Teh-Gallop, Annabel. "Camel Seals and the Early Tin Coinage of Brunei." *Archipel* 70 (2005): 261–80.
Teixiera, Manuel. "The Church of St. Paul in Macau." *Studia* 41–42 (1979): 51–111.
Temple, Robert K.G. *The Genius of China: 3,000 Years of Science, Discovery, and Invention.* Rochester, VT: Inner Traditions, 1986. Reprinted 2007.
Thuan Luc. "Japan Early Trade Coins and the Commercial Trade between Viet Nam and Japan in the 17th century, May 1999." http://www.viettouch.com/ numis/nagasaki.htm.
Theeravit, Khien. "Japanese-Thailand Relations, 1606–1629." In *Thai-Japanese Relations in Historical Perspective,* edited by Chaiwat Kamchoo and E. Bruce Reynolds, 17–44. Bangkok: Institute of Asian Studies, Chulalongkorn University, 1988.
Thomaz, Luis Filipe F.R. *Early Portuguese Malacca*. Macau: Macau Territorial Commission for the Commemoration of the Portuguese Discoveries, n.d.
——. "Malacca: The Town and its Society During the First Century of Portuguese Rule." *Review of Culture* 13/14 (1991): 68–79.
Thongchai Winichakul. *Siam Mapped: A History of the Geo-Body of a Nation*. Honolulu: University of Hawaii Press, 1997.
Thornton, John. *Africa and Africans in the Making of the Atlantic World, 1400- 1680.* New York: Cambridge University Press, 1992.
Thurgood, Graham. *From Ancient Cham to Modern Dialects: Two Thousand Years of Language Contact and Change.* Oceanic Linguistics Special Publication no. 28, Honolulu: University of Hawaii Press, 1999.
Tibbets, G.R. *A Study of Arabic Texts Containing Material of Southeast Asia.* Leiden: E.J. Brill, 1979.
——. *Arab Navigation in the Indian Ocean before the Portuguese.* London: Royal Asiatic Society, 1971. Reprinted by RoutledgeCurzon, 2002.
——. *A Study of Arabic Texts Containing Material of Southeast Asia.* Leiden: E.J. Brill, 1979.
Topik, Stephen, Carlos Marichal, and Zephyr Frank, eds. *From Silver to Cocaine: Latin American Commodity Chains and the Building of the World Economy, 1500–2000.* Durham, NC: Duke University Press, 2006.
Tran Quoc Vuong and Nguyen Vinh Long. *Hanoi: From the Origins to the 19th century. Vietnamese Studies* no. 48. Hanoi, 1977.
Tsunoda, Ryusaku, Wm. Theodore de Bary, and Donald Keene. *Sources of Japanese Tradition.* Vol. 1. New York: Columbia University Press, 1958.
Twitchett, Dennis C., and Frederick W. Mote, eds. *The Cambridge History of China.* Vol. 8, *The Ming Dynasty, 1368–1644,* Part 2. Cambridge: Cambridge University Press,

1998.
Uchiyama, Toshinori. "A Study on Domestic Circulation of the Imari-ware Porcelain in the Days of the Tokugawa Shogunate: As an Example of the Role of Porcelain Merchants in Tokuzen Region (the Northeast Region of Fukuoka Prefecture)." *Journal of the Kakiemon-Style Ceramic Art Research Center* (Kyushu Sangyo University) 4 (2008): 1–26. [In Japanese.]
UNESCO World Heritage Centre. "Butuan Archaeological Sites." May 16, 2006. http://whc.unesco.org/en/ tentativelists/2071/.
———. "Rice Terraces of the Philippine Cordilleras." 1995. http://whc.unesco. org/en/list/722/.
Valentjin, François. *Oud en Nieuw Oost-Indien*. 3 vols. Amsterdam, 1724. Reprinted in The Hague, 1856–58.
Van Braum, André Everard. *An authentic account of the Embassy of the Dutch East India Company to the court of the Emperor of China in the years 1794 and 1795*. London: Phillips, 1798.
Van Dyke, Paul. *The Canton Trade: Life and Enterprise on the China Coast, 1700–1845*. Hong Kong: Hong Kong University Press, 2005.
———. "Manila, Macao and Canton: The Ties that Bind." *Review of Culture* 18 (2006): 125–34.
Van der Kraan, Alfons. *Murder and Mayhem in Seventeenth Century Cambodia, Anthony van Dieman vs King Ramadhiphati I*. Chiangmai: Silkworm Books, 2009.
Velde, Paul van der, and Rudolph Bachofner. *The Deshima Diaries Marginalia 1700–1740*. Scientific Publications of the Japan Netherlands Institute, no. 12. Tokyo, 1992.
Verhoeven, P. "Voyage to the East-Indies, China and the Philippines (1607–1612)." In *Begin ende Voortgangh,* compiled by Isaac Commelin. Amsterdam: Johannes Jansonnius, 1646.
Vermeulen, A.C.J. *The Deshima Dagregisters: The Original Table of Contents*. Vol. 1, 1680–1690, Vol. 2, 1690–1700. Leiden: Leiden Centre of the History of European Expansion, 1986–1990.
Viallé, Cynthia. "Company Trade and Private Trade in Japanese Porcelain in the Seventeenth and Eighteenth Century." *Journal of the Kakiemon-Style Ceramic Art Research Center* (Kyushu Sangyo University) 3 (2007): 141–52.
———. "An Introduction to the Organization of the VOC and its Archives." In Sakuraba and Vlallé, *Japanese Porcelain in the Trade Records of the Dutch East India Company,* 12–16.
Vickery, Michael. *Society, Economics and Politics in pre-Angkor Cambodia: the 7th-8th Centuries*. Tokyo: Centre for East Asian Cultural Studies for UNESCO, the Toyo Bunko, 1998.
———. "Two Historical Records of the Kingdom of Vientiane." In *Contesting Visions of the Lao Past: Laos Historiographies at the Crossroads,* edited by C.E. Goscha and S. Ivarrson, 3–36. Copenhagen and Chiangmai: NIAS/ Silkworm Books, 2005a.
———. "Champa Revised." Asia Research Institute Working Paper 37, National University of Singapore, March 2005b. http://ari.nus.edu.sg/publication_ details.asp?pubtypeid=wp&pubid=304.

Villiers, John. *East of Malacca*. Bangkok: Calouste Gulbenkian Foundation, 1985.

——."Ayutthaya as a City of Commerce in the Sixteenth and Early Seventeenth Centuries." *Review of Culture* 13–14 (1991): 59–67.

Vink, Markus P.M. "Indian Ocean Studies and 'the New Thalassology.'" *Journal of Global History* 2 (2007): 41–62.

Vlekke, Bernard H.M. *Nusantara: A History of Indonesia*. The Hague: W. van Hoeve, 1965.

Vogel, Hans Ulrich. "Cowry Trade and its Role in the Economy of Yunnan: From the Ninth to the mid-Seventeenth Century." *Journal of the Economic and Social History of the Orient* 36 (1993): 211–52 and 309–53.

Volker, T. *Porcelain and the Dutch East India Company as Recorded in the Dagh-Registers of Batavia Castle, those of Hirado and Deshima and other Contemporary Papers, 1602–1682*. Leiden: E.J. Brill, 1954. Reprinted 1971.

Voltaire. *Essai sur les moeurs et l'esprit des nations*. 1756.

Von Glahn, Richard, *Fountain of Fortune: Money and Monetary Policy in China,1000–1700*. Berkeley: University of California Press, 1996.

——. "Money Use in China and Changing Patterns of Global Trade in Monetary Metals, 1500–1800." In *Global Connections and Monetary History, 1470–1800,* edited by Dennis Flynn, Arturo Giraldez, and Richard von Glahn, 187–206. London: Ashgate, 2003.

Wade, Geoff. "Po-Luo and Borneo—A Re-examination." *Brunei Museum Journal* 2 (1986): 13–35.

——. "Melaka in Ming Dynasty Texts." *Journal of the Malaysian Branch, Royal Asiatic Society* 70, no. 1 (1997): 31–69.

——. "The Pre-Modern East Asia Maritime Realm: An Overview of European Language Sources." ARI Working Paper Series no. 16, Asia Research Institute, National University of Singapore, 2003. http://www.ari.nus.edu. sg/docs/wps.htm.

—— trans. *Southeast Asia in the Ming Shi-lu*. Singapore: Asia Research Institute and the Singapore E-Press, National University of Singapore. http:// epress.nus.edu.sg/msl/ entry/1877 (accessed 12 November, 2006a).

——. "Ming Chinese Colonial Armies in Southeast Asia." In *Colonial Armies in Southeast Asia*, edited by Karl Hack and Tobias Rettig, 73–104. London: Routledge, 2006b.

——. "Ryukyu in the Ming Reign Annals 1380s-1580s." Working Paper Series no. 93, Asia Research Institute, National University of Singapore, July 2007. http://www.ari.nus.edu.sg/ docs/wps/wps.htm.

—— ed. *Southeast Asia-China Interactions: Reprint of Articles from the Journal of the Malaysian Branch, Royal Asiatic Society*. Reprint 25. Kuala Lumpur, 2007a.

——. "Chinese Economic Activities in Java in the Late Eighteenth Century as Reflected in the Batavian Kong Koan Records." *Chinese Southern Diaspora Studies* 1 (2007b): 116–37. http://csds.anu.edu.au/volume_1_2007/Wade. pdf.

——. "Engaging the South: Ming China and Southeast Asia in the Fifteenth Century." *Journal of the Economic and Social History of the Orient* 51 (2008): 578–638.

——. "An Earlier Age of Commerce in Southeast Asia: 400–1300 C.E.?" In Makino, Fujita, and Matsumoto *Dynamic Rimlands and Open Heartlands*, 27–81. Reprinted as "An Early Age of Commerce in Southeast Asia, 900–1300 CE." *Journal of Southeast*

*Asian Studies* 40, no. 2 (2009): 221–65.
Wade, Geoff, and Sun Laichen, eds. *Southeast Asia in the 15th Century: The Ming Factor*. Singapore: National University of Singapore Press, 2008.
Wallerstein, Immanuel. *The Modern World-System*. Vol.1, *Capitalist Agriculture and the Origins of the European World- Economy in the Sixteenth Century*. New York: Academic Press, 1974.
———. *The Capitalist World-Economy*. Cambridge: Cambridge University Press, 1979.
———. *The Politics of the World-Economy: The States, the Movements, and the Civilizations*. Cambridge: Cambridge University Press, 1984.
———. *The Modern World System III: The Second Era of Great Expansion of the Capitalist World-Economy 1730–1840s*. San Diego, CA: Academic Press, 1989.
———. *World-Systems Analysis: An Introduction*. Durham, NC: Duke University Press, 2004.
Wang Gungwu. "The Nanhai Trade: A Study of the Early History of Chinese Trade in the South China Sea." *Journal of the Malaysian Branch Royal Asiatic Society* 31, no. 2 (1958): 1–135.
———. "Early Ming Relations with Southeast Asia: A Background Essay." In *The Chinese World Order*, edited by John K. Fairbanks, 34–62. Cambridge, MA: Harvard University Press, 1968a.
———. "The First Three Rulers of Malacca." *Journal of the Malaysian Branch Royal Asiatic Society* 41, no. 1 (1968b): 11–22.
———. "China and Southeast Asia, 1402–1424." In *Studies in the Social History of China and Southeast Asia, Essays in Memory of Victor Purcell*, edited by Jerome Ch'en and Nicholas Tarling, 375–401. Cambridge: Cambridge University Press, 1970.
———. "Ming Foreign Relations: Southeast Asia." In Twitchett and Mote, *Cambridge History of China*. Vol. 8, *The Ming Dynasty, 1368–1644, Part 2*, 301–32.
———. "Reflections on Networks and Structures in Asia." In Curley and Liu, *China and Southeast Asia: Changing Socio-Cultural Interactions*, 13–26.
———. "Chinese Tribute System." In Ooi, *Southeast Asia: A Historical Encyclopedia*, 350–52.
Wang Ling-Chi and Wang Gungwu, eds. *The Chinese Diaspora: Selected Essays*. 2 vols. Singapore: Times Academic Press, 1998.
Warren, James. *The Sulu Zone: 1768–1898*. Singapore: University of Singapore Press, 1981.
Watari Yoshito. "In 8th century, State Knew How to Control Local Mints." *Asahi Shimbun*, December 27, 2008.
Watson, William, and Chuimei Ho. *The Arts of China after 1620*. New Haven, CT: Yale University Press/Pelican History of Art, 2007.
Wheatley, Paul. "Geographical Notes on Some Commodities Involved in Sung Maritime Trade." *Journal of the Malaysian Branch of the Royal Asiatic Society* 32, no. 2 (1959): 1–139.
Wheeler, Charles. "One Region, Two Histories: Cham Precedents in the History of the Hoi An Region." In Nhung and Reid, *Viet Nam: Borderless Histories*, 163–93.
Wicks, Robert S. "Monetary Developments on Java between the Ninth and Sixteenth Centuries: A Numismatic Perspective." *Indonesia* 42 (1986): 42–77.
———."Ancient Coinage in Southeast Asia." In Ooi, *Southeast Asia: A Historical*

*Encyclopedia,* 144–45.
Widodo, Johannes. "A Celebration of Diversity: Zheng He and the Origin of Pre- colonial Coastal Urban Pattern in Southeast Asia." In Suryadinata, *Admiral Zheng He and Southeast Asia,* 94–123.
Wills, John E., Jr."Relations with Maritime Europeans, 1514–1662." In Twitchett and Mote, *Cambridge History of China.* Vol. 8, *The Ming Dynasty, 1368–1644, Part 2,* 333–75.
Winius, George D. "Portugal's 'Shadow Empire' in the Bay of Bengal." *Revista de Cultura* 13/14 (1991): 273–87.
Wink, André. *Al-Hind, the Making of the Indo-Islamic World.* Vol. 1, *Early Medieval India and the Expansion of Islam, 7th-11th Centuries.* Leiden: Brill, 1996 (2002).
———. *Al-Hind, the Making of the Indo-Islamic World.* Vol. 3, *Indo-Islamic Society, 14th–15th Centuries.* Leiden: Brill, 2004.
Wolters, O.W. *Early Indonesian Commerce: A Study of the Origins of Sri Vijaya.* Ithaca, NY: Cornell University Press, 1967.
———. *The Fall of Srivijaya in Malay History.* Singapore: Oxford University Press, 1975.
———. *History, Culture and Region in Southeast Asian Perspectives.* Singapore: Institute of Southeast Asian Studies, 1982. Revised edition, 1999.
Wood, W.A.R. *A History of Siam.* Bangkok: The Siam Barnarkich Press, 1933. Woodside, Alexander. *Vietnam and the Chinese Model.* Cambridge, MA: Harvard University Press, 1971. 2nd ed., 1988.
Wong, R. Bin. *China Transformed: Historical Change and the Limits of European Experience.* Ithaca, NY, and London: Cornell University Press, 1997.
———. "Entre monde et nation: les régions braudeliennes en Asie." *Annales: Histoire, Sciences Sociales* 56, no. 1 (2001): 5–42.
Wong Tze Ken, Danny. "Vietnam-Champa Relations and the Malay-Islam Regional Network in the 17th-19th Centuries." *Kyoto Review of Southeast Asia,* March 2004. http://kyotoreview.cseas.kyoto-u.ac.jp/issue/issue5/index. html.
Yamauchi, Shinji. "The Japanese Archipelago and Maritime Asia from the 9th to the 13th Centuries." In Makino, Fujita, and Matsumoto *Dynamic Rimlands and Open Heartlands,* 82–99.
Yuan Bingling. "Chinese Women in Jakarta during the Colonial Period." http:// www.xiguan.net/yuanbingling/013.htm#_ftn1 (accessed May 2009).
Yule, H., and A.C. Burnell. *Hobson-Jobson, a Glossary of Colloquial Anglo Indian Words and Phrases.* 1886. London: Linguasia, 1994.
Zaide, Gregorio F. *Takayama Ukon, Japanese Christian Daimyo, Japanese Town in Manila during Spanish Times; and Japanese Population in the Philippines during Spanish Times.* Kanagawa: Seiken Bunko, 1980.
Zaragoza, Ramon M. *Old Manila.* Singapore: Oxford University Press, 1990. Zhang Wenqin. "Macao and Japan during the Qing Dynasty." *Review of Culture,* 2nd series, 29 (1996): 85–110.